西藏统计年鉴

TIBET STATISTICAL YEARBOOK

2010

总第22期　NO.22

西藏自治区统计局
Tibet Autonomous Region Bureau of Statistics
国家统计局西藏调查总队
Tibet General Team of Investigation under the NBS
编

中国统计出版社
China Statistics Press

（京）新登字041号

图书在版编目（CIP）数据

西藏统计年鉴. 2010 / 西藏自治区统计局，国家统计局西藏调查总队编. -- 北京 : 中国统计出版社，2010.7

ISBN 978-7-5037-5958-1

Ⅰ. ①西… Ⅱ. ①西… ②国… Ⅲ. ①统计资料－西藏－2010－年鉴 Ⅳ. ①C832.75-54

中国版本图书馆CIP数据核字(2010)第105206号

西藏统计年鉴—2010

作　　者/ 西藏自治区统计局　国家统计局西藏调查总队
责任编辑/ 佘竞雄　刘金成　范永利　达娃（大）
E-mail / yearbook@stats.gov.cn
责任校对/ 范永利　刘院明
封面设计/ 李建树
出版发行/ 中国统计出版社
通信地址/ 北京市西城区三里河月坛南街57号　中国统计出版社
邮　　编/ 100826
电　　话/ (010)63376907
印　　刷/ 北京力信诚印刷有限公司
经　　销/ 新华书店
开　　本/ 890×1240 毫米 1/16
字　　数/ 86万字
印　　张/ 28
印　　数/ 2000册
版　　别/ 2010 年 6 月第 1 版
版　　次/ 2010 年 6 月第 1 次印刷
书　　号/ ISBN 978-7-5037-5958-1/C・2335
定　　价/ 280.00 元

《西藏统计年鉴-2010》编辑委员会及编辑工作人员

编辑委员会

总顾问：郝　鹏

顾　问：舒启明　孟　扬　其美仁增　晋美多吉　金世洵　艾俊涛

主　任：刘柏呈

副主任：巴　桑　达　顿　屈满学　多吉战都　代永涛　王道均　武建华　潘其龙　李方平

编　委：(以姓氏笔划为序)

大平措　王重尧　王佩宏　仓决卓玛　巴　桑　付红军　石丽萍　丛培章　尼　加　孙惠莉　次仁旺拉　次旦玉珍　次　珍　李玉仙　李远才　李建英　李建树　江玉龙　达　娃　陈元平　陈德荣　严育树　张秀梅　阿旺朗杰　周小平　周忠宇　卓玛次仁　郭　燕　桑　旦　高　昆　索朗曲扎　梁小平　斯郎次仁　蔡　岷

编辑工作人员

总　审：刘柏呈

主　编：武建华

副主编：高　昆

责任编辑：佘竞雄　范永利　达娃（大）

编　辑：范永利　刘院明　达娃（小）

资料整理：达娃(大)　范永利　刘院明　达娃(小)　王秀丽　黄卫锋　强久卓玛　扎西顿珠　杨素娟　旺堆罗布　德吉拉姆　马亚利　王普珍　巴　桑　旦增次旦　平　措　格桑德吉　李　霞　张代平　王自荣　次仁旺姆　米玛潘多

英文审校：范永利　刘院明　达娃（小）

光盘设计：王立群　刘金成　熊　威

《TIBET STATISTICAL YEARBOOK-2010》
EDITORIAL BOARD AND EDITORIAL STAFF

编辑说明

一、《西藏统计年鉴》(2010)是一本信息高度密集的资料工具书。本书收录了2009 年西藏的经济和社会发展等各方面的统计数据,以及西藏和平解放以来各个主要时期的一些主要统计数据。是国内外各界人士了解西藏、认识西藏的重要资料性工具书。

二、全书内容分为 18 个篇目，即 1.行政区划和自然资源；2.综合；3.人口、从业人员和职工工资；4.固定资产投资；5.财政；6.物价；7.人民生活；8.农业；9.工业；10.建筑业；11.运输和邮电；12.国内贸易；13.对外经济贸易和旅游；14.金融和保险；15.教育、科技和文化；16.卫生、体育和环保；17.各县（区、市）主要统计资料；18.全国各省（区、市）统计资料。为便于读者正确使用资料，书末还附有主要统计指标解释。

三、本年鉴中总量指标均按当年现行价格计算。西藏生产总值及各产业增加值、农业总产值、工业总产值指数和增长速度均按可比价格计算。

四、本年鉴部分数据合计数或相对数由于单位取舍不同产生的计算误差未作机械调整。

五、本年鉴对以前的统计资料重新进行了核实，相应地调整了部分数据。读者在使用历史资料时，凡与本年鉴有出入的，均以本年鉴为准。

六、本年鉴中的符号使用说明：“…”表示数据不足本表最小单位数；“空格”表示该项统计指标数据不详或无数据；“#”表示其中主要项。

七、资料中所使用的度量衡单位采用国际统一标准计量单位。

八、本书为中英文对照，配有电子版光盘。

九、《西藏统计年鉴》公开出版以来，受到了国内外广大读者的关心和支持，对本年鉴的内容和编辑工作提出了许多宝贵意见，同时得到区直有关部门和单位的大力支持，对此我们深表感谢。限于我们的水平，欢迎读者继续对年鉴的不足之处给予批评和指正，帮助我们进一步改进年鉴的编辑工作，以便我们更好地为广大读者服务。

EDITOR'S NOTE

Ⅰ.*Tibet Statistical Yearbook 2010* contains comprehensive statistics of Tibetan social and economic development in 2009 and some selected major data series in historically important years after The Peaceful Liberation of Tibet. It is really an important and efficient reference yearbook for people of various circles in and outside China to know and understand Tibet.

Ⅱ.The book is composed of 18 parts. They include: 1.Division of Administrative Areas and Natural Resources;2.General Survey;3. Population , Employment and Wages; 4.Investment in Fixed Assets; 5.Government Finance; 6.Price; 7.People's Livelihood; 8.Agriculture; 9.Industry; 10.Construction; 11.Transportation, Postal and Telecommunications Services; 12.Domestic Trade;13.Foreign Trade and Tourism;14.Banking and Insurance; 15.Education, Science and Culture;16.Sport, Public Health and Environmental Protection;17.Statistics for Counties, Cities and Districts;18.Statistics for Provinces, Municipality and Autonomous Region. Interpretation of major statistical indicators attached is a useful tool for readers of this yearbook.

Ⅲ.The prices used in calculation in this publication are current prices of those years.Indices and growth rate of gross regional product of Tibet,value-added by three strata of industry,gross agricultural output value and gross industrial output value are calculated at constant prices.

Ⅳ.Statistical discrepancies in this yearbook due to rounding are not adjusted.

Ⅴ.Some of the published data are changed in this yearbook according to our checking, therefore, data in this yearbook are reliable whenever you find different data in other publications.

Ⅵ.Marks in this yearbook:"…"means not large enough to be rounded into the least unit; "#" indicates major item in a category. "blank space" not available.

Ⅶ.The international standard units of measurement are applied in this yearbook.

Ⅷ.This book is written in Chinese and English, and is equipped with electric CD.

Ⅸ.Previous editions of *Tibet Statistical Yearbook* have won wide acclaim among the readers. During the compilation of the yearbook, we have got the support from some government departments of Autonomous Region and other relative units. We express our thanks to all of them here. In order to excel, we welcome all candid comments and criticism from our readers.

目　录

CONTENTS

第一篇　行政区划和自然资源

CHAPTER 1　ADMINISTRATIVE DIVISION AND NATURAL RESOURCES

第二篇　综合

CHAPTER 2　GENERAL SURVEY

第三篇 人口、从业人员和职工工资
CHAPTER 3 POPULATION,EMPLOYMENT AND WAGES

第四篇 固定资产投资
CHAPTER 4 INVESTMENT IN FIXED ASSETS

第五篇 财政
CHAPTER 5 GOVERNMENT FINANCE

第六篇 物价指数
CHAPTER 6 PRICE INDICES

第七篇　人民生活
CHAPTER 7　PEOPLE'S LIVELIHOOD

第八篇　农业
CHAPTER 8　AGRICULTURE

第九篇 工业
CHAPTER 9 INDUSTRY

第十篇　建筑业
CHAPTER 10　CONSTRUCTION

第十一篇 运输和邮电业
CHAPTER 11 TRANSPORTATION，POSTAL AND TELECOMMUNICATIONS SERVICES

第十二篇 国内贸易
CHAPTER 12 DOMESTIC TRADE

第十三篇　对外经济贸易和旅游
CHAPTER 13　FOREIGN TRADE AND TOURISM

第十四篇　金融和保险
CHAPTER 14　BANKING AND INSURANCE

第十五篇 教育、科技和文化
CHAPTER 15 EDUCATION，SCIENCE AND CULTURE

第十六篇 体育、卫生、环保

CHAPTER 16 SPORTS，PUBLIC HEALTH AND ENVIRONMENTAL PROTECTION

第十七篇 各县(市、区)主要统计指标

CHAPTER 17 MAIN ECONOMIC INDICATORS BY COUNTIES (CITY AND REGIONS)

第十八篇　全国各省（区、市）统计资料
CHAPTER 18　STATISTICAL DATA OF PROVINCE ，MUNICIPALITY AND AUTONOMOUS REGION

附 录
APPENDIX

第一篇

行政区划和自然资源

Chapter 1

ADMINISTRATIVE DIVISION AND NATURAL RESOURCES

1-1 行政区划

ADMINISTRATIVE DIVISIONS

单位：个 (unit)

地区 Region		市辖区 Districts Under the Jurisdica-tion of Cities	县级市 Cities at Country Level	县 Country	乡 Township	#民族乡 National Township	镇 Town	街道 Urban Sub-districts	居民委员会 Neighbor-hood Committee	村民委员会 Village Committee
总计	**Total**	**1**	**1**	**71**	**542**	**8**	**140**	**10**	**192**	**5261**
拉萨市	Lhasa	1		7	48		9	8	35	226
昌都地区	Qamdo			11	110	1	28		23	1119
山南地区	Shannan			12	58	4	24		58	496
日喀则地区	Xigazê		1	17	174		27	2	25	1643
那曲地区	Nagqu			10	89		25		37	1154
阿里地区	Ngari			7	29		7		7	134
林芝地区	Nyingchi			7	34	3	20		7	489

1-2 行政区划一览表

LIST OF ADMINISTRATIVE DIVISIONS

拉萨市	Lhasa	城关区 墨竹工卡县 达孜县 堆龙德庆县 曲水县 尼木县 当雄县 林周县 Lhasa Chengguanqu Maizhokunggar Dagzê Doilungdêqên Qüxü Nyêmo Damxung Lhünzhub
昌都地区	Qamdo	左贡县 芒康县 洛隆县 边坝县 昌都县 江达县 贡觉县 类乌齐县 丁青县 察雅县 八宿县 Zogang Markam Lhorong Banbar Qamdo Jomda Konjo Riwoqê Dêngqên Chagyab Baxoi
山南地区	Shannan	乃东县 扎囊县 贡嘎县 桑日县 琼结县 洛扎县 加查县 隆子县 曲松县 措美县 错那县 浪卡子县 Nêdong Chanang Konggar Sangri Qonggyai Lhozhag Gyaca Lhünzê Qusum Comai Cona Nagarzê
日喀则地区	Xigazê	日喀则市 南木林县 江孜县 定日县 萨迦县 拉孜县 昂仁县 谢通门县 白朗县 仁布县 康马县 定结县 仲巴县 亚东县 吉隆县 聂拉木县 萨嘎县 岗巴县 Xigazê Shi Namling Gyangzê Tingri Sa'gya Lhazê Ngamring Xaitongmoin Bainang Rinbung Kangmar Dinggyê Zhongba Yadong Gyirong Nyalam Saga Kamba
那曲地区	Nagqu	申扎县 班戈县 那曲县 聂荣县 安多县 嘉黎县 巴青县 比如县 索县 尼玛县 Xainza Bangoin Nagqu Nyainrong Amdo Lhari Baqên Biru Sog Nyima
阿里地区	Ngari	普兰县 札达县 噶尔县 日土县 革吉县 改则县 措勤县 Burang Zanda Gar Rutog Gê'gyai Gêrzê Coqên
林芝地区	Nyingchi	林芝县 米林县 朗县 工布江达县 波密县 察隅县 墨脱县 Nyingchi Mainling Nang Gongbo'gyamda Bomê Zayü Mêdog

1-3 县(市、区)分类

COUNTIES(CITIES AND REGION)BY TYPE

分类 Classify	个数 Number	县(市、区)名称 Name of County (city and region)
边境县 Counties of Border	21	墨脱县 米林县 察隅县 朗 县 洛扎县 隆子县 错那县 浪卡子县 定日县 康马县 定结县 仲巴县 亚东县 吉隆县 聂拉木县 萨嘎县 岗巴县 普兰县 札达县 噶尔县 日土县 Mêdog Mainling Zayü Nang Lhozhag Lhünzê Cona Nagarzê Tingri Kangmar Dinggyê Zhongba Yadong Gyirong Nyalam Saga Kamba Burang Zanda Gar Rutog
农业县 Counties of Agriculture	35	城关区 墨竹工卡县 达孜县 堆龙德庆县 曲水县 尼木县 墨脱县 米林县 林芝县 波密县 察隅县 朗 县 芒康县 左贡县 洛隆县 边坝县 乃东县 扎囊县 贡嘎县 桑日县 琼结县 洛扎县 加查县 隆子县 日喀则市 南木林县 江孜县 定日县 萨迦县 拉孜县 白朗县 仁布县 定结县 吉隆县 聂拉木县 Lhasa Chengguanqu Maizhokunggar Dagzê Doilungdêqên Qüxü Nyêmo Mêdog Mainling Nyingchi Bomê Zayü Nang Markam Zogang Lhorong Banbar Nêdong Chanang Konggar Sangri Qonggyai Lhozhag Gyaca Lhünzê Xigazê Shi Namling Gyangzê Tingri Sa'gya Lhazê Bainang Rinbung Dinggyê Gyirong Nyalam
牧业县 Counties of Animal	14	当雄县 仲巴县 萨嘎县 那曲县 嘉黎县 聂荣县 安多县 申扎县 班戈县 巴青县 尼玛县 革吉县 改则县 措勤县 Damxung Zhongba Saga Nagqu Lhari Nyainrong Amdo Xainza Bangoin Baqên Nyima Gê'gyai Gêrzê Coqên
半农半牧县 Counties of Agriculture and Animal	24	林周县 工布江达县 昌都县 江达县 贡觉县 类乌齐县 丁青县 察雅县 八宿县 曲松县 措美县 错那县 浪卡子县 昂仁县 谢通门县 康马县 亚东县 岗巴县 比如县 索 县 普兰县 札达县 噶尔县 日土县 Lhünzhub Gongbo'gyamda Qamdo Jomda Konjo Riwoqê Dêngqên Chagyab Baxoi Qusum Comai Cona Nagarzê Ngamring Xaitongmoin Kangmar Yadong Kamba Biru Sog Burang Zanda Gar Rutog
"一江两河"开发县 One River and Two River Exploiture	18	城关区 墨竹工卡县 达孜县 堆龙德庆县 曲水县 尼木县 林周县 乃东县 扎囊县 贡嘎县 桑日县 琼结县 日喀则市 南木林县 江孜县 白朗县 拉孜县 谢通门县 Lhasa Chengguanqu Maizhokunggar Dagzê Doilungdêqên Qüxü Nyêmo Lhünzhub Nêdong Chanang Konggar Sangri Qonggyai Xigazê Shi Namling Gyangzê Bainang Lhazê Xaitongmoin
粮食基地县 Counties of Grain Base	11	堆龙德庆县 林周县 波密县 芒康县 乃东县 扎囊县 贡嘎县 江孜县 白朗县 日喀则市 拉孜县 Doilungdêqên Lhünzhub Bomê Markam Nêdong Chanang Konggar Gyangzê Bainang Xigazê Shi Lhazê

1-4 西藏各水系流域面积

DRAINAGE AREA OF TIBET WATER SYSTEM

单位：平方公里、%　　　　(sq. km, %)

区域 Area	水系 Water System	流域	Drainage Area	面积 Area	比重 Proportion
外流区 Water System of Outer Area	太平洋水系 Pacific Ocean Water System	金沙江	Jingsajiang	22933	1.9
		澜沧江	Lantsang	38908	3.2
		小计	Subtotal	61841	5.1
	印度洋水系 Indian Ocean Water System	怒江	Nujiang	102691	8.5
		吉太曲	Jitaicu	2350	0.2
		察隅曲	Chayucu	17881	1.5
		丹马曲(达兰河)	Danbacu(Dalan River)	12114	1.0
		雅鲁藏布江	Brahmaputra	242004	20.1
		西巴霞曲	Xibaxiacu	25775	2.1
		鲍罗里河(卡门河)	Baoluoli River(Kameng River)	10790	0.9
		达旺-娘江曲	Dawang-niangjiangcu	6330	0.5
		洛扎怒曲	Luozhashucu	6312	0.5
		康布曲	Kangbucu	2176	0.2
		汇入布拉马普特拉河的其他河流	Other	8882	0.7
		朋曲	Pengcu	24272	2.0
		绒辖藏布	Rongxiacangbu	1400	0.1
		波曲(麻章藏布)	Pocu(Mazhangcangbu)	1987	0.2
		吉隆藏布	Jilongcangbu	2950	0.2
		马甲藏布(孔雀河)	Majiacangbu (Peacock River)	3063	0.3
		甲扎岗噶曲	Jiazhagangcu	1483	0.1
		乌热曲-乌扎拉曲	Wurecu-wuzhalacu	816	0.1
		汇入恒河的其他河流	Ganges from Others River	1443	0.1
		朗钦藏布(象泉河)	Langqincangbu(xiangquan River)	23070	1.9
		如许藏布	Ruxucangbu	2630	0.2
		森格藏布(狮泉河)	Senggecangbu	27170	2.3
		羌臣摩河(奇普恰普河)	Qiangchengmo River(Qipuqiapu River)	1397	0.1
		小计	Subtotal	528986	44.0
		合计	Total	590827	49.1
内流区 Water System of Inner Area	藏南内流水系 Water System Inner of South Tibet	羊卓雍错-普莫雍错-哲古错	Yangzhuoyongcuo-pumoyongcuo-zhegucuo	10091	0.8
		多庆错-嘎拉错	Duoqingcuo-galacuo	3111	0.3
		错姆折林-共左错	Cuomuzhelin-Gongzuocuo	1380	0.1
		佩枯错-错戳龙	Peikucuo-cuochuolong	3290	0.3
		小计	Subtotal	17872	1.5
	藏北内流水系 Water System Inner of North Tibet	纳木错-己木错-兹格塘错	Namucuo-Jimucuo-Zigetangcuo	33449	2.8
		色林错-格林错	Selincuo-Gelincuo	51405	4.3
		扎日南木错-当惹雍错湖区	Zharinanmucuo-Dangreyongcuo	60962	5.1
		玛旁雍错-昂拉仁错-塔若错	Mapangyongcuo-Anglangrencuo-Taruocuo	52460	4.4
		班公错-泽错	Bangongcuo-Zecuo	28436	2.4
		藏北其他湖区	Other	366959	30.5
		小计	Subtotal	593671	49.4
		合计	Total	611543	50.9

1-5 西藏境内面积大于200平方公里的湖泊

STATISTICS LAKE AREA OVER 200 SQURE KILOMETER OF TIBET

湖泊名称 Lake name		湖面海拔(米) Lake Sea Level (m)	湖面面积(平方公里) Lake Area (sq.km)	湖泊类型 Lake Type
纳木错	Namtso Lake	4718	1920	咸 Salty
色林错	Selin Lake	4530	1640	咸 Salty
扎日南木错	Zharinanmu Lake	4613	1023	咸 Salty
当惹雍错	Dangreyong Lake	4535	835	咸 Salty
羊卓雍错	Yamdok Tso Lake	4441	638	咸 Salty
昂拉仁错	Anglaren Lake	4689	560	咸 Salty
塔若错	Tarou Lake	4545	520	咸 Salty
格仁错	Geren Lake	4650	466	咸 Salty
班公错	Bangong Lake	4241	413	东淡西咸 Salty or tasteless
玛旁雍错	Mapangyong Lake	4588	412	淡 Tasteless
昂孜错	Angzi Lake	4638	406	咸 Salty
多格仁错	Dougeren Lake	4814	394	咸 Salty
吴如错	Wuru Lake	4552	351	淡 Tasteless
多尔索洞错	Douershoudong Lake	4749	350	盐 Salty
鲁玛江冬错	Lumajiangdong Lake	4810	322	咸 Salty
佩枯错	Peiku Lake	4591	300	咸 Salty
普莫雍错	Pumoyong Lake	5009	284	淡 Tasteless
拉昂错	Laang Lake	4573	269	淡 Tasteless
错鄂	Coue Lake	4562	244	咸 Salty
郭扎错	Gouzha Lake	5080	244	北淡南咸 Salty or tasteless
达则错	Dazhe Lake	4461	243	咸 Salty
许如错	Xuru Lake	4714	208	盐 Salt
扎布耶茶卡	Zabuyeca Lake	4400	235	盐 Salt
仁青休布错	Renqingxiubu Lake	4760	200	盐 Salt

1-6 西藏境内海拔5000米以上的湖泊

STATISTICS OF LAKE HEIGHT ABOVE SEA LEVEL OVER 5000 METER FOR TIBET

湖泊名称 Lake name		湖面海拔(米) Lake Sea Level (m)	湖面面积(平方公里) Lake Area (sq.km)	湖泊类型 Lake Type
普莫雍错	Mopuyong Lake	5009	284	咸 Salty
郭扎错	Gouzha Lake	5080	244	北淡南咸 Salty or tasteless
杰萨错	Jiesa Lake	5202	150	淡 Tasteless
打加错	Dajia Lake	5170	145	-
帕龙错	Palong Lake	5116	140	咸 Salty
龙木错	Longmu Lake	5002	97	盐 Salty
黑石北错	Heishibei Lake	5048	93	咸 Salty
令戈错	Lingge Lake	5051	89	-
窝尔巴错	Woerba Lake	5177	89	咸 Salty
布岩错	Buyan Lake	5158	85	-
森里错	Shengli Lake	5386	78	淡 Tasteless
独立石湖	Dulishi Lake	5031	76	咸 Salty
美日切错	Meiriqie Lake	5354	64	咸 Salty
骆驼错	Luotuo Lake	5103	62	盐 Salty
清澈错	Qingche Lake	5104	57	盐 Salty
阿果错	Arguo Lake	5000	55	盐 Salty
错纳错	Cuonacuo Lake	5145	50	盐 Salty

第二篇

综　合

Chapter 2

GENERAL SURVEY

2-1 各部门机构数

GRASSROOTS UNITS IN VARIOUS SECTORS

部门		Sector		2006	2007	2008	2009
农村基层组织	（个）	**Rural Grassroots Units**	**(unit)**				
乡政府		Township Governments		549	542	542	542
镇政府		Town Governments		139	142	140	140
村民委员会		Village Committees		5737	5889	5261	5261
乡村户数	（万户）	Numbers of Rural Huoseholds	(10000 households)	40.75	42.78	44.09	46.03
工业企业	（个）	**Industrial Enterprises**	**(unit)**	**451**	**443**	**465**	**519**
#国有企业		State-owned		218	214	128	180
#集体企业		Collective-owned		85	81	71	84
建筑业企业	（个）	**Construction Enterprises and Units**	**(unit)**	**163**	**168**	**175**	**178**
#国有企业		Construction Enterprises		25	24	23	24
邮电局所	（个）	**Post and Telecommunications Offices**	**(unit)**	**126**	**193**	**193**	**194**
卫生事业	（个）	**Health Care**	**(unit)**	**1349**	**1339**	**1326**	**1329**
#医院及卫生院		Urban and Township Hospital		763	765	764	763
门诊部、所		Clinics		446	419	412	417
卫生防疫站		Sanitation and Antiepidemic Stations		81	79	81	81
教育事业	（所）	**Education**	**(unit)**	**1011**	**1014**	**1017**	**1014**
普通高等学校		Regular Institutions of Higher Education		6	6	6	6
中等学校		Secondary Schools		125	124	126	124
#普通中学		Regular Secondary Schools		118	117	119	118
小学		Primary Schools		880	884	885	884
幼儿园		Kindergartens		46	61	83	88
文化事业	（个）	**Cultural Institutions**	**(unit)**	**264**	**258**	**314**	**360**
艺术事业		Art Institutions		49	44	51	51
群众文化事业		Mass Cultural Establishments		210	208	257	297
图书馆事业		Libraries		3	4	4	4
文物事业	（个）	**Cultural Relie Establishments**	**(unit)**	**17**	**17**	**17**	**17**
出版发行事业	（个）	**Publishing and Distribution Establishments**	**(unit)**	**72**	**86**	**86**	**90**
广播电视	（座）	**Broadcasting and Television Stations**	**(unit)**	**85**	**85**	**85**	**85**
广播电台		Radio Stations		1	1	1	1
电视台		Television Stations		5	5	5	5
广播电视台		Broadcast-Television Stations		3	3	3	3
县级以上有线电视转播发射台		TV Transmission Stations and Relaying Station in Counties and City		76	76	76	76

2-2 国民经济和社会发展总量与速度指标

指　标		Item		总量指标		
				1965	1978	1993
人　口	（万人）	**Population**	**(10000 persons)**			
年末常住人口数		Year-end Population		137.12	178.82	232.22
#市镇人口		Urban			20.21	38.39
乡村人口		Rural			158.61	193.83
#男性人口		Male		66.91	87.26	114.82
女性人口		Female		70.21	91.56	117.40
从业人数	（万人）	**Employment**	**(10000 persons)**			
#职工人数		Staff and Workers		6.25	13.52	16.90
地区生产总值	（亿元）	**Gross Domestic Product**	**(100 million yuan)**	3.27	6.65	37.42
第一产业		Primary Industry		2.32	3.37	18.30
第二产业		Secondary Industry		0.22	1.84	5.49
第三产业		Tertiary Industry		0.73	1.44	13.63
固定资产投资	（亿元）	**Investment in Fixed Assets**	**(100 million yuan)**			
固定资产投资总额		Total Investment in Fixed Assets			1.85	18.15
财　政	（亿元）	**Public Finance**	**(100 million yuan)**			
地方财政收入		Total Revenue of Lpcal Governments		0.22	-0.16	1.56
财政支出		Total Expenditures		1.13	4.57	21.60
物价指数(上年=100)		**Price Indices**	**(preceding year=100)**			
商品零售价格总指数		General Retail Price Index				111.9
居民消费价格总指数		General Consumer Price Index				113.4
人民生活		**People's Livelihood**				
城镇居民人均可支配收入	（元）	Per Capita Annual Disposable Income of Urban Households			565	2348
农牧民人均纯收入	（元）	Per Capita Net Income of Rural Residents	(yuan)		175	706
储蓄存款余额	（亿元）	Outstanding Amount of Saving Deposits in Urban & Rural Areas	(100million yuan)	0.25	0.33	9.05
职工工资		**Wages of Staff and Workers**				
职工工资总额	（亿元）	Total Wages of Staff and Workers	(100 million yuan)	0.59	1.11	6.79
职工平均工资	（元）	Average Wage of Staff and Workers	(yuan)	938	850	4085
农　业	（亿元）	**Agriculture**	**(100 million yuan)**			
农林牧渔业总产值		Gross Output Value of Farming Forestry, Animal Household and Fishery		2.64	3.92	22.99

PRINCIPAL AGGREGATE INDICATORS ON NATIONAL ECONOMIC AND SOCIAL DEVELOPMENT AND THEIR RELATED INDICES AND GROWTH RATES

Aggregate Data				速度指标 (%) Indices and Growth Rates								
				指数 Index (2009年比以下各年) (2009 as percentage of the following years)					年平均增长速度 Average Annual Growth Rate			
2000	2003	2008	2009	1965	1978	1993	2000	2008	1966-2009	1979-2009	1994-2009	2001-2009
259.83	270.17	287.08	290.03	211.5	162.2	124.9	111.6	101.0	2.4	1.6	1.4	1.2
50.22	53.49	64.90	69.03		341.6	179.8	137.5	106.4		4.0	3.7	3.6
209.61	216.68	222.18	221.00		139.3	114.0	105.4	99.5		1.1	0.8	0.6
131.47	136.70	144.18	146.03	218.2	167.4	127.2	111.1	101.3	1.8	1.7	1.5	1.2
128.36	133.47	142.90	144.00	205.1	157.3	122.7	112.2	100.8	1.6	1.5	1.3	1.3
16.24	14.68	18.07	18.89	302.2	139.7	111.8	116.3	104.5	2.7	1.1	0.7	1.7
117.80	185.09	394.85	441.36	3954.1	2084.9	686.8	286.2	112.4	8.7	10.3	12.8	12.4
36.39	40.70	60.62	63.88	579.3	422.4	186.6	145.6	103.0	4.1	4.8	4.0	4.3
27.05	47.99	115.56	136.63	17938.1	2512.3	1572.7	415.3	121.7	12.5	11.0	18.8	17.1
54.37	95.89	218.67	240.85	14547.6	7447.1	1024.7	310.9	110.4	12.0	14.9	15.7	13.4
66.50	138.62	309.93	379.42		20509.2	2090.5	570.6	122.4		18.7	20.9	21.3
6.33	10.03	28.59	30.91	14050.0		1981.4	488.3	108.1	11.9		20.5	19.3
61.61	148.20	384.02	471.13	41692.9	10309.2	2181.2	764.7	122.7	14.7	16.1	21.2	25.4
99.2	99.4	103.9	99.5									
99.9	100.9	105.7	101.4									
6448	8058	12482	13544		2397.2	576.8	210.0	108.5		10.8	11.6	8.6
1331	1691	3176	3532		2018.3	500.3	265.4	111.2		10.2	10.6	11.5
40.48	91.90	184.90	226.37	90548.0	68597.0	2501.3	559.2	122.4	16.7	23.5	22.3	21.1
23.20	38.83	84.84	92.08	15606.8	8295.5	1356.1	396.9	108.5	12.2	15.3	17.7	16.6
14976	26931	47280	48750	5197.2	5735.3	1193.4	325.5	103.1	9.4	14.0	16.8	14.0
51.21	58.63	88.45	93.38	594.3	400.1	213.6	164.2	105.6	4.1	4.6	4.9	5.7

2-2 续表1

指　　标		Item		总量指标 1965	1978	1993
#农业产值		Gross Output Value of Animal Husbandry		0.85	1.47	10.05
牧业产值		Gross Output Value of Farming		1.79	2.44	12.37
主要产品产量		**Output of Major Farm Products**				
粮食	（万吨）	Grain	(10000 tons)	29.07	51.34	67.22
油菜籽	（吨）	Oil-bearing Crops	(ton)	5264	7914	26040
猪牛羊肉	（万吨）	Pork,Beef and Mutton	(10000 tons)		4.71	10.25
年末牲畜存栏		**Number of Livestock in Year-end**				
大牲畜	（万头）	Large Animal	(10000 heads)	459	509	588
猪	（万头）	Hog	(10000 heads)	13	25	20
羊	（万头）	Sheep and Goats	(10000 heads)	1229	1815	1713
工业		**Industry**				
工业总产值	（亿元）	Gross Industrial Output Value	(100 million yuan)	0.23	1.49	5.99
主要产品产量		Output of Major Industrial Products				
铬矿石	（万吨）	Chromium Ore	(10000 tons)		1.25	7.13
发电量	（亿千瓦时）	Electricity	(100 million kwh)	0.28	1.34	3.93
水泥	（万吨）	Cement	(10000 tons)	1.06	6.20	13.09
全部规模以上工业企业主要指标		Main Indicators of all Industrial Enterprises above Designated Size				
资产总计	（亿元）	Total Assets	(100 million yuan)			
利润总额	（亿元）	Total Profits	(100 million yuan)			
运输、邮电		**Transportation , Postal and Telecommunications Services**				
货运总量	（万吨）	Freight Traffic	(10000 tons)	29.60	49.0	153.62
#公路		Highways		29.60	49.0	144.68
铁路						
客运总量	（万人次）	Passenger Traffic	(10000 persons-times)	9.30	6.0	218.70
#公路		Highways		9.30	6.0	207.42
铁路						
旅客周转量	（万人公里）	Passenger-kilometers	(10000 passenger-km)	5694	5036	41077
#公路		Highways		5694	5036	25884
货物周转量	（万吨公里）	Freight Ton-kilometers	(10000 ton-km)	17874	38333	73244
#公路		Highways		17874	38333	63550
邮电业务量	（万元）	Total Business Revenue	(10000 yuan)	284	214	3273
函件	（万件）	Number of Letters Delivered	(10000 pieces)	478	557	1168

continued

Aggregate Data				速度指标 (%) Indices and Growth Rates								
				指数 Index (2009年比以下各年) (2009 as percentage of the following years)					年平均增长速度 Average Annual Growth Rate			
2000	2003	2008	2009	1965	1978	1993	2000	2008	1966-2009	1979-2009	1994-2009	2001-2009
26.36	25.28	39.70	39.06	497.5	296.3	188.2	127.6	98.4	3.7	3.6	4.0	2.7
23.53	27.09	38.96	44.29	412.9	298.8	201.7	168.2	113.7	3.3	3.6	4.5	5.9
96.22	96.60	95.03	90.53	311.4	176.3	134.7	94.1	95.3	2.6	1.8	1.9	-0.7
39610	49378	52125	57729	1096.7	729.5	221.7	145.7	110.8	5.6	6.6	5.1	4.3
14.93	18.98	24.46	25.52		541.8	249.0	170.9	104.3		5.6	5.9	6.1
579	647	696	705	153.6	138.5	119.9	121.8	101.3	1.0	1.1	1.1	2.2
23	25	31	35	269.2	140.0	175.0	152.2	112.9	2.3	1.1	3.6	4.8
1664	1779	1678	1584	128.9	87.3	92.5	95.2	94.4	0.6	-0.4	-0.5	-0.5
18.30	23.96	59.72	65.80	6598.7	1167.7	641.8	296.7	112.9	10.0	8.3	12.3	12.8
19.66	15.58	10.17	12.45		996.0	174.6	63.3	122.4		7.7	1.8	-4.9
6.61	10.16	18.45	22.03	7867.9	1644.0	560.6	333.3	119.4	10.4	9.5	11.4	14.3
49.32	88.91	168.50	189.88	17913.2	3062.6	1450.6	385.0	112.7	12.5	11.7	18.2	16.2
75.24	84.88	223.87	251.08				333.7	112.2				14.3
2.68	2.86	4.50	6.82				254.5	151.6				10.9
209.30	279.44	749.63	998.26	3372.5	2037.3	649.8	477.0	133.2	8.3	10.2	12.4	19.0
196.00	266.00	711.00	959.00	3239.9	1957.1	662.8	489.3	134.9	8.2	10.1	12.5	19.3
		25.60	22.80					89.1				
310.08	325.17	6930.10	7965.80	85653.8	132763.3	3642.3	2568.9	114.9	16.6	26.1	25.2	43.4
257.00	255.21	6786.00	7760.00	83440.9	129333.3	3741.2	3019.5	114.4	16.5	26.0	25.4	46.0
		62.20	74.00					119.0				
62016	64865	383748	364454	6400.7	7237.0	887.2	587.7	95.0	9.9	14.8	14.6	21.7
32125	32612	241445	190140	3339.3	3775.6	734.6	591.9	78.8	8.3	12.4	13.3	21.8
91981	115168	367863	372777	2085.6	972.5	509.0	405.3	101.3	7.1	7.6	10.7	16.8
80912	103157	287949	256469	1434.9	669.1	403.6	317.0	89.1	6.2	6.3	9.1	13.7
38431	98192	417265	521235	183533.5	243567.8	15925.3	1356.3	124.9	18.6	28.6	37.3	33.6
1349	637	284	536	112.1	96.2	45.9	39.7	188.5	0.3	-0.1	-4.8	-9.7

2-2 续表2

指标		Item		总量指标		
				1965	1978	1993
报刊期发数	（万份）	Number of Newspapers and Magazines Distributed	(10000 copies)	4	19	26
国内贸易		**Domestic Trade**				
社会消费品零售总额	（亿元）	Total Retail Sales of Consumer Goods	(100 million yuan)		2.45	18.16
市		City			0.95	7.63
县		Country			0.37	6.90
县以下		Under Country Level			1.13	3.63
对外贸易		**Foreign Trade**				
进出口总额	（万美元）	Total Exports and Imports	(10000 USD)	243	1664	10265
出口		Exports		39	158	1503
进口		Imports		204	1506	8762
旅游		**Tourism**				
接待国际旅游人数	（万人次）	Number of International Tourists Received	(10000 persons)			5.44
旅游外汇收入	（万美元）	Foreign Exchange Earnings from Tourism	(10000 USD)			675
金融		**Finance**				
金融机构各项存款	（亿元）	Deposits of National Banking System	(100 million yuan)	2.30	7.06	32.68
金融机构各项贷款	（亿元）	Loans of National Bamking System	(100 million yuan)	0.91	1.61	33.01
教育		**Education**				
在校学生数		Students Enrollment				
高等学校	（人）	Institutions of Higher Education	(person)	2251	2081	2813
中等专业学校	（人）	Specialized Secondary Schools	(person)	455	4640	4948
普通中学	（人）	Regular Secondary Schools	(person)	1059	17679	25693
小学	（万人）	Primary Schools	(10000 persons)	6.68	26.26	21.19
文化		**Culture**				
出版数量		Publications				
报纸	（千份）	Number of Newspapers Issue	(1000 copies)	3258	26669	15377
杂志	（千册）	Number of Magazines Issue	(1000 copies)		74	297
图书	（千册）	Number of Books Published	(1000 copies)	500	3060	4164
卫生		**Health Care**				
医院、卫生院	（个）	Number Hospitals	(unit)	86	519	293
医院、卫生院床位数	（张）	Number of Hospital Beds	(unit)	1570	4198	4515
卫生技术人员	（人）	Medical Technical Personnel	(person)	2424	5780	7540

continued

Aggregate Data				速度指标 (%) Indices and Growth Rates								
				指数 Index （2009年比以下各年）(2009 as percentage of the following years)					年平均增长速度 Average Annual Growth Rate			
2000	2003	2008	2009	1965	1978	1993	2000	2008	1966-2009	1979-2009	1994-2009	2001-2009
40	22	26	26	650.0	136.8	持平	65.0	持平	4.3	1.0		-4.7
42.52	57.83	129.99	156.58		6391.0	862.2	368.3	120.5		14.4	14.4	15.6
20.42	25.87	64.73	76.02		8002.1	996.3	372.3	117.4		15.2	15.5	15.7
16.43	24.80	51.34	62.26		16827.0	902.3	378.9	121.3		18.0	14.7	16.0
5.67	7.15	13.92	18.30		1619.5	504.1	322.8	131.5		9.4	10.6	13.9
13029	16115	76543	40202	16544.0	2416.0	391.6	308.6	52.5	12.3	10.8	8.9	13.3
11333	12166	70721	37535	96243.6	23756.3	2497.3	331.2	53.1	16.9	19.3	22.3	14.2
1696	3949	5822	2667	1307.4	177.1	30.4	157.3	45.8	6.0	1.9	-7.2	5.2
14.94	5.11	6.80	17.49			321.5	117.1	257.2			7.6	1.8
5226	1891	3112	7873			1166.4	150.7	253.0			16.6	4.7
144.98	320.87	827.85	1027.24	44662.6	14550.1	3143.3	708.5	124.1	14.9	17.4	24.0	24.3
80.62	144.44	218.98	248.01	27253.8	15404.3	751.3	307.6	113.3	13.6	17.6	13.4	13.3
5475	10409	29409	30264	1344.5	1454.3	1075.9	552.8	102.9	6.1	9.0	16.0	20.9
6585	6718	21003	21357	4693.8	460.3	431.6	324.3	101.7	9.1	5.0	9.6	14.0
55232	114136	184513	181570	17145.4	1027.0	706.7	328.7	98.4	12.4	7.8	13.0	14.1
31.38	32.21	31.18	30.52	456.9	116.2	144.0	97.3	97.9	3.5	0.5	2.3	-0.3
28712	45130	88662	122774	3768.4	460.4	798.4	427.6	138.5	8.6	5.0	13.9	17.5
580	716	2808	1327		1793.2	446.8	228.8	47.3		9.8	9.8	9.6
5240	7810	12860	13390	2678.0	437.6	321.6	255.5	104.1	7.8	4.9	7.6	11.0
810	769	764	763	887.2	147.0	260.4	94.2	99.9	5.1	1.3	6.2	-0.7
6156	5859	8344	8193	521.8	195.2	181.5	133.1	98.2	3.8	2.2	3.8	3.2
8948	8287	9435	10047	414.5	173.8	133.2	112.3	106.5	3.3	1.8	1.8	1.3

2-3 国民经济和社会发展结构指标

STRUCTURAL INDICATORS ON NATIONAL ECONOMIC AND SOCIAL DEVELOPMENT

单位：% (%)

指标	Item	1978	1994	2003	2008	2009
常住人口	Population					
城乡结构	Urban and Rural Structure					
城镇	Urban	11.3	16.6	19.8	22.6	23.8
乡村	Rural	88.7	83.4	80.2	77.4	76.2
性别结构	Sexual Structure					
男	Male	48.8	49.4	50.6	50.2	50.3
女	Female	51.2	50.6	49.4	49.8	49.7
地区生产总值	Gross Domestic Product					
第一产业	Primary Industry	50.7	46.0	22.0	15.3	14.5
第二产业	Secondary Industry	27.7	17.1	26.0	29.2	30.9
第三产业	Tertiary Industry	21.6	36.9	52.0	55.5	54.6
就业产业结构	Industrial Structure of Employment					
第一产业	Primary Industry	82.0	77.1	64.1	54.6	54.5
第二产业	Secondary Industry	5.9	3.7	9.3	34.9	10.8
第三产业	Tertiary Industry	12.1	19.2	26.6	10.5	34.7
投资	Investment					
全社会固定资产投资	Total Investment in Fixed Assets					
第一产业	Primary Industry		4.6	4.6	5.2	6.2
第二产业	Secondary Industry		30.5	19.0	21.0	24.2
第三产业	Tertiary Industry		64.9	76.4	73.8	69.6
资金来源结构	Structure of Funded Sources					
国家预算内资金	State Budgetary Appropriation		49.1	61.2	59.1	57.1
国内贷款	Domestic Loans		4.4	4.9	1.5	2.9
自筹和其他投资	Fundraising		46.5	33.9	39.4	40.0
农业	Agriculture					
农林牧渔业产值结构	Structure of Gross Output Value					
农业	Farming	39.6	49.0	43.1	44.9	41.8
林业	Forestry	0.4	2.4	9.1	7.7	7.6
牧业	Animal Husbandry	59.9	48.6	46.2	44.0	47.4
渔业	Fishery	…		1.6	0.3	0.2
工业	Industry					
轻工业	Light Industry	38.1	47.2	37.5	38.1	41.3
重工业	Heavy Industry	61.9	52.8	62.5	61.9	58.7

2-4 平均每天主要社会经济活动

SELECTED IEDICATORS ON AVERAGE DAILY SOCIAL AND ECONOMIC ACTIVITIES

指标		Item		1978	1994	2003	2008	2009
每天创造的财富		**Daily Production**						
地区生产总值	（万元）	Gross Domestic Product	(10000 yuan)	182	1260	5071	10818	12092
第一产业		Primary Industry		92	579	1115	1661	1750
第二产业		Secondary Industry		50	216	1305	3166	3743
工业		Industry		17	94	378	808	907
建筑业		Construction		34	122	927	2358	2836
第三产业		Tertiary Industry		40	465	2651	5991	6597
农业总产值	（万元）	Gross Output Value of Agriculture	(10000 yuan)	107	735	1606	2423	2558
工业总产值	（万元）	Gross Industrial Output Value	(10000 yuan)	41	209	657	1636	1803
地方财政收入	（万元）	Local Government Revenue	(10000 yuan)		39	275	783	847
财政支出	（万元）	Government Expenditures	(10000 yuan)	125	830	4060	10521	12908
粮食	（吨）	Grain	(ton)	1407	1820	2647	2604	2480
油菜籽	（吨）	Oil-bearing Crops	(ton)	22	80	135	165	158
发电量	（万千瓦时）	Electricity	(10000 kwh)	37	122	278	506	603
水泥	（吨）	Cement	(ton)	170	411	2436	4616	5202
铬矿石	（吨）	Chromium Ore	(ton)	34	203	427	279	336
每天消费量		**Daily Consumption**						
最终消费	（万元）	Final Consumption Expenditure	(10000 yuan)		897	4604	7242	8416
居民消费		Resident Consumption			703	2078	2754	3210
政府消费		Government Consumption				2526	4488	5206
社会消费品零售总额	（万元）	Total Retail Sales of Consumer Goods	(10000 yuan)	67	568	1597	3561	4290
每天其他活动		**Other Daily Activities**						
邮电业务总量	（万元）	Business Volume of Postal and telecommunications Services	(10000 yuan)	0.59	11	269	1143	1428
海外旅游人数	（人次）	Number of Tourists	(person-times)		181	140	186	479
居民储蓄额	（万元）	Outstanding Amount of Saving Deposit	(10000 yuan)	9	306	2518	5066	6202
出版报纸	（千印张）	Number of Newspapers Published	(1000 copies)	73	74	124	243	336
出版图书	（千册）	Number of Books Published	(1000 copies)	8	8	21	33	37

2-5 人均主要经济指标

PER CAPITA MAIN INDICATORS ON ECONOMIC BENEFIT

年份 Year	地区生产总值（元） Gross Domestic Product (yuan)	农业总产值（元） Gross Output Value of Agriculture (yuan)	工业总产值（元） Gross Industrial Output Value (yuan)	粮食产量（公斤） Yield of Grain (kg)	社会消费品零售总额（元） Total Retail Sales of Consumer Goods (yuan)	储蓄存款余额（元） Outstanding Amount of Saving Deposit (yuan)	农牧民人均纯收入（元） Per Capita Net Income of Rural Residents (yuan)	全部职工人均工资（元） Average Wage of All Staff and Workers (yuan)
1965	241	194	17	214				940
1978	375	221	84	290	105		175	850
1979	404	226	92	234	116		233	995
1980	471	289	81	274	123		274	1025
1981	560	354	65	260	142	34	296	1055
1982	544	338	74	239	159	40	324	1313
1983	538	311	77	193	168	51	318	1362
1984	702	406	99	254	396	64	446	1678
1985	894	550	107	268	406	80	535	1963
1986	842	494	101	226	389	99	492	2375
1987	863	506	105	228	422	111	519	2499
1988	964	616	126	242	454	134	573	2710
1989	1021	640	156	257	551	155	555	2881
1990	1276	899	171	256	551	180	582	3181
1991	1358	941	198	289	593	227	617	3355
1992	1468	990	219	290	651	260	653	3448
1993	1624	998	260	292	788	334	706	4085
1994	1964	1146	325	284	885	472	817	7115
1995	2358	1508	382	302	1021	807	878	7382
1996	2688	1594	429	321	1083	1098	975	11087
1997	3144	1688	479	322	1315	1230	1085	10098
1998	3666	1698	578	341	1391	1330	1158	10987
1999	4180	1902	655	364	1484	1441	1258	12904
2000	4572	1988	710	373	1650	1558	1331	14976
2001	5324	2027	764	376	1861	1908	1404	19144
2002	6117	2108	816	371	1998	2637	1521	24766
2003	6893	2184	892	360	2153	3401	1691	26931
2004	8103	2307	1045	353	2323	3927	1861	29292
2005	9036	2460	1222	339	2660	4444	2078	28950
2006	10422	2526	1440	331	3226	4975	2435	31518
2007	12083	2825	1785	332	3985	5615	2788	46098
2008	13824	3097	2091	333	4551	6440	3176	47280
2009	15295	3236	2279	314	5426	7805	3532	48750

2-6 地区生产总值

GROSS DOMESTIC PRODUCT

单位：亿元　　　　(100 million yuan)

年份 Year	地区生产总值 Gross Domestic Product	第一产业 Primary Industry	第二产业 Secondary Industry	工业 Industry	建筑业 Construction	第三产业 Tertiary Industry	人均地区生产总值(元) Per Capita GDP (yuan)
1951	1.29	1.26	0.001		0.001	0.030	114
1959	1.74	1.28	0.22	0.15	0.07	0.24	142
1965	3.27	2.32	0.22	0.09	0.13	0.73	241
1978	6.65	3.37	1.84	0.61	1.23	1.44	375
1979	7.30	3.50	2.02	0.67	1.35	1.78	404
1980	8.67	4.64	2.18	0.8	1.38	1.85	471
1981	10.40	6.30	1.68	0.70	0.98	2.42	560
1982	10.21	5.82	2.09	0.79	1.30	2.30	544
1983	10.29	5.50	2.59	1.09	1.50	2.20	538
1984	13.68	6.38	2.80	1.01	1.79	4.50	702
1985	17.76	8.87	3.08	1.23	1.85	5.81	894
1986	16.93	7.95	2.18	1.01	1.17	6.82	842
1987	17.71	8.07	2.13	1.09	1.04	7.51	863
1988	20.25	9.65	2.41	1.28	1.12	8.19	964
1989	21.86	10.04	2.84	1.58	1.26	8.98	1021
1990	27.70	14.10	3.57	1.92	1.65	10.03	1276
1991	30.53	15.50	4.17	2.27	1.90	10.86	1358
1992	33.29	16.59	4.46	2.56	1.90	12.24	1468
1993	37.42	18.30	5.49	2.70	2.79	13.63	1624
1994	45.99	21.14	7.88	3.43	4.44	16.97	1964
1995	56.11	23.48	13.24	4.10	9.13	19.39	2358
1996	64.98	27.20	11.32	4.40	6.93	26.46	2688
1997	77.24	29.23	16.88	8.16	8.72	31.13	3144
1998	91.50	31.37	20.14	9.05	11.09	39.99	3666
1999	105.98	34.25	23.86	9.50	14.36	47.86	4180
2000	117.80	36.39	27.05	10.17	16.88	54.37	4572
2001	139.16	37.54	31.97	10.88	21.09	69.65	5324
2002	162.04	39.75	32.72	11.65	21.07	89.56	6117
2003	185.09	40.70	47.64	13.82	33.82	96.76	6893
2004	220.34	44.30	52.74	16.10	36.64	123.30	8103
2005	248.80	48.04	63.52	17.48	46.04	137.24	9036
2006	290.76	50.90	80.10	21.71	58.39	159.76	10422
2007	341.43	54.89	98.48	27.62	70.86	188.06	12083
2008	394.85	60.62	115.56	29.48	86.08	218.67	13824
2009	441.36	63.88	136.63	33.11	103.52	240.85	15295

注:本表按当年价格计算。依据第二次经济普查资料，对2005-2008年地区生产总值进行了修订。

Note: Data in this table are calculated at current prices.From 2005 to 2008,figures on gross domestic product have been adjusted in accordance with the results of the Second Economic Census.

2-7 地区生产总值构成

COMPOSITION OF GROSS DOMESTIC PRODUCT

单位：% (%)

年份 Year	地区生产总值 Gross Domestic Product	第一产业 Primary Industry	第二产业 Secondary Industry	工业 Industry	建筑业 Construction	第三产业 Tertiary Industry
1951	100.0	97.7	…		…	2.3
1959	100.0	73.6	12.6	8.6	4.0	13.8
1965	100.0	70.9	6.8	2.8	4.0	22.3
1978	100.0	50.7	27.7	9.2	18.5	21.6
1979	100.0	47.9	27.7	9.2	18.5	24.4
1980	100.0	53.5	25.2	9.2	15.9	21.3
1981	100.0	60.6	16.2	6.7	9.4	23.2
1982	100.0	57.0	20.5	7.7	12.7	22.5
1983	100.0	53.4	25.2	10.6	14.6	21.4
1984	100.0	46.6	20.5	7.4	13.1	32.9
1985	100.0	49.9	17.4	6.9	10.4	32.7
1986	100.0	47.0	12.8	6.0	6.9	40.2
1987	100.0	45.6	12.0	6.2	5.9	42.4
1988	100.0	47.7	11.9	6.3	5.5	40.4
1989	100.0	45.9	13.0	7.2	5.8	41.1
1990	100.0	50.9	12.9	6.9	5.8	36.2
1991	100.0	50.8	13.7	7.4	6.2	35.5
1992	100.0	49.8	13.4	7.7	5.7	36.8
1993	100.0	48.9	14.7	7.2	7.5	36.4
1994	100.0	46.0	17.1	7.5	9.7	36.9
1995	100.0	41.8	23.6	7.3	16.3	34.6
1996	100.0	41.9	17.4	6.8	10.7	40.7
1997	100.0	37.8	21.9	10.6	11.3	40.3
1998	100.0	34.3	22.0	9.9	12.1	43.7
1999	100.0	32.3	22.5	9.0	13.5	45.2
2000	100.0	30.9	23.0	8.6	14.3	46.2
2001	100.0	27.0	23.0	7.8	15.2	50.1
2002	100.0	24.5	20.2	7.2	13.0	55.3
2003	100.0	22.0	25.7	7.5	18.3	52.3
2004	100.0	20.1	23.9	7.3	16.6	56.0
2005	100.0	19.3	25.5	7.0	18.5	55.2
2006	100.0	17.5	27.6	7.5	20.1	54.9
2007	100.0	16.1	28.8	8.1	20.7	55.1
2008	100.0	15.3	29.3	7.5	21.8	55.4
2009	100.0	14.5	30.9	7.5	23.4	54.6

注:本表按当年价格计算。

Note: The indices in this table are caculated at current prices.

2-8 地区生产总值指数

INDICES OF GROSS DOMESTIC PRODUCT

上年=100　　(preceding year=100)

年份 Year	地区生产总值 Gross Domestic Product	第一产业 Primary Industry	第二产业 Secondary Industry	工业 Industry	建筑业 Construction	第三产业 Tertiary Industry	人均地区生产总值 Per Capita GDP
1959	101.2	91.1	128.6	96.5	422.7	166.9	100.7
1960	145.8	115.9	292.6	270.0	339.9	167.8	141.7
1965	116.1	110.1	176.2	190.9	167.0	124.8	114.2
1978	107.2	102.9	115.3	107.4	120.1	108.5	105.1
1979	107.8	103.9	109.1	112.3	108.5	118.0	105.6
1980	122.4	139.7	100.3	107.6	96.5	100.4	120.2
1981	120.5	134.5	75.1	85.9	68.9	124.8	119.5
1982	100.3	89.9	159.3	140.0	173.2	98.1	99.3
1983	94.8	90.7	100.2	115.6	91.3	104.6	93.0
1984	125.3	108.0	87.1	74.2	96.7	238.4	122.9
1985	115.4	113.6	107.9	102.3	111.1	111.0	109.8
1986	90.8	91.2	67.1	96.3	52.3	100.3	89.4
1987	100.1	101.5	104.2	106.2	102.2	97.6	98.0
1988	104.2	106.3	100.0	110.9	89.2	103.3	101.8
1989	108.4	104.1	117.9	116.3	118.5	110.0	106.3
1990	108.9	106.5	114.4	113.5	116.3	109.5	107.8
1991	100.4	96.3	108.6	107.9	109.4	103.6	98.4
1992	107.1	103.5	105.7	103.2	101.6	112.6	106.1
1993	115.5	106.6	119.7	108.6	132.9	127.4	113.7
1994	115.7	104.0	128.8	108.6	148.4	125.5	113.8
1995	117.9	104.0	167.5	109.1	208.8	113.2	116.0
1996	113.2	104.2	90.8	106.9	84.8	134.9	111.5
1997	111.8	104.0	114.4	108.9	117.0	116.7	110.0
1998	112.1	101.7	121.1	107.8	126.9	115.6	110.3
1999	112.3	105.3	120.2	106.1	125.4	113.2	110.5
2000	110.4	102.1	116.1	106.7	119.0	112.6	108.6
2001	112.7	103.1	117.8	106.7	124.1	116.0	111.1
2002	112.9	104.4	120.5	105.7	128.1	113.9	111.4
2003	112.0	103.4	113.4	110.5	114.7	115.2	110.5
2004	112.1	105.5	111.4	116.4	109.3	115.1	110.8
2005	112.1	105.5	123.6	110.1	129.6	109.7	110.7
2006	113.3	103.1	123.0	117.2	125.2	112.4	111.8
2007	114.0	104.2	116.0	117.7	115.4	116.0	112.5
2008	110.1	106.2	107.9	108.7	107.6	112.4	109.0
2009	112.4	103.0	121.7	112.9	124.9	110.4	111.2

注:本表按可比价格计算。

Note: The indices in this table are caculated at comparable prices.

2-9 地区生产总值指数

INDICES OF GROSS DOMESTIC PRODUCT

1951年=100 (1951=100)

年份 Year	地区生产总值 Gross Domestic Product	第一产业 Primary Industry	第二产业 Secondary Industry	工业 Industry	建筑业 Construction	第三产业 Tertiary Industry	人均地区生产总值 Per Capita GDP
1959	135.4	101.8	32104.6	3102.4	10398.0	777.1	126.5
1965	254.1	184.4	32192.3	1913.9	18850.1	2826.3	212.6
1978	481.9	252.9	229859.4	11509.6	149850.9	5521.1	308.6
1979	519.5	262.8	250776.6	12925.3	162588.2	6514.9	325.9
1980	635.9	367.1	251528.9	13907.6	156897.6	6541.0	391.7
1981	766.3	493.7	188898.2	11946.6	108102.4	8163.2	468.1
1982	768.6	443.8	300914.8	16725.2	187233.4	8008.1	464.8
1983	728.6	402.5	301516.6	19334.3	170944.1	8376.5	432.3
1984	912.9	434.7	262621.0	14346.1	165302.9	19969.6	531.3
1985	1053.5	493.8	283368.1	14676.1	183651.5	22166.3	583.4
1986	956.6	450.3	190140.0	14133.1	96049.5	22232.8	521.6
1987	957.6	457.1	198125.9	15009.4	98162.6	21699.2	511.2
1988	997.8	485.9	198125.9	16645.4	87561.0	22415.3	520.4
1989	1081.6	505.8	233590.4	19358.6	103759.8	24656.8	553.2
1990	1177.9	538.7	267227.4	21972.0	120672.6	26999.2	596.3
1991	1182.6	518.9	290209.0	23707.8	132015.8	27971.2	586.8
1992	1266.6	537.1	306750.9	24466.4	134128.1	31495.6	622.6
1993	1462.9	572.5	367180.8	26570.5	178256.2	40125.4	707.9
1994	1692.6	595.5	472928.9	28855.6	264532.3	50357.4	805.6
1995	1995.6	619.3	792155.9	31481.4	552343.4	57004.5	934.5
1996	2259.0	645.3	719277.6	33653.7	468387.2	76899.1	1041.9
1997	2525.6	671.1	822853.5	36648.8	548013.0	89741.3	1146.1
1998	2831.1	682.5	996475.6	39507.4	695428.5	103740.9	1264.2
1999	3179.4	718.7	1197763.7	41917.4	872067.3	117434.7	1396.9
2000	3510.0	733.8	1390603.7	44725.9	1037760.1	132231.5	1517.1
2001	3955.8	756.5	1638131.1	47722.5	1287860.3	153388.5	1685.5
2002	4466.1	789.8	1973948.0	50442.7	1649749.1	174709.5	1877.6
2003	5002.0	816.6	2238457.1	55739.1	1892262.2	201265.4	2074.8
2004	5607.3	861.6	2493641.2	64880.4	2068242.6	231656.5	2298.8
2005	6285.8	909.0	3082140.5	71433.3	2680442.4	254127.2	2544.8
2006	7121.8	937.2	3791032.8	83719.8	3355913.9	285639.0	2845.1
2007	8118.9	976.6	4397598.0	98538.2	3872724.6	331341.2	3200.7
2008	8938.9	1037.1	4745008.2	107111.0	4167051.7	372427.5	3488.8
2009	10047.3	1068.2	5774675.0	120928.3	5204647.6	411160.0	3879.5

注:本表按可比价格计算。

Note: The indices in this table are caculated at constant prices.

2-10 分地区生产总值

GROSS DOMESTIC PRODUCT BY REGION

单位：亿元　　　　(100 million yuan)

地区	Region	2008				2009			
		地区生产总值 Gross Domestic Product	第一产业 Primary Industry	第二产业 Secondary Industry	第三产业 Tertiary Industry	地区生产总值 Gross Domestic Product	第一产业 Primary Industry	第二产业 Secondary Industry	第三产业 Tertiary Industry
拉萨市	Lhasa	138.79	8.12	39.52	91.15	154.27	8.56	46.08	99.63
昌都地区	Qamdo	51.78	13.33	16.93	21.52	57.90	14.03	22.15	21.72
山南地区	Shannan	40.72	3.26	16.33	21.13	45.48	3.42	19.36	22.70
日喀则地区	Xigazê	67.33	18.51	16.22	32.60	75.51	19.48	18.19	37.84
那曲地区	Nagqu	40.55	8.73	10.12	21.70	45.11	9.10	11.61	24.40
阿里地区	Ngari	14.70	3.28	3.47	7.95	16.34	3.45	3.99	8.90
林芝地区	Nyingchi	40.83	5.28	12.99	22.56	45.77	5.59	14.81	25.37

注:本表按当年价格计算。

Note: Data in value terms in the table are caculated at current prices.

2-11 分地区生产总值增长速度

INCREASE RATE OF GROSS DOMESTIC PRODUCT BY REGION

单位：%　　　　(%)

地区	Region	2008				2009			
		地区生产总值 Gross Domestic Product	第一产业 Primary Industry	第二产业 Secondary Industry	第三产业 Tertiary Industry	地区生产总值 Gross Domestic Product	第一产业 Primary Industry	第二产业 Secondary Industry	第三产业 Tertiary Industry
拉萨市	Lhasa	10.1	5.6	13.1	9.3	12.7	3.1	20.1	10.6
昌都地区	Qamdo	9.4	6.3	11.4	10.0	12.2	3.2	35.5	1.1
山南地区	Shannan	10.3	5.0	12.4	9.7	12.5	2.8	22.1	7.3
日喀则地区	Xigazê	10.1	6.2	10.6	12.2	11.8	3.3	19.1	13.6
那曲地区	Nagqu	10.4	6.7	9.9	12.0	11.4	2.5	18.9	11.7
阿里地区	Ngari	9.2	6.0	4.3	12.8	11.3	3.0	17.2	12.0
林芝地区	Nyingchi	11.0	5.1	6.0	16.4	13.5	3.5	17.6	13.5

注:本表按可比价格计算。

Note: The indices in this table are caculated at constant prices.

第三篇

人口 从业人员和职工工资

Chapter 3

POPULATION,EMPLOYMENT AND WAGES

3-1 人口数及构成

POPULATION AND ITS COMPOSITION

单位：万人

年份	总人口(年末) Total Population	按性别分 By Sex 男 Male 人口数 Population	比重(%) Proportion	女 Female 人口数 Population	比重(%) Proportion	按城乡分 By Residence 城镇 Urban 人口数 Population	比重(%) Proportion	乡村 Rural 人口数 Population	比重(%) Proportion
1990	221.47	109.85	49.6	111.62	50.4	36.32	16.4	185.15	83.6
1991	225.03	110.80	49.2	114.23	50.8	36.55	16.2	188.48	83.8
1992	228.53	112.46	49.2	116.07	50.8	36.78	16.1	191.75	83.9
1993	232.22	114.82	49.4	117.40	50.6	38.39	16.5	193.83	83.5
1994	236.14	116.68	49.4	119.46	50.6	39.20	16.6	196.94	83.4
1995	239.84	118.51	49.4	121.33	50.6	40.05	16.7	199.79	83.3
1996	243.70	121.10	49.7	122.60	50.3	43.64	17.9	200.06	82.1
1997	247.60	123.32	49.8	124.28	50.2	45.14	18.2	202.46	81.8
1998	251.54	124.51	49.5	127.03	50.5	46.69	18.6	204.85	81.4
1999	255.51	126.99	49.7	128.52	50.3	48.29	18.9	207.22	81.1
2000	259.83	131.47	50.6	128.36	49.4	50.22	19.3	209.61	80.7
2001	262.95	133.05	50.6	129.90	49.4	51.54	19.6	211.41	80.4
2002	266.88	135.04	50.6	131.84	49.4	52.85	19.8	214.04	80.2
2003	270.17	136.70	50.6	133.47	49.4	53.49	19.8	216.68	80.2
2004	273.68	138.48	50.6	135.20	49.4	54.24	19.8	219.44	80.2
2005	277.00	137.37	49.6	139.63	50.4	54.93	19.8	222.07	80.2
2006	281.00	139.66	49.7	141.34	50.3	55.72	19.8	225.28	80.2
2007	284.15	142.36	50.1	141.79	49.9	60.52	21.3	223.63	78.7
2008	287.08	144.18	50.2	142.90	49.8	64.90	22.6	222.18	77.4
2009	290.03	146.03	50.3	144.00	49.7	69.03	23.8	221.00	76.2

注:本表数据为常住人口数。是根据人口普查、每年的人口变动抽样调查推算数。

Note: Data in bracket were resident population , it adjusted on the basis of the national population censuses and the sample surveyon population changes every year.

3-2 人口出生率、死亡率和自然增长率

BIRTH RATE，DEATH RATE AND NATURAL GROWTH RATE OF POPULATION

单位:%

年份 Year	出生率 Birth Rate	死亡率 Death Rate	自然增长率 Natural Growth Rate	年份 Year	出生率 Birth Rate	死亡率 Death Rate	自然增长率 Natural Growth Rate
1990	26.0	8.9	17.1	2000	19.5	6.6	12.9
1991	24.5	8.4	16.1	2001	18.6	6.5	12.1
1992	23.6	8.1	15.5	2002	18.8	6.1	12.7
1993	23.8	7.6	16.2	2003	17.4	6.3	11.1
1994	24.9	8.7	16.2	2004	17.4	6.2	11.2
1995	24.9	8.8	16.1	2005	17.9	7.2	10.8
1996	24.7	8.5	16.2	2006	17.4	5.7	11.7
1997	23.9	7.9	16.0	2007	16.4	5.1	11.3
1998	23.7	7.8	15.9	2008	15.5	5.2	10.3
1999	23.2	7.4	15.8	2009	15.3	5.1	10.2

3-3 按三次产业分的从业人员

NUMBER OF EMPLOYED PERSONS BY TYPE OF INDUSTRY

年份 Year	合计(万人) Total (10000 persons)				构成(%) Proportion		
		第一产业 Primary Industry	第二产业 Secondary Industry	第三产业 Tertiary Industry	第一产业 Primary Industry	第二产业 Secondary Industry	第三产业 Tertiary Industry
1978	93.09	76.34	5.53	11.22	82.0	5.9	12.1
1979	98.23	80.55	5.68	12.00	82.0	5.8	12.2
1985	105.72	85.58	4.88	15.26	81.0	4.6	14.4
1986	107.37	85.75	5.37	16.25	79.9	5.0	15.1
1987	107.77	85.79	5.30	16.68	79.6	4.9	15.5
1988	107.24	85.38	4.90	16.96	79.6	4.6	15.8
1989	107.56	86.79	4.30	16.47	80.7	4.0	15.3
1990	107.88	87.08	4.13	16.67	80.7	3.8	15.5
1991	109.73	87.13	4.32	18.28	79.4	3.9	16.7
1992	110.92	86.78	4.67	19.47	78.2	4.2	17.6
1993	112.35	88.14	5.41	18.80	78.5	4.8	16.7
1994	114.34	88.21	4.21	21.92	77.1	3.7	19.2
1995	115.09	89.51	5.62	19.96	77.8	4.9	17.3
1996	117.7	89.72	5.84	22.14	76.2	5.0	18.8
1997	120.47	91.01	6.38	23.08	75.5	5.3	19.2
1998	120.22	89.27	6.87	24.08	74.3	5.7	20.0
1999	123.91	92.19	6.46	25.26	74.4	5.2	20.4
2000	124.18	90.98	7.35	25.85	73.3	5.9	20.8
2001	126.33	89.65	8.16	28.52	71.0	6.5	22.5
2002	130.20	89.63	8.11	32.46	68.8	6.2	25.0
2003	132.81	85.14	12.36	35.31	64.1	9.3	26.6
2004	137.32	86.00	13.17	38.15	62.6	9.6	27.8
2005	143.60	86.39	13.60	43.61	60.1	9.5	30.4
2006	148.20	87.32	14.28	46.60	58.9	9.6	31.4
2007	158.15	88.63	17.07	52.45	56.0	10.8	33.2
2008	163.50	89.41	17.09	57.00	54.6	10.5	34.9
2009	169.07	92.17	18.18	58.72	54.5	10.8	34.7

3-4 国民经济各行业从业人员数(2009年)

NUMBER OF EMPLOYED PERSONS BY OWNERSHIP (2009)

单位：人　　(person)

行　业	Sector	合计 Total	国有经济单位 State-owned Units	集体经济单位 Collective-owned Units	其他经济单位 Others Units	城镇私营和个体 Urban Private Enterprises	乡村从业人数 Rural Employed
总计	**Total**	**1690661**	**196761**	**4570**	**9793**	**285897**	**1193640**
农、林、牧、渔业	Farming,Forestry,Animal Hus–bandry and Fishery	921667	4616	19	267	4833	911932
采矿业	Mining and Quarrying	29788	1489	123	9	3746	24421
制造业	Manufacturing	24210	4242	1648	1761	16559	
电力、燃气及水的生产供应业	Electricity,Gas Water Production and Supply	9587	7537			2050	
建筑业	Construction	118202	3912	2220	2392	25580	84098
交通运输、仓储及邮政业	Transport,Storage,and Post	48135	7165	20	94	6383	34473
信息传输、计算机服务和软件业	Information Transmission,Computer Servecis and Software	8657	3706			4474	477
批发和零售业	Wholesale and Retail Trade	159131	4351	265	691	125816	28008
住宿和餐饮业	Stay Place and Catering	54068	3857	170	15	40266	9760
金融业	Finance and Insurance	7758	6658		1059	41	
房地产业	Real Estate Trade	2294	258		45	1991	
租赁和商务服务业	Tenancy and Commerce Servecis	12931	363	77	1016	11475	
科学研究、技术服务和地质勘查业	Science Studies,Technical Servecis and Geological Prospecting	7476	6790			686	
水利、环境和公共设施管理业	Water Environment and Municipal Engineering Conservancy	2069	1899			170	
居民服务和其他服务业	Resideng Services and Other Services	25006	195	4		24807	
教育	Education	39437	39384			53	
卫生、社会保障和社会福利业	Health Care,Social Security and Social Welfare	14709	13830			879	
文化、体育和娱乐业	Culture and Arts,Sports and Re–creation	16295	6110	24		10161	
公共管理和社会组织	Public Management and Social Organization	82843	80399		2444		
其他	Others	106398				5927	100471

注:其它包括区直单位(下同)。

Note: Others included minority nationality autonomous uints.(The next table is the same).

3-5 全区在岗职工人数及构成

NUMBER OF STAFF AND WORKERS AND ITS PROPORTION

年份 Year	合计(人) Total (person)	国有经济单位 State-owned Units	城镇集体经济单位 Urban Collective-owned	其他经济单位 Units of Other Type of Ownership	构成 (总计=100) Proportion (Total=100) 国有经济单位 State-owned Units	城镇集体经济单位 Urban Collective-owned	其他经济单位 Units of Other Type of Ownership
1978	135217	126663	8554		93.7	6.3	
1979	178489	167533	10956		93.9	6.1	
1980	193288	178433	14855		92.3	7.7	
1981	174227	162637	11590		93.3	6.7	
1982	182821	168301	14520		92.1	7.9	
1983	174964	160191	14773		91.6	8.4	
1984	176282	161695	14587		91.7	8.3	
1985	166772	152566	14018	188	91.5	8.4	0.1
1986	158985	146216	12202	567	92.0	7.7	0.3
1987	156826	146168	10189	469	93.2	6.5	0.3
1988	160038	148718	10746	574	92.9	6.7	0.4
1989	161385	150657	10125	603	93.4	6.3	0.3
1990	157841	149144	8557	140	94.5	5.4	0.1
1991	163863	152573	10522	768	93.1	6.4	0.5
1992	167790	155940	11043	807	92.9	6.7	0.4
1993	169018	157263	11194	561	93.1	6.6	0.3
1994	160143	151134	8318	691	94.4	5.2	0.4
1995	162896	151971	10021	904	93.3	6.1	0.6
1996	167496	155488	10818	1190	92.8	6.5	0.7
1997	166960	154262	11348	1350	92.4	6.8	0.8
1998	163342	149057	11752	2533	91.3	7.2	1.5
1999	161451	147146	10076	4229	91.1	6.2	2.6
2000	162438	149690	8187	4561	92.2	5.0	2.8
2001	159691	144592	8512	6587	90.6	5.3	4.1
2002	148025	137940	5580	4505	93.2	3.8	3.0
2003	144777	136646	3688	4443	94.4	2.5	3.1
2004	144924	136732	2940	5252	94.4	2.0	3.6
2005	162831	154473	3226	5132	94.9	2.0	3.1
2006	170141	160669	4709	4763	94.4	2.8	2.8
2007	177690	167465	4873	5352	94.3	2.7	3.0
2008	180700	170748	4983	4969	94.5	2.8	2.7
2009	188881	178593	4648	5640	94.8	2.3	2.9

注：1998年以后为在岗职工人数。

Note: Data of 1998 and after year refer to fully employed staff and workers.

3-6 女性从业人员数

NUMBER OF FEMALE STAFF AND WORKERS

年份 Year	合计 (人) Total (person)	国有经济单位 State-owned Units	城镇集体经济单位 Urban Collective-owned	其他经济单位 Units of Other Type of Ownership	占单位从业人员比重(%) Proportion 合计 Total	国有经济单位 State-owned Units	城镇集体经济单位 Urban Collective-owned	其他经济单位 Units of Other Type of Ownership
1980	66085	58936	7149		34.2	33.0	48.1	
1985	57614	50945	6637	32	34.6	33.4	47.4	17.0
1986	52229	46739	5270	220	32.9	32.0	43.2	38.8
1987	52579	47177	5181	221	33.5	32.4	50.9	47.1
1988	52944	47410	5277	257	33.1	31.9	49.1	44.8
1989	52856	48185	4403	268	32.8	32.0	43.5	44.4
1990	50428	46673	3677	78	32.0	31.3	43.0	55.7
1991	53347	48555	4489	303	32.6	31.8	42.7	39.5
1992	54336	49294	4720	322	32.4	31.6	42.7	39.9
1993	55299	49668	5336	295	32.7	31.6	47.7	52.6
1994	54437	50512	3582	343	34.0	33.4	43.1	49.6
1995	54539	49989	4050	500	33.5	32.9	40.4	55.3
1996	57700	53222	3869	609	34.4	34.2	35.8	51.2
1997	58254	53364	4395	495	34.9	34.6	38.7	36.7
1998	59971	54195	5234	542	36.7	36.4	44.5	21.4
1999	59472	53428	4656	1388	33.5	33.0	43.6	29.4
2000	59623	54604	3522	1497	33.3	33.3	40.3	29.3
2001	59572	54082	3220	2270	34.3	34.3	35.9	34.0
2002	55840	52301	1639	1900	33.2	33.2	28.5	29.5
2003	57827	54350	1604	1873	33.8	33.8	30.4	25.1
2004	61467	58247	1280	1940	35.6	35.6	27.6	29.6
2005	63870	60125	1490	2255	35.1	35.5	28.7	30.1
2006	62495	59142	1278	2075	33.0	33.4	24.6	29.9
2007	69165	64718	1782	2665	35.2	35.4	33.4	31.0
2008	70899	66586	1845	2468	34.9	35.1	36.6	30.5
2009	80727	76360	1697	2670	37.8	38.8	37.1	27.3

3-7 各行业分经济类型、分地区在岗职工人数(2009年)

单位：人

行业	Sector	合计 Total	国有经济单位 State-owned Units	集体经济单位 Collective-owned Units	其他经济单位 Others Units
总计	**Total**	**188881**	**178593**	**4648**	**5640**
农、林、牧、渔业	Farming,Forestry,Animal Hus–bandry and Fishery	3940	3657	19	264
采掘业	Mining and Quarrying	1089	1030	50	9
制造业	Manufacturing	7057	3627	1635	1795
电力、燃气及水生产供应业	Electricity,Gas Water Production and Supply	7236	7236		
建筑业	Construction	7140	3582	2386	1172
交通运输、仓储及邮政业	Transport,Storage,and Post	7013	6899	20	94
信息传输、计算机服务和软件业	Information Transmission,Computer Servecis and Software	2757	2757		
批发和零售业	Wholesale and Retail Trade	4983	4084	263	636
住宿和餐饮业	Stay Place and Catering	3743	3558	170	15
金融业	Finance and Insurance	7485	6658		827
房地产业	Real Estate Trade	293	248		45
租赁和商务服务业	Tenancy and Commerce Servecis	1165	317	77	771
科学研究、技术服务和地质勘查业	Science Studies,Technical Servecis and Geological Prospecting	6051	6051		
水利、环境和公共设施管理业	Water Environment and Municipal Engineering Conservancy	1769	1769		
居民服务和其他服务业	Resideng Services and Other Services	148	144	4	
教育	Education	37401	37401		
卫生、社会保障和社会福利业	Health Care,Social Security and Social Welfare	12095	12095		
文化、体育和娱乐业	Culture and Arts,Sports and Re–creation	5454	5430	24	
公共管理和社会组织	Public Management and Social Organization	72062	72050		12

NUMBER OF STAFF AND WORKERS BY REGION,OWNERSHIP AND SECTOR(2009)

(person)

拉萨市 Lhasa	昌都地区 Qamdo	山南地区 Shannan	日喀则地区 Xigazê	那曲地区 Nagqu	阿里地区 Ngari	林芝地区 Nyingchi	其　它 Others
23081	**22067**	**19009**	**26820**	**17624**	**6235**	**12851**	**61194**
495	955	252	629	892	82	635	
	5	132	136	22	43		751
1027	484	767	969	177	35	904	2694
326	391	270	486	172	102	453	5036
2018	2	2246	328	382	11	80	2073
357	1364	664	128	186	31	422	3861
106							2651
727	194	215	596	577	111	236	2327
15	20	267	682	76	10	49	2624
56							7429
175			45				73
		77	7		51		1030
		165	308		41		5537
928	5	35	511			179	111
			4				144
6675	6109	4287	8854	4453	773	2219	4031
1384	1722	1253	2023	1647	441	712	2913
453	377	490	586	337	157	407	2647
8339	10439	7889	10528	8703	4347	6555	15262

3-8 各地区国有经济单位分行业女性从业人员数(2009年)

NUMBER OF FEMALE STAFF AND WORKERS OF STATE-OWNED UNITS BY REGION AND SECTOR(2009)

单位：人 (person)

行业	Sector	合计 Total	拉萨市 Lhasa	昌都地区 Qamdo	山南地区 Shan-nan	日喀则地区 Xigazê	那曲地区 Nagqu	阿里地区 Ngari	林芝地区 Nying-chi	其它 Others
总计	**Total**	**76360**	**9787**	**7836**	**7033**	**10613**	**6514**	**1980**	**5843**	**26754**
农、林、牧、渔业	Farming,Forestry,Animal Hus–bandry and Fishery	1211	182	221	78	206	188	28	308	
采掘业	Mining and Quarrying	317			40	84		14		179
制造业	Manufacturing	2914	450	193	303	502	91	13	299	1063
电力、燃气及水生产供应业	Electricity,Gas Water Production and Supply	2680	135	77	58	148	46	26	198	1992
建筑业	Construction	1875	713		283	90	25	3	36	725
交通运输、仓储及邮政业	Transport,Storage,and Post	3250	181	212	274	57	51	9	218	2248
信息传输、计算机服务和软件业	Information Transmission,Computer Servecis and Software	1743	60							1683
批发和零售业	Wholesale and Retail Trade	1997	332	43	87	237	210	34	104	950
住宿和餐饮业	Stay Place and Catering	2131	7		162	418	56	13	32	1443
金融业	Finance and Insurance	2952	30							2922
房地产业	Real Estate Trade	108	54			22				32
租赁和商务服务业	Tenancy and Commerce Servecis	673			70	3		17		583
科学研究、技术服务和地质勘查业	Science Studies,Technical Servecis and Geological Prospecting	2281			78	169		19		2015
水利、环境和公共设施管理业	Water Environment and Municipal Engineering Conservancy	909	349	2	18	333			170	37
居民服务和其他服务业	Resideng Services and Other Services	79				2				77
教育	Education	16999	3235	3012	1803	3356	2299	287	1052	1955
卫生、社会保障和社会福利业	Health Care,Social Security and Social Welfare	6883	767	941	774	1297	696	217	472	1719
文化、体育和娱乐业	Culture and Arts,Sports and Recreation	2319	183	157	184	214	138	69	194	1180
公共管理和社会组织	Public Management and Social Organization	25039	3109	2978	2821	3475	2714	1231	2760	5951

3-9 各地市国有经济单位分行业在岗职工人数（2009年）

NUMBER OF STAFF AND WORKERS IN STATE-OWNED UNITS BY SECTOR AND REGION (2009)

单位：人　　(person)

行　业	Sector	合计 Total	拉萨市 Lhasa	昌都地区 Qamdo	山南地区 Shannan	日喀则地区 Xigazê	那曲地区 Nagqu	阿里地区 Ngari	林芝地区 Nyingchi	其它 Others
总计	**Total**	**178593**	**20612**	**22043**	**17731**	**25631**	**17543**	**6235**	**12335**	**56463**
农、林、牧、渔业	Farming,Forestry,Animal Hus-bandry and Fishery	3657	495	955	237	625	892	82	371	
采掘业	Mining and Quarrying	1030		3	121	108	22	43		733
制造业	Manufacturing	3627	343	464	143	459	101	35	693	1389
电力、燃气及水生产供应业	Electricity,Gas Water Production and Supply	7236	326	391	270	486	172	102	453	5036
建筑业	Construction	3582	450		1715	43	382	11	80	901
交通运输、仓储及邮政业	Transport,Storage,and Post	6899	357	1364	664	108	186	31	422	3767
信息传输、计算机服务和软件业	Information Transmission,Com-puter Servecis and Software	2757	106							2651
批发和零售业	Wholesale and Retail Trade	4084	581	194	195	497	572	111	207	1727
住宿和餐饮业	Stay Place and Catering	3558		20	267	512	76	10	49	2624
金融业	Finance and Insurance	6658								6658
房地产业	Real Estate Trade	248	175							73
租赁和商务服务业	Tenancy and Commerce Servecis	317				7		51		259
科学研究、技术服务和地质勘查业	Science Studies,Technical Serve-cis and Geological Prospecting	6051			165	308		41		5537
水利、环境和公共设施管理业	Water Environment and Munici-pal Engineering Conservancy	1769	928	5	35	511			179	111
居民服务和其他服务业	Resideng Services and Other Services	144								144
教育	Education	37401	6675	6109	4287	8854	4453	773	2219	4031
卫生、社会保障和社会福利业	Health Care,Social Security and Social Welfare	12095	1384	1722	1253	2023	1647	441	712	2913
文化、体育和娱乐业	Culture and Arts,Sports and Recreation	5430	453	377	490	562	337	157	407	2647
公共管理和社会组织	Public Management and Social Organization	72050	8339	10439	7889	10528	8703	4347	6543	15262

3-10 各地市城镇集体经济单位分行业在岗职工人数（2009年）

NUMBER OF STAFF AND WORKERS IN URBAN COLLECTIVE-OWNED UNITS BY SECTOR AND REGION (2009)

单位：人 (person)

项 目	Item	合计 Total	拉萨市 Lhasa	昌都地区 Qamdo	山南地区 Shan-nan	日喀则地 区 Xigazê	那曲地区 Nagqu	阿里地区 Ngari	林芝地区 Nying-chi	其 它 Others
总计	**Total**	**4648**	**2113**	**24**	**762**	**1144**	**81**		**240**	**284**
农、林、牧、渔业	Farming,Forestry,Animal Hus–bandry and Fishery	19			15	4				
采掘业	Mining and Quarrying	41		2	11	28				
制造业	Manufacturing	1635	415	20	128	510	76		240	275
电力、燃气及水生产供应业	Electricity,Gas Water Production and Supply									
建筑业	Construction	2384	1568	2	531	285				
交通运输、仓储及邮政业	Transport,Storage,and Post	20				20				
信息传输、计算机服务和软件业	Information Transmission,Computer Servecis and Software									
批发和零售业	Wholesale and Retail Trade	234	130			99	5			
住宿和餐饮业	Stay Place and Catering	170				170				
金融业	Finance and Insurance									
房地产业	Real Estate Trade									
租赁和商务服务业	Tenancy and Commerce Servecis	77			77					
科学研究、技术服务和地质勘查业	Science Studies,Technical Servecis and Geological Prospecting									
水利、环境和公共设施管理业	Water Environment and Municipal Engineering Conservancy									
居民服务和其他服务业	Resideng Services and Other Services	4				28				9
教育	Education									
卫生、社会保障和社会福利业	Health Care,Social Security and Social Welfare									
文化、体育和娱乐业	Culture and Arts,Sports and Recreation									
公共管理和社会组织	Public Management and Social Organization									

3-11 单位从业人员劳动报酬情况 (2009年)

WORKING PAY OF EMPLOYED PERSONS IN UNITS (2009)

单位:万元 (10000 yuan)

行业	Sector	单位从业人员劳动报酬 Total Wages	在岗职工工资总额 Staff and Workers at their Posts	其他从业人员劳动报酬 Others	#聘用的离退休人员 Retired and Ucsrm Engaged and Kept on	离开本单位仍保留劳动关系职工的生活费 Subsidies and Allowances
总计	**Total**	**950301**	**920798**	**29503**		**75**
按经济类型分	**Grouped by Ownership**					
国有经济单位	State-owned Units	918393	897831	20562		74
城镇集体经济单位	Urban Collective Owned Units	5787	5685	102		
其他经济单位	Units of Other Types of Owner–ship	26121	17282	8839		1
按行业分	**Grouped by Sector**					
农、林、牧、渔业	Farming,Forestry,Animal Hus–bandry and Fishery	13642	13075	567		1
采掘业	Mining and Quarrying	5650	4840	810		
制造业	Manufacturing	19195	18262	933		16
电力、燃气及水生产供应业	Electricity,Gas Water Production and Supply	30534	30107	427		
建筑业	Construction	19498	12279	7219		
交通运输、仓储及邮政业	Transport,Storage,and Post	25705	25434	271		
信息传输、计算机服务和软件业	Information Transmission,Com-puter Servecis and Software	19418	16599	2819		
批发和零售业	Wholesale and Retail Trade	16865	16231	634		42
住宿和餐饮业	Stay Place and Catering	10452	9911	541		2
金融业	Finance and Insurance	59120	58293	827		
房地产业	Real Estate Trade	1133	1131	2		
租赁和商务服务业	Tenancy and Commerce Servecis	3529	3223	306		
科学研究、技术服务和地质勘查业	Science Studies,Technical Serve-cis and Geological Prospecting	34709	33638	1071		
水利、环境和公共设施管理业	Water Environment and Munici-pal Engineering Conservancy	5080	4940	140		
居民服务和其他服务业	Resideng Services and Other Services	850	795	55		
教育	Education	188505	186808	1697		
卫生、社会保障和社会福利业	Health Care,Social Security and Social Welfare	60002	58576	1426		
文化、体育和娱乐业	Culture and Arts,Sports and Re–creation	29456	28757	699		
公共管理和社会组织	Public Management and Social Organization	406958	397899	9059		14

3-12 在岗职工工资总额及构成

TOTAL WAGES OF STAFF AND WORKERS AND ITS COMPOSITION

年份 地区 Year Region		绝对数(万元) Value (10000 yuan)				构成(总计=100)Composition(Total=100)		
		合计 Total	国有经济单位 State-Owned Units	城镇集体经济单位 Urban Collection-Owned Uints	其他经济单位 Units of Others Types of Ownership	国有经济单位 State-Owned Units	城镇集体经济单位 Urban Collection-Owned Uints	其他经济单位 Units of Others Types of Ownership
1965		5861	5861			100.0		
1978		11125	10658	467		95.8	4.2	
1979		15609	14953	656		95.8	4.2	
1980		19548	18574	974		95.0	5.0	
1985		32856	30636	2181	39	93.2	6.6	0.2
1986		37562	35300	2111	151	94.0	5.6	0.4
1987		38638	36539	1997	102	94.6	5.1	0.3
1988		42662	40071	2458	133	93.9	5.8	0.3
1989		46576	44386	2024	166	95.3	4.4	0.3
1990		49071	47118	1896	57	96.0	3.9	0.1
1991		54513	51567	2312	274	95.2	4.3	0.5
1992		56851	53946	2610	295	94.9	4.6	0.5
1993		67869	64520	3032	317	95.1	4.5	0.4
1994		111934	108501	2478	955	96.9	2.2	0.9
1995		120652	115668	4007	977	95.9	3.3	0.8
1996		185405	179463	4482	1460	96.8	2.4	0.8
1997		170366	164175	5223	968	96.3	3.1	0.6
1998		179427	171185	6321	1921	95.4	3.5	1.1
1999		205336	195535	5389	4412	95.2	2.6	2.2
2000		232007	222425	4648	4934	95.9	2.0	2.1
2001		295197	283439	5123	6635	96.0	1.7	2.3
2002		364066	351545	5437	7084	96.6	1.5	2.0
2003		388303	375822	3402	9079	96.8	0.9	2.3
2004		422299	410205	2814	9280	97.1	0.7	2.2
2005		462580	448477	3935	10168	97.0	0.9	2.1
2006		528980	512456	5184	11340	96.9	1.0	2.1
2007		805584	785865	5776	13943	97.6	0.7	1.7
2008		848391	829494	6699	12198	97.8	0.8	1.4
2009		920798	897831	5685	17282	97.5	0.6	1.9
拉萨市	Lhasa	97933	94399	2463	1071	96.4	2.4	1.2
昌都地区	Qamdo	105494	105467	27		99.9	0.1	
山南地区	Shannan	84860	83592	355	913	98.5	0.4	1.1
日喀则地区	Xigazê	125098	123588	1388	122	98.8	1.1	0.1
那曲地区	Nagqu	82435	82337	98		99.8	0.2	
阿里地区	Ngari	35911	35911			100.0		
林芝地区	Nyingchi	62230	60735	874	621	97.6	1.4	1.0
其他	Others	326836	311802	479	14555	95.4	0.1	4.5

注:职工工资总额1998年后为在岗职工工资(下同)。

Note: the data on total wages after 1998 refer to wagws of fully employed staff and workers. (Similarlly in the following tables).

3-13 职工工资总额指数

INDEX WAGES OF STAFF AND WORKERS

年份 Year	指数(1978=100) Indices (1978=100)				指数(上年=100) Indices (Preceding year=100)			
	合　计 Total	国有经济单　位 State-Owned Units	城镇集体经济单位 Urban Collection-Owned Uints	其他经济单　位 Units of Others Types of Ownership	合　计 Total	国有经济单　位 State-Owned Units	城镇集体经济单位 Urban Collection-Owned Uints	其他经济单　位 Units of Others Types of Ownership
1978	100.0	100.0	100.0			107.0		
1979	140.3	140.3	140.5		140.3	140.3	140.5	
1980	175.7	174.3	208.6		125.2	124.2	148.5	
1981	174.3	173.0	205.3		99.2	99.3	98.4	
1982	210.8	205.1	340.4		102.9	118.6	165.8	
1983	219.1	210.0	425.4		103.9	102.4	125.0	
1984	265.0	257.1	446.5		121.0	122.4	105.0	
1985	295.3	287.5	466.9	100.0	111.4	111.8	104.6	
1986	337.6	331.2	452.0	387.2	114.3	115.2	96.8	387.2
1987	347.3	343.3	427.7	261.5	102.9	103.5	94.6	67.5
1988	383.5	376.0	426.4	341.0	110.4	109.7	123.1	130.4
1989	418.7	416.5	433.4	425.6	109.2	110.8	82.3	124.8
1990	441.1	442.9	406.0	146.2	105.4	106.3	93.7	34.4
1991	486.8	483.9	495.1	702.6	110.4	109.3	121.9	480.6
1992	511.0	506.2	558.9	756.4	105.0	104.6	112.9	107.7
1993	610.1	605.4	649.3	812.8	119.4	119.6	116.2	107.5
1994	1006.2	1018.1	530.6	2448.7	164.9	168.2	81.7	301.3
1995	1084.5	1085.3	858.1	2505.1	107.8	106.6	161.7	102.4
1996	1666.6	1683.8	959.7	3743.6	153.7	155.2	111.9	149.4
1997	1531.4	1540.4	1118.4	2481.5	91.9	91.5	116.5	66.3
1998	1612.8	1606.2	1353.5	4925.6	105.3	104.3	121.0	198.5
1999	1845.7	1834.6	1154.0	11312.8	114.4	114.2	85.3	229.7
2000	2085.6	2087.8	995.9	12647.7	113.0	113.8	86.3	111.8
2001	2653.5	2659.4	1096.8	17010.3	127.2	127.4	110.2	134.5
2002	3272.5	3298.4	1097.0	18164.1	123.3	124.0	100.0	106.8
2003	3490.4	3526.2	728.5	23279.5	106.7	106.9	62.6	128.2
2004	3797.6	3847.1	602.5	23791.6	108.8	109.1	82.7	102.2
2005	4158.0	4207.9	842.6	26071.8	109.5	109.3	139.8	109.6
2006	4754.9	4808.2	1110.3	29076.9	114.4	114.3	131.8	115.3
2007	7241.2	7373.5	1236.8	35753.9	152.3	153.4	111.4	123.0
2008	7625.9	7792.8	1434.4	31276.9	105.3	105.6	116	87.5
2009	8276.8	8424.0	1217.3	44312.3	108.5	108.1	84.9	141.7

3-14 各行业分经济类型、分地区在岗职工工资总额(2009年)

单位：万元

项目	Item	合计 Total	国有经济单位 State-owned Units	集体经济单位 Collective-owned Units	其他经济单位 Others Units
总计	**Total**	**920798**	**897831**	**5685**	**17282**
农、林、牧、渔业	Farming,Forestry,Animal Hus–bandry and Fishery	13075	12496	23	556
采掘业	Mining and Quarrying	4839	4745	59	35
制造业	Manufacturing	18264	11055	2544	4665
电力、燃气及水生产供应业	Electricity,Gas Water Production and Supply	30106	30106		
建筑业	Construction	12279	6469	2481	3329
交通运输、仓储及邮政业	Transport,Storage,and Post	25434	25243	31	160
信息传输、计算机服务和软件业	Information Transmission,Computer Servecis and Software	16599	16599		
批发和零售业	Wholesale and Retail Trade	16231	13967	352	1912
住宿和餐饮业	Stay Place and Catering	9911	9734	144	33
金融业	Finance and Insurance	58294	54034		4260
房地产业	Real Estate Trade	1131	1010		121
租赁和商务服务业	Tenancy and Commerce Servecis	3224	1048	31	2145
科学研究、技术服务和地质勘查业	Science Studies,Technical Servecis and Geological Prospecting	33638	33638		
水利、环境和公共设施管理业	Water Environment and Municipal Engineering Conservancy	4940	4940		
居民服务和其他服务业	Resideng Services and Other Services	795	790	5	
教育	Education	186808	186808		
卫生、社会保障和社会福利业	Health Care,Social Security and Social Welfare	58576	58576		
文化、体育和娱乐业	Culture and Arts,Sports and Recreation	28757	28742	15	
公共管理和社会组织	Public Management and Social Organization	397897	397831		66

TOTAL WAGES OF STAFF AND WORKERS BY REGION,OWNERSHIP AND SECTOR (2009)

(10000 yuan)

拉萨市 Lhasa	昌都地区 Qamdo	山南地区 Shannan	日喀则地区 Xigazê	那曲地区 Nagqu	阿里地区 Ngari	林芝地区 Nyingchi	其　它 Others
97933	**105494**	**84860**	**125098**	**82435**	**35911**	**62230**	**326836**
1606	4025	901	2337	2493	475	1237	
	13	2066	217	63	252		2229
1824	1130	1145	1335	343	180	2776	9529
900	1250	575	804	332	576	1459	24211
2938	1	2198	615	723	50	144	5610
719	4528	2349	323	273	174	1602	15468
408							16191
1601	719	424	1169	1666	593	542	9517
32	36	642	937	228	37	137	7861
457							57836
766			122				243
		31	7		306		2880
		905	1474		304		30955
2800	27	167	1043			287	616
			5				790
31789	29861	22782	43803	22765	4340	12330	19138
5814	8915	6157	10452	5447	2423	3758	15610
2226	1940	2125	2829	1642	1108	1887	15000
44053	53049	42393	57626	46460	25093	36071	93152

3-15 各行业分经济类型、分地区在岗职工平均工资(2009年)

单位：元

行业	Sector	合计 Total	国有经济单位 State-owned Units	集体经济单位 Collective-owned Units	其他经济单位 Others Units
总计	**Total**	**48750**	**50272**	**12231**	**30641**
农、林、牧、渔业	Farming,Forestry,Animal Husbandry and Fishery	37191	34170	12210	21034
采掘业	Mining and Quarrying	44441	46072	11760	39222
制造业	Manufacturing	25878	30477	15557	25986
电力、燃气及水生产供应业	Electricity,Gas Water Production and Supply	41608	41607		
建筑业	Construction	17197	18059	10396	28406
交通运输、仓储及邮政业	Transport,Storage,and Post	36267	36589	15600	17031
信息传输、计算机服务和软件业	Information Transmission,Computer Servecis and Software	60206	60206		
批发和零售业	Wholesale and Retail Trade	32573	34198	13395	30064
住宿和餐饮业	Stay Place and Catering	26479	27359	8476	21733
金融业	Finance and Insurance	77880	80056		51505
房地产业	Real Estate Trade	38611	40705		27066
租赁和商务服务业	Tenancy and Commerce Servecis	27670	33063	39740	27818
科学研究、技术服务和地质勘查业	Science Studies,Technical Servecis and Geological Prospecting	55591	55590		
水利、环境和公共设施管理业	Water Environment and Municipal Engineering Conservancy	27925	27925		
居民服务和其他服务业	Resideng Services and Other Services	53696	54840	12500	
教育	Education	49947	49947		
卫生、社会保障和社会福利业	Health Care,Social Security and Social Welfare	48430	48430		
文化、体育和娱乐业	Culture and Arts,Sports and Recreation	52727	52931	6500	
公共管理和社会组织	Public Management and Social Organization	55216	55215		55416

AVERAGE WAGES OF STAFF AND WORKERS BY REGION,OWNERSHIP AND SECTOR (2009)

(yuan)

拉萨市 Lhasa	昌都地区 Qamdo	山南地区 Shannan	日喀则地区 Xigazê	那曲地区 Nagqu	阿里地区 Ngari	林芝地区 Nyingchi	其　它 Others
42430	**47806**	**44642**	**46644**	**46774**	**57596**	**48424**	**53410**
32440	42149	35762	37156	27950	57927	19485	
	26000	156515	15971	28409	58605		29679
17762	23337	14931	13779	19350	51600	30712	35370
27610	31980	21300	16539	19308	56441	32208	48076
14556	5000	9784	18747	18935	45545	18038	27064
20143	33194	35370	25203	14677	56097	37953	40062
38453							61076
22015	37067	19730	19621	28873	53423	22945	40899
21733	18000	24030	13736	30000	37600	27980	29960
81625							77852
43794			27067				33301
		3974	10000		59980		27961
		54818	47873		74220		55905
30177	54400	47657	20407			16045	55459
			12500				54840
47623	48880	53143	49473	51123	56140	55566	47478
42005	51774	49139	51664	33073	54952	52785	53586
49134	51462	43376	48280	48724	70554	46364	56668
52828	50818	53738	54736	53384	57724	55027	61035

3-16 各地市国有经济单位分行在岗职工工资总额（2009年）

TOTAL WAGES OF STAFF AND WORKERS IN STATE-OWNED UNITS BY SECTOR AND REGION (2009)

单位：万元 (10000 yuan)

行业	Sector	合计 Total	拉萨市 Lhasa	昌都地区 Qamdo	山南地区 Shannan	日喀则地区 Xigazê	那曲地区 Nagqu	阿里地区 Ngari	林芝地区 Nyingchi	其它 Others
总计	**Total**	**897831**	**94399**	**105467**	**83592**	**123588**	**82336**	**35912**	**60734**	**311803**
农、林、牧、渔业	Farming,Forestry,Animal Husbandry and Fishery	12496	1606	4025	884	2331	2493	475	682	
采掘业	Mining and Quarrying	4746		11	2047	215	62	252		2159
制造业	Manufacturing	11055	733	1105	163	847	252	181	1930	5844
电力、燃气及水生产供应业	Electricity,Gas Water Production and Supply	30107	900	1250	575	804	332	576	1459	24211
建筑业	Construction	6468	1169		1999	102	723	50	144	2281
交通运输、仓储及邮政业	Transport,Storage,and Post	25244	719	4528	2349	291	273	174	1602	15308
信息传输、计算机服务和软件业	Information Transmission,Computer Servecis and Software	16599	408							16191
批发和零售业	Wholesale and Retail Trade	13966	1416	719	404	987	1659	593	514	7674
住宿和餐饮业	Stay Place and Catering	9735		36	642	793	228	37	137	7862
金融业	Finance and Insurance	54034								54034
房地产业	Real Estate Trade	1009	766							243
租赁和商务服务业	Tenancy and Commerce Servecis	1048				7		306		735
科学研究、技术服务和地质勘查业	Science Studies,Technical Servecis and Geological Prospecting	33637			904	1474		304		30955
水利、环境和公共设施管理业	Water Environment and Municipal Engineering Conservancy	4940	2800	27	167	1043			287	616
居民服务和其他服务业	Resideng Services and Other Services	790								790
教育	Education	186808	31789	29861	22782	43803	22765	4340	12330	19138
卫生、社会保障和社会福利业	Health Care,Social Security and Social Welfare	58574	5813	8916	6157	10452	5447	2423	3758	15608
文化、体育和娱乐业	Culture and Arts,Sports and Recreation	28741	2226	1940	2125	2813	1642	1108	1887	15000
公共管理和社会组织	Public Management and Social Organization	397834	44054	53049	42394	57626	46460	25093	36004	93154

3-17 各地市国有经济单位分行业在岗职工平均工资（2009年）

AVERAGE WAGES OF STAFF AND WORKERS IN STATE-OWNED UNITS BY SECTOR AND REGION (2009)

单位：元　　(yuan)

行业	Sector	合计 Total	拉萨市 Lhasa	昌都地区 Qamdo	山南地区 Shannan	日喀则地区 Xigazê	那曲地区 Nagqu	阿里地区 Ngari	林芝地区 Nyingchi	其它 Others
总计	**Total**	**50272**	**45798**	**47845**	**47144**	**48218**	**46934**	**57596**	**49237**	**55222**
农、林、牧、渔业	Farming,Forestry,Animal Hus–bandry and Fishery	34170	32440	42148	37308	372944	27949	57926	18382	
采掘业	Mining and Quarrying	46072		36666	16914	19898	28409	58604		29447
制造业	Manufacturing	30477	21361	23814	11405	18446	24920	51600	27855	42074
电力、燃气及水生产供应业	Electricity,Gas Water Production and Supply	41607	27610	31979	21300	16539	19308	56441	32207	48076
建筑业	Construction	18059	25980		11657	23697	18934	45545	18037	25317
交通运输、仓储及邮政业	Transport,Storage,and Post	36589	20142	33194	35370	26981	14677	56096	37952	40636
信息传输、计算机服务和软件业	Information Transmission,Computer Servecis and Software	60206	38452							61076
批发和零售业	Wholesale and Retail Trade	34198	24380	37067	20723	19857	29000	53423	24816	44437
住宿和餐饮业	Stay Place and Catering	27359		18000	24029	15482	30000	37600	27979	29959
金融业	Finance and Insurance	81156								81156
房地产业	Real Estate Trade	40705	43794							33301
租赁和商务服务业	Tenancy and Commerce Servecis	33063				10000		59980		28386
科学研究、技术服务和地质勘查业	Science Studies,Technical Servecis and Geological Prospecting	55590			54818	47873		74219		55905
水利、环境和公共设施管理业	Water Environment and Municipal Engineering Conservancy	27925	30176	54400	47657	20407			16044	55459
居民服务和其他服务业	Resideng Services and Other Services	54840								54840
教育	Education	49947	47623	48879	53142	49473	51122	56139	55565	47477
卫生、社会保障和社会福利业	Health Care,Social Security and Social Welfare	48430	42005	51774	49138	51936	33073	54952	52785	53586
文化、体育和娱乐业	Culture and Arts,Sports and Recreation	52931	49134	51461	43375	50064	48724	70554	46363	56668
公共管理和社会组织	Public Management and Social Organization	55215	52828	50817	53737	54735	53383	57723	55026	61034

3-18 各地市城镇集体经济单位分行业在岗职工工资总额（2009年）

TOTAL WAGES OF STAFF AND WORKERS IN URBAN COLLECTIVE-OWNED UNITS BY SECTOR AND REGION (2009)

单位：万元 (10000 yuan)

行业	Sector	合计 Total	拉萨市 Lhasa	昌都地区 Qamdo	山南地区 Shan-nan	日喀则地区 Xigazê	那曲地区 Nagqu	阿里地区 Ngari	林芝地区 Nying-chi	其它 Others
总计	**Total**	**5685**	**2463**	**28**	**354**	**1388**	**98**		**874**	**480**
农、林、牧、渔业	Farming,Forestry,Animal Husbandry and Fishery	23			17	6				
采掘业	Mining and Quarrying	58		2	19	2				35
制造业	Manufacturing	2553	560	26	89	489	98		846	445
电力、燃气及水生产供应业	Electricity,Gas Water Production and Supply									
建筑业	Construction	2479	1768		198	513				
交通运输、仓储及邮政业	Transport,Storage,and Post	59				31			28	
信息传输、计算机服务和软件业	Information Transmission,Computer Servecis and Software									
批发和零售业	Wholesale and Retail Trade	318	135			183				
住宿和餐饮业	Stay Place and Catering	144				144				
金融业	Finance and Insurance									
房地产业	Real Estate Trade									
租赁和商务服务业	Tenancy and Commerce Servecis	31			31					
科学研究、技术服务和地质勘查业	Science Studies,Technical Servecis and Geological Prospecting	15				15				
水利、环境和公共设施管理业	Water Environment and Municipal Engineering Conservancy									
居民服务和其他服务业	Resideng Services and Other Services	5				5				
教育	Education									
卫生、社会保障和社会福利业	Health Care,Social Security and Social Welfare									
文化、体育和娱乐业	Culture and Arts,Sports and Recreation									
公共管理和社会组织	Public Management and Social Organization									

3-19 各地市城镇集体经济单位分行业在岗职工平均工资（2009年）

AVERAGE WAGES OF STAFF AND WORKERS IN URBAN COLLECTIVE-OWNED UNITS BY SECTOR AND REGION (2009)

单位：元　　　　(yuan)

行业	Sector	合计 Total	拉萨市 Lhasa	昌都地区 Qamdo	山南地区 Shan-nan	日喀则地区 Xigazê	那曲地区 Nagqu	阿里地区 Ngari	林芝地区 Nying-chi	其它 Others
总计	**Total**	**12231**	**11656**	**11458**	**4654**	**12136**	**12098**		**36408**	**16887**
农、林、牧、渔业	Farming,Forestry,Animal Hus–bandry and Fishery	12210			11333	15500				
采掘业	Mining and Quarrying	11760		10000	17636	821				39000
制造业	Manufacturing	15557	13491	12250	6984	9578	11947		40094	16163
电力、燃气及水生产供应业	Electricity,Gas Water Production and Supply									
建筑业	Construction	10396	11278		3734	18000				
交通运输、仓储及邮政业	Transport,Storage,and Post	15600				15600				
信息传输、计算机服务和软件业	Information Transmission,Computer Servecis and Software									
批发和零售业	Wholesale and Retail Trade	13395	10369			18434	14400			
住宿和餐饮业	Stay Place and Catering	8476				8476				
金融业	Finance and Insurance									
房地产业	Real Estate Trade									
租赁和商务服务业	Tenancy and Commerce Servecis	3974			3974					
科学研究、技术服务和地质勘查业	Science Studies,Technical Servecis and Geological Prospecting									
水利、环境和公共设施管理业	Water Environment and Municipal Engineering Conservancy									
居民服务和其他服务业	Resideng Services and Other Services	12500				12500				
教育	Education									
卫生、社会保障和社会福利业	Health Care,Social Security and Social Welfare									
文化、体育和娱乐业	Culture and Arts,Sports and Recreation									
公共管理和社会组织	Public Management and Social Organization									

3-20 在岗职工平均工资及指数

AVERAGE WAGE OF STAFF AND WORKERS AND RELATED INDICES

年份 地区 Year Region	平均工资(元) Average (yuan)				指数(上年=100) Indices (preceding year=100)			
	合计 Total	国有经济单位 State-owned Units	城镇集体经济单位 Urban Collective Owned Units	其他经济单位 Units of Others Types of Ownership	合计 Total	国有经济单位 State-owned Units	城镇集体经济单位 Urban Collective Owned Units	其他经济单位 Units of Others Types of Ownership
1978		854						
1979	995	928	673			108.7		
1985	1963	1995	1609	2087	117.0	115.3	113.3	
1986	2375	2419	1819	2392	120.9	181.9	113.1	114.7
1987	2499	2536	1982	2171	105.2	104.8	109.0	90.7
1988	2710	2740	2331	2237	108.5	108.0	117.6	103.0
1989	2881	2941	1997	2741	106.3	107.3	85.7	122.5
1990	3181	3224	2384	3419	110.4	109.6	119.3	124.8
1991	3355	3416	2507	3568	105.5	106.0	105.2	104.3
1992	3448	3495	2689	3656	108.4	108.4	112.8	106.9
1993	4085	4178	2720	5566	118.5	120.0	101.1	152.3
1994	7115	7304	3067	13815	174.8	174.8	112.8	248.2
1995	7382	7572	4090	10821	103.8	103.7	133.4	78.3
1996	11087	11519	4370	12411	150.2	152.1	106.8	114.7
1997	10098	10524	4588	7233	91.1	91.4	105.0	58.3
1998	10987	11462	5382	8709	108.8	108.9	117.3	120.4
1999	12904	13490	5364	10692	117.4	117.7	99.7	122.8
2000	14976	15566	5835	12135	116.1	115.4	108.8	113.5
2001	19144	20112	6236	13125	127.8	129.2	106.9	108.2
2002	24766	25675	9761	15693	129.4	127.7	156.5	119.6
2003	26931	27611	9348	20475	108.7	107.5	95.8	130.5
2004	29292	30163	9600	17704	108.8	109.2	102.7	86.5
2005	28950	29644	12336	19154	98.8	98.3	128.5	108.2
2006	31518	32355	11125	23680	108.9	109.2	90.2	123.6
2007	46098	47757	11770	26334	146.3	147.6	105.8	111.2
2008	47280	48975	13023	24778	102.6	102.6	110.6	94.1
2009	48750	50272	12231	30641	103.1	102.6	93.9	123.6
拉萨市 Lhasa	42430	45798	11656	30070	102.4	100.6	95.2	154.9
昌都地区 Qamdo	47806	47845	11458		103.3	101.6	57.2	
山南地区 Shannan	44642	47144	4654	17689	100.2	99.7	47.8	85.5
日喀则地区 Xigazê	46644	48218	12136	27066	104.4	104.2	117.1	100.2
那曲地区 Nagqu	46774	46934	12098		93.7	93.7	90.8	
阿里地区 Ngari	57596	57596			107.3	107.3		
林芝地区 Nyingchi	48424	49237	36408	2556	100.7	100.3	104.1	12.2
其 它 Others	53410	55222	16887	32729	107.0	106.6	140.0	125.4

注：职工平均工资1998年后为在岗职工平均工资(下同)。

Note: the data on average wages after 1998 refer to wages of fully employed staff and workers (Similarlly in the following tables).

第四篇

固定资产投资

Chapter 4

INVESTMENT IN FIXED ASSETS

4-1 全社会固定资产投资

TOTAL INVESTMENT IN FIXED ASSETS

指　标	Item	2000	2007	2008	2009
投资总额　（万元）	**Total Investment (10000 yuan)**	**665044**	**2711811**	**3099304**	**3794158**
按经济类型分	**Grouped by Ownership**				
国有经济	State-Owned Units	630208	1699162	2101022	2683407
集体经济	Collective-Owned Units	7723	45619	12627	44389
#农村	# Rural	6090	5710	6365	4396
个体经济	Individuals	12436	367200	322166	380137
#农村	# Rural	2253	297923	239292	311351
联营经济	Joint-Owned Economic Units	2330	9154	3950	265
股份制经济	Share Holding Economic Units	8846	317174	306556	185235
外商投资经济	Foreign Funded Units	156	1790	500	2805
港澳台投资经济	Economic Units with Funs From Hong Kong, Macao and Taiwan	1814	3800	21250	
其他经济	Others	1531	267912	331233	497920
按资金来源分	**Grouped by Source of Funds**				
国家预算内资金	State Budgetary Appropriation	374105	2045636	2328799	2560176
国内贷款	Domestic Loans	29975	46165	59463	129090
利用外资	Foreign Investment	25091	2097		
自筹资金	Fundraising	189713	840902	971470	1360770
其他资金	Others	126255	514020	577546	437293
按管理渠道分	**Grouped by Channel of Management**				
城镇	Urban	558743	2316460	2714534	3286622
#房地产开发	#Real Estate Development	9771	116767	137888	157480
农村	Rural		395351	384770	507536
按构成分	**Grouped by Use of Funds**				
建筑安装工程	Construction and Installation	597335	2519242	2967410	3428608
设备、工器具购置	Purchase of Equipment and Instruments	46695	168678	103664	221377
其他费用	Others	21014	23891	28230	144173
按建设性质分	**Grouped by Type of Construction**				
#新建	# New Construction	418036	1616955	1877083	2531173
扩建	Expansion	37308	283097	384587	447941
改建	Reconstrction	155880	325130	363297	268680
房屋建筑面积（万平方米）	**Floor Space of Buildings (10000 sq.m)**				
施工面积	Floor Space Under Construction	285.97	1454.59	823.19	1378.7
竣工面积	Floor Space Completed	231.96	1143.87	422.53	794.19
#住宅	# Residential Buildings	133.71	781.28	319.34	702.67

注：按资金来源分组数据为财务拨款数，各项相加不等于投资总额。(以下各表相同)

Note: Total investment grouped by sources of finance refers to financial appropriation, and the broken-down figures do not add up to the total. (The same as in the following tables).

4-2 各地区全社会固定资产投资(2009年)

项　目	Item	合计 Total	拉萨 Lhasa
投资总额　（万元）	**Total Investment　(10000 yuan)**	**3794158**	**1361055**
按经济类型分	**Grouped by Ownership**		
国有经济	State-Owned Units	2683407	833509
集体经济	Collective-Owned Units	44389	33904
#农村	# Rural	4393	740
个体经济	Individuals	380137	34030
#农村	# Rural	311351	48957
联营经济	Joint Ownership Economic Units	265	
股份制经济	Share Holding Economic Units	185235	112418
外商投资经济	Foreign Funded Economic Units	2805	
港澳台投资经济	Economic Units with Funds From Hong Kong, Macao and Taiwan		
其他经济	Others	497920	347194
按资金来源分	**Grouped by Source of Funds**		
国家预算内资金	State Budgetary Appropriation	2560276	590027
国内贷款	Domestic Loans	129090	44765
利用外资	Foreign Investment		
自筹投资	Fundraising	1360770	656861
其他投资	Others	437293	268359
按管理渠道分	**Grouped by Channel of Management**		
城镇投资	Urban Investment	3286622	1331120
#房地产开发	Real Estate Development	157480	128099
农村投资	Counteyside Investment	507536	29935
按构成分	**Grouped by Use of Funds**		
建筑安装工程	Construction and Installation	3428608	1170670
设备、工器具购置	Purchase of Equipment and Instruments	221377	112257
其他费用	Others	144173	78128
按建设性质分	**Grouped by Type of Construction**		
#新建	# New Construction	2531173	929298
扩建	Expansion	447941	218396
改建	Reconstrction	268680	101066
房屋建筑面积　（万平方米）	**Floor Space of Buildings　(10000 sq.m)**		
施工面积	Floor Space Under Constrction	1378.7	450.74
竣工面积	Floor Space Completed	794.19	200.48
#住宅	# Residential Buildings	702.67	182.31

TOTAL INVESTMENT IN FIXED ASSETS BY REGION (2009)

昌都 Qamdo	山南 Shannan	日喀则 Xigazê	那曲 Nagqu	阿里 Ngari	林芝 Nyingchi
514743	**456457**	**534661**	**323600**	**173268**	**430374**
420957	301729	373613	301401	173268	278930
	1984	3484			5017
		1183			2470
49470	94112	138200	22199		42126
49470	56164	108848	22049		25863
	265				
44316	17190	6125			5186
					2805
	41177	13239			96310
458035	247899	340263	388237	252929	282886
8032	52192	22015	444		1642
186704	204286	131972	9094	1128	170725
52035	24953	40364	5011	734	45837
393716	374023	423567	225632	172801	367213
7800	904	2625			18052
121027	82434	111094	97968	467	63161
481181	396990	521798	271489	171759	414721
17934	36665	12863	33585	1283	6790
15628	22802		18526	226	8863
367414	273523	201278	267546	162319	329795
102689	1739	40981	2362	936	80838
4179	8693	143439		222	11081
137.53	154.16	467.14	30.32	10.07	128.74
84.93	15.5	447.56	0.24	8.55	36.93
76.60	8.30	401.34	0.24	5.40	28.48

4-3 全社会固定资产投资

TOTAL INVESTMENT IN FIXED ASSETS

单位:万元 (10000 yuan)

年份 Year	总计 Total	国有经济 State-owned Units	集体经济 Collective-owned Units	个体经济 Individuals	其他经济 Other Types of Ownership
1978-1980	57412	57412			
1978	18534	18534			
1979	20750	20750			
1980	18128	18128			
1981-1985	170424	158542	949	10933	
1981	12172	12172			
1982	15558	15558			
1983	19875	19875			
1984	47879	47188	691		
1985	74940	63749	258	10933	
1986-1990	307626	256419	717	50490	
1986	53492	44375	717	8400	
1987	53000	39613		13387	
1988	58087	47085		11002	
1989	66942	57680		9262	
1990	76105	67666		8439	
1991-1995	1001630	935994	26026	27331	12279
1991	105665	87425	7120	11120	
1992	133297	120582	6380	6335	
1993	181458	166460	6844	5795	2359
1994	211718	200955	5667	4081	1015
1995	369492	360572	15		8905
1996-2000	2307631	2146817	35263	59443	66108
1996	303605	281686	716	9118	12085
1997	345495	316286	4124	8864	16221
1998	427457	394888	4708	12870	14991
1999	566030	524029	17992	15867	8142
2000	665044	629928	7723	12724	14669
2001-2005	6980035	5983622	130590	306026	559797
2001	857725	803541	11160	24080	18944
2002	1089868	1036629	12562	30610	10067
2003	1386165	1273193	27505	29838	55629
2004	1684361	1370848	11994	77534	223985
2005	1961916	1499411	67369	143964	251172
2006	2323503	1578334	54761	342300	348108
2007	2711811	1699162	45619	367200	599830
2008	3099304	2101022	12627	322166	663489
2009	3794158	2683407	44389	380137	686225

注:其他经济类型包括联营经济、股份制经济、外商投资经济、港澳台投资经济等国有、集体和个体经济以外的经济成份。
Note:Other types of ownership refer to the types of ownership other than state-owned units, collective-owned units and individuals, including joint-owned economic units, share holding economic units, foreign-funded economic units, economic units funded by the enterpreneurs from Hong Kong,Macao and Taiwan, etc.

4-4　城镇投资完成情况

INVESTMENT IN URBAN

单位：万元　　(10000 yuan)

年份 Year	本年完成投资 Total Investment Completed This Year	按资金来源分 Grouped by Source of Finance #国家预算内资金 State Budgetary Appropriation	#自筹资金 Fundraising	本年新增固定资产 Newly Increased Fixed Assets This Year	固定资产交付使用率（%）Rate of Fixed Assets Put into Use (%)
1959	2906	2906			
1965	5356	5297	58		
1978	17548	14992	1578	11777	67.1
1979	19750	16820	2930	11635	58.9
1980	17116	15051	2065	14070	82.2
1981	10360	8604	1756	7773	75.0
1982	14220	10356	3864	8831	62.1
1983	16115	12017	4098	11304	76.2
1984	43320	14831	27961	17799	41.1
1985	58408	20473	33924	67069	114.8
1986	40971	18408	15912	40532	98.9
1987	37371	18687	14181	30001	80.3
1988	44530	20505	22729	35256	79.2
1989	51698	24219	20698	33407	64.6
1990	65209	40358	21085	51032	78.3
1991	86326	43324	39308	87107	100.9
1992	118981	57662	57782	112710	94.7
1993	163540	65365	65651	109694	67.1
1994	183331	91681	75284	114691	62.6
1995	329023	227418	63932	225972	68.7
1996	266874	69732	121965	177677	66.6
1997	303246	79317	133902	183684	60.6
1998	366071	176582	124299	213176	58.2
1999	474663	248485	170417	384314	81.0
2000	558743	340073	136766	570192	102.0
2001	727814	375416	173231	615641	84.6
2002	869549	693267	89830	492572	56.6
2003	1195111	804659	279586	801591	67.1
2004	1647838	1017026	363941	1330081	80.7
2005	1901593	1145425	348367	1763662	92.7
2006	2018401	1036258	574500	1566023	77.6
2007	2316460	1982466	626982	1804258	77.9
2008	2714534	2231102	773635	1325001	48.8
2009	3286622	2335631	1129189	2227362	67.8

4-5 按各种分组的城镇投资

INVESTMENT IN URBAN BY MANY GROUP

单位：万元 (10000 yuan)

指标	Item	2008	2009
投资总额	**Total Investment**	**2714534**	**3286622**
按经济类型分	**Grouped by Ownership**		
国有经济	State-Owned Units	2058806	2491645
集体经济	Collective-Owned Units	6262	6857
其他经济类型	Others	649466	788120
联营经济	Joint-Owned Economic Units	3950	65
股份制经济	Share Holding Economic Units	306556	172702
其他经济	Others	338960	615353
按隶属关系分	**Grouped by Administrative Relationship**		
中　央	Central Government Projects	1431772	1878778
地　方	Local Projects	1282762	1407844
按构成分	**Grouped by Use of Funds**		
建筑工程	Construction	2431263	2868980
安装工程	Installation	161169	91961
设备工器具购置	Purchase of Equipment and Instruments	93979	192194
其他费用	Others	28126	133487
按建设性质分	**Grouped by Type of Construction**		
新　建	New Construction	1693563	2247722
扩　建	Expansion	376555	431379
改　建	Reconstruction	354725	266978
单纯建造生活设施	Living Installation	233843	138590
迁　建	Movement	2916	30
恢　复	Recovery	34	150359
单纯购置	Purchase of Equipment	52898	51564
按建设阶段分	**Grouped by Phase of Construction**		
本年正式施工	Started This Year	2661636	2594253
本年收尾	Projects Completed		28885
单纯购置	Purchase of Equipment	52898	51564
按国民经济行业分	**Grouped by Economic Sector**		
农林牧渔业	Farming,Forestry,Animal Husbandry and Fishery	147123	205027
采矿业	Mining Industry	77232	97469
制造业	Manufacturing	136135	180776

4-5 续表 continued

单位：万元 (10000 yuan)

指　　标	Item	2008	2009
电力、燃气及水生产和供应业	Production and Supply of Electricity	308364	414809
建筑业	Construction	120641	201723
交通运输、仓储及邮政业	Transportation, Storage and Post Industries	732966	788946
信息传输、计算机服务和软件业	Information Transmission, Computer services and Software Industries	99379	94766
批发和零售业	Retail and Wholesale	64330	58773
住宿和餐饮业	Hotels and Easteries	74014	88040
金融业	Financial Industry	3962	3790
房地产业	Real Estate Industry	280515	349750
租赁和商务服务业	Tenancy and Commerce Servecis	114	5197
科学研究、技术服务和地质勘查业	Scientific Research,Technology Services and Geological Prospecting	5375	4452
水利、环境和公共设施管理业	Water Conservancy,Environment and Public Facility Management	163525	190712
居民服务和其他 服务业	Resident Services and Other Services	2169	3601
教育	Education	76010	99066
卫生、社会保障和社会福利业	Health, Social Security and Welfare	14114	36563
文化、体育和娱乐业	Culture, Sports and Entertainment	32881	45288
公共管理和社会组织	Public Administration and Social Organizations	375685	417874
按资金来源分	**Grouped by Source of Funds**		
国家预算内资金	State Budgetary Appropriation	2231102	2335725
国内贷款	Domestic Loans	30228	76751
利用外资	Foreign Investment		
自筹资金	Fundraising	773635	1129189
其他资金来源	Others	506616	383264
本年新增固定资产	**Newly Increased Fixed Assets**	**1325001**	**2227456**
本年施工房屋面积（万平方米）	**Floor Space of Buildings Under Construction (10000 sq.m)**	**525.71**	**672.52**
其中:住宅	# Residential Buildings	276.29	406.55
本年竣工房屋面积（万平方米）	**Floor Space of Buildings Completed (10000 sq.m)**	**192.56**	**279.56**
其中:住宅	# Residential Buildings	98.18	188.94
本年竣工房屋价值	**Value of Buildings Completed**	**132712**	**263334**
其中:住宅	# Residential Buildings	28759	111000
施工项目个数	**Number of Projects Under Construction (unit)**	**2589**	**3158**
其中:本年新开工	# Started This Year	2156	2516
本年投产项目个数	**Number of Projects Completed and Put into Use (unit)**	**1710**	**2307**

4-6 国民经济分行业城镇投资施工、投产项目个数（2009年）

NUMBER OF URBAN PROJECTS UNDER CONSTRUCTION(2009)

行　业	Sector	施工项目（个） Number of Projects under Constr-uction (unit)	全部建成投产项目（个） Number of Projects Completed and Put into Use (unit)	项目建成投产率(%) Rate of Projects Completed and Put into Use (%)
总　计	**Total**	**3158**	**2307**	**73.1**
农、林、牧、渔业	Farming,Forestry,Animal Husbandry and Fishery	446	325	72.9
采矿业	Mining Industry	49	23	46.9
#有色金属矿采选业	Mining and Dressing of Nonferrous Metals	29	7	24.1
制造业	Manufacturing	110	49	44.5
#农副食品加工业	Farm and Sideline Products Processing	25	16	64.0
食品制造业	Food Production	5	3	60.0
饮料制造业	Beverages	14	3	21.4
医药制造业	Medical and Pharmaceutical Products	15	1	6.7
非金属矿物制品业	Nonmetal Mineral Products	11	7	63.6
电力、燃气及水的生产和供应业	Production and Supply of Electric Power, Gas and Water	120	69	57.5
#电力	Electric Power	74	37	50.0
建筑业	Construction	237	176	74.3
交通运输、仓储及邮政业	Transportation, Storage, Postal and Telecommu-nications	367	276	75.2
#城市公共交通业	Public Traffic	7	5	71.4
仓储业	Storage	5	4	80.0
邮政业	Postal	18	17	94.4
信息传输、计算机服务和软件业	Information Transmission, Computer Services and Software Industries	18	74	85.1

注:本表不含房地产开发投资。

Note: This table does not contain the real estate development investment.

4-6 续表 continued

行　业	Sector	施工项目（个）Number of Projects under Constr-uction (unit)	全部建成投产项目（个）Number of Projects Completed and Put into Use (unit)	项目建成投产率（%）Rate of Projects Completed and Put into Use (%)
#电信和其他信息传输服务业	Telecommunication and Other Information Transmission	87	74	85.1
批发和零售业	Wholesale and Retail	43	23	53.5
住宿和餐饮业	Hotel and Catering	48	29	60.4
住宿业	Hotel	40	23	57.5
餐饮业	Catering	8	6	75.0
金融业	Financeial Industry	9	2	22.2
房地产业	Real Estate Industry	151	118	78.1
租赁和商务服务业	Leasing and Business Services	6	5	83.3
商务服务业	Business Services	6	5	83.3
科学研究、技术服务和地质勘查业	Scientific Research, Technology Services and Geological Prospecting	10	7	70.0
水利、环境和公共设施管理业	Water Conservaney,Environment and Public Facility Management	257	195	75.9
水利管理业	Water Conservaney Management	162	133	82.1
环境管理业	Environment Management	32	20	62.5
公共设施管理业	Public facility Management	63	42	66.7
居民服务和其他服务业	Resident Services and Other Services	12	9	75.0
教育	Education	196	147	75.0
卫生、社会保障和社会福利业	Health Care, Social Security and Welfare	175	149	85.1
文化、体育和娱乐业	Cultrre, sport and Recreational	72	61	84.7
广播、电视、电影和音像业	Radio, Film and Television and Video	12	11	91.7
文化艺术业	Culture and Arts	48	42	87.5
体育	Sports	3	3	100.0
娱乐业	Recreational	9	5	55.6
公共管理和社会组织	Public Administration and Social Organizations	763	570	74.7

4-7 国民经济分行业城镇投资和新增固定资产（2009年）

INVESTMENT IN URBAN AND NEWLY INCREASED FIXED ASSETS BY SECTOR (2009)

行业	Sector	投资额(万元) Investment (10000 yuan)	新增固定资产(万元) Newly Increased Fixed Assets (100 million yuan)	固定资产交付使用率(%) Rate of Fixed Assets Put into Use (%)
总计	**Total**	**3286622**	**2227456**	**67.8**
农、林、牧、渔业	Farming,Forestry,Animal Husbandry and Fishery	205027	171303	83.6
采矿业	Mining Industry	97469	36061	37.0
#有色金属矿采选业	Mining and Dressing of Nonferrous Metals	85396	33000	38.6
制造业	Manufacturing	180776	62299	34.5
#农副食品加工业	Farm and Sideline Products Processing	13305	7679	57.7
食品制造业	Food Production	2777	1530	55.1
饮料制造业	Beverages	37487	10977	29.3
医药制造业	Medical and Pharmaceutical Products	27474	721	2.6
非金属矿物制品业	Nonmetal Mineral Products	24341	21941	90.1
电力、燃气及水的生产和供应业	Production and Supply of Electric Power, Gas and Water	414809	362446	87.4
#电力	Electric Power	385824	338302	87.7
建筑业	Construction	201723	156723	77.7
交通运输、仓储及邮政业	Transportation, Storage, Postal and Telecommunications	788946	400713	50.8
#城市公共交通业	Public Traffic	47914	48021	100.2
仓储业	Storage	9860	9950	100.9
邮政业	Postal	9351	8811	94.2
信息传输、计算机服务和软件业	Information Transmission, Computer Services and Software Industries	94766	80426	84.9

注:本表不含房地产开发投资。

Note: This table does not contain the real estate development investment.

4-7 续表 continued

行 业	Sector	投资额 (万元) Investment (10000 yuan)	新增固定资产 (万元) Newly Increased Fixed Assets (100 million yuan)	固定资产交付使用率 (%) Rate of Fixed Assets Put into Use (%)
#电信和其他信息传输服务业	Telecommunication and Other Information Transmission	94766	80426	84.9
批发和零售业	Wholesale and Retail	58773	22992	39.1
住宿和餐饮业	Hotel and Catering	88040	66920	76.0
住宿业	Hotel	71143	48041	67.5
餐饮业	Catering	16897	18879	111.7
金融业	Financeial Industry	3790	243	6.4
房地产业	Real Estate Industry	349750	227339	65.0
租赁和商务服务业	Leasing and Business Services	5197	5207	100.2
商务服务业	Business Services	5197	5207	100.2
科学研究、技术服务和地质勘查业	Scientific Research, Technology Services and Geological Prospecting	4452	1320	29.6
水利、环境和公共设施管理业	Water Conservaney,Environment and Public Facility Management	190712	165400	86.7
水利管理业	Water Conservaney Management	105723	75167	71.1
环境管理业	Environment Management	14809	12534	84.6
公共设施管理业	Public facility Management	70180	77699	110.7
居民服务和其他服务业	Resident Services and Other Services	3601	2058	57.2
教育	Education	99066	76432	77.2
卫生、社会保障和社会福利业	Health Care, Social Security and Welfare	36563	27394	74.9
文化、体育和娱乐业	Cultrre, sport and Recreational	45288	20936	46.2
广播、电视、电影和音像业	Radio, Film and Television and Video	13971	10430	74.7
文化艺术业	Culture and Arts	16683	7139	42.8
体育	Sports	1004	1004	100.0
娱乐业	Recreational	13630	2363	17.3
公共管理和社会组织	Public Administration and Social Organizations	417874	341244	81.7

4-8 按各种分组的农村投资

INVESTMENT IN RURAL AREAS BY MANY GROUP

单位：万元 (10000 yuan)

指 标	Item	2008	2009
投资总额	**Total Investment**	**384770**	**507536**
按经济类型分	**Grouped by Ownership**		
国有经济	State-Owned Units	42216	191762
集体经济	Collective-Owned Units	6365	3653
其他经济类型	Others	336189	312121
按隶属关系分	**Grouped by Administrative Relationship**		
中 央	Central Government Projects	39667	179703
地 方	Local Projects	345103	327833
按构成分	**Grouped by Use of Funds**		
建筑工程	Construction	374551	457552
安装工程	Installation	427	10115
设备工器具购置	Purchase of Equipment and Instruments	9688	29183
其他费用	Others	104	10686
按建设性质分	**Grouped by Type of Construction**		
新 建	New Construction	183520	283451
扩 建	Expansion	8032	16562
改 建	Reconstruction	8572	1702
单纯建造生活设施	Living Installation	174979	186791
恢 复	Recovery	66	5595
单纯购置	Purchase of Equipment	9601	13435
按国民经济行业分	**Grouped by Economic Sector**		
农林牧渔业	Farming,Forestry,Animal Husbandry and Fishery	12884	30924
采矿业	Mining Industry		361
制造业	Manufacturing	336	1650
电力、燃气及水生产和供应业	Production and Supply of Electricity	3110	13773
建筑业	Construction	4723	9167
交通运输、仓储及邮政业	Transportation, Storage and Post Industries	5323	35791

4-8 续表 continued

单位：万元　(10000 yuan)

指　标	Item	2008	2009
信息传输、计算机服务和软件业	Information Transmission, Computer services and Software Industries		1476
批发和零售业	Retail and Wholesale	213	780
住宿和餐饮业	Hotels and Easteries		1200
金融业	Financial Industry		
房地产业	Real Estate Development	332652	250993
租赁和商务服务业	Leasing and Business Services		155
科学研究、技术服务和地质勘查业	Scientific Research,Technology Services and Geological Prospecting		919
水利、环境和公共设施管理业	Water Conservancy,Environment and Public Facility Management	3293	7904
居民服务和其他 服务业	Resident Services and Other Services	250	2480
教育	Education	1039	1900
卫生、社会保障和社会福利业	Health, Social Security and Welfare	60	809
文化、体育和娱乐业	Culture, Sports and Entertainment	419	4251
公共管理和社会组织	Public Administration and Social Organizations	20468	143003
按资金来源分	**Grouped by Source of Funds**		
国家预算内资金	State Budgetary Appropriation	97697	224545
国内贷款	Domestic Loans	29235	26339
利用外资	Foreign Investment		
自筹资金	Fundraising	197835	230779
其他资金来源	Others	70930	41137
本年新增固定资产	**Newly Increased Fixed Assets**	**301428**	**375720**
本年施工房屋面积　（万平方米）	**Floor Space of Buildings Under Construction　(10000 sq.m)**	**297.48**	**706.18**
其中:住宅	# Residential Buildings	287.61	646.62
本年竣工房屋面积　（万平方米）	**Floor Space of Buildings Completed　(10000 sq.m)**	**222.98**	**514.63**
其中:住宅	# Residential Buildings	221.16	513.73
本年竣工房屋价值	**Value of Buildings Completed**	136219	186507
其中:住宅	# Residential Buildings	130720	184775
施工项目个数	**Number of Projects Under Construction　(unit)**	**237**	**347**
其中:本年新开工	# Started This Year	222	277
本年投产项目个数	**Number of Projects Completed and Put into Use　(unit)**	**156**	**250**

4-9 各地区国有经济按各种分组的固定资产投资（2009年）

指标		Item		合计 Total	拉萨 Lhasa
投资总额	（万元）	**Total Investment**	**(10000 yuan)**	**2683407**	**833509**
按资金来源分		**Grouped by Source of Funds**			
国家预算内资金		State Budgetary Appropriation		2427954	986551
国内贷款		Domestic Loans		56382	5887
利用外资		Foreign Investment			
自筹投资		Fundraising		448142	363899
其他投资		Others		156749	72343
按构成分		**Grouped by Use of Funds**			
建筑安装工程		Construction and Installation		2422713	699010
设备、工器具购置		Purchase of Equipment and Instruments		164144	93857
其他费用		Others		96550	40642
按建设性质分		**Grouped by Type of Construction**			
#新建		New Construction		1768112	492040
扩建		Expansion		394099	184227
改建		Reconstrction		259943	100398
按产业分		**Grouped by Type of Industry**			
第一产业		Primary Industry		211719	58286
第二产业		Secondary Industry		649064	206121
第三产业		Tertiary Industry		1822624	569102
按国民经济主要行业分		**Grouped by Main Sector**			
农林牧渔业		Farming,Forestry,Animal Husbandry and Fishery		211719	58286
工　业		Industry		447043	156579
#能源工业		# Energy		392330	139596
交通运输、仓储和邮政业		Transportation, Storage, Postal and Telecommunications		811580	217792
信息传输、计算机服务和软件业		Information Transmission, Computer Services and Software Industries		86913	31939
新增固定资产		**Newly Increased Fixed Assets**	**(10000 yuan)**	**1888119**	**618598**
固定资产交付使用率		**Rate of Fixed Assets Put into Use**	**(%)**	**70.4**	**74.2**
房屋建筑面积	（万平方米）	**Floor Space of Buildings**	**(10000 sq.m)**		
施工面积		Floor Space Under Constrction		471.80	190.67
竣工面积		Floor Space Completed		137.62	29.92
#住宅		# Residential Buildings		64.53	17.33

INVESTMENT IN FIXED ASSETS OF STATE-OWNED UNITS BY REGION (2009)

昌都 Qamdo	山南 Shannan	日喀则 Xigazê	那曲 Nagqu	阿里 Ngari	林芝 Nyingchi
420957	**301729**	**373613**	**301401**	**173268**	**278930**
422495	228941	313543	373256	252929	272734
2932	50000	51	444		
101202	42010	24083	3859	1128	13163
41925	20265	36533	2576	734	24298
392355	272199	360750	255004	171759	271636
14974	7365	12863	31151	1283	2651
13628	22165		15246	226	4643
296088	190977	186174	245347	162319	195167
102689	1574	31682	2362	936	70629
4179	4179	140187		222	10778
11697	29446	52685	33863	105	25637
59906	89818	32761	49220	113763	97475
349354	182465	288167	218318	59400	155818
11697	29446	52685	33863	105	25637
30595	88329	31067	48338	11337	80798
12804	86296	20451	48338	9507	75338
138463	38743	153363	151751	46827	64641
34328	9527	18027		100	2992
264959	**184183**	**279907**	**153135**	**171005**	**216332**
62.9	**61**	**74.9**	**50.8**	**98.7**	**77.6**
71.33	49.4	56.96	18.36	10.07	75.01
24.29	10.74	45.09		8.55	19.03
16.69	3.64	5.12		5.40	16.35

4-10 国有经济按各种分组的固定资产投资

INVESTMENT IN FIXED ASSETS OF STATE-OWNED UNITS

指 标	Item	2000	2007	2008	2009
投资总额 （万元）	**Total Investment (10000 yuan)**	**629928**	**1699162**	**2101022**	**2683407**
按资金来源分	**Grouped by Source of Funds**				
国家预算内资金	State Budgetary Appropriation	369006	1997213	2236119	2427954
国内贷款	Domestic Loans	25402	15084	19232	56382
利用外资	Foreign Investment	172	117		
自筹投资	Fundraising	159935	319479	358895	448142
其他投资	Others	72048	105480	277579	156749
按构成分	**Grouped by Use of Funds**				
建筑安装工程	Construction and Installation	569836	1584109	2017856	2422713
设备、工器具购置	Purchase of Equipment and Instruments	41151	97698	61843	164144
其他费用	Others	18941	17355	21323	96550
按建设性质分	**Grouped by Type of Construction**				
#新建	New Construction	393676	980157	1171251	1768112
扩建	Expansion	34162	218428	307246	394099
改建	Reconstruction	152264	276905	303322	259943
按产业分	**Grouped by Type of Industry**				
第一产业	Primary Industry	26354	141705	148115	211719
第二产业	Secondary Industry	151435	259541	431420	649064
第三产业	Tertiary Industry	452139	1297916	1521487	1822624
按国民经济主要行业分	**Grouped by Main Sector**				
农林牧渔业	Farming,Forestry,Animal Husbandry and Fishery	13181	141705	148115	211719
工 业	Industry	151435	250525	321080	447043
#能源工业	# Energy	102491	178686	300464	392330
交通运输、仓储和邮政业	Transportation, Storage and Post Industries	172925	675124	729671	811580
信息传输、计算机服务和软件业	Information Transmission, Computer Services and Software	60530	60967	34342	86913
新增固定资产 （万元）	**Newly Increased Fixed Assets (10000 yuan)**	**631768**	**1404431**	**1026930**	**1888119**
固定资产交付使用率 （%）	**Rate of Fixed Assets Put into Use (%)**	**100.3**	**82.7**	**48.9**	**70.4**
房屋建筑面积 （万平方米）	**Floor Space of Buildings (10000 sq.m)**				
施工面积	Floor Space Under Construction	210.50	411.84	372.81	471.80
竣工面积	Floor Space Completed	138.80	280.58	168.22	137.62
#住宅	# Residential Buildings	46.70	140.20	89.41	64.53

4-11　分地区城镇投资(2009年)

INVESTMENT IN URBAN BY REGION(2009)

单位:万元　　(10000 yuan)

地　区 Region		建筑工程 Construction	安装工程 Installation	设备工器具购置 Purchase of Equipment	其他费用 Others
全　区	All	2868980	91961	192194	133487
拉萨市	Lhasa	1077203	62931	111907	77629
昌都地区	Qamdo	359483	9352	10774	14107
山南地区	Shannan	318754	8290	26026	20953
日喀则地区	Xigazê	410704		12863	
那曲地区	Nagqu	183039	3000	26518	13075
阿里地区	Ngari	166760	4532	1283	226
林芝地区	Nyingchi	353037	3856	2823	7497

4-12　青藏铁路完成投资

INVESTMENT IN QINGHAI-TIBET RAILWAY

单位：亿元　　(100 million yuan)

年份 Year	全段 All Off	西藏段 Of Tibet
总　计	329.80	187.70
2001	11.80	0.57
2002	53.20	11.70
2003	65.17	38.00
2004	68.00	40.00
2005	66.63	58.23
2006	65.00	39.20

4-13 房地产开发主要指标

MAIN INDICATORS OF REAL ESTATE DEVELOPMENT

指 标		Item		2001
土地开发及购置	(万平方米)	**land Development and Purchase**	**(10000 sq.m)**	
本年土地开发面积		Land Space Developed This Year		10.53
本年土地购置面积		Land Space Purchased This Year		17.53
按资金来源分	(万元)	**Grouped by Source of Funds**	**(10000 yuan)**	**12892**
国家预算内资金		State Budgetary Appropriation		
国内贷款		Domestic Loans		3740
利用外资		Foreign Investment		
自筹资金		Fundraising		4100
其他资金		Others		5052
房屋建筑面积	(万平方米)	**Floor Space of Buildings**	**(10000 sq.m)**	
施工面积		Floor Space under Construction		15.09
竣工面积		Floor Space Competed		11.05
本年新开工面积		Floor Space Started This Year		11.05
#住宅		# Residential Buildings		9.91
#经济适用房屋		#Economically Affordable Housing		7.20
商品房屋销售额	(万元)	**Sales Value of Buildings**	**(10000 yuan)**	**14383**
#住宅		# Residential Buildings		11475
#经济适用房屋		#Economically Affordable Housing		10240
商品房屋销售面积	(万平方米)	**Sales Value of Buildings**	**(10000sq.m)**	**8.59**
#住宅		# Residential Buildings		7.83
#经济适用房屋		#Economically Affordable Housing		7.32
商品房屋销售价格	(元/平方米)	**Selling Price of House**	**(yuan/sq.m)**	**1674**
#住宅		# Residential Buildings		1466
#经济适用房屋		#Economically Affordable Housing		1399
本年完成投资额	(万元)	**Invetment Complete This Year**	**(10000yuan)**	**14993**
#住宅		# Residential Buildings		9763
#经济适用房屋		#Economically Affordable Housing		8477

4-13 续表 continued

2002	2003	2004	2005	2006	2007	2008	2009
12.58	7.22	4.24	36.48	61.21	21.87	71.74	16.96
15.00	8.00		44.66	52.92	5.20	20.46	5.23
26907	**45946**	**60166**	**69783**	**115081**	**119154**	**133641**	**310418**
9300	9000	4100	9626	16062	14060	19391	18600
7632	27159	6552	24567	40029	30865	43514	118125
9811	9787	49514	35590	57274	74229	70736	173693
19.05	17.37	38.43	43.36	107.82	114.71	144.89	140.62
16.16	12.56	9.19	26.49	32.94	41.27	54.85	45.98
19.05	17.37	30.05	38.81	60.37	56.42	122.53	37.35
15.70	14.66	30.05	33.43	51.96	48.49	53.26	31.84
12.94	9.72	20.30		42.53	28.58	19.51	6
25348	**18088**	**26279**	**44032**	**112855**	**164348**	**213056**	**155127**
22600	17794	26279	36421	71317	158663	192808	146889
19160	12581	1387		60199	52992	16680	10751
16.16	**10.32**	**9.56**	**25.90**	**57.10**	**60.78**	**66.68**	**63.26**
14.66	10.20	9.56	24.18	42.28	59.60	62.26	61.42
12.94	8.12	0.67		35.12	27.89	7.83	4.35
1568	**1753**	**2749**	**1700**	**1976**	**2704**	**3195**	**2452**
1542	1745	2749	1506	1687	2662	3097	2397
1481	1549	2070		1714	1900	2130	2470
27692	**20005**	**53934**	**60207**	**89022**	**116767**	**137888**	**157480**
19065	16461	52734	43348	69001	104008	120080	113798
15173	10144	26550	1021	52091	61028	31069	5240

第五篇

财　　政

Chapter 5

GOVERNMENT FINANCE

5-1 历年财政收支总额及指数

TOTAL REVENUE AND TOTAL EXPENDITURES AND ITS INDICES OF LOCAL FINANCE OF THE YEARS

年 份 Year	总收入(万元) Total Revenue (10000 yuan)	地方财政收入 Local Government Revenue	#一般预算收入 General Budgetary Financial Revenue	国家财政补助收入 Subsidies Revenue of Government	总支出(万元) Total Expenditures (10000 yuan)	#一般预算支出 General Budgetary Financial Expenditures	指数(上年=100) Indices (preceding year=100) 总收入 Total Revenue	总支出 Total Expenditures
1959	13302	2190		11112	7010		351.1	259.5
1965	14044	2239		11805	11313		82.6	83.0
1970	16203	-2142		18345	10613		148.8	119.1
1978	47063	-1558		48620	45734		125.7	139.9
1979	49236	-2205		51441	49996		104.6	109.3
1980	54131	-5973		60104	46602		109.9	93.2
1985	99735	-6037		105772	102941		149.0	100.6
1986	94938	-741		95679	89749		95.2	87.2
1987	101707	-353		102060	91341		107.1	101.8
1988	103303	-226		103077	104766		101.6	114.7
1989	125095	1380		123715	119231		121.1	113.8
1990	128470	1810		126660	129242		102.7	108.4
1991	139694	2325		137369	150018		108.7	116.1
1992	157270	10869		146401	166120		112.6	110.7
1993	189868	15601		174267	216012		120.7	130.0
1994	309781	14235		295546	302998		163.2	140.3
1995	334940	21500		313440	348749		108.1	115.1
1996	336502	24388	24141	312114	381195	368458	100.5	109.3
1997	386989	38254	29537	348735	390961	381952	115.0	102.6
1998	459820	44273	36393	415547	461966	453225	118.8	118.2
1999	627292	54581	45731	572711	544223	532544	136.4	117.8
2000	699222	63265	53848	635957	616108	599693	111.5	113.2
2001	1018566	73790	61108	944776	1062067	1045690	145.7	172.4
2002	1398795	87325	73082	1311470	1398904	1378433	137.3	131.7
2003	1387906	100342	81499	1287564	1481966	1459054	99.2	105.9
2004	1479554	119899	100188	1359655	1360690	1338335	106.6	91.8
2005	2058670	143330	120312	1915340	1891612	1854502	139.1	139.0
2006	2229029	172682	145607	2007860	2023024	2001969	108.3	106.9
2007	3101337	231437	201412	2804127	2793631	2753682	139.1	138.1
2008	3864431	285872	248823	3578559	3840173	3806589	124.6	137.5
2009	5018573	309108	300894	4709465	4711288	4701322	126.3	122.7

5-2 地方财政收入占地区生产总值的比重
LOCAL GOVERNMENTS REVENUE AS PERCENTAGE TO GROSS DOMESTIC PRODUCT

年份 Year	地方财政收入 (亿元) Local Government Revenue (100 million yuan)	地区生产总值 (亿元) Gross Domestic Products (100 million yuan)	地方财政收入占地区生产总值的比重(%) Percentage of Local Government Revenue to GDP(%)
1978	-0.16	6.65	
1979	-0.22	7.30	
1980	-0.60	8.67	
1981	-0.57	10.40	
1982	-0.56	10.21	
1983	-0.48	10.29	
1984	-1.10	13.68	
1985	-0.60	17.76	
1986	-0.07	16.93	
1987	-0.04	17.71	
1988	-0.02	20.25	
1989	0.14	21.86	0.6
1990	0.18	27.70	0.6
1991	0.23	30.53	0.8
1992	1.09	33.29	3.3
1993	1.56	37.28	4.2
1994	1.42	45.84	3.1
1995	2.15	55.98	3.8
1996	2.44	64.76	3.8
1997	3.83	76.98	5.0
1998	4.43	91.18	4.9
1999	5.46	105.61	5.2
2000	6.33	117.46	5.4
2001	7.38	138.73	5.3
2002	8.73	161.42	5.4
2003	10.03	184.50	5.4
2004	11.99	211.54	5.7
2005	14.33	251.21	5.7
2006	17.27	291.01	5.9
2007	23.14	342.19	6.8
2008	28.59	395.91	7.2
2009	30.91	441.36	7.0

5-3　地方财政收入基本情况

LOCAL GOVERNMENT FINANCIAL REVENUE IN CURRENT BUDGET

单位：万元　　(10000 yuan)

项　目	Item	1998	1999	2000	2003	2007	2008	2009
地方财政收入	**Local Government Financial Revenue**	**44273**	**54581**	**63265**	**100342**	**231437**	**285872**	**309180**
一般预算收入	**General Budgetary Financial Revenue**	**36393**	**45731**	**53848**	**81499**	**201412**	**248823**	**300894**
各项税收	Taxes	35935	43073	50652	65387	116667	151865	185065
增值税	Value-added Tax	5962	6954	7892	9364	20874	27465	28383
营业税	Operation Tax	14870	16758	19390	40160	64421	79514	100679
企业所得税	Enterprises' Income Tax	9855	12623	16123	7160	12529	18684	20962
个人所得税	Individual Income Tax	2319	2697	3127	2851	5807	7051	7266
资源税	Resources Tax	1319	1534	1654	1999	5012	5755	4984
城市维护建设税	Building Tax on City Maintenance	1668	1912	2117	3168	5843	7171	14120
印花税	Stemp tax	191	151	168	482	1261	1993	2676
土地增值税	Land Value Added Tax	519	437	144	182	832	2547	2759
其他税收	Other Taxes	-768	7	37	21	88	1685	3236
国有资本经营收入	Operational Income of State-owned Assets	922	1014	837	872	4944	2038	-874
国有资源（资产）有偿使用收入	State-owned Resources(Assets) Compensation for the use of Revenue					13141	20759	27372
行政事业性收费收入	Revenue of from Administrative and Institutional Units	521	689	834	6318	12471	15698	12609
罚没收入	Penalty	1664	1530	2029	2928	10581	9152	11581
专项收入	Special Revenue	762	1153	1607	2580	10618	15800	19992
其他收入	Other Revenue	8384	8348	8045	12572	32990	33511	45149
基金收入	**Fund Budgetary Revenue**	**7880**	**8850**	**9417**	**18843**	**30025**	**37049**	**8214**

5-4 财政支出基本情况

FINANCIAL EXPENDITURE

单位：万元 (10000 yuan)

项　　目	Item	2008	2009
财政支出	**Total Financial Expenditure**	**3840173**	**4711288**
一般预算支出	**General Budgetary Financial Expenditures**	**3806589**	**4701322**
一般公共服务	General Public Services	640632	857249
教育	Education	470800	610441
科学技术	Science and Technology	29033	26913
文化体育与传媒	Culture Education and Summon Matchmaker	92134	133600
社会保障和就业	Social Security and Employed	279000	333493
医疗卫生	Medical and Health	163548	220868
环境保护	Environmental Protection	57068	97535
城乡社区事务	Urban and Rural Community Affairs	259956	191152
农林水事务	Agriculture Forestry Water Affairs	628701	847102
交通运输	Transports	351034	549156
采掘电力信息等事物	Mining and Quarrying , Electricity and Information	134469	12867
粮油物资储备管理等事物	Management of Grain , Oil and Material Reserves	48767	126949
金融监管	Financial Regulation	971	432
工业商业金融等事务	Industrial Business and Financial Affairs	184207	12867
其他支出	Others	343861	693565
基金支出	**Fund Budgetary Expenditures**	**33584**	**9669**

5-5　各地市财政收支情况

FINANCIAL REVENUE AND EXPENDITURES BY REGION

单位：亿元　　(100 million yuan)

地区 Region		2003 财政收入 Financial Revenue	2003 财政支出 Financial Expenditures	2008 财政收入 Financial Revenue	2008 财政支出 Financial Expenditures	2009 财政收入 Financial Revenue	2009 财政支出 Financial Expenditures
拉萨市	Lhasa	2.45	10.04	8.03	33.02	10.05	37.73
昌都地区	Qamdo	0.68	7.18	2.31	22.47	2.79	26.40
山南地区	Shannan	0.89	7.10	2.49	19.45	3.23	24.12
日喀则地区	Xigazê	0.97	9.59	2.45	27.59	2.92	33.56
那曲地区	Nagqu	0.71	6.34	1.38	18.31	1.80	22.96
阿里地区	Ngari	0.43	3.22	0.73	9.42	0.92	12.42
林芝地区	Nyingchi	0.88	4.84	2.40	13.73	2.87	15.72

5-6　各地市财政收入占地区生产总值的比重

LOCAL GOVERNMENT REVENUE BY REGION AS PERCENTAGE TO GROSS DOMESTIC PRODUCE

地 区 Region		2008 财政收入(亿元) Local Government Revenue (100 millin yuan)	2008 地区生产总值(亿元) Gross Domestic Products (100 million yuan)	2008 财政收入占地区生产总值比重(%) Percentage of Local Government Revenue to GDP (%)	2009 财政收入(亿元) Local Government Revenue (100 millin yuan)	2009 地区生产总值(亿元) Gross Domestic Products (100 million yuan)	2009 财政收入占地区生产总值比重(%) Percentage of Local Government Revenue to GDP (%)
拉萨市	Lhasa	8.03	142.05	5.7	10.05	154.27	6.5
昌都地区	Qamdo	2.31	51.37	4.5	2.79	57.90	4.8
山南地区	Shannan	2.49	39.89	6.2	3.23	45.48	7.1
日喀则地区	Xigazê	2.45	67.27	3.6	2.92	75.51	3.9
那曲地区	Nagqu	1.38	42.19	3.3	1.80	45.11	4.0
阿里地区	Ngari	0.73	15.13	4.8	0.92	16.34	5.6
林芝地区	Nyingchi	2.40	38.99	6.2	2.87	45.77	6.3

第六篇

物价指数

Chapter 6

PRICE INDICES

6-1 全区物价指数

GENERAL PRICE INDICES

年份 Year	商品零售价格指数 General Retail	城镇 Urban Areas	农村 Rural Areas	居民消费价格指数 General Consumer Price Index	城镇 Urban Areas	农村 Rural Areas
上年=100 (preceding year=100)						
1991	108.7	109.3	108.1	109.2	109.4	108.9
1992	108.3	108.9	107.7	108.8	109.0	108.5
1993	111.9	113.3	110.4	113.4	115.2	111.6
1994	118.9	115.9	121.8	128.3	125.5	130.6
1995	117.4	116.5	118.8	119.4	121.3	117.5
1996	107.2	106.4	108.5	107.8	109.5	106.1
1997	104.2	103.7	104.6	105.0	104.8	105.6
1998	98.8	99.0	98.9	100.7	99.8	101.5
1999	98.8	98.5	99.0	100.0	99.4	100.5
2000	99.2	99.1	99.5	99.9	100.4	99.8
2001	99.6	99.6	99.4	100.2	99.2	100.9
2002	99.5	99.4	99.6	100.4	101.0	99.9
2003	99.4	99.1	100.0	100.9	100.8	100.9
2004	100.7	100.5	101.2	102.7	102.0	103.4
2005	100.8	100.8	100.4	101.5	101.5	100.9
2006	100.2	99.9	100.8	102.0	101.9	102.4
2007	101.7	101.3	102.5	103.4	102.9	104.2
2008	103.9	104.1	103.5	105.7	105.7	105.7
2009	99.5	99.5	99.6	101.4	101.5	101.3
1989年=100 (1989=100)						
1991	113.6	114.9	112.3	114.7	115.1	114.0
1992	123.0	125.1	120.9	124.8	125.5	123.7
1993	137.6	141.7	133.5	141.5	144.6	138.0
1994	163.6	164.2	162.6	181.5	181.5	180.2
1995	192.1	191.3	193.2	216.7	220.2	211.7
1996	205.9	203.5	209.6	233.6	241.1	224.6
1997	214.5	211.0	219.2	245.3	252.7	237.2
1998	211.9	208.9	216.8	247.0	252.2	240.8
1999	209.4	205.8	214.6	247.0	250.7	242.0
2000	207.7	203.9	213.5	246.8	251.8	241.5
2001	206.9	203.1	212.2	247.3	249.8	243.7
2002	205.9	201.9	211.4	248.3	252.3	243.5
2003	204.7	200.1	211.4	250.5	254.3	245.7
2004	206.1	201.1	213.9	257.3	259.4	254.1
2005	207.8	202.7	214.8	261.2	263.3	256.4
2006	208.2	202.5	216.5	266.4	268.3	262.6
2007	211.7	205.1	221.9	275.5	276.1	273.6
2008	220.0	213.5	229.7	291.2	291.8	289.2
2009	218.9	212.4	228.8	295.3	296.2	293.0

6-2 居民消费价格分类指数

CONSUMER PRICE INDICES BY CATEGORY

上年=100 (preceding year=100)

项 目	Item	2000	2001	2007	2008	2009
居民消费价格总指数	**General Consumer Price Index**	**99.9**	**100.2**	**103.4**	**105.7**	**101.4**
非食品价格指数	**Consumer Price Index Without Food**		**100.6**	**101.8**	**102.5**	**100.2**
服务项目价格指数	**Services Price Index**	**106.4**	**101.7**	**103.7**	**102.6**	**101.0**
消费品价格指数	**Consumer Goods Price Index**		**99.9**	**103.3**	**106.4**	**101.5**
食品类	**Food**	**98.9**	**99.4**	**106.6**	**112.1**	**103.9**
粮食	Grain	101.5	99.9	108.5	103.9	100.4
淀粉	Starches	102.4	98.0	99.6	109.7	98.3
干豆类及豆制品	Bean and Its Products	98.6	99.4	102.7	117.1	105.8
油脂类	Oil or Fat	98.8	97.2	108. 5	129.8	95.9
肉禽及其制品	Meal, Poultry and Their Products	94.0	102.4	119.5	125.6	99.6
蛋类	Eggs	98.0	97.1	105.1	109.0	100.0
水产品	Aquatic Products	97.6	100.9	104.1	115.5	101.2
菜类	Vegetables	105.0	92.4	99.1	105.6	115.6
调味品	Flavoring	99.9	99.8	98.9	101.3	102.3
糖类	Carbohydrate	101.1	99.0	102.7	104.9	103.1
茶及饮料	Tea and Beverages		100.3	100.9	103.8	101.1
干鲜瓜果类	Dried and Fresh Melons and Fruits	97.8	101.5	109.4	114.2	114.1
糕点、饼干	Cakes and Biscuits	94.9	98.9	102.9	102.3	100.6
液体乳及乳制品	Liquid Milk and Its Products	108.3	100.1	102.3	115.7	107.8
在外用膳食品	Out-of-home Food		100.0	103.6	108.6	103.5
其他食品	Other Food	102.8	100.2	99.7	103.1	100.5
烟酒及用品	**Cigarettes,Liquors and Related Items**		**99.6**	**102.5**	**102.3**	**101.9**
烟草	Tobacco		99.1	103.1	101.3	103.1
酒	Liquors		100.4	101.9	104.0	100.9
吸烟饮酒用品	Cigarettes and Spirits Related Items		100.1	101.2	99.9	99.3
衣着类	**Clothing**	**99.7**	**101.1**	**102.0**	**103.1**	**101.6**

6-2 续表 continued

上年=100 (preceding year=100)

项　　目	Item	2000	2001	2007	2008	2009
服装	Garments	100.0	100.4	101.7	103.7	101.8
衣着材料	Clothing Material	94.1	102.1	100.1	102.5	105.3
鞋、袜、帽	Shoes,Socks and Hats	99.7	102.8	102.5	102.7	97.3
衣着加工服务费	Garment Processing Service	98.9	100.2	104.7	101.5	108.1
家庭设备用品及维修服务	**Home Appliances and Repair Service**	**101.5**	**99.4**	**100.0**	**102.3**	**99.3**
耐用消费品	Durable Consumer Goods	101.5	98.9	100.0	102.1	95.9
室内装饰品	Interior Decorations	101.3	99.8	100.1	103.9	102.5
床上用品	Bed Articles	100.3	99.9	100.1	101.8	100.3
家庭日用杂品	Daily Use Household Articles	103.0	99.5	99.4	102.4	102.2
家庭服务及加工维修服务	Household Service and Repair Service	100.0	101.7	102.3	103.1	103.2
医疗保健和个人用品	**Medicine,Medical Service and Personal Aricles**	**100.3**	**100.1**	**100.1**	**102.7**	**101.4**
医疗保健	Medical Appliances and Articles	99.6	100.1	99.2	101.5	100.4
个人用品及服务	Personal Articles and Service			100.9	103.8	102.4
交通和通信	**Transportation and Communication**	**98.4**	**103.6**	**100.6**	**101.3**	**97.0**
交通	Transportation	99.3	101.6	101.4	103.9	100.2
通信	Communication	92.7	106.2	99.0	96.9	91.5
娱乐教育文化用品及服务	**Recreation,Education ,Culture Articles and It's Service**	**97.4**	**98.7**	**100.2**	**99.0**	**99.1**
文娱用耐用消费品及服务	Durable Consumer Goods for Recreational Use	91.7	94.8	97.7	98.1	94.4
教育	Education	102.1	100.2	100.4	100.8	100.6
文化娱乐类	Cultural and Recreational Articles	108.9	103.6	101.6	100.8	102.7
旅游	Tourism			102.5	94.5	99.4
居住	**Residence**	**103.5**	**101.3**	**107.1**	**106.6**	**100.0**
建房及装修材料	Construction and Decoration Materials	102.1	100.5	100.9	104.0	103.3
租房	Building Materials	103.2	100.0	102.5	101.8	102.2
自有住房	Self-owned House			124.5	110.8	92.9
水电燃料	Water, Electricity and Fuels	104.0	101.7	106.5	108.7	99.7

6-3 居民消费价格分类指数（2009年）

CONSUMER PRICE INDICES BY CATEGORY (2009)

上年=100 (preceding year=100)

指标	Item	1月Jan.	2月Feb.	3月Mar.	4月Apr.	5月May.	6月June.
总指数	**General Consumer Price Index**	**100.5**	**100.6**	**100.7**	**100.6**	**100.9**	**100.6**
食品类	Food	105.1	102.9	103.3	103.1	103.9	103.0
粮食	Grain	97.6	97.7	99.0	99.6	99.5	100.4
肉禽及其制品	Meal, Poultry and Their Products	107.2	100.6	101.5	99.2	97.9	94.6
蛋类	Eggs	96.6	99.2	99.9	100.1	99.6	99.7
水产品	Aquatic Products	106.7	103.0	103.4	104.0	104.4	98.9
菜类	Vegetables	114.0	103.4	106.9	113.4	125.0	124.4
茶和饮料	Tea and Beverages	100.5	101.8	101.8	101.8	100.6	100.8
干鲜瓜果类	Dried and Fresh Melons and Fruits	113.4	114.9	116.7	110.9	110.8	113.7
烟酒及用品	Cigarettes,Liquors and Related Items	100.3	101.7	101.4	100.9	101.1	101.8
衣着类	Clothing	98.6	100.3	100.2	100.8	100.8	100.7
家庭设备用品及维修服务	Home Appliances and Repair Service	98.3	99.8	99.6	98.8	98.8	98.6
医疗保健和个人用品	Medicine,Medical Service and Personal Aricles	100.0	101.2	101.2	101.2	101.0	101.1
交通和通信	Transportation and Communication	96.6	97.5	97.3	96.9	96.6	95.7
娱乐教育文化用品及服务	Recreation, Education and Culture Articles	95.1	96.4	96.2	96.5	96.9	97.9
居住	Residence	98.4	99.5	99.8	100.0	100.0	99.6
服务项目	Services	96.7	98.6	99.2	99.4	99.4	100.0

6-3 续表 continued

指标	Item	7月July	8月Aug.	9月Sep.	10月Oct.	11月Nov.	12月Dec.
总指数	**General Consumer Price Index**	**100.6**	**100.9**	**101.4**	**102.7**	**103.3**	**104.3**
食品类	Food	102.5	102.6	103.4	105.6	105.7	106.2
粮食	Grain	100.5	100.1	100.1	101.5	104.2	105.4
肉禽及其制品	Meal, Poultry and Their Products	94.5	95.5	97.2	102.6	102.7	103.5
蛋类	Eggs	99.0	99.7	99.1	101.1	102.2	104.2
水产品	Aquatic Products	96.2	97.3	96.3	101.0	102.1	103.3
菜类	Vegetables	119.8	118.1	116.6	118.9	117.2	115.1
茶和饮料	Tea and Beverages	100.6	100.8	100.5	100.7	101.5	101.8
干鲜瓜果类	Dried and Fresh Melons and Fruits	119.2	117.4	118.3	114.3	108.6	111.2
烟酒及用品	Cigarettes,Liquors and Related Items	102.0	102.1	102.5	102.9	102.8	103.6
衣着类	Clothing	100.5	100.7	101.3	102.6	106.0	107.3
家庭设备用品及维修服务	Home Appliances and Repair Service	98.8	98.7	98.8	98.8	100.4	101.9
医疗保健和个人用品	Medicine,Medical Service and Personal Aricles	101.4	101.3	101.6	102.3	102.0	102.7
交通和通信	Transportation and Communication	96.0	96.0	96.8	97.4	97.8	100.1
娱乐教育文化用品及服务	Recreation, Education and Culture Articles	98.5	101.0	101.7	102.9	103.0	103.6
居住	Residence	99.5	99.5	99.6	100.2	101.3	102.9
服务项目	Services	100.3	101.8	102.2	103.6	104.8	105.9

6-4 商品零售价格分类指数（2009年）

PRICE INDICES BY CATEGORY OF COMMODITIES（2009）

上年=100　　　　(preceding year=100)

项　　目	Item	全 区 Average	城 市 Urban Areas	农 村 Rural Areas
商品零售价格总指数	**General Retail Price Index**	**99.5**	**99.5**	**99.6**
食品类	**Food**	**104.0**	**103.6**	**104.7**
粮食	Grain	100.4	99.0	102.6
淀粉	Starches	98.5	98.7	98.2
干豆类及豆制品	Dry Bean and Bean Products	105.3	106.8	101.6
油脂	Oil or Fat	95.3	93.7	98.8
肉禽及其制品	Meat, Pourtry and It's Products	100.3	98.8	102.0
蛋	Eggs	99.5	97.9	104.5
水产品	Aquatic Products	101.1	101	101.3
菜	Vegetable	114.2	116.0	111.5
#鲜菜	Fresh Vegetables	118.0	122.4	111.0
调味品	Flavoring	103.4	105.7	99.1
糖	Sugar	102.8	103.2	101.7
干鲜瓜果	Dried and Fresh Fruits	113.9	114.7	112.2
糕点饼干面包	Cake, Biscuits and Bread	100.3	101.5	98.1
液体乳及乳制品	Liquid Milk and Its Products	106.4	103.6	109.3
在外用膳食品	Out-dining Food	103.9	104.3	103.4
其他食品	Other Food	101.2	100.0	103.1
饮料、烟酒类	**Beverages,Tobacco and Liquor**	**102.0**	**102.8**	**100.0**
茶及饮料	Tea and Beverages	101.2	101.3	100.8
烟草	Tobacco	103.0	104.6	99.7
酒	Liquor	101.3	102.0	99.9
服装、鞋帽类	**Garments,Shoes and Hats**	**100.0**	**99.7**	**100.6**
服装	Garments	101.5	101	102.6
鞋袜帽	Shoes and Hats	97.2	96.7	98.6
其他	Others	98.9	101.7	90.9
纺织品类	**Textiles**	**102.8**	**103.8**	**99.5**
衣着材料	Clothing Material	106.1	107.8	100.2
床上用品	Bed Articles	100.1	100.5	99.0
家用电器及音像器材类	**Household Appliances and Video Appliances**	**91.9**	**91.5**	**92.9**
家庭设备	Home Appliances	89.6	88.0	94.3
文娱耐用消费品	Culture and Recreat Durable Consumable	94.5	95.5	91.9
音像器材类	Video Appliances	91.4	91.4	91.3

6-4 续表 continued

上年=100 (preceding year=100)

项目	Item	全区 Average	城市 Urban Areas	农村 Rural Areas
文化办公用品类	**Culture and Office Articles**	**97.6**	**99.8**	**92.2**
日用品类	**Articles for Daily Use**	**98.2**	**99.5**	**95.6**
日用百货	Articles for Daily Use	95.2	95.1	95.5
日用杂品	Sundries for Daily Use	99.4	99.9	98.2
洗涤用品	Washing Articles	100.1	101.1	98.2
其他日用品	Others	98.5	102.5	89.3
体育娱乐用品类	**Sports and Recreation Goods**	**92.8**	**93.0**	**92.1**
体育用品	Sports Goods	95.4	96.1	93.4
娱乐用品	Recreationa Goods	89.7	89.6	90.1
交通通信用品类	**Transportation and Communication Goods**	**87.6**	**85.4**	**92.7**
交通运输机械	Transportation Machines	96.8	95.6	99.8
通讯器材类	Telecommunication Appliances	80.2	97.0	87.6
家具类	**Furniture**	**102.4**	**103.5**	**99.5**
化妆品类	**Cosmetics**	**98.5**	**99.6**	**96.2**
金银珠宝类	**Jewelry**	**98.6**	**100.2**	**94.1**
中西药及医疗保健品类	**Traditional Chinese and Western Medicine**	**98.6**	**97.8**	**100.0**
医疗器具及用品	Special Appliances of Medicines	100.3	100.0	100.9
中药材及中成药	Traditional Chinese Medicine	97.5	95.6	100.6
西药	Western Medicine	99.0	99.2	98.5
保健器具及用品	Healthcare Equipment	98.5	97.2	101.6
书报杂志及电子出版物类	**Newspapers, Magazines and Electronic Publications**	**98.9**	**98.0**	**101.1**
教材及参考书	Teaching Materials and Reference Books	99.4	98.6	101.6
书报杂志	Newspapers and Magazines	104.0	102.6	107.1
电子音像制品	Electronic Audio-video Products	91.9	91.9	91.9
燃料类	**Fuels**	**99.6**	**100.2**	**98.8**
煤炭及制品类	Coal and Their Products	97.9	99.7	95.3
石油及制品类	Petroleum and Their Products	100.4	100.4	100.4
建筑材料及五金电料类	**Building Materials and Hardwares**	**101.4**	**102.3**	**99.7**
建筑装潢材料	Building Decoration Materials	102.4	103.2	100.9
五金电料类	Hardwares	98.1	99.3	95.7

6-5 商品零售价格分类指数（2009年）

PRICE INDICES BY CATEGORY OF COMMODITIES (2009)

上年=100　(preceding year=100)

	Item	1月 Jan.	2月 Feb.	3月 Mar.	4月 Apr.	5月 May.	6月 June
总指数	**General Consumer Price Index**	**98.8**	**98.9**	**98.8**	**98.6**	**98.9**	**98.7**
食品类	Food	105.4	103.3	103.5	103.1	103.7	103.0
#粮食	Grain	97.7	97.7	98.7	99.4	99.3	100.3
鲜菜	Fresh Vegetables	113.4	99.2	105.3	115.0	133.2	131.9
饮料、烟酒类	Beverages,Tobacco and Liquor	100.5	101.9	101.7	101.4	101.2	101.8
服装、鞋帽类	Garments,Shoes and Hats	97.1	99.0	98.8	98.9	98.8	98.8
纺织品类	Textiles	100.0	101.0	100.8	102.5	104.2	102.8
家用电器及音像器材类	Household Appliances and Audio-vides Appliance	93.1	93.1	92.4	91.1	91.0	90.9
文化办公用品类	Cultural Office Article	94.8	97.6	97.4	97.7	98.4	97.9
日用品类	Articles for Daily Use	97.2	98.0	98.1	98.0	97.8	97.7
体育娱乐用品类	Sports and Recreation Goods	89.5	91.4	91.4	91.4	91.7	91.5
交通通信用品类	Transportation and Communication Goods	86.9	87.5	86.8	85.3	85.0	86.7
家具类	Furniture	100.3	102.0	102.2	102.1	102.1	102.2
化妆品类	Cosmetics	96.8	97.5	97.1	97.3	97.7	97.8
金银珠宝类	Jewelry	100.5	95.6	95.8	96.6	96.4	97.1
中西药及医疗保健品类	Traditional Chinese and Western Medicine	98.6	98.7	98.7	98.3	98.2	98.3
书报杂志及电子出版物类	Newspapers and Magazines	94.7	95.5	95.6	95.8	98.0	98.4
燃料类	Fuels	99.9	99.7	100.3	100.5	100.8	96.7
建筑材料及五金电料类	Building Materials and Hardwares	101.4	101.3	100.6	100.3	100.0	101.6

6-5 续表 continued

	Item	7月July.	8月Aug.	9月 Sep.	10月 Oct.	11月 Nov.	12月 Dec.
总指数	**General Consumer Price Index**	**98.7**	**98.8**	**99.4**	**100.7**	**101.4**	**102.4**
食品类	Food	102.6	102.7	103.3	105.5	105.6	106.0
#粮食	Grain	100.6	100.0	100.0	101.8	104.2	105.3
鲜菜	Fresh Vegetables	125.8	123.6	121.7	121.9	121.0	118.5
饮料、烟酒类	Beverages,Tobacco and Liquor	101.8	102.0	102.2	102.7	102.9	103.5
服装、鞋帽类	Garments,Shoes and Hats	98.6	98.8	99.5	101.2	104.9	106.2
纺织品类	Textiles	102.9	103.1	103.1	103.2	104.5	105.6
家用电器及音像器材类	Household Appliances and Audio-vides Appliance	91.4	91.3	91.8	92.0	91.3	93.3
文化办公用品类	Cultural Office Article	96.2	96.3	96.7	98.9	100.1	100.0
日用品类	Articles for Daily Use	97.7	97.6	97.7	99.1	99.4	99.7
体育娱乐用品类	Sports and Recreation Goods	91.2	91.4	91.7	96.2	98.5	98.9
交通通信用品类	Transportation and Communication Goods	86.5	87.1	89.0	90.8	89.6	90.5
家具类	Furniture	102.5	102.5	102.6	102.5	103.4	104.1
化妆品类	Cosmetics	98.3	98.5	98.8	100.2	100.7	101.1
金银珠宝类	Jewelry	97.9	98.0	98.8	100.1	103.0	103.9
中西药及医疗保健品类	Traditional Chinese and Western Medicine	98.3	98.3	98.4	99.2	98.3	99.3
书报杂志及电子出版物类	Newspapers and Magazines	100.3	101.0	101.9	102.2	101.9	102.1
燃料类	Fuels	97.5	97.1	98.0	98.3	100.8	106.7
建筑材料及五金电料类	Building Materials and Hardwares	101.9	101.8	101.8	102.3	101.9	102.3

6-6 农业生产资料价格分类指数(2009年)

INDEXES OF AGRICULTURAL PRODUCTIVE MATERIALS BY CATEGORY OF COMMODITIES (2009)

上年=100 (preceding year=100)

项目	Item	全年 The Year	1月 Jan.	2月 Feb.	3月 Mar.	4月 Apr.	5月 May.	6月 June
总指数	**General Consumer Price Index**	**99.1**	**100.4**	**100.3**	**99.8**	**99.5**	**99.4**	**99.3**
农用手工工具	Farm Hand Tools	97.9	99.2	99.2	98.7	98.7	98.7	98.7
饲料	Forage	99.8	100.8	100.8	100.5	99.6	99.5	99.5
幼禽家畜	Young Livestock and Fowls	98.8	100.0	99.9	99.8	99.4	99.3	99.3
半机械化农具	Semi-mechanized Farm Implements	100.5	100.6	100.6	100.6	100.6	100.6	100.6
机械化农具	Mechanized Farm Implements	99.7	100.1	100.0	100.0	99.6	99.5	99.5
化学肥料	Chemecal Fertilizer	100.9	101.5	101.4	101.2	100.2	100.2	100.2
氮肥	Nitrogenous Fertilizer	100.4	100.2	100.0	99.9	99.2	99.2	99.2
磷肥	Phosphate	100.8	101.0	100.9	100.7	100.7	100.6	100.6
钾肥	Kalium Fertilizer	102.0	102.1	102.1	102.0	102.0	102.0	102.0
复合肥料	Compound Fertilizer	101.1	102.8	102.8	102.4	100.5	100.5	100.5
农药及农药械	Pesticide and Its Appliances	101.1	101.1	101.1	101.1	101.1	101.1	101.1
化学农药	Chemecal Pesticide	102.1	102.3	102.3	102.3	102.3	102.3	102.3
农药器械	Chemecal Pesticide Appliances	98.1	97.8	97.8	97.8	97.8	97.8	97.8
农用机油	Oil for Farm Machinery	98.9	102.0	102.0	101.0	101.0	100.9	98.9
其他农业生产资料	Others	96.9	100.6	100.4	97.2	97.2	97.1	97.1
农业生产服务	Service for Agricultural Production	100.0	100.0	100.0	100.0	100.0	100.0	100.0

6-6 续表 continued

项目	Item	7月July.	8月Aug.	9月 Sep.	10月Oct.	11月Nov.	12月Dec.
总指数	**General Consumer Price Index**	**99.3**	**97.8**	**97.8**	**97.8**	**98.5**	**99.0**
农用手工工具	Farm Hand Tools	98.5	96.5	96.4	96.2	97.0	97.5
饲料	Forage	99.5	99.0	99.0	99.6	99.9	100.1
幼禽家畜	Young Livestock and Fowls	99.3	97.0	97.0	96.9	98.3	99.2
半机械化农具	Semi-mechanized Farm Implements	100.6	99.9	99.9	99.9	101.2	101.2
机械化农具	Mechanized Farm Implements	99.5	99.5	99.5	99.5	99.9	99.9
化学肥料	Chemecal Fertilizer	100.2	101.2	101.2	101.2	101.2	101.3
氮肥	Nitrogenous Fertilizer	99.2	101.7	101.7	101.7	101.7	101.8
磷肥	Phosphate	100.7	100.9	100.9	100.9	100.9	100.9
钾肥	Kalium Fertilizer	102.0	102.0	102.0	102.0	102.0	102.1
复合肥料	Compound Fertilizer	100.5	100.6	100.6	100.6	100.6	100.8
农药及农药械	Pesticide and Its Appliances	101.1	100.6	100.6	100.6	101.6	101.6
化学农药	Chemecal Pesticide	102.3	101.7	101.7	101.7	102.1	102.1
农药器械	Chemecal Pesticide Appliances	97.8	97.5	97.5	97.5	100.0	100.0
农用机油	Oil for Farm Machinery	99.4	96.3	96.4	96.4	96.5	96.7
农业生产资料	Others	97.1	94.8	94.8	94.8	95.2	96.2
农业生产服务	Service for Agricultural Production	100.0	100.0	100.0	100.0	100.0	100.2

第七篇

人民生活

Chapter 7

PEOPLE'S LIVELIHOOD

7-1 人民物质文化生活提高情况

IMPROVEMENT IN PEOPLE'S MATRERIAL AND CULTURAL LIFE

指　标		Item		1990	1995	2000	2008	2009
就业		**Employment**						
每一农村劳动力负担人数	(人)	Number of Dependents per Rural Laborer	(person)	1.44	1.63	1.74	1.66	1.61
每一城镇就业者负担人数	(人)	Number of Dependents per Urban Employee	(person)	2.01	1.96	1.89	2.22	2.29
收入		**Income of Rural and Urban Residents**						
农牧民人均纯收入	(元)	Annual Per Capita Net Income of Rural Residents	(yuan)	582	878	1331	3176	3532
城镇居民家庭人均可支配收入	(元)	Annual Per Capita Disposable Income of Urban Residents	(yuan)	1631	4000	6448	12482	13544
职工年平均工资	(元)	Annual Average Wages of Staff and Workers	(yuan)	3181	7382	14976	47280	48750
消费水平		**Annual Per Capita Consumption**						
全区居民消费水平	(元)	Per Capita Consumption of All Residents	(yuan)	734	1202	1823	3504	4060
农村居民	(元)	Urban Residents	(yuan)	485	762	1144	2149	2398
城镇居民	(元)	Rural Residents	(yuan)	2329	3981	4737	8324	9563
储蓄		**Savings**						
城乡居民年末储蓄存款余额	(亿元)	Balance of Savings Deposit of Rural and Urban Residents (year-end)	(100 million yuan)	4.85	19.70	40.48	184.89	226.37
平均每人年末储蓄存款余额	(元)	Per Capita Balance of Saving Deposit	(yuan)	180	807	1558	6440	7805
住房	(平方米)	**Per Capita Floor Space of Residential Buildings**	(sq. m)					
农村平均每人住房面积		Rural Areas		18.94	20.00	23.16	22.83	23.62
城市平均每人居住面积		Urban Areas			14.02	19.86	33.00	33.83
文化、教育		**Culture and Education**						
城市每百户拥有彩色电视机	(台)	Number of Color TV Sets Per 100 Households in Urban	(unit)	94	102	120	122	127
农村每百户拥有电视机	(台)	Number of TV Sets Per 100 Households in Rural	(unit)	0.4	1.3	13.7	61.8	70.6
学龄儿童入学率	(%)	Enrollment Ratio of School-Age Children	(%)	67.4	70.4	85.8	98.5	98.8
每万人口中在校学生数	(人)	Number of Students Per 10000 Persons	(person)	857	1287	1467	1904	1856
卫生		**Public Health**						
每千人拥有床位数	(张)	Every Thousand People Has Berths to Count	(unit)	2.30	2.62	2.52	3.05	2.95
每千人拥有卫生技术人员数	(人)	Number of Medical Technical Personnel Per 1000 Persons	(person)	3.39	3.53	3.44	3.29	3.47

7-2 城乡居民家庭人均收入及指数

PER CAPITA ANNUAL INCOME OF URBAN AND RURAL HOUSEHOLDS

单位：元、%　　(yuan,%)

年份 Year	农牧民人均纯收入 Per Capita Net Income of Rural Residents		城镇居民人均可支配收入 Per Capita Annual Disposable Income of Rural Areas	
	绝对数 Value	指数(上年=100) Indeces (Preceding year=100)	绝对数 Value	指数(上年=100) Indeces (Preceding year=100)
1978	175		565	
1979	233	133.1	625	110.6
1980	274	117.6	683	109.3
1981	296	108.0	715	104.7
1982	324	109.5	768	107.4
1983	318	98.1	840	109.4
1984	446	140.3	915	108.9
1985	535	120.0	984	107.5
1986	492	92.0	1026	104.3
1987	519	105.5	1229	119.8
1988	573	110.4	1376	112.0
1989	555	96.9	1477	107.3
1990	582	104.9	1613	109.2
1991	617	106.0	1995	123.7
1992	653	105.8	2083	104.4
1993	706	108.1	2348	112.7
1994	817	115.7	3330	141.8
1995	878	107.5	4000	120.1
1996	975	111.0	5030	125.8
1997	1085	111.3	5135	102.1
1998	1158	106.7	5439	105.9
1999	1258	108.6	5998	110.3
2000	1331	105.8	6448	107.5
2001	1404	105.5	7119	110.4
2002	1521	108.3	7762	109.0
2003	1691	111.2	8058	103.8
2004	1861	110.1	8200	101.8
2005	2078	111.7	8411	102.6
2006	2435	117.2	8941	106.3
2007	2788	114.5	11131	124.5
2008	3176	113.9	12482	112.1
2009	3532	111.2	13544	108.5

7-3 各地区农牧民人均纯收入

PER CAPITA ANNUAL NET INCOME OF RURAL HOUSEHOLDS BY REGION

单位：元、% (yuan,%)

年份 Year / 地区 Region	拉萨市 Lhasa	昌都地区 Qamdo	山南地区 Shannan	日喀则地区 Xigazê	那曲地区 Nagqu	阿里地区 Ngari	林芝地区 Nyingchi
绝对数 Value							
2001	1559	1358	1340	1336	1417	1279	1807
2002	1714	1441	1461	1467	1531	1374	1934
2003	1896	1532	1612	1541	1679	1464	2112
2004	2179	1679	1892	1739	1935	1620	2392
2005	2402	1844	2159	1896	2123	1801	2723
2007	3250	2490	2893	2534	2843	2390	3596
2008	3732	2830	3305	2881	3219	2695	4095
2009	4149	3144	3676	3203	3577	2987	4562
增长速度 Increase rate							
2002	9.9	6.1	9.0	9.8	8.0	7.4	7.0
2003	10.6	6.3	10.3	5.0	9.7	6.6	9.2
2004	14.9	9.6	17.4	12.8	15.2	10.7	13.3
2005	9.3	9.8	14.1	9.0	9.7	11.2	13.8
2007	15.1	14.5	14.4	14.4	14.2	13.6	14.2
2008	14.8	13.7	14.2	13.7	13.2	12.8	13.9
2009	11.2	11.1	11.2	11.2	11.1	10.9	11.4

7-4 各地区农牧民人均纯收入和生活消费支出(2009年)

PER CAPITA ANNUAL NET INCOME AND CONSUMPTION EXPENDITURE OF RURAL HOUSEHOLDS BY REGION (2009)

单位：元 (yuan)

指标 Item / 地区 Region		拉萨市 Lhasa	昌都地区 Qamdo	山南地区 Shannan	日喀则地区 Xigazê	那曲地区 Nagqu	阿里地区 Ngari	林芝地区 Nyingchi
人均纯收入	**Annual Per Capita Net Income of Rural Residents**	**4149**	**3144**	**3676**	**3203**	**3577**	**2987**	**4562**
工资性收入	Income of Wages and Salaries	1095	718	1035	1086	2	313	378
家庭经营收入	Income from Household Business Operation	2232	2098	1969	1507	3023	2398	3350
转移性和财产性收入	Transfer Income and Property Income	822	328	671	609	553	276	835
生活消费支出	**Living Expenditure**	**2431**	**2688**	**2647**	**2269**	**2678**	**1850**	**2368**
食品	Food	1017	1483	1066	1106	1169	1100	1152
衣着	Clothing	240	485	248	213	232	264	211
居住	Residence	525	271	537	468	775	57	422
家庭设备用品及服务	Household Facilities , Articles and Services	124	224	118	130	125	144	155
交通通讯	Transportation and Communications	353	98	413	126	261	141	216

7-5 各地区城镇居民人均可支配收入和消费支出

单位:元

年份 地区 Year Region		全区 Total		拉萨市 Lhasa		昌都地区 Qamdo	
		2008	2009	2008	2009	2008	2009
可支配收入	**Disposable Income**	**12482**	**13544**	**13941**	**15114**	**10737**	**11659**
总收入	**Total Income**	**13648**	**14979**	**15659**	**17276**	**11419**	**12491**
工资性收入	Wage Income	12315	13326	14972	16182	9750	10518
经营性收入	Management Income	303	378	45	91	213	308
财产净收入	Income from Properties	138	218	57	249	117	127
转移性收入	Income from Transfers	891	1056	585	754	1340	1539
出售财物收入	**Selling Asset Income**	**122**	**52**		**1**		**1**
借贷收入	**Debit and Credit Income**	**1539**	**1096**	**397**	**842**	**4**	**153**
消费性支出	**Total Living Expenditurs**	**8324**	**9034**	**10445**	**11083**	**6525**	**7176**
食品	Food	4263	4582	4874	5228	3712	3970
衣着	Clothing	1012	1086	1435	1504	559	591
居住	Residence	635	690	662	680	516	565
家庭设备用品及服务	Household Facitities,Articles and Services	310	357	535	595	135	149
医疗保健	Medicine and Medical Services	317	352	429	457	198	212
交通和通讯	Transportation and Communications	967	1063	1343	1387	586	724
教育文化娱乐服务	Education,Recreation and Cultural Services	420	466	631	633	309	442
其它商品和服务	Others Commodities and Services	400	439	536	599	510	522

PER CAPITA ANNUAL DISPOSABLE INCOME AND CONSUMPTION EXPENDITURE OF URBAN HOUSEHOLDS BY REGION

(yuan)

山南地区 Shannan		日喀则地区 Xigazê		那曲地区 Nagqu		阿里地区 Ngari		林芝地区 Nyingchi	
2008	2009	2008	2009	2008	2009	2008	2009	2008	2009
12042	**12982**	**12006**	**13249**	**12542**	**13037**	**14571**	**16410**	**11160**	**12261**
13009	**13988**	**12660**	**14239**	**13558**	**14136**	**15829**	**18276**	**12665**	**13885**
11518	12613	10519	11604	12362	12811	13612	15571	11671	12452
558	676	743	824	510	633			136	195
139	143	441	606	3	3	285	116	16	23
794	556	957	1204	682	689	1932	2589	841	1214
1133	**477**					**10**			
11869	**6967**	**804**	**327**			**65**	**6**	**99**	**97**
6898	**7673**	**7742**	**8916**	**9136**	**9598**	**8201**	**9124**	**6387**	**6741**
3196	3342	4010	4573	5369	5647	4304	4810	3522	3582
1033	1174	895	982	914	985	1017	1087	761	826
377	516	773	856	798	848	721	774	570	625
240	353	298	334	231	255	196	223	157	193
278	325	340	411	309	337	278	305	205	239
1321	1395	696	914	870	918	904	1016	653	697
231	323	401	478	272	213	529	619	318	349
222	245	328	369	374	396	252	290	200	230

7-6 全区居民消费水平

ANNUAL PER CAPITA CONSUMPTION OF ALL RESIDENTS

年份 Year	居民消费水平 Annual Per Capita Consumption of All Residents			指数(上年=100) Indeces (Preceding year=100)		
	全区居民 (元/人) All Residents (yuan/person)	农村居民 Rural Residents	城镇居民 Urban Residents	全区居民 (%) All Residents (%)	农村居民 Rural Residents	城镇居民 Urban Residents
1979	218	147	620			
1980	276	210	635	126.6	142.9	102.4
1981	301	198	878	109.1	94.3	138.3
1982	319	209	968	106.0	105.6	110.3
1983	293	215	814	91.3	102.9	84.1
1984	359	268	971	122.5	124.7	119.3
1985	422	309	1182	117.5	115.3	121.7
1986	438	296	1387	103.8	95.8	117.3
1987	499	374	1478	113.9	126.4	106.6
1988	543	382	1519	108.8	102.1	102.8
1989	647	412	2078	119.2	107.9	136.8
1990	735	484	2329	113.6	117.5	112.1
1991	839	554	2721	114.1	114.5	116.8
1992	903	594	2825	107.6	107.2	104.8
1993	931	591	3083	102.9	99.5	109.1
1994	1110	694	3700	119.2	117.4	120.0
1995	1202	762	3981	108.2	109.8	107.6
1996	1312	873	4023	109.2	114.6	101.1
1997	1471	939	4744	112.1	107.6	117.9
1998	1551	981	4169	105.3	100.6	107.8
1999	1669	1030	4579	107.6	105.0	109.8
2000	1823	1144	4737	109.2	111.0	103.4
2001	1939	1223	4992	106.4	106.9	105.4
2002	2725	1365	8278	119.3	109.2	237.4
2003	2825	1272	9112	103.7	93.2	110.1
2004	2950	1483	8895	112.1	111.8	112.2
2005	3019	1532	9040	102.3	103.3	101.6
2006	2990	1874	7515	112.1	111.8	112.2
2007	3215	1950	7888	107.5	104.1	105.0
2008	3504	2149	8324	105.5	106.1	102.6
2009	4060	2398	9563	113.5	109.8	112.1

7-7 城镇居民家庭基本情况

BASIC CONDITIONS OF URBAN HOUSEHOLDS

项　　目	Item	1990	1995	2000	2008	2009
调查户数　（户）	**Number of Households Surveyed (household)**	**100**	**100**	**100**	**800**	**800**
平均每户家庭人口数　（人）	**Average Household Size (person)**	**3.95**	**3.53**	**3.41**	**3.39**	**3.43**
平均每户就业人口数　（人）	**Average Number of Enployed Persons Per Household (person)**	**1.97**	**1.80**	**1.80**	**1.53**	**1.50**
平均每户就业面　（%）	**Percentage of Employment per Household (%)**	**49.9**	**51.0**	**52.8**	**45.1**	**43.6**
平均每一就业者负担人数　（人）	**Number of Persons Supported by Each Employee Including the Employee Himself (person)**	**2.01**	**1.96**	**1.89**	**2.22**	**2.29**
平均每人每年可支配收入　（元）	**Per Capita Annual Disposable Income (yuan)**	**1685**	**5071**	**7426**	**12482**	**13544**
平均每人每年总收入　（元）	**Per Capita Annual Income (yuan)**	**2120**	**5360**	**11772**	**13648**	**14979**
工薪收入	Wage Income				12315	13326
经营净收入	Management Income				303	378
财产性收入	Property Income	2	26	5	138	218
转移性收入	Transfering Income	204	323	356	891	1056
出售财物收入	**Selling Asset Income**				**122**	**52**
借贷收入	**Debit and Credit Income**		**276**	**4295**	**1539**	**1096**
平均每人消费性支出　（元）	**Per Capita Annual Living Expenditures for Consumption (yuan)**	**1340**	**3912**	**5554**	**8324**	**9034**
食品	Food	888	2255	2570	4263	4582
衣着	Clothing	208	774	876	1012	1086
居住	Residence	27	151	340	635	690
家庭设备用品及服务	Household Facilities,Articles and Service	122	134	275	310	357
医疗保健	Health Care and Medical Services	10	109	265	317	352
交通和通讯	Transport and Communications	12	102	443	967	1063
教育文化娱乐服务	Education,Cultural and Recreation Service	48	156	419	420	460
其它商品和服务	Others Commodities and Services	24	231	367	400	439

注:本表至8-12表城镇居民家庭收支抽样调查资料,2005年以前数据为拉萨市城镇居民家庭调查数据,2006年以后为全区城镇居民家庭调查数据。

Note:Date from the tables to 8-12 are obtained from the sample survey on income and expenditures of urban households. The data before 2005 are obtained from the sample survey on income and expenditures of Lhasa urban households. Since 2006, the data obtained from the sample survey on income and expenditures of Tibet urban households.

7-8 城镇居民家庭平均每百户年底耐用消费品拥有量

NUMBER OF MAJOR DURABLE CONSUMER GOODS OWNED PER 100 URBAN HOUSEHOLDS AT YEAR-END

项　目		Item		1990	1995	2000	2003	2007	2008	2009
助力车	(辆)	Auto-bicycle	(unit)					…	3	4
家用汽车	(辆)	Automobile	(unit)				2	7	10	13
家用电脑	(台)	Household Computer	(unit)			1	16	18	30	35
组合音响	(台)	Hi-Fi Stereo Component System	(unit)		13	24	33	38	37	38
微波炉	(台)	Microwave Oven	(unit)			3	24	15	22	24
洗衣机	(台)	Washing Machine	(unit)	42	78	100	91	82	81	83
电冰箱	(台)	Refrigerator	(unit)	24	50	74	84	73	75	79
摩托车	(辆)	Motorcycle	(unit)	1	9	5	6	14	9	10
彩色电视机	(台)	Color TV Set	(unit)	88	98	120	131	112	122	127
淋浴热水器	(台)	Shower	(unit)		1	12	22	16	18	22
照相机	(架)	Camera	(unit)	26	46	54	50	37	33	34
中高档乐器	(件)	Other Medium and High Grade Musical Instrument	(unit)	8	2	2	2	2	1	1
摄像机	(台)	Cold Wind Machine	(unit)				5	5	5	6
空调器	(台)	Air Conditioner	(unit)		2	3	4	3	6	6
消毒碗柜	(台)	Dish-sterilization Boxes	(unit)				6	3	4	5
洗碗机	(台)	Dish-washer	(unit)				2	1	…	1
健身器材	(套)	Healthy Equipment	(sets)				1	1	1	1
固定电话	(部)	Fixed Telephones	(unit)				87	85	77	79
移动电话	(部)	Mobile Telephone	(unit)			30	107	119	148	152
钢琴	(架)	Piano	(unit)					…	1	1

7-9 城镇居民家庭平均每人全年购买主要商品数量

PER CAPITA ANNUAL PURCHASES OF MAJOR COMMODITIES IN URBAN HOUSEHOLDS

指　标		Item		1990	1995	2000	2003	2007	2008	2009
粮　食	(千克)	Grain	(kg)	149.7	117.9	91.4	91.9	107.1	95.7	95.8
油脂类	(千克)	Oil and Fats	(kg)	7.2	6.5	7.6	13.3	11.1	9.8	10.8
猪肉	(千克)	Pork	(kg)	10.4	16.5	14.4	13.9	9.2	8.7	9.9
牛肉	(千克)	Beef	(kg)	5.4	13.5	13.8	13.3	21.4	19.1	17.0
羊肉	(千克)	Mutton	(kg)	5.4	2.0	1.7	2.9	5.6	4.1	4.1
家禽	(千克)	Poultry	(kg)	1.4	2.6	4.9	9.6	3.7	3.4	3.8
鲜蛋	(千克)	Eggs	(kg)	3.8	9.5	4.9	8.4	5.8	5.0	7.5
水产品类	(千克)	Aquatic Products	(kg)	2.7		5.7	4.6	1.9	1.9	2.2
鲜菜	(千克)	Fresh Vegetables	(kg)	52.4	68.9	84.7	94.3	82.2	79.2	71.5
白酒	(千克)	Liquor	(kg)	1.5	0.9	0.7	0.5	0.2	0.2	0.4
啤酒	(千克)	Beer	(kg)	9.3	12.9	6.4	16.3	11.5	13.1	22.0
茶叶	(千克)	Tea	(kg)	1.0	1.6	1.4	0.5	0.7	1.6	2.7
干鲜瓜果	(千克)	Dried and Fresh Melons and Fruits	(kg)	15.6	26.9	35.7	46.6	24.9	23.6	23.5
糕点	(千克)	Cake	(kg)	1.2	1.5	1.9	2.8	1.9	1.5	1.8
服装	(千克)	Garments	(kg)	1.8	5.0	5.0	4.2	3.2	3.6	4.0

7-10 按收入等级分的城镇居民家庭平均每百户年底耐用消费品拥有量（2009年）

项　目		Item		总平均 Average	最低收入户 Lowest Incme Households	#贫困户 Difficult Households
助力车	(辆)	Auto-bicycle	(unit)	4	2	2
家用汽车	(辆)	Automobile	(unit)	13		
家用电脑	(台)	Household Computer	(unit)	35	3	
组合音响	(台)	Hi-Fi Stereo Component System	(unit)	38	22	28
微波炉	(台)	Microwave Oven	(unit)	24	8	3
洗衣机	(台)	Washing Machine	(unit)	83	49	37
电冰箱	(台)	Refrigerator	(unit)	79	56	42
摩托车	(辆)	Motorcycle	(unit)	10	9	12
彩色电视机	(台)	Color TV Set	(unit)	127	102	98
淋浴热水器	(台)	Shower	(unit)	22	2	
照相机	(架)	Camera	(unit)	34	5	3
中高档乐器	(件)	Other Medium and High Grade Musical Instrument	(unit)	1		
摄像机	(台)	Cold Wind Machine	(unit)	6		
空调器	(台)	Air Conditioner	(unit)	6		
消毒碗柜	(台)	Dish-sterilization Boxes	(unit)	5		
洗碗机	(台)	Dish-washer	(unit)	1		
健身器材	(套)	Healthy Equipment	(sets)	1		
固定电话	(部)	Fixed Telephones	(unit)	79	58	43
移动电话	(部)	Mobile Telephone	(unit)	152	72	65
钢琴	(架)	Piano	(unit)	1		

NUMBER OF MAJOR DURABLE CONSUMER GOODS OWNED PER 100 URBAN HOUSEHOLDS AT YEAR-END BY LEVEL OF INCOME（2009）

低收入户 Low Income Households	中等偏下户 Lower Middle Income Huoseholds	中等收入户 Middle Income Households	中等偏上户 Upper Middle Income Households	高收入户 High Income Households	最高收入户 Highest Income Households
5	5	6	2	5	2
4	11	7	18	31	28
15	27	41	47	54	52
30	45	38	39	48	41
12	17	26	34	41	30
74	87	88	89	96	86
78	80	84	80	90	75
18	10	9	7	10	10
117	118	131	140	142	134
4	15	24	32	41	34
29	28	32	43	56	48
	1	1	3	1	
3	2	9	11	9	8
4	3	5	10	12	10
3	4	4	9	5	6
	1	1	2		
	1	2	1	3	
78	85	81	84	78	71
113	143	162	182	203	167
2	1	2			2

7-11 城镇居民家庭平均每人全年消费性支出

ANNUAL PER CAPITAL LIVING EXPENDITURES OF URBAN HOUSEHOLDS

单位：元 (yuan)

项　目	Item	1990	1995	2000	2007	2008	2009
消费性支出	**Total Living Expenditurs**	**1340**	**3912**	**5554**	**7532**	**8324**	**9034**
食　品	**Food**	**888**	**2255**	**2570**	**3837**	**4263**	**4582**
粮食	Grain	83	343	280	425	426	452
淀粉及薯类	Starches and tubers		37	35	33	34	38
干豆类及豆制品	Btarches and Tubers	9	12	11	10	10	6
油脂类	Oil and Fats	17	62	72	129	165	177
肉类	Meat	156	415	426	884	973	994
禽类	Poultry	40	104	106	72	79	88
蛋类	Eggs	21	57	50	49	46	48
水产品类	Aquatic Products	14	44	97	47	54	55
鲜菜	Fresh Vegetables	86	234	280	431	458	498
干菜	Dry Vegetables	8	21	25	30	29	33
菜制品	Vegetables Products	1	2	2	5	5	4
调味品	Condiments	10	13	20	37	37	47
糖类	Sugar	18	47	69	79	60	55
烟草类	Tobacco	123	243	275	421	446	472
酒类	Liquor and Beverages	54	81	107	167	160	185
饮料	Beverages	26	38	50	75	92	123
鲜果	Fresh Fruits	40	120	163	162	174	191
鲜瓜	Fresh Melons	5	15	23	13	17	17
其它干鲜瓜果类制品	Melons and Fruits Products	3	8	10	12	12	19
糕点类	Cake	6	16	35	35	28	32
奶及奶制品	Milk and Dairy Products	21	251	283	285	312	283
其他食品	Other Food	121	13	36	78	66	83
食品加工服务费	Food Processig Service Fees		2	13	2	2	2
在外饮食	Dining Out	26	75	103	356	578	681

7-11 续表 continued

单位：元 (yuan)

项目	Item	1990	1995	2000	2007	2008	2009
衣 着	**Clothing**	**208**	**774**	**876**	**880**	**1012**	**1086**
服装	Garments	77	565	657	616	759	812
衣着材料	Clothing Materials	71	27	22	9	9	4
鞋类	Shoes				240	230	255
其他衣着用品	Other Clothing				13	12	12
衣着加工服务费	Tailoring and Laundering Service Fees		2	2	2	2	4
居住	**Residence**	**27**	**151**	**340**	**628**	**635**	**690**
住房	Housing	2	40	100	77	72	105
水电燃料其他	Water , Electricity , Fuels and Others	25	111	240	537	546	553
居住服务费	Residence Services				15	16	32
家庭设备用品及服务	**Household Facilities , Articles and Services**	**122**	**134**	**275**	**271**	**310**	**357**
耐用消费品	Durable Consumer Goods	50	42	151	42	40	93
室内装饰品	Room Decorations	1	10	17	18	17	19
床上用品	Bed Articles		27	28	74	68	75
家庭日用杂品	Household Articles for Daily Use	6	51	73	124	176	150
家具材料	Furniture Materials	64	…	…	5	6	8
家庭服务	Household Services		4	6	8	4	12
医疗保健	**Medicine and Medical Services**	**10**	**109**	**265**	**273**	**317**	**352**
交通和通讯	**Transportation and Communications**	**12**	**102**	**443**	**866**	**967**	**1063**
交通	Transportation	5	93	134	286	357	439
通讯	Communications	7	9	309	581	610	624
教育文化娱乐服务	**Education, Recreation and Cultural Services**	**48**	**156**	**419**	**441**	**420**	**466**
文化娱乐用品	Culture and Recreation Articles	3	36	105	89	110	152
教育	Education	25	104	256	264	205	201
文化娱乐服务	Cultrre and Recreation Service	20	16	58	89	105	114
其它商品和服务	**Others Commodities and Services**	**24**	**231**	**367**	**336**	**400**	**439**
其它商品服务	Others Commodities and Services	24	231	367	336	400	439

7-12 按收入等级分组城镇居民家庭人均消费支出情况(2009年)

单位：元

项目	Item	总平均 Average	最低收入户 Lowest-Income Households	#贫困户 Difficult Households
消费性支出	**Total Living Expenditurs**	**9034**	**3745**	**3171**
食　品	**Food**	**4582**	**2139**	**1878**
粮油类	Grain and Oil	672	510	517
肉禽蛋水产品类	Meat,Poultry,Eggs and Aquatic Products	1185	562	464
蔬菜类	Vegetables	535	315	280
调味品	Condiments	47	23	23
糖烟酒饮料类	Suger,Cigarette and Liquor	835	327	251
干鲜瓜果类	Dried and Fresh Melons and Fruits	226	80	68
糕点、奶及奶制品	Cake,Milk and Dairy Products	315	178	179
其他食品	Other Food	83	31	23
饮食服务	Dining Service	683	114	73
衣　着	**Clothing**	**1086**	**373**	**293**
服装	Garments	812	260	200
衣着材料	Clothing Materials	4	6	5
鞋类	Shoes	255	104	87
其他衣着用品	Other Clothing	12	2	1
衣着加工服务费	Tailoring and Laundering Service Fees	4	1	…
居住	**Residence**	**690**	**397**	**349**
住房	Housing	105	34	17
水电燃料及其他	Water , Electricity , Fuels and Others	553	358	330
居住服务费	Residence Services	32	5	3

PER CAPITAL ANNUAL LIVING EXPENDITURE OF URBAN HOUSEHOLDS (GROUPED BY LEVEL OF INCOME) (2009)

(yuan)

低收入户 Low Income Households	中等偏下户 Lower Middle Income Households	中等收入户 Middle Income Households	中等偏上户 Upper Middle Income Households	高收入户 High Income Households	最高收入户 Highest Income Households
5304	**6885**	**9002**	**11918**	**13748**	**17970**
2926	**3677**	**4759**	**5748**	**6773**	**8139**
596	617	683	733	775	936
732	935	1350	1469	1782	1806
448	481	533	617	652	888
39	41	47	53	64	83
431	641	874	1095	1422	1465
147	195	230	274	334	449
198	277	358	376	423	444
77	73	85	103	104	132
257	418	599	1029	1218	1937
567	**780**	**1033**	**1524**	**1762**	**2334**
384	559	762	1169	1355	1822
2	3	5	4	7	7
169	205	254	325	373	489
12	10	8	20	22	7
1	3	4	6	5	8
511	**555**	**753**	**781**	**918**	**1227**
83	62	166	96	148	200
408	468	560	639	716	962
20	24	27	47	55	65

7-12 续表 continued

单位:元

项 目	Item	总计 Total	最低收入户 Lowest Income Households	#贫困户 Difficult Households
家庭设备用品及服务	**Household Facilities , Articles and Services**	**357**	**135**	**89**
耐用消费品	Durable Consumer Goods	93	45	4
室内装饰品	Room Decorations	19	2	
床上用品	Bed Articles	75	19	16
家庭日用杂品	Household Articles for Daily Use	150	68	69
家具材料	Furniture Materials	8	…	
家庭服务	Household Services	12	1	…
医疗保健	**Medicine and Medical Services**	**352**	**127**	**108**
医疗器具	Medical Treatment Apparatus	7	2	2
保健器具	Medical Services Apparatus	2		
药品费	Medicines	195	98	97
滋补保健品	Medical Prouducts	62	7	3
医疗费	Medical Treatment	82	19	4
其他	Others	3	2	2
交通和通讯	**Transportation and Communications**	**1063**	**300**	**248**
交通	Transportation	439	75	69
通讯	Communications	624	225	179
教育文化娱乐服务	**Education, Recreation and Cultural Services**	**466**	**140**	**82**
文化娱乐用品	Recreational Articles	152	28	23
文化娱乐服务	Recreational Services	114	7	2
教育	Education	201	105	56
其它商品和服务	**Others Commodities and Services**	**439**	**133**	**124**
其它商品	Others Commodities	218	39	26
服务	Services	220	94	98

(yuan)

低收入户 Low Income Households	中等偏下户 Lower Middle Income Households	中等收入户 Middle Income Households	中等偏上户 Upper Middle Income Households	高收入户 High Income Households	最高收入户 Highest Income Households
155	**295**	**336**	**422**	**613**	**881**
42	79	97	72	186	248
3	11	12	25	57	59
31	61	72	101	109	191
73	115	132	210	230	334
…	14	11	3	9	19
5	14	13	11	21	30
167	**231**	**336**	**493**	**581**	**840**
1	6	6	11	15	13
…	…	3	1	1	21
96	132	189	288	273	403
16	30	50	100	121	203
53	60	86	85	171	195
1	3	1	8	…	6
493	**756**	**975**	**1662**	**1624**	**2262**
145	276	330	855	667	972
348	479	644	807	957	1290
297	**292**	**415**	**651**	**787**	**1141**
96	99	144	211	256	369
49	54	79	167	224	438
153	139	193	273	308	334
187	**300**	**394**	**636**	**689**	**1146**
70	127	192	344	355	654
116	173	202	293	334	492

7-13 城镇居民家庭平均每人全年现金收支情况 (2009年)

单位:元

项目	Item	总平均 Average	最低收入户 Lowest Incme Households	#贫困户 Difficult Households
可支配收入	**Disposable Income**	**13544**	**3994**	**3263**
家庭总收入	**Household Total Income**	**14979**	**4104**	**3330**
工薪收入	Wage and Salary	13326	2845	2247
#工资及补贴收入	Wage and Subsidies	12872	1919	1347
经营净收入	Business Income	378	342	334
财产性收入	Property Income	218	175	219
转移性收入	Transfer Income	1056	742	531
#养老金或离退休金	Pensions	797	287	33
出售财物收入	**Income of Selling Assets**	**52**	**2**	**2**
借贷收入	**Income for Savings and Credit**	**1096**	**602**	**148**
#提取储蓄存款	Drawing Deposita from Bank	615	192	116
#住房贷款	Housing Loans	427	390	
家庭总支出	**Household Total Expenditures**	**11711**	**3904**	**3271**
消费支出	Living Expenditure	9034	3745	3171
#服务性消费支出	Service Expenditure	1912	592	437
#食品	Food	4582	2139	1878
购房与建房支出	Purchasing and Constructing Housese	393	20	
转移性支出	Transfer Expenditures	903	73	73
财产性支出	Property Expenditures	9	1	2
社会保障支出	Social Security Expenditures	1372	66	26
借贷支出	**Expenditure for Savings and Credit**	**3047**	**374**	**171**
#存入储蓄款	Deposit Money in Bank	1707	356	163
#归还住房贷款	Returning Housing Loans	1082	14	

URBAN HOUSEHOLD ANNUAL PER CAPITAL CASH INCOME (2009)

(yuan)

低收入户 Low Income Households	中等偏下户 Lower Middle Income Huoseholds	中等收入户 Middle Income Households	中等偏上户 Upper Middle Income Households	高收入户 High Income Households	最高收入户 Highest Income Households
6273	**9022**	**13045**	**18770**	**24001**	**31680**
6695	**10070**	**14539**	**20932**	**26413**	**35010**
4616	8594	12858	19933	23417	32649
3936	7964	12551	19651	23311	32592
505	361	414	182	548	537
325	155	247	152	98	595
1249	960	1019	666	2351	1230
808	709	848	521	2151	908
3	239	…	…		
308	**539**	**1465**	**1095**	**2732**	**1971**
275	437	649	936	939	1091
	84	717	91	1783	724
6092	**8669**	**11649**	**1517**	**19462**	**24433**
5304	6885	9002	11918	13748	17970
1014	1373	1831	2590	3109	4443
2926	3677	4759	5748	6773	8139
	225	442	232	1890	724
415	565	762	1470	1434	2500
3	4	3	12	42	21
370	990	1440	2086	2347	3218
597	**1629**	**2871**	**3999**	**6884**	**9923**
536	1174	1589	1963	3569	5345
35	360	1024	1791	2545	3514

7-14 按收入等级分的城镇居民家庭平均每人全年购买主要商品数量（2009年）

单位：公斤

指标	Item	总平均 Average	最低收入户 Lowest Incme Households	#贫困户 Difficult Households
粮 食	Grain	95.8	81.5	84.6
油脂类	Oil and Fats	10.8	7.6	7.4
猪肉	Pork	9.9	4.7	3.6
牛肉	Beef	17.0	9.2	8.6
羊肉	Mutton	4.1	1.9	0.9
家禽	Poultry	3.8	1.0	0.8
鲜蛋	Eggs	7.5	4.9	3.5
水产品类	Aquatic Products	2.2	0.4	0.2
鲜菜	Fresh Vegetables	71.5	45.9	44.7
白酒	Liquor	0.4	0.1	0.1
啤酒	Beer	22.0	10.7	6.6
茶叶	Tea	2.7	4.0	5.1
干鲜瓜果	Dried and Fresh Melons and Fruits	23.5	9.5	8.7
糕点	Cake	1.8	0.6	0.6
服装	Garments	4.0	2.1	1.7

PER CAPITA ANNUAL PURCHASES OF MAJOR COMMODITIES OF URBAN HOUSEHOLDS BY LEVEL OF INCOME (2009)

(kg)

低收入户 Low Income Households	中等偏下户 Lower Middle Income Huoseholds	中等收入户 Middle Income Households	中等偏上户 Upper Middle Income Households	高收入户 High Income Households	最高收入户 Highest Income Households
83.8	89.1	99.1	102.4	105.9	122.2
10.4	10.3	10.9	11.3	11.8	15.8
8.8	9.0	10.1	11.4	12.5	15.7
9.0	12.6	22.4	20.4	24.9	22.6
1.6	3.1	4.7	5.2	7.1	6.5
1.8	2.7	3.7	5.6	6.4	7.3
4.4	6.6	7.3	8.8	10.8	13.5
0.8	1.3	2.1	3.4	4.2	4.7
64.2	66.5	73.6	79.1	81.2	106.5
0.3	0.3	0.4	0.4	0.4	0.7
12.5	15.3	26.4	28.3	34.3	32.9
1.7	1.9	2.7	2.8	3.1	3.3
16.7	21.0	24.1	28.1	32.6	42.1
0.9	1.3	1.7	2.5	2.6	3.3
2.5	4.4	3.9	4.7	4.9	6.0

7-15 农村居民家庭基本情况

BASIC CONDITIONS OF RURAL HOUSEHOLDS

项　　目	Item	1990	1995	2000	2007	2008	2009
调查户数　(户)	**Number of Households Surveyed (unit)**	**480**	**480**	**480**	**1480**	**1480**	**1480**
调查户人口　(人)	**Number of Residents Surveyed (person)**						
常住人口	Number of Permanent Residents in the Households Surveyed	2787	3145	3255	9256	9248	9275
平均每户常住人口	Average Number of Permanent Residents Per Household	5.81	6.55	6.78	6.25	6.25	6.27
平均每户整半劳力	Average Number of Able-bodied and Semi-able-bodied Laborers per Household	3.43	4.03	3.91	3.67	3.76	3.88
平均每个劳动力负担人口（含本人）	Average Number of Persons Supported by a Laborer(including the laborer himself or herself)	1.44	1.63	1.74	1.70	1.66	1.61
平均每人年收入　(元)	**Per Capita Annual Income (yuan)**						
总收入	Total Revenue	623	1501	1727	3598	4004	4415
纯收入	Net Income	447	1200	1331	2788	3176	3532
平均每人年支出　(元)	**Per Capita Annual Expenditure (yuan)**						
总支出	Total Expenditure	485	1211	1477	2912	2838	3278
家庭经营费用支出	Expenditure for Household Business	110	180	227	508	486	508
生活消费支出	Expenditure for Consumption	341	873	1117	2167	2149	2451
其他非生产性支出	Other Nonproductive Expenditure	35	157	133	237		
现金支出	Cash Expenditure	262	704	719	2107	2120	2558
生产费用	Productive Costs	63	223	228	438	411	537
缴纳税金和上交集体税费支出	Expenditure for Tax and Fee	0.46	2.59	4.90	2.39	1.25	0.30
生活消费支出	Expenditure for Consumption	173	413	477	1640	1669	1975
储蓄借贷支出	Expenditure for Savings and Credit	16	52	10	383	317	252

注：本表至8-19表为农村住户抽样调查资料。

Note: Data in Tables 8-14 to 8-19 are obtained from the sample surveys on rural households.

7-16 农村居民家庭平均每人总收入

PER CAPITA ANNUAL GROSS INCOME OF RURAL HOUSEHOLDS

单位:元 (yuan)

项　目	Item	1990	1995	2000	2007	2008	2009
总收入	**Gross Income**	**623**	**1501**	**1727**	**3598**	**4004**	**4415**
基本收入	Basic Income	582	1392	1547	3150	3497	3819
工资性收入	Income of Wages and Salaries	1	79	232	612	701	753
集体组织劳动报酬	From Collectivev Organization	1	…	107	97	117	84
企业劳动报酬	From Enterprises	…	…	22	45	50	33
其他单位劳动报酬	From Other Units	…	79	102	470	534	636
家庭经营收入	Income from Household Business Operation	580	1313	1316	2538	2796	3066
转移性和财产性收入	Transfer Income and Property Income	42	109	179	448	507	596
按收入来源分	**Grouped by Sourse**						
基本收入	Basic Income	582	1392	1547	3150	3497	3819
工资性收入	Income of Wages and Salaries	1	79	232	612	701	753
家庭经营收入	Income from Household Business Operation	580	1313	1316	2538	2796	3066
农业收入	Farming	288	586	517	1139	1300	1388
林业收入	Forestry	15	45	9	119	133	153
牧业收入	Animal Husbandry	130	307	271	843	857	942
渔业收入	Fishery	…	…	…	…	1	1
工业收入	Industry	1	10	34	16	17	23
建筑业收入	Construction	9	20	143	62	62	74
运输业收入	Transportion	22	85	161	195	236	268
批发和零售贸易餐饮业收入	Wholesale and Retail Trades and Catering Trades	11	57	47	96	112	137
服务业收入	Service Trade	1	13	15	33	38	40
其他收入	Others	39	148	115	35	40	40
转移性和财产性收入	Transfer Income and Property Income	42	109	179	448	507	596
按收入性质分	**Grouped by Type of Income**						
生产性收入	Productive Income	580	1392	1547	3150	3497	3819
第一产业收入	Primary Industry	505	1127	913	2101	2291	2484
第二产业收入	Secondary Industry	18	50	177	620	718	804
第三产业收入	Teriary Industry	57	215	458	429	488	531
非生产性收入	Nonproductive Income	42	109	179	448	507	596

7-17 农村居民家庭平均每人纯收入

PER CAPITA ANNUAL NET INCOME OF RURAL HOUSEHOLDS

单位:元 (yuan)

项 目	Item	1990	1995	2000	2007	2008	2009
纯收入	**Net Income**	**447**	**1200**	**1331**	**2788**	**3176**	**3532**
基本收入	Basic Income	417	1101	1221	2348	2677	2945
工资性收入	Income of Wages	1	79	232	611	701	753
集体组织劳动报酬	From Collectivev Organization	1	…	107	97	117	84
企业劳动报酬	From Enterprises	…	…	22	45	50	33
其他单位劳动报酬	From Other Units	…	79	102	470	534	636
家庭经营收入	Income from Household Business Operation	416	1022	989	1735	1976	2193
转移性和财产性收入	Transfer Income and Property Income	30	99	110	442	499	586
按收入来源分	**Grouped by Sourse**						
基本收入	Basic Income	417	1101	1221	2348	2677	2945
工资性收入	Income of Wages	1	79	232	611	701	753
家庭经营收入	Income from Household Business Operation	416	1022	989	1735	1976	2193
农业收入	Farming	206	457	314	811	952	1006
林业收入	Forestry	11	35	9	117	132	151
牧业收入	Animal Husbandry	93	239	218	508	518	601
渔业收入	Fishery	…	…	…	…	1	1
工业收入	Industry	1	8	31	14	15	22
建筑业收入	Construction	7	16	143	52	60	55
运输业收入	Transportion	16	66	112	92	130	165
批发和零售贸易餐饮业收入	Wholesale and Retail Trades and Catering Trades	8	45	46	81	95	118
服务业收入	Service Trade	1	10	14	32	35	38
其他收入	Others	28	115	102	29	38	36
转移性和财产性收入	Transfer Income and Property Income	30	99	110	442	499	586
按收入性质分	**Grouped by Type of Income**						
生产性收入	Productive Income	417	1101	1221	2348	2677	2945
第一产业收入	Primary Industry	356	877	752	1435	1602	1759
第二产业收入	Secondary Industry	8	44	174	570	665	745
第三产业收入	Teriary Industry	54	181	295	343	410	441
非生产性收入	Nonproductive Income	30	99	110	448	499	586

7-18 农村居民家庭平均每人生活消费支出

PER CAPTA LIVING EXPENDITURE OF RURAL HOUSEHOLDS

单位:元　　　　(yuan)

项　　目	Item	1990	1995	2000	2007	2008	2009
生活消费支出	**Living Expenditure**	**341**	**873**	**1117**	**2167**	**2149**	**2451**
按消费类别分	**By Category of Consumption**						
食品	Food	253	644	886	1082	1091	1175
#主食	Staple Food	114	106	263	443	434	479
副食	Non-Staple Food	91	191	399	554	562	599
其他食品	Other Food	48	347	216	85	95	97
衣着	Clothing	43	93	87	234	248	276
居住	Residence	20	45	47	371	365	463
家庭设备用品及服务	Household Facilities , Articles and Services	19	62	40	134	136	148
医疗保健	Medicines and Medical Services	…	6	16	61	53	76
交通通讯	Transportation and Communications	…	8	15	161	148	205
文教娱乐用品及服务	Cultural , Educational and Recreational Articles and Services	2	6	11	64	55	55
其他商品及服务	Other Commodities and Services	5	9	14	60	52	53
按消费性质分	**By Source of Consumption**						
货币性消费	Consumption Paid in Money	173	413	477	1639	1669	1975
食品	Food	87	204	257	592	639	715
衣着	Clothing	43	92	87	222	236	265
居住	Residence	18	26	36	350	351	458
家庭设备用品及服务	Household Facilities , Articles and Services	19	61	40	130	135	148
医疗保健	Medicines and Medical Services	…	6	16	61	53	76
交通通讯	Transportation and Communications	…	8	15	160	148	205
文教娱乐用品及服务	Cultural , Educational and Recreational Articles and Services	2	6	11	64	55	55
其他商品及服务	Other Commodities and Services	5	9	14	60	52	53
实物性消费	Consumption in kind	168	460	640	528	480	476
食品	Food	165	440	629	490	452	460
衣着	Clothing		1	…	12	12	11
居住	Residence	3	19	11	21	14	5
家庭设备用品及服务	Household Facilities , Articles and Services		1		4	1	
医疗保健	Medicines and Medical Services						
交通通讯	Transportation and Communications				1		
文教娱乐用品及服务	Cultural , Educational and Recreational Articles and Services	…					
其他商品及服务	Other Commodities and Services		…				

7-19 农村居民家庭主要实物消费量

MAIN CONSUMPTIONS IN KIND OF RURAL HOUSEHOLDS

项　　目		Item		1990	1995	2000	2007	2008	2009
粮食(原粮)	(公斤/人)	Grain (Unprocessed)	(kg/person)	183.63	264.56	280.18	290.60	258.58	270.56
细粮		Wheat and Rice		155.64	89.08	134.73	174.73	143.35	151.25
稻谷		Rice		4.12	13.04	40.06	74.06	50.07	53.47
小麦		Wheat		55.45	76.04	94.67	100.67	93.28	97.78
粗粮		Non-Wheat and Rice		27.99	175.48	145.45	115.87	115.23	119.31
蔬菜	(公斤/人)	Vegetables	(kg/person)	22.83	23.31	23.58	24.00	18.11	15.41
食用油	(公斤/人)	Edible oil	(kg/person)	3.56	4.59	6.17	7.07	7.18	6.91
植物油		Vegetable Oil		2.18	3.55	5.00	6.07	6.21	5.80
动物油		Animal Oil		1.38	1.04	1.17	1.00	0.97	1.10
肉类	(公斤/人)	Meat	(kg/person)	14.69	12.17	11.83	17.83	17.42	15.44
#猪肉		Pork		1.48	1.06	1.90	2.46	2.43	2.24
牛羊奶	(公斤/人)	Cow and Sheep Milk	(kg/person)	50.02	14.06	12.25	38.29	35.01	29.91
家禽	(公斤/人)	Poultry	(kg/person)	0.01	0.01	0.01	0.04	0.04	0.04
蛋类	(公斤/人)	Eggs	(kg/person)	0.51	1.05	0.64	0.64	0.63	0.63
鱼虾	(公斤/人)	Fish and Shrimp	(kg/person)		0.01	0.01	0.01	0.01	0.01
食糖	(公斤/人)	Sugar	(kg/person)	1.06	2.43	2.62	2.64	2.76	3.43
酒	(公斤/人)	Liquor	(kg/person)	96.37	0.53	0.89	2.71	3.06	3.85
茶叶	(公斤/人)	Tea	(kg/person)	3.97	2.35	1.77	8.11	4.83	6.46
建筑材料		Building Material							
水泥	(公斤/人)	Cement	(kg/person)	0.73	0.22	0.94	29.24	22.26	19.52
木材	(立方米/户)	Timber	(cu.m/person)	0.24	0.21	0.95	0.50	1.40	12.29
玻璃	(平方米/户)	Glass	(sq.m/household)	0.03	0.11	0.09	0.34	1.13	0.95
服装	(件/人)	Garments	(piece/person)	0.69	0.99	1.06	0.72	0.68	0.98
化肥	(公斤/人)	Chemical Fertilizers	(kg/person)	70.85	73.25	14.5	22.52	22.14	21.42
农药	(公斤/人)	Pesticides	(kg/person)		0.47	1.32	1.32	1.43	1.16
生产用燃料	(公斤/人)	Fuels for Prodution	(kg/person)	13.26	15.03	13.17	7.19	18.71	18.97

7-20 农村居民家庭人均粮食收支平衡情况

PER CAPITA GRAIN BALANCE OF RURAL HOUSEHOLDS

单位：公斤 (kg)

项　　目	Item	1990	1995	2000	2007	2008	2009
年初粮食结存	**Grain Remainder at Year-head**	**617.69**	**578.41**	**960.11**	**966.88**	**1003.97**	**1118.81**
年内粮食收入合计	**Total Grain Income This Year**	**516.45**	**553.82**	**680.36**	**503.13**	**514.77**	**513.22**
家庭经营	From Household Management	495.59	528.95	628.89	382.88	397.19	392.93
购入	Purchase	16.85	24.06	50.31	118.89	116.83	119.78
收回借出粮	Grains Took Back Lending	0.14	0.05	0.12	0.01		
其他	Others	3.86	0.57	1.04	1.35	0.74	0.51
年内粮食支出	**Total Grain Expenditure This Year**	**379.51**	**390.43**	**411.63**	**409.98**	**392.55**	**410.65**
主食用粮	Grains for Staple Food	198.03	233.14	282.66	290.61	258.58	270.56
其他生活用粮	For Other Consumption	6.46	2.85	1.24	4.71	5.32	5.85
出售	Sale	52.22	56.53	47.34	41.99	55.48	59.72
种籽	Seeds	42.65	30.07	24.95	19.41	20.63	20.9
饲料	Fodder	39.04	38.58	48.47	52.04	51.16	52.98
借出	Lended	0.02	0.12	0.12	0.04	0.04	…
归还借粮	Grains Returned Borrowing	0.07	0.02	0.17	0.01	0.04	0.06
其他	Others	7.28	0.55	6.68	1.17	1.27	0.58
年末粮食结存	**Grains Remainder at Year-end**	**754.53**	**741.79**	**1228.84**	**987.58**	**1121.09**	**1150.54**
#口粮	Grain Ration	303.87	425.94	749.59	438.93	560.55	589.10
饲料	Fodder	29.60	74.72	191.35	77.25	100.90	105.84
种籽	Seeds	31.48	67.77	113.61	52.59	62.78	72.48

7-21 农村居民家庭平均每百户主要耐用物品拥有量
NUMBER OF DURABLE CONSUMER GOODS OWNED PER 100 RURAL HOUSEHOLDS AT THE YEAR-END

项　目		Item		1990	1995	2000	2007	2008	2009
自行车	（辆）	Bicycle	(unit)	6.80	11.73	79.38	32.09	32.90	32.02
洗衣机	（台）	Washing Machine	(unit)		0.13	2.29	8.58	9.12	9.70
摩托车	（辆）	Motorcycle	(unit)		0.03	0.20	33.37	38.45	42.56
黑白电视机	（台）	Black and White TV Set	(unit)	0.32	0.73	4.79	1.35	2.09	2.16
彩色电视机	（台）	Colour TV Set	(unit)	0.04	0.57	8.96	53.91	59.73	68.44
照相机	（台）	Camera	(unit)	0.04	0.03	0.83	0.68	1.08	1.08
电冰箱	（台）	Refrigerator	(unit)			0.41	10.13	10.95	11.82
电话机	（部）	Telephone	(unit)			0.20	44.66	58.38	77.97
影碟机	（台）	VCD Player	(unit)			0.41	29.59	34.79	45.06
电动自行车	（辆/每百户）	Electraic-bicycle	(unit/100 household)				0.08	0.54	0.87

7-22 农村居民家庭主要农产品生产量、出售量

PRODUCTS AND SALES OF MAJOR AGRICULTURE OF RURAL HOUSEHOLDS

项　目		Item		1990	1995	2000	2007	2008	2009
生产量		**Products**							
粮食	(公斤/人)	Grain	(kg/person)	496.66	528.95	628.89	382.88	352.80	340.61
油料	(公斤/人)	Oil-bearing Crops	(kg/person)	16.97	20.90	20.66	18.78	23.15	21.83
蔬菜	(公斤/人)	Vegetables	(kg/person)	63.90	61.73	74.17	28.91	28.51	30.11
水果	(公斤/人)	Fruits	(kg/person)	2.83	4.37	4.16	2.76	3.57	4.19
出售量		**Sales**							
粮食	(公斤/人)	Grain	(kg/person)	10.71	56.54	47.34	42.00	44.89	49.68
油料	(公斤/人)	Oil-bearing Crops	(kg/person)	22.57	4.34	3.21	5.71	5.33	4.88
蔬菜	(公斤/人)	Vegetables	(kg/person)	5.10	4.28	6.47	6.48	9.51	7.04
水果	(公斤/人)	Fruits	(kg/person)	20.40	0.69	0.82	0.67	1.17	0.96
猪肉	(公斤/人)	Pork	(kg/person)	14.05	0.32	0.96	1.40	2.48	1.46
羊肉	(公斤/人)	Mutton	(kg/person)	17.27	1.05	0.18	3.49	3.57	4.98
牛羊奶	(公斤/人)	Cow and Goat Milk	(kg/person)	0.35	3.14	1.89	1.17	1.08	0.78
家禽	(只/人)	Poultry	(head/person)	2.82	0.26	0.23	1.19	0.05	0.02
禽蛋	(公斤/人)	Poultry Eggs	(kg/person)	15.27	0.62	0.69	0.35	0.31	0.33
羊毛	(公斤/户)	Wool	(kg/household)	18.11	0.56	7.64	10.47	13.48	17.52

第八篇

农　业

Chapter 8

AGRICULTURE

8-1 农村和农业基本情况

BASIC CONDITIONS OF RURAL AND AGRICULTURE

项　　目		Item		2000	2008	2009
乡村户数	（万户）	Number of Rural Households	(10000 units)	37.83	44.09	46.03
乡村劳动力	（万人）	Number of Rural Laborers	(10000 persons)	100.83	115.07	119.36
男		Male		50.80	59.40	61.77
女		Female		50.03	55.67	57.59
按行业分乡村劳动力	（万人）	Number of Rural Laborers by Sector	(10000 persons)	100.83	115.07	119.36
农业林牧渔业		Farming,Forestry,Animal Husbandry & Fishery		90.12	88.28	91.19
工业		Industry		1.57	2.39	2.44
建筑业		Construction		2.33	7.59	8.41
交通运输业、仓储及邮电通信业		Transport,Storage,Post and Telecommunications		1.89	3.5	3.45
批发零售贸易业餐饮业		Wholesale and Retail Trade & Catering Services		1.99	2.94	2.80
其他非农业行业		Other Non-agricultural Trades		2.93	10.37	11.07
年末实有耕地面积	（千公顷）	Cultivated Areas (Year-end)	(1000 hectares)	230.85	225.92	229.57
水田		Paddy Fields		1.09	0.97	1.08
旱地		Dry Fields		229.76	224.95	228.49
当年减少耕地面积	（千公顷）	Decrease in Cultivated Area by Cause	(1000 hectares)	0.94	0.44	0.83
农村机械总动力	（千瓦）	Total Agricultural Machinery Power	(1000 kw)	1145276	3496404	3516226
农用大中型拖拉机	（台）	Number of Large & Medium Tractors	(unit)	2025	12084	15918
农用大中型拖拉机	（千瓦）	Capacity of Large & Medium Tractors	(1000 kw)	126960	382986	382639
小型拖拉机	（台）	Number of Mini-tractors	(unit)	30999	90479	101293
小型拖拉机	（千瓦）	Capacity of Mini-tractors	(1000 kw)	332177	1476727	1272496
化肥施用量	（吨）	Consumption of Chemical Fertilizers	(ton)	24955	46201	46858
农林牧渔业总产值	（万元）	Gross Output of Farming, Forestry, Animal Husbandry and Fishery	(10000 yuan)	512185	884518	933807
#农业		Farming		263649	396962	390575
牧业		Animal Husbandry		235282	389630	442880
农作物总播种面积	（千公顷）	Total Sown Area	(1000 hectares)	231.05	235.29	235.07
#粮食		Grain Crops		201.44	170.63	169.43
油料		Oil-bearing Crops		16.11	24.73	24.49
蔬菜		Vegetables			20.14	20.44
粮食总产量	（万吨）	Yield of Grain Crops	(10000 tons)	96.22	95.03	90.53
#小麦		Wheat		30.73	25.76	24.56
年末牲畜总头数	（万头）	Number of Animals (Year-end)	(10000 heads)	2266.31	2404.54	2324.08
猪牛羊肉产量	（万吨）	Output of Pork,Beef and Mutton	(10000 tons)	14.93	24.46	25.52

8-2 农村基本情况

BASIC CONDITIONS OF RURAL

年份 地区 Year Region		乡村户数 (万户) Number of Households (10000 households)	乡村从业人员 (万人) Number of Rural Employed Persons (10000 persons)	男 Male	女 Female
1965		23.14	67.94		
1978		30.84	80.86		
1979		30.99	80.38		
1980		31.31	81.82	38.69	43.13
1985		31.81	87.83	43.69	44.14
1986		32.31	89.64	43.82	45.82
1987		32.55	90.15	44.60	45.55
1988		32.81	89.15	44.57	44.58
1989		33.15	90.33	45.22	45.11
1990		33.49	90.85	45.00	45.85
1991		33.89	91.19	45.35	45.84
1992		34.21	91.55	46.03	45.52
1993		35.04	92.81	46.20	46.61
1994		35.79	94.35	47.21	47.33
1995		35.44	94.71	47.57	47.14
1996		34.87	95.34	47.71	47.63
1997		36.28	97.77	49.03	48.72
1998		36.75	97.52	50.14	47.38
1999		37.11	100.91	51.05	49.86
2000		37.83	100.83	50.80	50.03
2001		38.34	100.67	51.08	49.60
2002		38.87	103.50	52.64	50.86
2003		39.02	103.61	52.66	50.95
2004		39.26	105.69	53.52	52.17
2005		40.35	108.83	55.31	53.52
2006		40.75	109.92	55.86	54.06
2007		42.78	112.42	57.72	54.70
2008		44.09	115.07	59.40	55.67
2009		46.03	119.36	61.77	57.59
拉萨市	Lhasa	6.05	14.76	7.42	7.34
昌都地区	Qamdo	8.90	26.79	14.15	12.64
山南地区	Shannan	7.17	14.77	7.35	7.42
日喀则地区	Xigazê	11.29	34.59	17.95	16.64
那曲地区	Nagqu	8.27	18.15	9.48	8.67
阿里地区	Ngari	1.73	4.09	2.08	2.01
林芝地区	Nyingchi	2.62	6.21	3.34	2.87

8-3　乡村从业人员

RURAL EMPLOYED PERSONS BY SECTOR

单位：万人 (10000 persons)

年份 Year	地区 Region	合计 Total	农林牧渔业 Farming Forestry, Animal Husbandry and Fishery	工业 Industry	建筑业 Construction	交通运输、仓储和邮政业 Transportation, Storage and Post	批发和零售业 Wholesale and Retail Trade	其它非农行业 Other Non-agricultural Trades
1978		80.86	79.65	0.30				0.91
1985		87.83	85.02	0.37	0.21	0.41	0.80	1.02
1986		89.64	84.68	0.66	0.43	0.59	0.89	2.39
1987		90.15	84.75	0.99	0.42	0.62	0.87	2.50
1988		89.15	84.35	0.90	0.50	0.68	0.87	1.85
1989		90.33	85.71	0.51	0.51	0.75	0.84	2.01
1990		90.85	86.01	0.40	0.48	0.79	0.67	2.50
1991		91.19	86.05	0.52	0.41	0.91	0.73	2.57
1992		91.55	85.86	0.63	0.47	0.92	0.76	2.91
1993		92.81	87.15	1.07	0.69	0.95	0.84	2.11
1994		94.35	88.92	1.02	0.87	1.01	0.93	1.60
1995		94.72	88.48	1.23	0.79	1.17	1.12	1.93
1996		95.34	88.68	1.29	1.03	1.42	1.18	1.74
1997		97.77	90.34	1.40	1.32	1.37	1.23	2.11
1998		97.52	88.79	1.56	1.63	1.63	1.39	2.52
1999		100.91	91.75	1.33	1.56	1.68	1.43	3.16
2000		100.83	90.12	1.57	2.33	1.89	1.99	2.93
2001		100.68	88.84	1.86	2.72	2.04	1.74	3.48
2002		103.50	88.80	1.66	2.97	2.39	2.11	5.57
2003		103.61	84.39	1.95	5.75	2.28	2.21	7.03
2004		105.69	85.19	2.03	5.96	2.52	2.57	7.42
2005		108.83	85.53	2.62	5.63	2.98	2.81	9.26
2006		109.92	86.38	2.65	5.68	3.01	2.84	9.36
2007		112.42	87.67	2.34	7.71	3.59	2.64	8.47
2008		115.07	88.28	2.39	7.59	3.50	2.94	10.37
2009		119.36	91.19	2.44	8.41	3.45	2.80	11.07
拉萨市	Lhasa	14.76	9.75	0.22	1.41	0.83	0.33	2.22
昌都地区	Qamdo	26.79	22.72	0.86	0.85	0.38	0.79	1.19
山南地区	Shannan	14.77	10.51	0.36	2.19	0.43	0.40	0.88
日喀则地区	Xigazê	34.59	25.52	0.88	2.92	0.80	0.73	3.74
那曲地区	Nagqu	18.15	14.35	0.07	0.35	0.57	0.35	2.46
阿里地区	Ngari	4.09	2.86	0.01	0.58	0.20	0.04	0.40
林芝地区	Nyingchi	6.21	5.48	0.04	0.11	0.24	0.16	0.18

注：2002年以前交通运输、仓储和邮政业为交通运输、仓储和邮电通讯业资料,批发和零售业为批发零售贸易餐饮业资料。

Note:The Data of Transportation,Storage and Post Included Telecommunacations Before 2002.

The Data of Wholesale and Retail Sale Included Catering at 2002.

8-4 农林牧渔业总产值

GROSS OUTPUT VALUE OF FARMING, FORESTRY, ANIMAL HUSBANDRY AND FISHERY

单位：万元 (10000 yuan)

年份 地区 Year Region	农林牧渔业总产值 Gross Output Value	农业 Farming	林业 Forestry	牧业 Animal Husbandry	渔业 Fishery	农林牧渔服务业 FFAF Services
1959	14417	4704		9713		
1965	26420	8522	20	17878	2	
1970	28028	8671	12	19340	5	
1978	39228	14657	167	24386	18	
1979	40785	13340	404	27026	15	
1980	53215	24846	765	27597	7	
1985	108875	50999	2274	55562	40	
1986	99206	43793	1625	53756	32	
1987	103761	45692	1528	56506	35	
1988	129484	59684	1752	67986	62	
1989	137126	64077	1584	71408	57	
1990	195023	98138	3250	93573	62	
1991	210063	95755	2949	111278	81	
1992	224530	101092	3485	119863	90	
1993	229860	100452	5659	123661	89	
1994	268249	131327	6487	130335	100	
1995	358961	177927	7151	173782	101	
1996	385282	192157	8773	184083	269	
1997	414546	218195	8577	187624	150	
1998	423770	224346	8821	190350	253	
1999	482155	260666	9224	212062	202	
2000	512185	263649	13130	235282	124	
2001	527791	276113	12849	238695	134	
2002	558874	290759	12221	255772	122	
2003	586339	252779	53084	270867	78	9531
2004	627373	265638	57186	291197	87	13265
2005	677408	298887	56997	300498	136	20890
2006	704765	304974	60191	316975	1762	20863
2007	798309	359382	63078	349108	1073	25668
2008	884518	396962	67971	389629	2804	27152
2009	933807	390575	71155	442880	2049	27147
拉萨市 Lhasa	135551	57536	5144	71126	57	1687
昌都地区 Qamdo	219636	51334	51778	111573	35	4916
山南地区 Shannan	69105	33081	2504	27237	1483	4800
日喀则地区 Xigazê	259657	149628	4263	97477	210	8079
那曲地区 Nagqu	128430	61663	3	62697	20	4047
阿里地区 Ngari	44188	2208	86	40928	24	942
林芝地区 Nyingchi	76738	34924	7377	31541	220	2676
其它 Others	502	201		301		

注:①本表按当年价格计算。②2002年以前农林牧渔业总产值不含农林牧渔服务业产值。

Note:The data in terms of value in this table are calculated at current prices.

The data of gross output of FFAF Didn't Include FFAF Services before 2002.

8-5 农林牧渔业总产值指数

INDICES OF GROSS OUTPUT VALUE OF FARMING, FORESTRY, ANIMALS HUSBANDRY AND FISHERY

上年=100 (preceding year=100)

年份 Year	农林牧渔业总产值 Gross Output Value	农业 Farming	林业 Forestry	牧业 Animal	渔业 Fishery	农林牧渔服务业 FFAF Services
1959	92.1	109.8		85.0		
1965	111.3	107.3	105.0	113.6		
1970	100.1	101.4	100.7	99.3	135.7	
1978	103.9	103.2	130.7	103.9	293.7	
1979	104.0	87.1	239.4	105.2	82.8	
1980	111.0	130.0	89.4	102.0	80.2	
1985	112.3	106.6	119.4	111.4	79.9	
1986	104.8	85.7	77.1	107.4	76.3	
1987	104.4	104.4	103.8	105.6	105.4	
1988	102.6	107.9	112.5	96.7	103.9	
1989	101.4	102.2	86.3	99.0	131.4	
1990	106.4	116.2	132.6	98.8	64.5	
1991	104.5	91.1	189.5	103.1	106.6	
1992	103.4	100.4	96.0	104.4	119.1	
1993	100.3	123.4	111.7	98.7	89.0	
1994	104.5	102.3	119.8	104.8	109.3	
1995	104.4	108.9	119.4	100.7	102.1	
1996	103.4	107.4	107.3	100.2	153.1	
1997	103.4	104.2	85.4	104.5	94.6	
1998	102.4	104.5	103.1	100.9	135.4	
1999	107.5	110.8	97.5	105.9	100.0	
2000	101.9	102.2	104.0	101.6	45.2	
2001	105.4	108.5	84.7	104.5	91.8	
2002	103.8	103.0	119.8	103.6	70.3	
2003	103.2	84.9	218.7	102.2	41.9	
2004	104.1	102.0	102.7	104.2	156.4	152.0
2005	103.9	102.3	103.9	100.8	160.7	157.5
2006	105.8	100.6	117.4	108.0	801.1	99.1
2007	108.6	117.8	104.8	105.6	59.0	117.9
2008	110.8	110.5	107.8	111.6	261.3	105.8
2009	105.6	98.4	104.7	113.7	73.1	100.0

注：本表按可比价格计算。

Note:The indices in this table are calculated at comparable prices.

8-6 农林牧渔业总产值指数

INDICES OF GROSS OUTPUT VALUE OF FARMING, FORESTRY, ANIMALS HUSBANDRY AND FISHERY

1951年=100 (1951=100)

年份 Year	农林牧渔业总产值 Gross Output Value	农业 Farming	林业 Forestry	牧业 Animal	渔业 Fishery	农林牧渔服务业 FFAF Services
1959	102.1	113.2		108.2		
1965	187.1	205.1	145.3	190.3	100.0	
1970	198.6	209.3	84.5	198.0	330.6	
1978	277.9	344.4	1239.8	263.0	1010.9	
1979	289.0	300.0	2968.1	276.7	837.0	
1980	320.8	390.0	2653.5	282.2	671.3	
1985	396.5	419.0	8122.4	341.7	1317.8	
1986	415.5	359.1	6262.4	367.0	1005.5	
1987	433.8	374.9	6500.4	387.6	1059.8	
1988	445.1	404.5	7313.0	374.8	1101.1	
1989	451.3	413.4	6311.1	371.1	1446.8	
1990	480.2	280.4	8368.5	366.6	933.2	
1991	501.9	437.6	7489.8	378.0	994.8	
1992	519.0	439.4	7190.2	394.6	1184.8	
1993	520.6	542.2	8031.5	389.5	1054.5	
1994	544.0	554.7	9621.7	408.2	1152.6	
1995	565.8	604.1	11488.3	411.1	1176.8	
1996	583.9	648.8	12326.9	411.9	1801.7	
1997	603.8	676.0	10527.2	430.4	1704.4	
1998	618.3	706.4	10853.5	434.3	2307.8	
1999	664.7	782.7	10582.2	459.9	2307.8	
2000	677.3	799.9	11005.5	467.3	1043.1	
2001	713.9	867.9	9321.7	488.3	957.6	
2002	741.0	893.9	11167.3	505.9	673.2	
2003	764.7	758.9	24423.0	517.0	282.1	100.0
2004	796.1	774.1	25082.4	538.8	441.1	152.0
2005	827.1	791.9	26060.6	543.1	708.9	239.4
2006	875.1	796.7	30595.2	586.5	5679.1	237.2
2007	950.4	938.5	32063.8	619.3	3350.7	279.7
2008	1053.0	1037.0	34564.8	691.1	8755.4	295.9
2009	1112.0	1020.4	36189.3	785.8	6400.2	295.9

注：本表按可比价格计算。

Note:The indices in this table are calculated at comparable prices.

8-7　各地市农林牧渔业总产值

GROSS OUTPUT VALUE OF FARMING，FORESTRY，ANIMAL HUSBANDRY AND FISHERY BY REGION

单位：万元　　(10000 yuan)

年份 Year	合计 Total	拉萨 Lhasa	昌都 Qamdo	山南 Shannan	日喀则 Xigazê	那曲 Nagqu	阿里 Ngari	林芝 Nyingchi	其它 Others
1995	358961	42984	85761	39532	107492	37493	21472	24091	136
1997	414546	58087	103000	44558	116097	43111	16718	29539	3436
1998	423770	62134	105601	47863	122013	39022	13863	28534	4740
1999	482155	71864	115291	52693	131448	56173	17004	32838	4843
2000	512185	85059	124269	53416	132220	56272	22473	34151	4325
2001	527791	73916	126207	53969	146264	67220	21003	36017	3195
2002	558874	84212	131970	54160	148314	75969	23832	40417	
2003	586339	86548	149635	50852	144143	79603	26760	46273	2525
2004	627373	93403	150532	56521	161838	80070	30619	53159	1231
2005	677408	100255	163423	55463	179421	89761	30463	57975	647
2006	704765	105644	168553	55887	187627	95261	31208	59966	619
2007	798309	116473	186534	59992	222011	109835	37155	66002	307
2008	884518	128401	207577	65884	246360	122109	41074	72417	696
2009	933807	135551	219636	69105	259657	128430	44188	76738	502

注：本表按当年价格计算。

Note: The indices in this table are caculated at current prices.

8-8 各地市农林牧渔业总产值指数

INDEX OF GROSS OUTPUT VALUE OF FARMING，FORESTRY，ANIMAL HUSBANDRY AND FISHERY BY REGION

上年=100　　preed=100

年份 Year	合计 Total	拉萨 Lhasa	昌都 Qamdo	山南 Shannan	日喀则 Xigazê	那曲 Nagqu	阿里 Ngari	林芝 Nyingchi	其它 Others
1995	104.4	113.9	105.4	98.3	97.5	103.9	131.7	107.7	100.0
1997	103.4	103.2	104.3	103.5	101.1	111.6	96.5	93.8	126.3
1998	102.4	101.6	103.1	105.1	106.3	97.7	89.0	98.6	151.4
1999	107.5	105.6	105.5	108.4	107.8	108.7	116.4	109.3	83.6
2000	101.9	105.7	106.3	100.5	101.0	97.4	100.7	99.8	90.1
2001	105.4	101.0	98.2	99.7	114.2	111.5	107.9	99.7	
2002	103.8	111.3	103.3	102.1	101.2	104.4	101.9	102.9	
2003	103.2	100.4	111.3	89.9	94.6	100.4	108.2	115.5	
2004	104.1	103.6	101.5	103.7	105.2	106.6	108.9	101.3	82.0
2005	103.9	105.8	104.7	101.1	107.2	104.0	88.5	104.2	97.5
2006	105.8	102.5	104.2	105.7	107.9	105.3	101.7	113.2	99.1
2007	108.6	105.7	106.1	103.0	113.4	110.5	114.2	105.6	47.5
2008	110.8	110.2	111.3	109.8	111	111.1	110.5	109.7	226.7
2009	105.6	105.6	105.8	105.0	105.4	105.2	107.2	106	72.1

注:本表按可比价格计算。

Note:The indices in this table are caculated at comparable prices .

8-9 农林牧渔业分项产值

GROSS OUTPUT VALUE OF FARMING, FORESTRY, ANIMAL HUSBANDRY AND FISHERY BY BRANCH

指标	Item	绝对数(万元) Value (10000 yuan)					2009年为2008年% 2009/2008 Rate
		2000	2003	2007	2008	2009	
农林牧渔业总产值	**Gross Output Value**	**512185**	**586339**	**798309**	**884518**	**933807**	**105.6**
农业产值	**Farming**	**263649**	**252779**	**359382**	**396962**	**390575**	**98.4**
谷物及其它作物	Corn and Other Crops	190664	183092	210819	217635	209330	96.2
#粮食作物	#Grain Grops	178246	168417	182447	190705	175162	91.8
# 谷物	#Corn	172777	162398	175515	184483	174507	94.6
#小麦	#Wheat		38157	43464	44691	41530	92.9
玉米	Maize		2253	3066	4041	4885	120.9
薯类	Potato		417	978	1110	855	77.0
油料	Oil Plants		13810	20988	20073	22816	113.7
#油菜籽	#Rapeseed		12252	20907	19971	22722	113.8
林业产值	**Forestry**	**13130**	**53085**	**63078**	**67971**	**71156**	**104.7**
林木培育和种植	Tree Breeding and Planting	2668	6591	8201	9803	10284	104.9
林产品	Forest Products	4898	30909	38368	39239	43102	109.8
村及村以下竹木采伐	Lumbering in Village and Below	5564	9584	8445	10977	17769	161.9
牧业产值	**Animal Husbandry**	**235282**	**270867**	**349108**	**389630**	**442879**	**113.7**
牲　畜	Domestic Animals	152357	258429	330978	361937	416781	115.2
牛	Cattles	78157	97436	130343	160345	208147	129.8
猪	Hogs	10614	6606	14212	17303	20788	120.1
羊	Sheep and Goats	63586	65259	84677	94897	110281	116.2
家禽饲养	Poultry Raising	1161	2749	3858	3313	4930	148.8
捕　猎	Hunting	136	634	6	33	1	3.0
渔业产值	**Fishery**	**124**	**78**	**1073**	**2804**	**2049**	**73.1**
农林牧渔服务业产值	**FFAF Services**		**9531**	**25667**	**27151**	**27148**	**100.0**

注:本表绝对数按当年价计算,指数按可比价计算。

Note:Data in terms of value in this table are calculated at current prices,while the related indices are caleulated at comparable prices.

8-10　农林牧渔业分项产值构成
COMPOSITION OF GROSS OUTPUT VALUE OF FARMING, FORESTRY, ANIMAL HUSBANDRY AND FISHERY BY BRANCH

指　　标	Item	构成　Composition　(%)				
		2000	2003	2007	2008	2009
农林牧渔业	**Gross Output Value**	**100.0**	**100.0**	**100.0**	**100.0**	**100.0**
农业	**Farming**	**51.5**	**43.1**	**45.0**	**44.9**	**41.9**
谷物及其它作物	Corn and Other Crops	37.2	31.2	26.4	24.6	22.4
#粮食作物	#Grain Grops	34.8	28.7	22.9	21.6	18.8
# 谷物	#Corn	33.7	27.7	21.9	20.9	18.7
#小麦	#Wheat		6.5	5.4	5.1	4.5
玉米	Maize		0.4	0.4	0.5	0.5
薯类	Potato		0.1	0.1	0.1	0.1
油料	Oil Plants		2.4	2.6	2.3	2.4
#油菜籽	#Rapeseed		2.1	2.6	2.3	2.4
林业	**Forestry**	**2.6**	**9.1**	**7.9**	**7.7**	**7.6**
林木培育和种植	Tree Breeding and Planting	0.5	1.1	0.8	1.1	1.1
林产品	Forest Products	1.0	5.3	4.8	4.4	4.6
村及村以下竹木采伐	Lumbering in Village and Below	1.1	1.6	1.1	1.2	1.9
牧业	**Animal Husbandry**	**45.9**	**46.2**	**43.7**	**44.0**	**47.4**
牲　畜	Domestic Animals	29.7	44.1	41.5	40.9	44.6
牛	Cattles	15.3	16.6	16.3	18.1	22.3
猪	Hogs	2.1	1.1	1.8	1.9	2.2
羊	Sheep and Goats	12.4	11.1	10.6	10.7	11.8
家禽饲养	Poultry Raising	0.2	0.5	0.4	0.4	0.5
捕　猎	Hunting	…	0.1	…	…	…
渔业	**Fishery**	**…**	**…**	**0.2**	**0.3**	**0.2**
农林牧渔服务业	**FFAF Services**	**…**	**1.6**	**3.2**	**3.1**	**2.9**

注:本表构成按当年价计算。

Note:The data in terms of composition in this table are calculated at current prices.

8-11 全区农村社会总产值

RURAL SOCIAL GROSS OUTPUT VALUE

单位：万元 (10000 yuan)

年份 地区 Year Region		农村社会总产值 Rural Social Gross Output Value	农林牧渔业总产值 Gross Output Value	农村工业总产值 Rural Industry Gross Output Value	农村建筑业总产值 Rural Constration Gross Output Value	农村运输业总产值 Rural Transportation Gross Output Value	农村商业总产值 Rural Commerce Gross Output Value
1985		177142	106316	1233	3410	3106	3077
1986		106147	97985	1199	2315	2303	2345
1987		113062	102986	3204	1997	1993	2882
1988		139970	128528	3053	2365	2541	3483
1989		146382	135808	2064	2436	3014	3060
1990		182283	170347	2055	2712	3433	3736
1991		221175	208923	1551	2550	4458	3693
1992		236362	223249	1942	2910	5009	3252
1993		242776	229860	2381	2336	4632	3567
1994		282293	268113	2628	2532	5206	2314
1995		389605	358961	5857	5447	8957	10383
1996		416824	382553	6711	5279	10992	11289
1997		455711	414546	8901	8459	13454	10350
1998		470337	423770	14076	8888	11820	11783
1999		536358	482155	14588	10624	14570	14421
2000		570808	512185	13307	14546	17086	13684
2001		577709	527791	14244	12407	13274	9993
2002		618802	558874	11707	14788	20832	12601
2003		675593	586339	20033	23995	26120	19106
2004		757243	627373	26536	40567	41556	21211
2005		823658	677408	27207	43925	45077	30041
2006		877722	704765	27802	64743	47445	32967
2007		1021216	798309	29411	103807	53065	36624
2008		1150468	884519	30385	126476	59854	49234
2009		1236703	933807	28520	150398	67243	56733
拉萨市	Lhasa	212865	135551	5730	37804	23853	9927
昌都地区	Qamdo	296060	219636	5494	45885	5698	19347
山南地区	Shannan	105640	69105	4436	12375	11565	8159
日喀则地区	Xigazê	318664	259657	10511	23026	15267	10203
那曲地区	Nagqu	145769	128430	292	7559	4508	4980
阿里地区	Ngari	53962	44188	1321	5908	851	1694
林芝地区	Nyingchi	103241	76738	736	17842	5501	2424

注:本表按当年价计算，全区农林牧渔业总产值中含有区直产值。

Note:The data in value terms in this table are calculated at current prices. Straight output value of containing area in the gross output value of the agriculture, forestry, animal husbandry and fishery.

8-12　农村社会总产值构成

RURAL SOCIAL GROSS OUTPUT PERCENTAGE

单位：%　　　　(%)

年份 Year	地区 Region	农村社会总产值 Rural Social Gross Output Value	农林牧渔业总产值 Gross Output Value	农村工业总产值 Rural Industry Gross Output Value	农村建筑业总产值 Rural Constration Gross Output Value	农村运输业总产值 Rural Transportation Gross Output Value	农村商业总产值 Rural Commerce Gross Output Value
1985		100.0	90.8	1.0	2.9	2.7	2.6
1986		100.0	92.3	1.1	2.2	2.2	2.2
1987		100.0	91.0	2.8	1.8	1.8	2.6
1988		100.0	91.8	2.2	1.7	1.8	2.5
1989		100.0	92.8	1.4	1.7	2.0	2.1
1990		100.0	93.4	1.1	1.5	1.9	2.1
1991		100.0	94.4	0.7	1.2	2.0	1.7
1992		100.0	94.5	0.8	1.2	2.1	1.4
1993		100.0	94.6	1.0	1.0	1.9	1.5
1994		100.0	95.0	0.9	0.9	1.8	1.4
1995		100.0	92.1	1.5	1.4	2.3	2.7
1996		100.0	91.8	1.6	1.3	2.6	2.7
1997		100.0	91.0	2.0	1.9	3.0	2.3
1998		100.0	90.1	3.0	1.9	2.5	2.5
1999		100.0	89.9	2.7	2.0	2.7	2.7
2000		100.0	89.7	2.4	2.5	3.0	2.4
2001		100.0	91.4	2.5	2.1	2.3	1.7
2002		100.0	90.3	1.9	2.4	3.4	2.0
2003		100.0	86.7	3.0	3.6	3.9	2.8
2004		100.0	82.8	3.5	5.4	5.5	2.8
2005		100.0	82.2	3.3	5.4	5.5	3.6
2006		100.0	80.3	3.2	7.4	5.4	3.7
2007		100.0	78.2	2.9	10.1	5.2	3.6
2008		100.0	76.9	2.6	11.0	5.2	4.3
2009		100.0	75.5	2.3	12.2	5.4	4.6
拉萨市	Lhasa	100.0	63.7	2.7	17.8	11.2	4.7
昌都地区	Qamdo	100.0	74.2	1.9	15.5	1.9	6.5
山南地区	Shannan	100.0	65.4	4.2	11.7	10.9	7.7
日喀则地区	Xigazê	100.0	81.5	3.3	7.2	4.8	3.2
那曲地区	Nagqu	100.0	88.1	0.2	5.2	3.1	3.4
阿里地区	Ngari	100.0	81.9	2.4	10.9	1.6	3.1
林芝地区	Nyingchi	100.0	74.3	0.7	17.3	5.3	2.3

注：本表按当年价格计算。

Note:The data in value terms in this table are calculated at current prices.

8-13 农业商品产值

GROSS OUTPUT VALUE OF AGRICULTURE

单位：万元 (10000 yuan)

年份 Year	地区 Region	合计 Total	农业 Farming	林业 Forestry	牧业 Animal Husbandry	渔业 Fishery
1990		39571	10512	1218	19648	13
1991		45911	14059	1187	22861	15
1992		52423	13619	1024	27893	24
1993		55278	21169	1003	33086	20
1994		75214	32384	2163	40640	27
1995		108615	40283	5084	63215	33
1996		111774	47668	3984	60032	90
1997		122948	53337	4170	65398	43
1998		123332	48887	3242	71055	148
1999		153485	71350	3500	78485	150
2000		166980	73846	4220	88829	85
2001		184887	84725	4955	95084	122
2002		204237	95700	5235	103194	108
2003		235559	104097	9192	122177	93
2004		300929	136705	8126	156000	98
2005		327154	153080	8494	165477	103
2006		379614	177401	10307	191800	106
2007		425378	199780	9488	215995	115
2008		485152	228141	11441	245455	115
2009		560052	292188	11873	254372	1619
拉萨市	Lhasa	59319	22963	116	36222	18
昌都地区	Qamdo	193840	122612	6526	64702	
山南地区	Shannan	33042	19091	1497	10978	1476
日喀则地区	Xigazê	104113	39861	394	63843	15
那曲地区	Nagqu	101586	63346	1	38239	
阿里地区	Ngari	27797	322		27475	
林芝地区	Nyingchi	40355	23993	3339	12913	110

注：本表按当年价格计算。

Note:The data in value terms in this table are calculated at current prices.

8-14　耕地面积

AREAS UNDER CULTIVATION

年份 Year	地区 Region	年末实有耕地面积（千公顷）Cultivated Area (1000 hectares)	旱地 Dry Fields	水田 Paddy Fields	当年减少（千公顷）Decrease in This Year (1000 hectares)	#国家基建占地 Capital Construction	当年增加（千公顷）Increase in This Year (1000 hectares)
1959		167.63					
1965		202.77					
1970		218.31					
1978		227.60					
1980		228.67					
1985		223.55	223.14	0.41	4.76	0.13	2.97
1986		222.33	221.74	0.59	1.99	0.06	0.34
1987		221.40	220.84	0.56	1.97	1.60	1.04
1988		221.50	220.85	0.65	0.96	0.06	2.61
1989		222.35	221.47	0.88	0.45	0.21	1.35
1990		222.50	221.86	0.64	1.31	0.10	1.20
1991		222.90	222.30	0.60	1.33	0.04	1.73
1992		223.79	222.97	0.83	0.73	0.02	1.60
1993		222.62	221.83	0.79	0.52	0.07	0.75
1994		222.84	222.07	0.77	0.35	0.09	0.57
1995		224.47	221.68	0.79	0.31	0.08	2.17
1996		224.80	223.99	0.81	3.37	0.34	3.72
1997		228.76	227.91	0.85	0.61	0.20	3.94
1998		230.32	229.44	0.88	0.98	0.17	2.31
1999		231.16	230.23	0.93	1.33	0.09	2.15
2000		230.83	229.76	1.07	0.39	…	0.06
2001		230.20	229.15	1.05	1.40	0.25	0.77
2002		229.89	228.90	1.00	2.45	0.66	2.15
2003		225.34	224.38	0.96	6.22	0.79	2.77
2004		222.74	221.77	0.97	4.03	0.35	1.46
2005		223.01	222.03	0.98	1.55	0.37	1.83
2006		223.01	222.03	0.98	1.55	0.37	1.83
2007		228.23	227.26	0.97	1.27	0.68	1.95
2008		225.92	224.95	0.97	0.44	0.09	1.58
2009		229.57	228.49	1.08	0.83	0.04	5.06
拉萨市	Lhasa	35.39	35.39		0.07	…	0.45
昌都地区	Qamdo	48.38	48.38		0.01	0.01	
山南地区	Shannan	30.15	30.15		0.07	0.01	0.21
日喀则地区	Xigazê	88.90	88.90		0.11	0.02	3.43
那曲地区	Nagqu	5.05	5.05		0.10		0.03
阿里地区	Ngari	3.30	3.30				0.34
林芝地区	Nyingchi	18.40	17.32	1.08	0.47	…	0.60
其他	Others	…	…				

8-15 主要农业机械年末拥有量

（年底数） (year-end)

指 标		Item		2000	2001	2002
农业机械总动力	（千瓦）	**Total Power of Agricultural Machinery**	**(kw)**	**1145276**	**1232123**	**1458024**
耕作机械		**Cultivation Machinery**				
农用大中型拖拉机	（台）	Large and Medium Agricultural Tractors	(unit)	2025	2538	3205
	（千瓦）		(kw)	126960	112967	106499
小型拖拉机及手扶拖拉机	（台）	Mini and Walking Tractors	(unit)	30999	38318	50598
	（千瓦）		(kw)	332177	409866	513355
大中型拖拉机配套农具	（部）	Farm Tools for Large and Medium Tractor	(unit)	1033	2136	2558
小型拖拉机配套农具	（部）	Farm Tools for Mini Tractor	(unit)	11450	10424	11684
农用排灌动力机械		Irrigating Machinery				
柴油机	（台）	Diesel Engines	(unit)	2608	2853	3596
	（千瓦）		(kw)	24469	27168	36276
电动机	（台）	Electromotors	(unit)	1476	1075	1487
	（千瓦）		(kw)	14610	11697	15997
农用水泵	（台）	Pumps	(unit)	627	446	754
收获机械		**Harvest Machinery**				
联合收割机	（台）	Combine Harvesters	(unit)	129	1694	625
	（千瓦）		(kw)	2354	2602	5614
机动脱粒机	（台）	Thresher Threshing Machines	(unit)	6859	8201	13721
运输机械		**Transport Machinery**				
农用运输车	（辆）	Transport Vehicles for Agricultureal Use	(unit)	3665	3462	8781
	（千瓦）		(kw)	139727	168407	607526

MAIN AGRICULTURL MACHINERY YEAR-END POSSESSED

2003	2007	2008	2009	拉萨 Lhasa	昌都 Qamdo	山南 Shannan	日喀则 Xigazê	那曲 Nagqu	阿里 Ngari	林芝 Nyingchi
1812121	**3294227**	**3496404**	**3516226**	**758143**	**482369**	**304038**	**982588**	**367748**	**132621**	**488719**
5302	9973	12084	15918	4035	812	3294	4787	172	390	2428
158915	307370	384425	382639	135108	36311	34967	92436	15775	2460	65583
60524	88321	90479	101293	20557	7644	17896	35990	4356	6428	8422
662170	1457540	1476727	1272496	278281	134423	166916	397132	126475	68978	100290
2507	3486	4883	6440	792	33	754	3046		1	1814
15252	21294	25271	27774	5537	580	6094	9253		51	6259
4675	2529	2869	3626	32	964	2026	34		1	569
43134	21929	33407	40379	360	8915	18363	1980			10761
2420	1036	1227	1145	483	35	203	60			364
17091	13625	14564	13619	4339	296	4073	2485			2426
786	1015	961	353	168	1	94	59			31
2176	2261	2684	4152	290	69	542	2834	35		382
35938	39053	46419	61659	7779	586	6638	33357	309		12990
13032	21574	22605	25718	4868	3618	9167	4514			3733
11044	15382	17196	19919	4439	3933	779	4102	2138	1170	3358
777161	1001836	1101482	1389890	316907	221433	48316	316805	225192	55092	206145

8-16 农业电气化、化学化及水利情况

指标		Item		2000	2001
农村电气化情况		**Electrization in Rural Areas**			
农村小型水电站个数	（个）	Number of Small Hydropower Station in Rural Areas	(unit)	231	235
农村用电量	（万千瓦时）	Electricity Consumed in Rural Area	(10000 kwh)	3392	3117
发电量	（万千瓦时）	Generate Electricity	(10000 kwh)	2127	1540
农业化学化情况		**Chemistry in Rural Areas**			
农用化肥施用折纯量	（吨）	Consumption of Chemical Fertilizers	(ton)	24955	30164
氮肥		Nitrogenous Fertilizer		11610	15730
磷肥		Phosphate Fertilizer		5359	4719
钾肥		Potash Fertilizer		1721	1312
复合肥		Compound Fertilizer		6266	8404
每公顷耕地平均化肥施用量	（公斤）	Chemical Fertilizer Per Hectare	(kg)	108	131
农用塑料薄膜使用量	（吨）	Plastic Film for Agricultural Use	(ton)	128	294
农药使用量	（吨）	Consumption of Chemical Fertilizers	(ton)	651	583
每公顷播种面积用农药	（公斤）	Chemical Fertilizer Per Hectare	(kg)	3	3
农业水利化情况		**Irrigation Works in Rural Areas**			
农田有效灌溉面积	（千公顷）	Effective Irrigated Areas	(1000 hectares)	157.03	154.37
#机电灌溉面积	（千公顷）	Irrigated Areas by Power	(1000 hectares)	8.05	5.81
有效灌溉面积占耕地面积比重	(%)	Effective Irrigated Areas as Proportion of Cultivated Areas	(%)	68.00	67.10
有效灌溉面积占播种面积比重	(%)	Effective Irrigated Areas Proportion of Areas	(%)	68.00	66.90
机电灌溉面积占有效灌溉面积比重	(%)	Irrigated Areas by Power as Proportion of Irrigated Land	(%)	5.10	3.80
旱涝保收面积	（千公顷）	Dried and Flooded Area Under Control and Ensuring Stable Yields	(1000 hectares)	87.58	82.99
旱涝保收面积占播种面积比重	(%)	Rate of Dried and Flooded Area Under Control and Ensuring Stable Yields	(%)	37.90	36.00
草场灌溉面积	（千公顷）	Irrigated Area of Grass	(1000 hectares)	722.10	16.41

ELECTRIFICATION，CHEMICAL AND WATER CONSERVANCY OF AGRICULTURE

2002	2003	2007	2008	2009	拉萨 Lhasa	昌都 Qamdo	山南 Shannan	日喀则 Xigazê	那曲 Nagqu	阿里 Ngari	林芝 Nyingchi
237	239	283	317	311	2	106	54	89	9	11	40
3586	4305	5553	6145	7540	1255	2184	1110	1314	271	73	1333
5173	4941	11779	13470	7471	360	2717	1310	1741	184	249	910
30361	31837	45837	46201	46858	9945	5713	4585	17613	2086	2224	4692
14081	16957	18705	16665	16565	4708	1383	1790	6423	640	142	1479
6165	5694	10560	9302	9936	1057	539	770	6477	460	28	605
1597	1572	1865	1400	2763	1437	55	361	838		14	58
8518	7614	14707	18834	17594	2743	3736	1664	3875	986	2040	2550
132	141	200	205	208	284	118	153	206	407	749	258
521	579	484	527	463	45	23	138	184		2	71
1611	596	953	1187	921	117	59	99	426		66	154
7	3	4	5	4	3	1	3	5		24	7
159.73	154.95	156.37	163.25	165.47	32.82	19.63	27.66	71.44	0.23	1.59	12.09
6.82	8.99	8.04	8.06	9.66	0.06		4.94	4.61			0.05
69.48	68.76	68.51	72.26	66.27	80.83	40.59	84.21	70.10	4.55	48.02	65.73
68.58	66.31	67.13	69.38	64.72	74.69	37.65	91.19	73.11	4.76	58.95	58.20
4.26	5.80	5.14	4.93	6.35	0.21		17.86	7.40			0.44
94.20	90.36	82.63	85.61	71.60	10.50	7.21	13.09	35.88		0.45	4.47
40.44	38.67	35.47	36.39	30.46	27.40	13.83	42.66	42.10		19.69	21.54
208.44	514.54	1314.44	1306.83	579.6	69.48	3.67	225.68	190.73	68.30	8.02	13.70

8-17 主要农作物播种面积

单位：千公顷

年份 Year 地区 Region	总计 Total	粮食作物 Grain Crops	#青稞 Qingke	#小麦 Wheat	#冬小麦 Winter Wheat	#豆类 Soybeans
1951	134.15	128.74				
1959	140.23	133.47				
1965	184.68	176.87				
1978	219.83	205.00	106.68	65.65	47.90	21.43
1980	220.67	198.67	106.00	58.67	41.51	8.670
1985	209.97	194.03	121.78	38.71	23.15	25.79
1986	210.84	190.23	121.45	35.74	21.47	25.22
1987	209.52	190.07	118.87	38.11	23.00	24.10
1988	208.45	187.86	117.47	38.01	21.58	24.11
1989	211.75	189.57	118.76	39.35	24.39	23.25
1990	213.71	191.95	120.17	41.80	27.43	21.83
1991	215.72	191.91	121.36	43.31	29.51	19.58
1992	214.99	192.29	122.26	43.57	31.12	18.53
1993	215.57	192.55	120.32	46.75	35.82	18.54
1994	216.46	187.28	116.67	48.12	34.06	17.31
1995	220.17	189.14	109.38	52.04	33.75	16.71
1996	225.02	191.86	119.90	52.51	35.37	14.52
1997	229.15	197.94	123.09	53.91	38.81	13.92
1998	229.40	200.41	126.31	55.04	38.86	12.47
1999	230.44	200.76	127.10	54.73	39.71	11.78
2000	231.04	201.44	131.56	51.91	38.41	10.53
2001	230.86	199.12	134.62	46.99	33.70	10.60
2002	232.90	195.01	129.60	44.77	28.72	11.08
2003	234.35	186.12	125.71	42.38	28.13	9.93
2004	231.23	179.79	120.11	40.64	25.03	9.00
2005	234.95	177.68	120.27	42.00	27.95	8.97
2006	233.02	171.66	116.28	41.49	29.98	8.05
2007	232.94	171.78	117.99	40.29	28.66	7.79
2008	235.29	170.63	117.85	37.34	28.41	7.08
2009	235.07	169.43	117.83	36.77	26.85	6.66
拉萨市 Lhasa	38.31	26.14	16.80	8.56	7.07	0.71
昌都地区 Qamdo	52.16	44.19	34.14	6.31	3.37	1.06
山南地区 Shannan	30.67	22.01	12.31	8.53	7.49	1.01
日喀则地区 Xigazê	85.24	54.85	44.99	5.87	2.59	3.35
那曲地区 Nagqu	4.82	3.56	3.39	0.12	0.12	0.04
阿里地区 Ngari	2.69	1.57	1.42	…		0.07
林芝地区 Nyingchi	20.78	16.73	4.78	7.14	5.98	0.37
其他 Others	0.40	0.40		0.23	0.23	0.05

TOTAL SOWN AREAS OF MAJOR FARM CROPS

(1000 hectares)

# 薯类 Tubers	油料 Oil-bearing Crops	#油菜籽 Rapeseeds	#花生 Peanuts	其他 Others	#蔬菜 Vegetables	#青饲料 Fresh
	4.73	4.73		0.68		
	5.03	5.03		1.73		
	5.87	5.87		1.95		
	10.54	10.54		4.29		
0.11	12.00	11.33	0.02	10.00	8.00	2.00
1.72	10.38	9.99	0.39	5.56	3.38	2.01
1.72	9.31	9.31		11.30	8.41	2.86
1.37	9.07	9.03	0.02	10.38	7.48	2.63
1.19	9.85	9.83	0.01	10.74	6.35	3.93
1.19	11.23	11.23	0.01	10.95	7.73	3.04
1.23	10.74	10.73	0.01	11.02	8.11	2.87
1.11	11.65	11.63	0.01	12.16	8.28	3.86
1.21	11.53	11.51	0.02	11.17	6.61	4.11
3.27	12.13	12.08	0.01	10.89	6.14	4.52
1.57	16.21	16.20	0.01	12.97	7.80	4.14
1.28	18.52	18.50	0.02	12.51	7.24	4.77
0.87	18.33	18.30	0.03	14.83	9.29	4.85
0.05	17.34	17.33	0.01	13.87	9.01	3.49
0.11	16.98	16.95	0.02	12.10	7.35	4.44
0.15	17.12	17.06	0.05	12.56	7.36	4.65
0.22	16.11	16.08	0.03	13.48	7.47	5.74
0.28	16.82	16.77	0.03	13.82	8.71	5.11
0.56	20.39	18.74	0.03	16.23	9.74	6.50
0.42	21.64	21.61	0.02	26.59	14.11	10.00
1.87	24.35	24.32	0.03	27.02	15.15	10.50
0.55	26.11	26.05	0.06	31.15	18.04	12.14
0.61	24.12	24.05	0.07	37.24	18.99	17.37
0.62	23.13	23.06	0.07	37.89	19.66	17.59
0.53	24.49	24.42	0.07	41.14	20.44	19.83
0.53	24.73	24.65	0.07	39.93	20.14	18.90
	3.85	3.85		8.33	4.08	4.21
0.23	3.27	3.27		4.69	2.17	2.10
	4.87	4.87		3.79	1.71	2.08
0.07	10.29	10.29		20.10	10.61	9.43
0.01	0.03	0.03		1.23	0.54	0.58
0.03	0.12	0.12		1.00	0.08	0.92
0.19	2.06	1.99	0.07	1.98	1.23	0.51
				0.02	0.02	

8-18 主要农作物产品产量

单位：吨

年份 Year 地区 Region		粮 食 总产量 Total	稻谷 Rice	小麦 Wheat	#冬小麦 Winter Wheat	青稞 Qingke
1951		153200				
1959		182905				
1965		290725				
1978		513449	2631	192959	153223	245233
1980		504970	2210	181085	143830	237230
1985		530669	2488	118519	72621	333736
1986		454448	3128	94528	61181	284393
1987		467043	2350	106882	71864	290844
1988		508670	3013	111340	68558	324280
1989		549923	3097	134046	92739	342355
1990		608280	3264	164271	115911	369294
1991		644186	2717	183088	133874	392309
1992		657121	3905	196282	150679	393429
1993		672185	3889	212417	170673	386806
1994		664480	4108	223177	181120	379059
1995		719605	4731	249366	187865	380922
1996		777249	4897	261422	193082	448663
1997		791904	5239	283052	212053	446564
1998		849793	4937	290773	210880	498482
1999		922138	5550	312117	237536	547530
2000		962234	5517	307288	245319	597094
2001		982508	6024	284453	220672	628400
2002		983970	5831	278250	208505	635978
2003		966001	5564	272308	211484	619137
2004		959950	5533	257279	192324	612273
2005		933918	5452	255506	171172	613548
2006		923688	5884	265315	209286	592000
2007		938634	5460	264859	206941	610845
2008		950343	5140	257556	193002	618196
2009		905330	5172	245617	194763	595192
拉萨市	Lhasa	171601		63593	54792	102689
昌都地区	Qamdo	156006		25128	14231	117855
山南地区	Shannan	143222		68639	66580	69974
日喀则地区	Xigazê	345883		57856	29082	273239
那曲地区	Nagqu	9933		355	355	9430
阿里地区	Ngari	4305		51	51.00	3929
林芝地区	Nyingchi	71998	5172	27735	27412	18076
其他	Others	2382		2260	2260	

YIELD OF MAJOR FARM CROPS

(ton)

豆　类 Bean	其　他 Others	油菜籽 Repeseed	花　生 Peanut	蔬　菜 Vegetable	青饲料 Fodder
		1750			
		2610			
		5264			
49266	23360	7914			
24370	60075	10770			
57296	18630	14455		60244	
53973	18426	11617	2	68924	8761
49729	17238	11796	23	80417	17099
53288	16749	14141	16	71212	20191
53936	16489	16727	12	83939	26077
52439	19012	17140	11	84545	27898
48090	17982	18457	37	98394	26265
44975	18530	17862	35	51364	24026
49023	20050	26040		51610	46081
44362	13774	29373	34	96773	37356
45962	38624	33689	29	93400	59342
40816	21451	35104	33	123300	36383
33402	23647	33682	30	141478	38429
33758	21843	34009	34	137920	45515
33295	23646	41091	121	170734	49553
29467	22867	39610	46	173727	54820
31813	31818	43469	74	202654	216598
34435	29476	45157	94	234506	84109
33541	35453	49378	100	281979	121088
30780	53937	53944	50	299858	149247
32371	27041	61164	154	429225	152852
31550	28939	54490	108	449309	213352
31882	25588	52125	137	450650	213923
24333	35015	57729	126	551060	271249
26527	42924	60145	161	481408	276243
2533	2786	12153		187520	47113
2689	10333	3984		37366	17148
4313	296	12196		29076	38939
13588	1199	26013		272651	154602
67	81	40		2031	1963
174	151	179		1327	2869
950	20065	3164		20841	8615
19	104		126	248	

8-19 主要农产品单位面积产量

YIELD OF MAJOR FARM CROPS PER HECTARE（BY SOWN AREAS）

单位：公斤/公顷 (kg / hectare)

年份 Year	粮食作物 Grain Crops	# 小麦 Wheat	#冬小麦 Winter Wheat	#青稞 Qingke	#豆类 Bean	油菜籽 Repeseed
1959	1370					519
1965	1644					896
1978	2505	2940	3025	2300	2300	750
1979	2048	2325	2968	1950	2108	765
1980	2543	3090	3480	2235	2813	953
1985	2738	3060	3135	2738	2220	1448
1986	2390	2646	2849	2342	2448	1250
1987	2495	2805	3123	2447	2957	1307
1988	2708	2816	3177	2760	2246	1439
1989	2901	3407	3803	2883	2321	1490
1990	3170	3930	3365	3074	2403	1598
1991	3357	4227	3365	3233	2456	1587
1992	3417	4499	4842	3218	2427	1551
1993	3491	4544	3888	3215	2642	2147
1994	3548	4638	5318	3255	2564	1814
1995	3804	4793	4804	3483	2751	1821
1996	4051	4779	5459	3928	2811	1919
1997	4017	5250	5463	3628	2399	1944
1998	4240	5283	5427	3946	2705	2006
1999	4593	5703	5982	4095	2827	2408
2000	4777	5920	6387	4539	2798	2456
2001	4934	6053	6546	4667	3000	2592
2002	5045	6215	7260	4907	3106	2409
2003	5195	6451	7516	4926	3377	2285
2004	5339	6330	7684	5098	3420	2220
2005	5256	6083	6124	5101	3609	2348
2006	5381	6395	6981	5091	3917	2266
2007	5464	6574	7221	5177	4092	2260
2008	5570	6897	6793	5245	3745	2432
2009	5343	6679	7254	5051	3653	2824

8-20 农作物播种面积及产量

SOWN AREAS AND OUTPUT OF FARM CROPS

指 标	Item	播种面积(千公顷) Sown Area (1000 hectare)				产 量(吨) Yield (ton)			
		2000	2008	2009	2009年比2008年± % 2009 Increase Over 2008	2000	2008	2009	2009年比2008年± % 2009 Increase Over 2008
农作物总播种面积	**Total Sown Area**	**231.05**	**235.29**	**235.07**	**-0.1**				
粮食作物	**Grain Crops**	**201.44**	**170.63**	**169.44**	**-0.7**	**962234**	**950343**	**905330**	**-4.7**
谷物	Cereal	190.68	163.02	162.25	-0.5	931829	918678	877795	-4.5
#稻谷	Rice	1.01	0.98	1.00	2.0	5518	5140	5172	0.6
小麦	Wheat	51.91	37.34	36.77	-1.5	307288	257556	245617	-4.6
#冬小麦	Winter Wheat	38.41	28.41	26.85	-5.5	245319	193002	194763	0.9
玉米	Corn	3.15	4.02	4.02	持平	14131	22355	25468	13.9
青稞	Qingke	131.56	117.85	117.83	持平	597094	618196	595192	-3.7
其他谷物	Other Cereal	3.06	3.59	3.16	-12.0	7798	9310	2066	-77.8
豆类	Bean	10.53	7.08	6.66	-5.9	29467	26527	24333	-8.3
大豆	Soybean	0.31	0.31	0.13	-58.1	554	711	617	-13.2
杂豆	Other Beans	10.22	6.77	1.00	-85.2	28913	25815	3430	-86.7
薯类(按折粮计算)	Tuber	0.23	0.53	0.53	持平	938	5139	3201	-37.7
油料	**Oil-bearing**	**16.11**	**24.73**	**24.49**	**-1.0**	**39610**	**60306**	**57855**	**-4.1**
#花生油	Peanut	0.03	0.07	0.07	持平	46	161	126	-21.7
油菜籽	Rapeseed	16.08	24.65	24.42	-0.9	39564	60145	57729	-4.0
蔬菜、瓜类	**Vegetable and Melon**	**7.47**	**20.22**	**20.56**	**1.7**	**176728**	**483590**	**554662**	**14.7**
蔬菜	Vegetable	7.47	20.14	20.44	1.5	176695	481408	551060	14.5
瓜类	Melon	…	0.08	0.12	50.0	33	2182	3602	65.1
其他作物	**Other Crops**	**6.01**	**19.70**	**20.58**	**4.4**	**57622**	**294391**	**282192**	**-4.1**
#青饲料	Succulence	5.74	18.90	19.83	4.9	54820	276243	271249	-90.1

8-21 茶园、果园面积和茶叶、水果产量

TEA PLANTATIONS，ORCHARDS AND OUTPUT OF TEA AND FRUIT

指　标	Item	1990	1995	2000	2008	2009
面积　（公顷）	**Ares**　（**hectare**）					
茶园面积	Ares of Tea Plantations	149	146	48	67	55
果园面积	Area of Orchards	629	1277	1235	1520	1544
#苹果园	Apple Plantations	508	1145	1051	1153	708
梨园	Pear Plantations	41	58	112	79	313
产量　（吨）	**Yield**　（**ton**）					
茶叶产量	Yield of Tea	66	130	1	3	1
水果产量	Yield of Fruits	5445	6242	7418	8474	8747
#苹果	Apple	3696	3615	5299	4423	4427
梨	Pear	319	705	803	1140	1420

8-22 各地市造林面积情况 (2009年)

AFFORESTATIONS AREA BY REGION（2009）

单位：公顷　　　　(hectare)

地区	Region	当年造林面积 Current New Forest Areas	#用材林 Commercial Forest	#经济林 Ecomomic Forest	育苗面积 Nursery Garden Areas	幼林抚育面积 Actual Nursery Areas	成林抚育面积 Forest Areas	迹地更新面积 Update Areas
全区合计	**Total**	**24780**	**733**	**1870**	**484**	**6197**	**144318**	**13377**
拉萨市	Lhasa	7089		35		75	318	
昌都地区	Qamdo	2664		1360	36	7	11338	451
山南地区	Shannan	6660	437	190	20	6113	132481	10705
日喀则地区	Xigazê	5399	293	67	378	2	181	1718
那曲地区	Nagqu							
阿里地区	Ngari	301	3	…	…			
林芝地区	Nyingchi	2667		218	49			503

8-23 林业生产情况

OUTPUT OF FOREST PRODUCTS

指　标		Item		1990	1995	2000	2007	2008	2009
营林情况		**Tree Planting and Forestation**							
当年造林面积	（公顷）	Current New Forest Areas	(hectare)	5977	12966	14101	22264	30390	24780
用材林		Commercial Forest		193	478	2293	2813	2001	733
经济林		Economic Forest		15	179	398	1593	2038	1870
防护林		Shelter Forest		440	3306	2721	13132	18676	21933
薪炭林		Firewood Charcoal Forest		18	2	299	1239	386	243
其他林		Other Forest		201	48	80	291	82	2
迹地更新面积	（公顷）	Update Areas	(hectare)	469	684	1684	129	1574	13377
零星植树	（万株）	Odd Pieces of Planting	(10000units)	28	1893	840	1155	990	1427
育苗面积	（公顷）	Nursery Garden Areas	(hectare)	486	92	165	190	281	484
幼林抚育作业面积	（公顷）	Actual Nursery Areas	(hectare)	989	1893	2626	2346	982	7
成林抚育面积	（公顷）	Forest Areas	(hectare)	2660	3269	6150	16040	15594	144318
主要林产品产量		**Output of Major Forest Products**							
松茸	（吨）	Songrong	(ton)	8	155		756	360	611
香菇	（吨）	Xianggu					11	35	44
核桃	（吨）	Walnuts	(ton)	98	1386	1829	2247	2740	3011
花椒	（吨）	Huajiao	(ton)	1		35	67	114	119
农村竹木采伐		**Cut Bamboo and Timber in Rural Areas**							
木材	（万立方米）	Timber	(10000cu. m)	13.13	14.09	13.39	35.68	32.69	34.78
竹材	（万根）	Lumbering	(10000units)	45.68	118.98	170.31	52.75	104.25	102.06

8-24 年末牲畜存栏情况

NUMBER OF LIVESTOCK IN YEAR-END

单位：万头(只) (10000 heads)

年份 Year	地区 Region	牲畜总头数 Number of Animal	大牲畜 Large Animal	#牛 Cattle and Buffalo	羊 Sheep and Goat	#绵羊 Sheep	猪 Hog
1951		955	242	221	710	463	3
1959		956	243	222	707	474	6
1965		1701	459	427	1229	799	13
1978		2349	509	474	1815	1236	25
1979		2349	508	471	1816	1249	25
1980		2351	502	465	1825		24
1985		2179	539	499	1627	1086	13
1986		2258	556	514	1687	1122	14
1987		2326	563	519	1747	1168	16
1988		2319	568	522	1736	1160	15
1989		2300	578	530	1706	1135	15
1990		2251	554	506	1681	1113	16
1991		2317	575	526	1724	1146	18
1992		2395	598	547	1779	1188	19
1993		2320	588	537	1713	1145	20
1994		2297	582	531	1695	1126	20
1995		2379	590	539	1767	1168	22
1996		2276	560	511	1693	1109	23
1997		2310	574	524	1715	1126	21
1998		2252	559	509	1671	1096	21
1999		2290	579	528	1689	1104	22
2000		2266	579	526	1664	1074	23
2001		2360	607	553	1729	1111	24
2002		2439	633	577	1782	1139	24
2003		2451	647	591	1779	1134	25
2004		2509	668	613	1816	1151	26
2005		2415	686	632	1698	1072	30
2006		2438	703	651	1703	1066	32
2007		2407	674	622	1707	1060	26
2008		2405	696	645	1678	1032	31
2009		2324	705	653	1584	968	35
拉萨市	Lhasa	166	79	76	83	47	5
昌都地区	Qamdo	367	203	181	160	84	5
山南地区	Shannan	192	55	51	134	102	3
日喀则地区	Xigazê	581	113	104	466	285	1
那曲地区	Nagqu	662	194	186	468	323	1
阿里地区	Ngari	283	19	18	263	122	
林芝地区	Nyingchi	72	42	37	10	5	20
其他	Others	1					1

8-25 牛、猪、羊出栏情况

SLAUGHTERED OF CATTLE AND BUFFALA，HOG AND SHEEP AND GOAT

单位：万头　　　　(10000 heads)

年份 Year	地区 Region	牛 Cattle		猪 Hog		羊 Sheep and Goat	
		出栏数 Number of Slaughtered	出栏率(%) Come Out Rate (%)	出栏数 Number of Slaughtered	出栏率(%) Come Out Rate (%)	出栏数 Number of Slaughtered	出栏率(%) Come Out Rate (%)
1978		22.87	4.8	4.96	22.8	213.72	12.3
1980		23.27	4.9	6.47	26.2	225.03	12.4
1985		34.30	7.0	5.65	45.2	283.32	17.4
1986		35.82	7.2	6.39	48.3	384.74	23.7
1987		39.68	7.7	7.84	54.3	358.39	21.2
1988		42.52	7.5	7.47	48.7	314.74	18.1
1989		43.94	8.4	7.12	46.4	324.54	18.7
1990		43.74	7.6	7.10	43.4	317.49	18.6
1991		43.32	7.8	8.81	53.9	333.74	19.9
1992		47.16	8.2	9.02	50.6	357.04	20.7
1993		53.73	9.0	9.66	52.0	352.94	19.9
1994		58.08	9.9	9.86	49.9	365.13	21.5
1995		68.17	11.7	9.46	52.7	388.66	22.9
1996		62.49	11.6	12.23	55.6	328.82	18.6
1997		66.59	13.0	13.24	57.6	403.28	23.8
1998		69.63	12.1	12.64	60.2	411.33	24.0
1999		77.49	15.2	12.95	60.9	439.16	26.3
2000		80.13	15.2	13.64	62.0	437.52	25.9
2001		85.31	16.2	12.73	55.3	467.74	28.1
2002		89.47	16.2	14.38	59.9	530.38	30.7
2003		96.28	16.3	13.93	55.7	516.19	29.0
2004		105.10	17.1	15.26	61.0	475.92	26.8
2005		106.07	16.8	18.84	62.8	483.07	28.4
2006		107.96	16.6	18.31	57.2	508.52	29.9
2007		116.59	17.9	15.58	48.6	526.90	30.9
2008		123.35	18.9	15.60	60.0	520.08	30.5
2009		126.58	19.6	19.67	63.5	529.84	31.6
拉萨市	Lhasa	12.41	16.9	2.02	55.0	25.03	28.4
昌都地区	Qamdo	45.83	25.8	4.22	96.8	59.50	35.4
山南地区	Shannan	11.12	22.8	3.06	149.5	50.06	37.6
日喀则地区	Xigazê	11.66	11.4	1.10	98.5	130.38	27.2
那曲地区	Nagqu	39.32	20.8	0.11	26.8	191.00	36.6
阿里地区	Ngari	2.30	13.1			71.95	26.0
林芝地区	Nyingchi	3.94	10.9	8.16	45.9	1.92	19.2
其 他	Others			1.00	50.0		

8-26 畜产品产量

OUTPUT OF LIVESTOCK PRODUCTS

年份 地区 Year Region		猪牛羊肉总产量 (万吨) Output of Pork Beef and Mutton (10000 tons)	猪 肉 Pork	牛 肉 Beef	羊 肉 Mutton	奶类产量 (万吨) Milk (10000 tons)	#牛 奶 Cow Milk
1978		4.71	0.19	2.09	2.43	9.34	6.01
1980		4.75	0.24	2.09	2.40	9.87	7.02
1985		7.07	0.28	3.38	3.41	10.28	8.79
1986		7.48	0.32	3.68	3.48	17.26	13.94
1987		8.80	0.33	4.08	4.39	18.49	14.13
1988		8.64	0.31	4.34	3.99	14.75	12.13
1989		9.02	0.39	4.55	4.08	17.46	14.04
1990		8.78	0.50	4.35	3.93	15.75	12.55
1991		9.10	0.47	4.42	4.21	17.71	14.03
1992		9.74	0.51	4.85	4.38	18.60	14.82
1993		10.25	0.53	5.31	4.41	16.56	13.20
1994		10.39	0.47	5.60	4.33	16.16	13.08
1995		11.21	0.56	6.13	4.52	17.61	14.10
1996		11.54	0.66	6.24	4.64	16.62	13.51
1997		12.15	0.69	6.67	4.79	18.60	14.90
1998		12.91	0.67	7.33	4.91	19.56	15.58
1999		14.69	0.73	8.29	5.67	20.88	16.72
2000		14.93	0.79	8.48	5.66	20.40	16.20
2001		16.01	0.83	8.94	6.23	23.05	18.14
2002		17.21	0.92	9.40	6.89	24.30	19.00
2003		18.98	0.86	10.76	7.36	25.13	19.62
2004		20.82	1.04	12.19	7.59	26.20	20.29
2005		21.46	1.22	12.76	7.47	26.98	21.21
2006		22.70	1.19	13.46	8.05	27.61	21.57
2007		23.48	1.08	14.20	8.20	28.94	22.98
2008		24.46	1.11	15.07	8.28	29.46	23.32
2009		25.52	1.25	16.31	7.96	29.43	23.69
拉萨市	Lhasa	2.96	0.22	2.31	0.43	2.73	2.50
昌都地区	Qamdo	7.34	0.24	6.00	1.10	7.95	6.90
山南地区	Shannan	2.06	0.19	1.26	0.61	4.25	3.93
日喀则地区	Xigazê	3.30	0.07	1.30	1.93	7.37	5.24
那曲地区	Nagqu	7.44	0.01	4.72	2.71	4.14	2.83
阿里地区	Ngari	1.38		0.23	1.15	0.82	0.13
林芝地区	Nyingchi	1.03	0.51	0.49	0.03	2.17	2.16
其 他	Others	0.01	0.01				

第九篇

工　业

Chapter 9

INDUSTRY

9-1 全部工业企业单位数
NUMBER OF ALL INDUSTRIAL ENTERPRISES

单位：个　　(unit)

分　类	Item	2000	2001	2007	2008	2009
总 计	**Total**	**482**	**489**	**443**	**465**	**519**
按登记注册类型分	**Grouped by Ownership**					
国有经济	State-owned	288	267	214	128	180
集体经济	Collective-Owned	105	128	81	71	84
其他经济	Others	89	94	148	266	255
按轻重工业分	**Grouped by Light and Heavy Industry**					
轻工业	Enterprises of Light Industry	202	208	168	199	214
重工业	Enterprises of Heavy Industry	280	281	275	266	305
按企业规模分	**Grouped by Size of Enterprises**					
大型企业	Large-sized					1
中型企业	Medium-sized	4	4	10	10	9
小型企业	Small	478	485	433	455	509
按国民经济行业分	**Grouped by Sectors**					
煤炭开采和洗选业	Coal Mining and Dressing	2	3	2	2	
黑色金属矿采选业	Ferrous Metals Mining and Dressing	10	9	14	14	21
有色金属矿采选业	Nonferrous Metals Mining and Dressing	19	22	42	48	53
非金属矿采选业	Nonmetal Minerals Mining and Dressing	17	21	24	29	32
其他矿采选业	Other Minerals Mining and Dressing	1		1		
农副食品加工业	Farm and Sideline Products Processing	38	36	25	38	43
食品制造业	Food Production	10	15	11	11	14
饮料制造业	Beverage Production	16	16	21	23	23
烟草加工业	Tobacco Processing	1				
纺织业	Textile Industry	18	20	10	9	13
纺织服装、鞋、帽制造业	Garments,shoes and Accessories Manufactring	22	18	12	11	12

注：2002年以前总计中含“木材及竹材采运业”。

Note:Before 2002, Total has excluded Loffing and Transport of Timber.

9-1 续表 continued

单位：个 (unit)

分　类	Item	2000	2001	2007	2008	2009
皮革、毛皮、羽毛(绒)及其制品业	Leather, Furs,and Wool Products Manufacturing	1	1	1	4	2
木材加工及竹、藤、棕草制品业	Timber Processing , Bamboo, Cane, Palm Fiber and Straw Products	25	30	15	17	16
家具制造业	Furniture Manufacturing	9	13	7	7	9
造纸及纸制品业	Papermaking and Paper Products	1	1		2	2
印刷业和记录媒介的复制	Printing and Record Medium Reproduction	16	18	14	14	14
文教体育用品制造业	Cultural, Educational and Sports Goods	5				
化学原料及化学制品制造业	Raw Chemical Materials and Chemical Products	9	8	10	16	15
医药制造业	Medical and Pharmaceutical Products	16	17	20	24	24
塑料制品业	Plastic Products	3	3	1	4	2
非金属矿物制品业	Nonmetal Mineral Products	45	40	34	56	57
黑色金属矿冶炼及压延加工业	Smelting and Pressing of Ferrous Metals	2	2			
有色金属矿冶炼及压延加工业	Smelting and Pressing of Nonferrous Metals			1	1	3
金属制品业	Metal Products	6	6	3	6	6
通用设备制造业	General Equipment	2	1	1		
专用设备制造业	Special Purposes Equipment	9	6	2	2	3
交通运输设备制造业	Transport Equipment	33	34	22	17	19
电气机械及器材制造业	Electrical Machinery and Equipment			3	2	5
工艺品及其他制造业	Artworks and Other Manufacturing	26	24	31	35	35
电力、热力的生产和供应业	Production and Supply of Electricity and Thermal Power	102	107	105	62	84
自来水生产和供应业	Production and Supply of Tap Water	7	8	11	11	12

9-2 工业总产值

GROSS OUTPUT VALUE OF INDUSTRY

单位：万元 (10000 yuan)

年份 Year	合计 Total	按登记注册类型分 Grouped by Ownership			按轻重工业分 Grouped by Light and Heavy Industry		按企业规模分 Grouped by Size of Enterprises	
		国有经济 State-owned	集体经济 Collective-owned	其他经济 Other	轻工业 Light Industry	重工业 Heavy Industry	中型企业 Medium-sized	小型企业 Small
1956	140	140				140		140
1959	4344	4243	101		164	4180		4344
1965	2349	1797	522		892	1457		2349
1978	14934	11438	3496		5691	9243		14934
1979	16698	12774	3924		5220	11478	548	16150
1980	14894	13818	1076		4600	10294	477	14417
1981	12061	10832	1229		5321	6740	668	11393
1982	13834	12710	1124		5423	8411	1664	12170
1983	14662	13294	1307	61	5631	9031	1858	12804
1984	19289	13870	5195	244	7330	11959	2164	17125
1985	21247	13950	1958	5339	10765	10482	1101	20146
1986	20200	13085	2022	5093	7734	12466	1343	18857
1987	21608	15353	2255	4000	9500	12108	2173	19435
1988	26496	19615	2881	4000	11088	15408	1628	24868
1989	33300	24119	3406	5775	12900	20400	1578	31722
1990	37200	25395	4230	7575	14518	22682	2102	35098
1991	44214	28709	3805	11700	20307	23907	1815	42399
1992	49696	31502	4871	13323	23053	26643	3559	46137
1993	59873	39637	5475	14761	23531	36342	4263	55610
1994	76200	48895	6139	21166	35964	40236	3997	72203
1995	90816	65679	13909	11228	28479	62337	12774	78042
1996	103617	69561	20642	13414	28137	75480	11507	92110
1997	117586	78033	17648	21905	40981	76605	21905	40981
1998	144313	94543	22381	27389	47554	96759	13842	130471
1999	166010	94686	14090	57234	65626	100384	11804	154206
2000	183036	94970	44529	43537	68814	114222	26749	156287
2001	199769	85086	44612	70071	79495	120274	50337	149432
2002	216337	96244	44899	75194	87977	128360	51343	164994
2003	239635	105503	40209	93923	89753	149882	98005	141630
2004	284243	116453	43073	124717	119924	164319	104399	179844
2005	336462	133805	44358	158299	136300	200162	111569	224893
2006	401641	135733	53667	212241	158267	243374	123194	278447
2007	504375	166871	28471	309033	187171	317204	203869	300506
2008	597153	184919	27994	384240	227571	369582	183802	413351
2009	657970	191361	20251	446358	271729	386241	254967	403003

9-3 工业总产值指数

INDICES OF GROSS OUTPUT VALUE OF INDUSTRY

(上年=100) (Preceding year=100)

年份 Year	合计 Total	按登记注册类型分 Grouped by Ownership			按轻重工业分 Grouped by Light and Heavy Industry		按企业规模分 Grouped by Size of Enterprises	
		国有经济 State-owned	集体经济 Collective-owned	其他经济 Other	轻工业 Light Industry	重工业 Heavy Industry	中型企业 Medium-sized	小型企业 Small
1957	252.7	252.7				252.7		252.7
1959	96.5	95.8	138.3		137.0	95.4		96.5
1965	119.2	102.6	251.3		251.2	90.2		119.2
1978	113.5	113.5	113.5		107.1	117.8		113.5
1979	111.7	111.7	111.7		91.7	124.0		108.0
1980	91.9	111.7	27.4		95.1	90.4	87.0	92.1
1981	70.1	67.7	102.0		94.1	58.7	125.2	68.4
1982	104.6	106.3	89.5		101.7	106.7	95.4	105.1
1983	106.5	105.1	114.3		104.3	108.1	115.8	106.0
1984	129.9	98.1	141.4		171.2	100.7	123.9	130.2
1985	102.6	99.8	92.7	118.3	99.9	105.9	101.4	102.6
1986	92.7	89.2	117.7	92.9	68.3	120.4	98.1	92.4
1987	113.7	119.7	113.7	98.7	129.5	103.5	111.9	113.7
1988	110.3	99.4	118.0	139.3	119.4	103.0	111.6	110.2
1989	109.5	108.7	108.2	112.0	109.1	109.9	112.8	109.3
1990	106.3	101.2	117.3	135.8	110.4	102.6	92.1	107.2
1991	107.2	97.9	99.0	160.0	135.0	89.7	84.7	108.7
1992	108.2	105.0	110.5	113.8	112.6	103.9	169.5	105.0
1993	108.5	109.5	97.4	110.6	102.1	115.1	135.2	106.3
1994	113.1	104.0	116.9	129.0	111.8	114.2	86.0	116.0
1995	114.7	132.9	202.0	51.0	108.5	117.8	300.7	99.2
1996	110.4	113.3	104.9	103.7	97.1	117.8	91.2	120.7
1997	112.2	102.1	116.2	175.2	133.0	123.2	29.8	129.3
1998	113.5	106.7	124.6	123.7	111.4	114.8	125.7	105.3
1999	108.7	111.2	104.0	103.8	121.2	101.7	100.8	109.2
2000	108.1	103.7	115.2	109.4	114.0	107.5	103.2	105.4
2001	108.0	98.4	96.8	137.2	108.1	106.3	110.7	102.9
2002	108.0	107.5	103.3	112.0	113.1	103.2	113.5	107.2
2003	109.6	113.4	92.2	118.6	106.8	111.9	112.1	108.6
2004	114.6	111.0	118.7	126.9	116.4	113.1	104.5	118.4
2005	116.5	104.7	109.7	114.7	120.4	113.0	112.7	117.5
2006	117.0	110.5	115.4	129.2	100.9	135.6	111.5	118.3
2007	117.4	113.6	90.7	141.9	110.4	122.2	101.8	120.2
2008	112.1	117.6	93.2	111.0	115.9	109.9	85.4	130.3
2009	112.9	104.9	89.3	118.8	120.5	108.7	112.2	113.5

注:本表按可比价格计算。

Note:Data in this table are calculated at comparable prices.

9-4 工业总产值指数

INDICES OF GROSS OUTPUT VALUE OF INDUSTRY

(1956年=100)　　(1956=100)

年 份 Year	合 计 Total	按登记注册类型分 Grouped by Ownership			按轻重工业分 Grouped by Light and Heavy Industry		按企业规模分 Grouped by Size of Enterprises	
		国有经济 State-owned	集体经济 Collective-owned	其他经济 Other	轻工业 Light Industry	重工业 Heavy Industry	中型企业 Medium-sized	小型企业 Small
1957	252.7	252.7				252.7		252.7
1959	3095.7	3501.0	213.2		137.0	3060.4		3095.7
1965	1673.9	1485.2	1148.9		746.1	1065.6		1673.9
1978	9459.1	8356.1	6490.7		3977.8	6243.4		9459.1
1979	10565.8	9333.8	7250.1		3647.6	7741.8	100.0	10215.8
1980	9710.0	10425.9	1986.5		3468.9	2998.6	87.0	9408.8
1981	6806.7	7058.3	2026.2		3264.2	4108.2	108.9	6435.6
1982	7119.8	7503.0	1813.4		3319.7	4383.4	103.8	6763.8
1983	7582.6	7885.7	2072.7		3462.4	4738.5	120.2	7169.6
1984	9849.8	7735.9	2930.8	100.0	5927.6	4771.7	148.9	9334.8
1985	10105.9	7720.4	2716.9	118.3	5921.8	5053.2	151.0	9577.5
1986	9368.2	6886.6	3197.8	109.9	4044.6	6084.1	148.0	8849.6
1987	10651.6	8243.3	3635.9	108.5	5237.8	6297.0	165.7	10062.0
1988	11748.7	8193.8	4290.4	151.1	6253.9	6485.9	185.0	11088.3
1989	12864.8	8906.7	4642.2	169.1	6823.0	7128.0	208.7	12119.5
1990	13675.3	9013.6	5445.3	198.4	7532.6	7313.3	192.3	12992.1
1991	14659.9	8824.3	5390.8	198.3	10169.0	6560.0	206.6	14122.4
1992	15862.0	9265.5	5956.8	225.8	11450.3	6815.8	350.3	14828.5
1993	17210.3	10145.7	5801.9	249.7	11690.8	7845.0	473.6	15762.7
1994	19464.8	10551.5	6782.4	322.1	13070.3	8959.0	407.3	18284.7
1995	22534.9	14022.9	13700.4	164.3	14181.3	10553.7	1224.8	18436.0
1996	24878.0	15887.9	14371.7	170.4	13770.0	12432.3	1117.0	22252.3
1997	27913.7	16221.5	16699.9	298.5	18314.1	15316.6	332.9	28772.2
1998	31682.0	17308.3	20808.1	369.2	20401.9	17583.5	418.5	30297.1
1999	34438.3	19246.8	21640.4	383.2	24727.1	17882.4	421.8	33084.4
2000	37227.8	19958.9	24929.7	419.2	28188.9	19223.6	435.3	34871.0
2001	40206.0	19639.6	24131.9	575.1	30472.2	20434.7	481.9	35882.3
2002	43422.5	21112.6	24928.3	644.1	34464.1	21088.6	546.9	38465.8
2003	47591.1	23941.7	22983.9	763.9	36807.7	23598.1	613.1	41773.9
2004	54539.4	26575.3	27281.9	969.4	42844.2	26689.5	640.7	49460.3
2005	63538.4	27824.3	29928.2	1111.9	51584.4	30159.1	722.1	58115.9
2006	74339.9	30745.9	34537.1	1582.7	52048.7	40895.7	805.1	68751.1
2007	87275.0	34927.3	31325.1	2245.9	57461.8	49974.5	819.6	82638.8
2008	97835.3	41074.5	29195.0	2492.9	66598.2	54921.9	699.9	107678.4
2009	110456.1	43087.2	26071.1	2961.6	80250.8	59700.1	785.3	122215.0

注：本表按可比价格计算。

Note:Data in this table are calculated at comparable prices.

9-5 全部工业企业分行业工业总产值

GROSS OUTPUT VALUE OF ALL INDUSTRIAL ENTERPRISES BY BRANCH

单位：万元 (10000 yuan)

分　　类	Item	2000	2001	2007	2008	2009
总　计	**Total**	**176035**	**191769**	**473407**	**563123**	**601879**
按登记注册类型分	**Grouped by Ownership**					
国有企业	State-owned Enterprises	94969	85085	166872	184919	186714
集体企业	Collective-owned Enterprises	44529	49169	28471	27995	20471
股份合作企业	Cooperative Share Holding Enterprises	2170	2633	7152	3519	7529
股份制企业	Share Holding Enterprises	24535	45277	178787	219263	285829
外商及港澳台商企业	Foreign-invested and Hong Kong, Macao and Taiwan Funded	682	500	48726	33920	54926
其他经济企业	Other Enterprises	9150	9105	43399	93507	46410
按国民经济行业分	**Grouped by Sectors**					
煤炭开采和洗选业	Coal Mining and Processing	799	861			
黑色金属矿采选业	Ferrous Metals Mining and Dressing	13222	12297	38013	50985	29542
有色金属矿采选业	Nonferrous Metals Mining and Dressing	15317	19349	86483	90042	74673
非金属矿采选业	Nonmetal Minerals Mining and Dressing	8847	10206	10789	14807	15562
其他矿采选业	Other Minerals Mining and Dressing	774				
农副食品加工业	Farm and Sideline Products Processing	2258	2869	10192	19615	26099
食品制造业	Food Production	3413	3490	9981	7885	10455
饮料制造业	Beverage Production	13700	15902	51359	69685	87632
烟草加工业	Tobacco Processing	19				
纺织业	Textile Industry	1700	1660	3230	4015	6443
纺织服装、鞋、帽制造业	Garments,Shoes and Accessories Manufacturing	789	429	686	1038	2136
皮革、毛皮及其制品业	Leather,Fur, and Wool Products Manufacturing	608	302	610	1484	685
木材加工及竹、藤、棕草制品业	Timber Processing , Bamboo, Cane, Palm Fiber and Straw Products	6532	5150	15834	17908	16861
家具制造业	Furniture Manufacturing	600	536	429	263	451
造纸及纸制品业	Papermaking and Paper Products	250	261		103	10
印刷业和记录媒介的复制	Printing and Record Medium Reproduction	3925	4745	9872	10025	13356
文教体育用品制造业	Cultural, Educational and Sports Goods	342				
化学原料及化学制品制造业	Raw Chemical Materials and Chemical Products	1114	1171	5414	5059	5824
医药制造业	Medical and Pharmaceutical Products	25800	31562	63819	64113	62818
化学纤维制造业	Chemical Fiber		1178			
塑料制品业	Plastic Products	179	158	53	1109	449
非金属矿物制品业	Nonmetal Mineral Products	32690	32759	81377	95553	126427
黑色金属矿冶炼及压延加工业	Smelting and Pressing of Ferrous Metals	560	258			
有色金属矿冶炼及压延加工业	Smelting and Pressing of Nonferrous Metals			349		
金属制品业	Metal Products	116	188	27	973	467
通用设备制造业	General Equipment	31	1	11		
专用设备制造业	Special Purposes Equipment	1510	1079	520	48	202
交通运输设备制造业	Transport Equipment	5800	6577	4311	8047	7638
电气机械及器材制造业	Electrical Machinery and Equipment			790	115	937
工艺品及其他制造业	Artworks and Other Manufacturing	2724	1856	3580	8577	6792
电力、热力的生产和供应业	Production and Supply of Electricity and Thermal Power	23701	26726	65556	76461	94278
自来水生产和供应业	Production and Supply of Tap Water	4007	5348	10121	15213	12142

9-6 分地市全部工业企业单位数及工业总产值(2009年)

NUMBER OF ENTERPRISES AND GROSS OUTPUT VALUE OF ALL INDUSTRIAL ENTERPRISES BY REGION（2009）

地 区	Region	合 计 Total	国有经济 State-owned	集体经济 Collective-owned	其他经济 Other	轻工业 Light Industry	重工业 Heavy Industry
单位数 （个）	**Number (unit)**	**519**	**180**	**84**	**255**	**214**	**305**
拉萨市	Lhasa	220	28	32	160	107	113
昌都地区	Qamdo	59	19	6	34	17	42
山南地区	Shannan	56	20	17	19	26	30
日喀则地区	Xigazê	75	34	16	25	37	38
那曲地区	Nagqu	46	40	5	1	7	39
阿里地区	Ngari	21	15	2	4	2	19
林芝地区	Nyingchi	42	24	6	12	18	24
工业总产值 (万元)	**Total Industry (10000 yuan)**	**601879**	**186714**	**20471**	**394694**	**231641**	**370238**
拉萨市	Lhasa	388254	112460	11212	264582	167651	220603
昌都地区	Qamdo	62569	14190	1971	46408	15356	47213
山南地区	Shannan	60568	17240	1016	42312	9321	51247
日喀则地区	Xigazê	29645	20806	2468	6371	8982	20663
那曲地区	Nagqu	2912	1281	566	1065	1411	1501
阿里地区	Ngari	10915	5677	34	5204	69	10846
林芝地区	Nyingchi	47016	15060	3205	28751	28851	18165

注:本表按当年价格计算。

Note:Data in this table are calculated at current prices.

9-7 全部规模以上工业企业主要经济指标

MAIN ECONOMIC INDICATORS OF ALL INDUSTRIAL ENTERPRISES ABOVE DESIGNATED SIZE

单位：万元 (10000 yuan)

指　标	Item	2000	2001	2007	2008	2009
企业单位数　　（个）	Number of Industrial Enterprises　(unit)	219	205	100	88	90
#亏损企业	Number of Loss Making Enterprises	45	48	14	20	24
工业总产值(当年价)	Gross Industrial Output Value (at current price)	152376	160363	413637	481854	516043
工业增加值(当年价)	Added Value of Industry (at current price)	86419	85332	234621	263425	275606
工业销售产值(当年价)	Sales Value of Industry (at current price)	141582	143829	387163	442611	501649
#出口交货值	Delivery Value of Industry	1094	375	90	378	782
流动资产合计	Circulating Funds	223916	204455	573217	595355	767245
固定资产原价	Original Value of Fixed Assets	562109	579977	1204026	1504460	1633648
资产总计	Total Assets	752352	766752	1721826	2238701	2510837
流动负债合计	Liquid Liabilities	137495	123942	290843	348545	420873
长期负债合计	Long-term Liabilities	46655	37334	102952	101102	172054
所有者权益合计	Creditors Equity	566057	605476	1328031	1710372	1915730
实收资本	Total Capital Hold	437438	462800	554520	809907	762400
主营业务收入	Business Income of the Main Products	144227	156288	367308	452026	488764
主营业务成本	Core Business Cost	81691	104000	228165	333329	367398
主营业务税金及附加	Sales Tax of the Core Business and Adding	4053	3889	5649	6794	8019
营业利润	Business Profits	14012	19834	65895	36513	62093
利润总额	Total Profits	26848	26646	71465	44998	68192
亏损企业亏损总额	Total Loss of Loss-suffering Enterprises	2773	3383	14300	40433	42269
应交所得税	Income Taxes Payable	1504	1288	5649	7617	6732
本年应交增值税	Value Added Tax Payable	11216	11416	43772	44803	35843
本年应付工资总额	Wages Payable in This Year	27462	19875	52277	60873	76676
本年应付福利费总额	Welfarisms Payable in This Year	2224	2691	4097	3327	2736
全部从业人员年平均人数(人)	Average Number of Employees　(person)	22934	21571	20170	17879	16854

注:2007年以前为全部国有及主营业务收入500万元以上非国有工业企业,2007年以后为主营业务收入500万元以上工业企业。

Note:Date in the table are all state-owned and non-state-owned industrial enterprises with business income of the main products over 5 million yuan before 2007,since2007 late for business income of the main products over 5 million yuan industrial enterprises.

9-8 规模以下工业企业主要经济指标

MAIN ECONOMIC INDICATORS OF INDUSTRIAL ENTERPRISES BELOW DESIGNATED SIZE

单位：万元　　(10000 yuan)

指　标	Item	2008	2009
企业单位数　(个)	Number of Industrial Enterprises (unit)	377	429
期末从业人数　(人)	Average Number of Employees (person)	11728	10553
工业总产值(当年价)	Gross Industrial Output Value (at current price)	81269	78683
主营业务收入	Core Business Cost	67794	73645
税金总额	Total Tax	3385	4224
其中:企业所得税	Company Imcome Tax	450	733
营业利润	Business Profits	7268	26718
工资及福利	Wages and Benefits	14677	15776
固定资产原价	Original Value of Fixed Assets	359927	295120
固定资产折旧	Depreciation of Fixed Assets	8825	9143
利息支出	Interest Expense	367	220

注：本表数据包括主营业务收入500万元以下国有工业企业。（下同）

Note:Data in this table include state-owned industrial enterprise with business income of the main products 5 millinon yuan.
(The same as in the following table)

9-9 全部规模以上工业企业分类型主要经济指标（2009年）

单位：万元

指标	Item	企业单位数（个）Number of Enterprises (unit)	#亏损企业 Number of Loss Making Enterprises	工业总产值（当年价）Gross Industrial Output Value (At current price)
总 计	**Total**	**90**	**24**	**516043**
按登记注册类型分	**Grouped by Ownership**			
国有企业	State-owned Enterprises	28	10	160071
集体企业	Collective-owned Enterprises	7		11984
股份合作企业	Cooperative Share Holding Enterprises	2	2	722
股份制企业	Share Holding Enterprises	47	11	241192
外商及港澳台商企业	Foreign-invested and Hong kong, Macao and Taiwan Funded	3		54612
其他经济企业	Other Enterprises	3	1	47462
按轻重工业分	**By Light Industry and Heavy Industry**			
轻工业	Light Industry	41	6	208114
重工业	Heavy Industry	49	18	307930
按企业规模分	**By Size of Enterprises**			
大型企业	Large-sized	1	1	65780
中型企业	Medium-sized	10		147909
小型企业	Small	79	23	302354
总计中：	**Of the Toatl:**			
国有及国有控股企业	State-owned Enterprises (Including Enterprises with Controlling Share Hold by the State)	33	12	220631

MAIN ECONOMIC INDICATORS OF ALL INDUSTRIAL ENTERPRISES ABOVE DESIGNATED SIZE BY STATUS OF REGISTRATION (2009)

(10000 yuan)

工业销售产值(当年价) Sales Revenue (At Current Prices)	出口交货值 Delivery Value of Industry	流动资产合计 Circulating Funds	固定资产原价 Original Value of Fixed Assets	固定资产净值 Net Value of Fixed Assets	资产总计 Total Assets
501649	**782**	**767245**	**1633648**	**1197926**	**2510837**
161515		304366	1260770	928898	1494000
12573		14238	14477	8087	29402
3936		14118	35035	31121	160782
251200	649	367513	262977	185024	709134
53959	134	43816	45815	32966	79164
18466		23196	14574	11830	38355
196456	782	243993	166400	125455	441602
305193		523253	1467249	1072471	2069235
65780		215860	965848	700431	1137142
159077	134	174350	208369	135995	365592
276792	649	377035	459431	361500	1008103
229010		389729	1379342	1007080	1681343

9-9 续表1

单位：万元

指　　标	Item	流动负债合　计 Liquid Liabilities	长期负债合　计 Long-term Liabilities
总　计	**Total**	**420873**	**172054**
按登记注册类型分	**Grouped by Ownership**		
国有企业	State-owned Enterprises	199587	64359
集体企业	Collective-owned Enterprises	7721	328
股份合作企业	Cooperative Share Holding Enterprises	29462	33943
股份制企业	Share Holding Enterprises	166998	73084
外商及港澳台商企业	Foreign-invested and Hong kong, Macao and Taiwan Funded	15484	180
其他经济企业	Other Enterprises	1621	160
按轻重工业分	**By Light Industry and Heavy Industry**		
轻工业	Light Industry	73266	25870
重工业	Heavy Industry	347607	146185
按企业规模分	**By Size of Enterprises**		
大型企业	Large-sized	140510	46231
中型企业	Medium-sized	65512	22759
小型企业	Small	214851	103064
总计中：	**Of the Toatl:**		
国有及国有控股企业	State-owned Enterprises (Including Enterprises with Controlling Share Hold by the State)	225200	80238

continued

(10000 yuan)

所有者权益合计 Creditor's Equity	实收资本 Total Capital Hold	主营业务收入 Business Income of The Main Products	主营业务成本 Core Business Cost	主营业务税金及附加 Sales Tax of The Core Business and Adding	营业利润 Business Profits
1915730	**762400**	**488764**	**367398**	**8019**	**62093**
1229269	377314	147200	171483	3106	-16211
21353	10012	12375	8706	332	1807
97377	111000	1050	1188	119	-3117
467657	222642	259569	147193	3623	59294
63500	40160	47459	29376	280	9476
36574	1272	21112	9452	558	10843
341935	171588	183393	105075	1612	35866
1573795	590812	305372	262323	6406	26227
950401	300000	65525	108979	583	-28845
277321	123382	142464	87996	2819	41964
688008	339018	280775	170423	4617	48974
1375012	446653	215892	214553	4578	-3034

9-9 续表2

单位：万元

指　标	Item	亏损企业亏损总额 Total Loss of Loss-making Enterprises	利　润 总　额 Total Profits
总 计	**Total**	**42269**	**68192**
按登记注册类型分	**Grouped by Ownership**		
国有企业	State-owned Enterprises	36248	-13624
集体企业	Collective-owned Enterprises		1971
股份合作企业	Cooperative Share Holding Enterprises	3267	-3267
股份制企业	Share Holding Enterprises	2736	62575
外商及港澳台商企业	Foreign-invested and Hong kong, Macao and Taiwan Funded		9752
其他经济企业	Other Enterprises	18	10784
按轻重工业分	**By Light Industry and Heavy Industry**		
轻工业	Light Industry	945	41849
重工业	Heavy Industry	41325	26343
按企业规模分	**By Size of Enterprises**		
大型企业	Large-sized	29304	-29304
中型企业	Medium-sized		41073
小型企业	Small	12965	56423
总计中：	**Of the Toatl:**		
国有及国有控股企业	State-owned Enterprises (Including Enterprises with Controlling Share Hold by the State)	36683	-1007

continued

(10000 yuan)

应 交 所得税 Income Taxes Payable	本年应交 增值税 Value Added Tax Payable	本年应付 工资总额 Wages Payable in This Year	本年应付 福利费总额 Welfarisms Payable in This Year	全部从业人员 年平均人数(人) Average Number of Employees (person)
6732	**35843**	**76676**	**2736**	**16854**
2888	9848	39362	855	7900
237	1356	2087	91	847
	55	956	111	462
2983	17939	30041	1453	6564
624	3668	2961	125	693
	2976	1270	102	388
1688	13519	24561	1416	5338
5044	22324	52115	1319	11516
		21195		3073
5073	14371	15269	884	4359
1659	21472	40212	1852	9422
4837	15123	47138	1274	9727

9-10 全部规模以上工业企业分行业主要经济指标（2009年）

单位：万元

指 标	Item	企业单位数（个）Number of Enterprises (unit)	#亏损企业 Number of Loss Making Enterprises	工业总产值（当年价）Gross Industrial Output Value (At current price)
总 计	**Total**	**90**	**24**	**516043**
按国民经济行业分	**Grouped by Sectors**			
煤炭开采和洗选业	Coal Mining and Processing			
黑色金属矿采选业	Ferrous Metals Mining and Dressing	7	3	27014
有色金属矿采选业	Nonferrous Metals Mining and Dressing	15	7	73406
非金属矿采选业	Nonmetal Minerals Mining and Dressing	1		1707
农副食品加工业	Farm and Sideline Products Processing	8	1	20651
食品制造业	Food Production	2	1	7959
饮料制造业	Beverage Production	6		84619
纺织业	Textile Industry	1		5000
纺织服装、鞋、帽制造业		1		1453
皮革、毛皮、羽毛(绒)及其制品业	Leather, Fur, and Wool Products Manufacturing	1		467
木材加工及竹、藤、棕草制品业	Timber Processing , Bamboo, Cane, Palm Fiber and Straw Products	4		12468
印刷业和记录媒介的复制	Printing and Record Medium Reproduction	6	1	11910
化学原料及化学制品制造业	Row Chemical Materials and Chemical Products	3		4187
医药制造业	Medical and Pharmaceutical Products	10	2	59887
塑料制品业	Plastic Products			
非金属矿物制品业	Nonmetal Mineral Products	14	4	111315
黑色金属矿冶炼及压延加工业	Smelting and Pressing of Ferrous Metals			
金属制品业	Metal Products			
通用设备制造业	General Equipment			
专用设备制造业	General Equipment			
交通运输设备制造业	Transport Equipment	2		4040
工艺品及其他制造业	Artworks and Other Manufacturing	2		3445
电力、热力的生产和供应业	Production and Supply of Electricity and Thermal Power	4	4	75637
自来水生产和供应业	Production and Supply of Tap Water	3	1	10880

MAIN ECONOMIC INDICATORS OF ALL INDUSTRIAL ENTERPRISES ABOVE DESIGNATED SIZE BY SECTOR (2009)

(10000 yuan)

工业销售产值（当年价） Sales Revenue (At Current Prices)	出口交货值 Delivery Value of Industry	流动资产合计 Circulating Funds	固定资产原价 Original Value of Fixed Assets	固定资产净值 Net Value of Fixed Assets	资产总计 Total Assets
501649	**782**	**767245**	**1633648**	**1197926**	**2510837**
33786		84849	43283	23072	143475
60774		122126	96609	78633	370599
1707		595	465	426	5549
17968		13648	14345	12515	36342
7481		4614	11123	7921	19107
81274	134	79204	55215	41006	129678
4389		2697	649	492	3212
1163		1018	497	458	2228
447		1736	2409	1366	3102
11965		17150	13786	8842	29516
11867		8184	20540	17034	29481
4580		3924	4975	4270	8465
55844	649	124250	26681	18265	178969
114788		72599	165393	112405	221800
3862		3518	1281	850	4455
3385		2333	1342	1051	4231
75529		220049	1143523	845990	1289052
10842		4753	31533	23331	31577

9-10 续表1

单位：万元

指　　标	Item	流动负债合　计 Liquid Liabilities	长期负债合　计 Long-term Liabilities
总 计	**Total**	**420873**	**172054**
按国民经济行业分	**Grouped by Sectors**		
煤炭开采和洗选业	Coal Mining and Processing		
黑色金属矿采选业	Ferrous Metals Mining and Dressing	37139	
有色金属矿采选业	Nonferrous Metals Mining and Dressing	111600	51211
非金属矿采选业	Nonmetal Minerals Mining and Dressing	186	
农副食品加工业	Farm and Sideline Products Processing	7395	3560
食品制造业	Food Production	5313	3793
饮料制造业	Beverage Production	35401	786
纺织业	Textile Industry	1433	1068
纺织服装、鞋、帽制造业		161	
皮革、毛皮、羽毛(绒)及其制品业	Leather, Fur, and Wool Products Manufacturing	2008	
木材加工及竹、藤、棕草制品业	Timber Processing , Bamboo, Cane, Palm Fiber and Straw Products	8540	2129
印刷业和记录媒介的复制	Printing and Record Medium Reproduction	4811	510
化学原料及化学制品制造业	Row Chemical Materials and Chemical Products	1854	1262
医药制造业	Medical and Pharmaceutical Products	13335	15841
塑料制品业	Plastic Products		
非金属矿物制品业	Nonmetal Mineral Products	41898	37727
黑色金属矿冶炼及压延加工业	Smelting and Pressing of Ferrous Metals		
金属制品业	Metal Products		
通用设备制造业	General Equipment		
专用设备制造业	General Equipment		
交通运输设备制造业	Transport Equipment	2792	
工艺品及其他制造业	Artworks and Other Manufacturing	2069	283
电力、热力的生产和供应业	Production and Supply of Electricity and Thermal Power	144049	53881
自来水生产和供应业	Production and Supply of Tap Water	890	3

continued

(10000 yuan)

所有者权益合计 Creditor's Equity	实收资本 Total Capital Hold	主营业务收入 Business Income of The Main Products	主营业务成本 Core Business Cost	主营业务税金及附加 Sales Tax of The Core Business and Adding	营业利润 Business Profits
1915730	**762400**	**488764**	**367398**	**8019**	**62093**
106337	38899	36200	17836	1307	18584
207659	153928	66011	33027	1399	19001
5363	486	1558	565	49	483
24863	12847	18728	15215	58	1269
10001	3912	7960	6279	70	96
93490	58845	76785	41138	449	18169
711	690	4322	4328	2	12
2067	500	1163	741	1	421
1095	1948	706	447	9	18
18361	5803	13547	8596	1379	1744
24153	15475	13318	12388	107	-2325
5349	1579	5440	3564	133	1179
149792	63389	45804	13877	700	16931
141142	68697	108496	76238	1440	19286
1664	1150	4040	3463	91	269
1880	3145	3294	2036	62	897
1091122	320385	72780	120908	719	-34009
30684	10722	8613	6754	46	67

9-10 续表2

单位：万元

指　标	Item	亏损企业亏损总额 Total Loss of Loss-making Enterprises	利　润总　额 Total Profits
总 计	**Total**	**42269**	**68192**
按国民经济行业分	**Grouped by Sectors**		
煤炭开采和洗选业	Coal Mining and Processing		
黑色金属矿采选业	Ferrous Metals Mining and Dressing	760	17865
有色金属矿采选业	Nonferrous Metals Mining and Dressing	4810	18603
非金属矿采选业	Nonmetal Minerals Mining and Dressing		712
农副食品加工业	Farm and Sideline Products Processing	18	1564
食品制造业	Food Production	335	323
饮料制造业	Beverage Production		18935
纺织业	Textile Industry		12
纺织服装、鞋、帽制造业			421
皮革、毛皮、羽毛(绒)及其制品业	Leather, Fur, and Wool Products Manufacturing		17
木材加工及竹、藤、棕草制品业	Timber Processing , Bamboo, Cane, Palm Fiber and Straw Products		1870
印刷业和记录媒介的复制	Printing and Record Medium Reproduction	110	1359
化学原料及化学制品制造业	Row Chemical Materials and Chemical Products		1180
医药制造业	Medical and Pharmaceutical Products	415	17925
塑料制品业	Plastic Products		
非金属矿物制品业	Nonmetal Mineral Products	1202	20694
黑色金属矿冶炼及压延加工业	Smelting and Pressing of Ferrous Metals		
金属制品业	Metal Products		
通用设备制造业	General Equipment		
专用设备制造业	General Equipment		
交通运输设备制造业	Transport Equipment		284
工艺品及其他制造业	Artworks and Other Manufacturing		897
电力、热力的生产和供应业	Production and Supply of Electricity and Thermal Power	34553	-34553
自来水生产和供应业	Production and Supply of Tap Water	66	86

continued

(10000 yuan)

应　交 所得税 Income Taxes Payable	本年应交 增值税 Value Added Tax Payable	本年应付 工资总额 Wages Payable in This Year	本年应付 福利费总额 Welfarisms Payable in This Year	全部从业人员 年平均人数(人) Average Number of Employees (person)
6732	**35843**	**76676**	**2736**	**16854**
2700	3384	5791	157	1240
74	6231	8826	482	1934
		165		47
21	135	1896	106	574
99	619	1273	39	296
1078	5314	3821	491	1005
2	17	1098	1	80
	1	313	1	127
3	122	154		74
34	2472	2073	115	852
158	663	4932	108	1170
106	370	813	13	218
160	6219	8080	648	1282
2088	8819	11249	502	3777
43	15	149	21	108
145	112	497	17	220
	1033	23597	34	3457
23	318	1948		393

9-11 规模以下工业企业分行业主要经济指标(2009年)

单位：万元

指 标	Item	企业单位数（个）Number of Enterprises (unit)	期末从业人员（人）Average Number of Employees (person)
总 计	**Total**	**429**	**10553**
按国民经济行业分	**Grouped by Sectors**		
煤炭开采和洗选业	Coal Mining and Processing		
黑色金属矿采选业	Ferrous Metals Mining and Dressing	14	556
有色金属矿采选业	Nonferrous Metals Mining and Dressing	38	511
非金属矿采选业	Nonmetal Minerals Mining and Dressing	31	710
其他采矿业	Mining of Other Ores		
农副食品加工业	Farm and Sideline Products Processing	35	703
食品制造业	Food Production	12	249
饮料制造业	Beverage Production	17	388
纺织业	Textile Industry	12	471
纺织服装、鞋、帽制造业	Garments, Shoes and Accessories Manufacturing	11	212
皮革、毛皮、羽毛（绒）及其制品业	Leather, Fur, and Wool Products Manufacturing	1	10
木材加工及竹、藤、棕草制品业	Timber Processing , Bamboo, Cane, Palm Fiber and Straw Products	12	283
家具制造业	Furniture Manufacturing	9	152
造纸及纸制品业	Manufacture of Paper and Paper Products	2	7
印刷业和记录媒介的复制	Printing and Record Medium Reproduction	8	163
化学原料及化学制品制造业	Row Chemical Materials and Chemical Products	12	451
医药制造业	Medical and Pharmaceutical Products	14	586
塑料制品业	Plastic Products	2	60
非金属矿物制品业	Nonmetal Mineral Products	43	1185
有色金属矿冶炼及压延加工业	Smelting and Pressing of Nonferrous Metals	3	
金属制品业	Metal Products	6	95
专用设备制造业	General Equipment	3	33
交通运输设备制造业	Manufacture of Transport Equipment	17	323
电气机械及器材制造业	Electrical Machinery and Equipment	5	129
工艺品及其他制造业	Artworks and Other Manufacturing	33	1358
电力、热力的生产和供应业	Production and Supply of Electricity and Thermal Power	80	1752
自来水生产和供应业	Production and Supply of Tap Water	9	166

MAIN ECONOMIC INDICATORS OF INDUSTRIAL ENTERPRISES BELOW DESIGNATED SIZE BY SECTOR (2009)

(10000 yuan)

工业总产值(当年价) Gross Industrial Output Value (At current price)	主营业务收入 Business Income of The Main Products	税金总额 Total Tax	其中:所得税 Company Imcome Tax	营业利润 Business Profits	工资及福利 Wages and Benefits	固定资产原价 Original Value of Fixed Assets	固定资产折旧 Depreciation of Fixed Assets	利息支出 Interest Expense
85836	**73645**	**4224**	**733**	**26718**	**15776**	**295120**	**9143**	**220**
2528	2299	270		1063	2195	1341	134	1
1268	1162	104		597	392	22543	335	
13856	12343	1230	217	5003	1052	11393	603	2
5448	4475	143	45	1205	738	27253	447	21
2496	2182	86	4	633	356	5823	81	
3013	1949	136	14	429	489	7999	358	4
1443	1125	52	24	577	320	1869	44	4
683	501	17		49	478	2822	91	
218	150	5		130	15	1000	10	
4393	3270	297	71	1325	426	3128	649	
451	323	28		60	159	3228	48	1
10	9	1		3	3	20	1	
1447	1203	56	1	211	316	3367	112	13
1637	1637	58	15	236	520	8581	106	22
2931	2761	84	3	931	811	9446	939	20
449	412	5		6	40	90	12	
15112	13431	730	164	6229	1967	18048	547	65
467	422	17	2	166	233	3922	32	
199	180	4		74	43	371	8	
3598	3053	123	14	648	542	6617	436	31
937	848	36		440	175	4360	21	
3347	2945	120	8	829	1156	23337	965	18
18641	15811	551	132	5588	2954	126235	3048	6
1264	1154	71	19	286	396	2327	116	12

9-12 分地区全部规模以上工业企业主要经济指标（2009年）

单位：万元

指标		Item		合计 Total	拉萨 Lhasa
企业单位数	（个）	Number of Industrial Enterprises	(unit)	90	55
#亏损企业		Number of Loss Making Enterprises		24	15
工业总产值(当年价)		Gross Industrial Output Value (at current price)		516043	367218
工业增加值(当年价)		Added Value of Industry (at current price)		275606	155531
工业销售产值(当年价)		Sales Value of Industry (at current price)		501649	357514
#出口交货值		Delivery Value of Industry		782	133
流动资产合计		Circulating Funds		767245	507633
固定资产原价		Original Value of Fixed Assets		1633648	1293646
资产总计		Total Assets		2510837	1777004
流动负债合计		Liquid Liabilities		420873	304384
长期负债合计		Long-term Liabilities		172054	105973
所有者权益合计		Creditors Equity		1915730	1365965
实收资本		Total Capital Hold		762400	512481
主营业务收入		Business Income of the Main Products		488764	337302
主营业务成本		Core Business Cost		367398	280556
主营业务税金及附加		Sales Tax of the Core Business and Adding		8019	3801
营业利润		Business Profits		62093	23264
利润总额		Total Profits		68192	27051
亏损企业亏损总额		Total Loss of Loss-suffering Enterprises		42269	33054
应交所得税		Income Taxes Payable		6732	3468
本年应交增值税		Value Added Tax Payable		35843	21157
本年应付工资总额		Wages Payable in This Year		76676	57699
本年应付福利费总额		Welfarisms Payable in This Year		2736	1933
全部从业人员年平均人数	（人）	Average Number of Employees	(person)	16854	11193

MAIN ECONOMIC INDICATORS OF ALL INDUSTRIAL ENTERPRISES ABOVE DESIGNATED SIZE BY REGION (2009)

(10000 yuan)

昌 都 Qamdo	山 南 Shannan	日喀则 Xigazê	那 曲 Nagqu	阿 里 Ngari	林 芝 Nyingchi
6	6	12	3	2	6
2	1	4		2	
27200	52082	22628	1287	5753	39875
14715	46629	24950	4119	2630	27032
21661	58789	20860	1440	2952	38433
					649
30638	102287	14032	2926	5051	104678
161244	65127	29737	1105	59292	23497
274853	193927	47998	5933	58821	152301
45046	46543	11765	702	2276	10157
41773	21000	340			2968
187941	126383	35764	4720	56268	138689
127439	41168	25846	1916	6147	47403
22713	60161	22202	1429	4893	40064
18064	29232	14989	730	6434	17393
374	1601	367	6	73	1797
-3897	26309	1715	294	-1650	16058
-4216	28242	1419	294	-1663	17065
6439	215	898		1663	
138	2880	206			40
2564	4367	1625		508	5622
4959	6002	3303	440	577	3696
196	190	212	38		167
1252	1585	1288	228	178	1130

9-13 分地区规模以下工业企业主要经济指标(2009年)

单位：万元

指 标	Item	合 计 Total	拉 萨 Lhasa
企业单位数 （个）	Number of Industrial Enterprises (unit)	429	165
期末从业人数 （人）	Average Number of Employees (person)	10553	3708
工业总产值(当年价)	Gross Industrial Output Value (at current price)	85836	21035
主营业务收入	Core Business Cost	73645	17994
税金总额	Total Tax	4224	806
其中:企业所得税	Company Imcome Tax	733	35
营业利润	Business Profits	26718	6012
工资及福利	Wages and Benefits	15776	5028
固定资产原价	Original Value of Fixed Assets	295120	121001
固定资产折旧	Depreciation of Fixed Assets	9143	2725
利息支出	Interest Expense	220	49

MAIN ECONOMIC INDICATOR OF INDUSTRIAL ENTERPRISE BELOW DESIGNATED SIZE BY REGION (2009)

(10000 yuan)

昌都 Qamdo	山南 Shannan	日喀则 Xigazê	那曲 Nagqu	阿里 Ngari	林芝 Nyingchi
53	50	63	43	19	36
1723	1854	1575	647	189	857
35369	8486	7017	1625	5162	7141
31874	7463	5342	1557	4546	4869
1438	489	122	28	736	605
531	81	17	5		64
15832	1991	1128	548	194	1013
2738	1660	1801	2574	731	1244
59945	30192	44204	5390	15617	18771
1402	1042	968	1750	616	640
94	10	62	1		4

9-14 工业主要产品产量

年份 Year	铬矿石 (吨) Chromium Ore (ton)	发电量 (万千瓦时) Electricity (10000 kwh)	# 水电 Hydropower	水 泥 (吨) Cement (ton)	啤酒 (吨) Beer (ton)	矿泉水 (吨) Mineral Water (ton)
1956		3	3			
1959		88	88			
1965		2782	2782	10600		
1978	12500	13398	13398	62000		
1979	38800	15310	15310	67800		
1980	50300	17459	17459	52200		
1981	62159	17195	15220	53536		
1982	50129	19443	17273	57494		
1983	50262	21094	16177	57357		
1984	24535	22708	20158	53233		
1985	14101	24668	16561	46668		
1986	42118	26266	18193	29822		
1987	64193	25665	20295	44516		
1988	72091	26860	19414	94869		
1989	87047	27492	21969	119815		
1990	93120	31582	24798	132345		
1991	75513	34491	24991	136637	1635	
1992	84175	35602	26095	140911	2659	
1993	71277	39288	37998	130893	1858	
1994	74000	44584	28252	150188	2029	
1995	109882	48343	30361	219952	1211	
1996	111979	51511	38119	231100	4527	
1997	122138	57766	45133	322300	16571	
1998	213719	62162	49644	370000	13440	
1999	183661	63323	52204	390378	24080	
2000	196628	66075	55350	493200	25017	2167
2001	159446	69690	58958	495900	27525	3894
2002	124222	79650	68796	590800	29105	5225
2003	155796	101600	92083	889100	32942	3716
2004	142251	116469	104628	959800	38860	3961
2005	116679	133389	120970	1372800	48917	3983
2006	121758	151514	137901	1666659	63280	8114
2007	128637	169072	156164	1596600	83500	15588
2008	101690	184537	168707	1684952	90429	41255
2009	124461	220275	192960	1898671	113039	71719

OUTPUT OF MAIN INDUSTRIAL PRODUCTS

中成药（吨） Traditional Chinese Medicine (ton)	面粉（吨） Flour (ton)	食用植物油（吨） Edible Vegetable Oil (ton)	毛线（吨） Knitting Wool (ton)	地毯（平方米） Carpet (sq. m)	服装（件） Garments (unit)
	10				
	3252	856			
71	17486	1908	410	6762	
81	14200	1883	383	6996	
101	14407	1841	371	6182	
65	12807	1843	309	11554	
65	11827	1784	321	8709	128545
72	11950	2256	302	19224	179856
109	5765	2185	181	16751	48199
82	9390	2434	146	12973	154261
45	14801	3637	69	1908	24900
44	5279	1962	186	9034	37221
48	6501	1465	211	37861	45140
47	10014	1638	167	13889	38078
55	9319	1917	72	16799	25576
61	9048	1593	27	30659	42450
76	11128	2150	25	15709	67324
48	14663	4496	34	69489	41410
47	10423	2447	26	80000	40000
222	8337	1562	89	21841	100900
271	3319	747	39	16001	126518
85	10699	1330	55	17516	351700
652		1278	84	18807	128898
538	8661	1502	38	22660	50728
591	9210	1020	30	22880	441900
697	34700	342	28	20426	63600
995	18600	352	17	20933	36400
889	5500	192	7	25984	17900
1090	7900	1126	10	34042	15500
1210	8300	1121	2	37118	20900
1296	2422	1231	38	31373	1600
1176	2689	1156	39	35286	17300
1465	3092	1482	9	60135	19230
1366	2923	1354		33878	10800

OUTPUT OF MAIN INDUSTRIAL PRODUCTS

第十篇

建　筑　业

Chapter 10

CONSTRUCTION

10-1 建筑业企业生产情况

MAJOR INDICATORS FOR CONSTRUCTION ENTERPRISES

指　标		Item		2000	2008	2009
企业个数	(个)	Construction Enterprises	(unit)	141	175	178
建筑业总产值	(万元)	Gross Output Value of Construction	(10000 yuan)	168178	737408	962210
建筑工程		Construction		153122	709829	890448
安装工程		Installation		10099	14017	73488
其他		Others		4957	13562	18273
建筑业增加值	(万元)	Value Added of Construction	(10000 yuan)	45811	161107	233311
竣工产值	(万元)	Value of Building Completed	(10000 yuan)	133086	540875	785770
房屋建筑施工面积	(万平方米)	Floor Space of Building Under Construction	(10000 sq.m)	86.98	256.63	285.64
房屋建筑工程竣工面积	(万平方米)	Floor Space of Building Under Completed	(10000 sq.m)	81.06	128.90	179.50
住宅面积		Floor Space of Residential Buildings		27.53	66.36	119.15
全部职工平均人数	(人)	Staff and Workers of Annual Average	(person)	26782	64289	50547
全员劳动生产率	(元/人·年)	Overall Labor Productivity	(yuan/person.year)			
按总产值计算		In Terms of Gross Output Valuc		62795	114702	190359
按增加值计算		In Terms of Construction Valuc-added		17105	25060	46157

10-2 国有建筑企业生产情况

MAJOR INDICATORS FOR STATE-OWNED CONSTRUCTION ENTERPRISES

指　标		Item		2000	2008	2009
企业个数	(个)	Construction Enterprises	(unit)	39	23	24
建筑业总产值	(万元)	Gross Output Value of Construction	(10000 yuan)	104699	130112	170509
建筑工程		Construction Output Value		97918	124333	167001
安装工程		Construction and Installation		5794	817	1455
其他		Others		987	4962	2053
建筑业增加值	(万元)	Value Added of Construction	(10000 yuan)	22486	25972	49530
竣工产值	(万元)	Value of Building Completed	(10000 yuan)	73484	104219	134970
房屋建筑施工面积	(万平方米)	Floor Space of Building Under Construction	(10000 sq.m)	35.13	37.68	27.11
房屋建筑工程竣工面积	(万平方米)	Floor Space of Building Under Completed	(10000 sq.m)	31.73	70.16	17.94
住宅面积		Floor Space of Residential Buildings		9.37	19.53	11.00
全部职工平均人数	(人)	Staff and Workers of Annual Average	(person)	12897	8223	5648
全员劳动生产率	(元/人.年)	Overall Labor Productivity	(yuan/person.year)			
按总产值计算		In Terms of Gross Output Valuc		81181	158229	301893
按增加值计算		In Terms of Construction Valuc-added		17435	31585	87695

10-3 集体建筑企业生产情况

MAJOR INDICATORS FOR URBAN COLLECTIVE-OWNED CONSTRUCTION ENTERPRISES

指　　标		Item		2000	2008	2009
企业个数	(个)	Construction Enterprises	(unit)	87	25	20
建筑业总产值	(万元)	Gross Output Value of Construction	(10000 yuan)	35099	76869	104517
建筑工程		Construction Output Value		30197	75196	86482
安装工程		Construction and Installation		3427	1363	15096
其他		Others		1475	311	2939
建筑业增加值	(万元)	Value Added of Construction	(10000 yuan)	15150	23362	27716
竣工产值	(万元)	Value of Building Completed	(10000 yuan)	31529	71012	101695
房屋建筑施工面积	(万平方米)	Floor Space of Building Under Construction	(10000 sq.m)	35.21	26.30	25.56
房屋建筑工程竣工面积	(万平方米)	Floor Space of Building Under Completed	(10000 sq.m)	33.98	14.46	20.87
住宅面积		Floor Space of Residential Buildings		4.11	7.80	16.04
全部职工平均人数	(人)	Staff and Workers of Annual Average	(person)	9741	7049	4947
全员劳动生产率	(元/人·年)	Overall Labor Productivity	(yuan/person.year)			
按总产值计算		In Terms of Gross Output Valuc		36032	109050	211273
按增加值计算		In Terms of Construction Valuc-added		15553	33142	56026

10-4 建筑业企业财务状况

FINANCIAL INDICATORS OF CONSTRUCTION ENTERPRISES

单位:万元　　(10000 yuan)

指　　标	Item	2000	2008	2009
资本金合计	**Total Capital**	**67267**	**292667**	**459602**
年末资产负债	**Assets and Liabilities**			
流动资产合计	Total Circalating Funds	89937	428687	426838
#存货	Stock	19983	113672	92713
固定资产合计	Fixed Assets	88112	271008	307064
固定资产原价合计	Original Value of Fixed Assets	74517	287995	270590
累计折旧	Accumulative Depreciation	48804	97272	40296
#本年折旧	Depreciation in this Year	3985	14995	6783
资产总计	Total Assets	194577	771965	782837
流动负债合计	Liquid Liabilites	69002	276205	195575
长期负债合计	Long-term Liabilities	4654	47250	23765
所有者权益合计	Ownership Rights and Interests	120921	448510	563496
损益及分配	**Profits and Loss**			
工程结算收入	Revenue of Proiect Settled Accounts	108808	615301	905723
工程结算税金及附加	Taxes and Addea of Enginecring Settle Accounts	4536	22148	33935
工程结算利润	Profits of Enginecring Settle Accounts	18004	76737	207897
管理费用	Management Costs	9848	27177	84481
#税金	Taxes	884	3674	6300
劳动、失业保险费	Permium for Employment Insurance	723	936	796
利润总额	Profits of Enginecring Settle Accounts	7385	46236	122166
工资 、福利费	**Wages and Welfarism**			
本年应付工资额	Wages Payable	19021	64144	62569
本年应付福利费总额	Welfare Payable	1930	2051	8514
建筑业增加值	**Add-value of Construction Enterprises**	**45811**	**161107**	**233311**

10-5 国有建筑企业财务状况

FINANCIAL INDICATORS OF STATE-OWNED CONSTRUCTION ENTERPRISES

单位:万元 (10000 yuan)

指 标	Item	2000	2007	2008	2009
资本金合计	**Total Capital**	**23839**	**20026**	**51077**	**47533**
年末资产负债	**Assets and Liabilities**				
流动资产合计	Total Circalating Funds	59417	54848	110892	82383
#存货	Stock	12167	8176	28721	18919
固定资产合计	Fixed Assets	57726	18265	39044	56952
固定资产原价合计	Original Value of Fixed Assets	38934	20670	43894	42287
累计折旧	Accumulative Depreciation	32274	4363	21366	7036
#本年折旧	Depreciation in this Year	3351	1257	2949	1188
资产总计	Total Assets	129897	76275	175293	143026
流动负债合计	Liquid Liabilites	51784	32498	83430	42736
长期负债合计	Long-term Liabilities	3050	4868	2694	1186
所有者权益合计	Ownership Rights and Interests	75063	38930	89170	99104
损益及分配	**Profits and Loss**				
工程结算收入	Revenue of Proiect Settled Accounts	53167	100139	126822	173394
工程结算税金及附加	Taxes and Addea of Enginecring Settle Accounts	1749	3103	4810	7772
工程结算利润	Profits of Enginecring Settle Accounts	6504	6585	9673	37242
管理费用	Management Costs	4530	3143	6813	5267
#税金	Taxes	270	733	802	880
劳动、待业保险费	Permium for Employment Insurance	610	217	115	156
利润总额	Profits of Enginecring Settle Accounts	2102	3098	2297	32591
工资 、福利费	**Wages and Welfarism**				
本年应付工资额	Wages Payable	10194	6121	5836	7581
本年应付福利费总额	Welfare Payable	1822	300	353	65
建筑业增加值	**Add-value of Construction Enterprises**	**22486**	**15249**	**25972**	**49530**

10-6 集体建筑企业财务状况

FINANCIAL INDICATORS OF URBAN COLLECTIVE-OWNED CONSTRUCTION ENTERPRISES

单位:万元 (10000 yuan)

指标	Item	2000	2007	2008	2009
资本金合计	**Total Capital**	**30577**	**20045**	**22766**	**168625**
年末资产负债	**Assets and Liabilities**				
流动资产合计	Total Circalating Funds	12775	38540	14905	12179
#存货	Stock	3478	1143	4702	3176
固定资产合计	Fixed Assets	18317	18948	14735	11918
固定资产原价合计	Original Value of Fixed Assets	17160	20460	13240	13812
累计折旧	Accumulative Depreciation	9347	6137	4159	3260
#本年折旧	Depreciation in this Year	417	927	612	8660
资产总计	Total Assets	33274	61369	32128	25891
流动负债合计	Liquid Liabilites	8646	24422	6735	3983
长期负债合计	Long-term Liabilities	556	2047	18	313
所有者权益合计	Ownership Rights and Interests	24072	34900	25375	21596
损益及分配	**Profits and Loss**				
工程结算收入	Revenue of Proiect Settled Accounts	29926	91621	77500	103596
工程结算税金及附加	Taxes and Addea of Enginecring Settle Accounts	2064	3116	3311	3390
工程结算利润	Profits of Enginecring Settle Accounts	6524	23728	16898	32255
管理费用	Management Costs	3095	5383	2668	15561
#税金	Taxes	526	313	854	989
劳动、失业保险费	Permium for Employment Insurance	20	22	9	100
利润总额	Profits of Enginecring Settle Accounts	3061	17102	13062	16464
工资 、福利费	**Wages and Welfarism**				
本年应付工资额	Wages Payable	5945	8840	8764	5871
本年应付福利费总额	Welfare Payable	103	87	21	27
建筑业增加值	**Add-value of Construction Enterprises**	**15150**	**30241**	**23362**	**27716**

10-7 国有建筑业主要经济指标

MAJOR ECONOMIC INDICATORS OF STATE-OWNED CONSTRUCTION

指　标	Item		2000	2008	2009
总产值 (万元)	Gross Output Value	(10000 yuan)	104699	130112	170509
#施工产值	Gross Output Value of Construction		104699	130112	170509
全员劳动生产率 (元/人)	Overall Labor Productivity				
按总产值计算	In Terms of Gross Output Value	(yuan/person)	81181	158229	301893
按施工产值计算	In Terms of Construction Gross Output Value		81181	158229	301893
全部职工平均人数 (人)	Staff and Workers of Annual Average	(person)	12897	8223	5648
房屋建筑施工面积 (平方米)	Floor Space of Building Under Construction	(sq. m)	351333	37680	271109
房屋建筑竣工面积 (平方米)	Floor Space of Building Completed	(sq. m)	317347	7016	179402
#住宅	Residential Buildings		93693	1954	110035
房屋建筑面积竣工率 (%)	Rate of Floor Space of Buildings Completed	(%)	90.3	18.6	66.2
利润总额 (万元)	Total Profits	(10000 yuan)	2101	2297	32591
产值利润率 (元/百元)	Ratio of Profit to Gross Output Value	(yuan/ 100 yuan)	2.0	1.8	19.1
工资总额 (万元)	Total Wages	(10000 yuan)	10194	5836	7581
产值工资率 (元/百元)	Ratio of Output Value to Wages	(yuan/100 yuan)	9.7	4.5	4.4

10-8 集体建筑业主要经济指标

MAJOR ECONOMIC INDICATORS OF URBAN COLLECTIVE-OWNED CONSTRUCTION

指　标	Item		2000	2008	2009
总产值 (万元)	Gross Output Value	(10000 yuan)	35099	76869	104517
#施工产值	Gross Output Value of Construction		35099	76869	104517
全员劳动生产率 (元/人)	Overall Labor Productivity				
按总产值计算	In Terms of Gross Output Value	(yuan/person)	36032	109050	211273
按施工产值计算	In Terms of Construction Gross Output Value		36032	33142	211273
全部职工平均人数 (人)	Staff and Workers of Annual Average	(person)	9741	7049	4947
房屋建筑施工面积 (平方米)	Floor Space of Building Under Construction	(sq. m)	352127	26299	255566
房屋建筑竣工面积 (平方米)	Floor Space of Building Completed	(sq. m)	336835	14462	208707
#住宅	Residential Buildings		41089	7831	160435
房屋建筑面积竣工率 (%)	Rate of Floor Space of Buildings Completed	(%)	95.7	55.0	76.9
利润总额 (万元)	Total Profits	(10000 yuan)	3061	13062	16464
产值利润率 (元/百元)	Ratio of Profit to Gross Output Value	(yuan/ 100 yuan)	8.7	17.0	15.8
工资总额 (万元)	Total Wages	(10000 yuan)	5945	8764	5871
产值工资率 (元/百元)	Ratio of Output Value to Wages	(yuan/100 yuan)	16.9	11.4	5.6

10-9 建筑业生产效益指标

ECONOMIC RESULTS INDICATORS OF CONSTRUCTION

指标		Item		2000	2008	2009
房屋建筑面积竣工率	(%)	Rat of Floor Space of Buildings Completed	(%)	93.2	50.2	62.8
产值利润率	(%)	Ratio of profit to Gross Output Value	(%)	4.4	6.3	12.7
资本金利润率	(%)	Ratio of Profit to Principal	(%)	11.0	15.8	26.6
工资利润率	(%)	Ratio of Profit to Wages	(%)	38.8	138.7	51.2
产值工资率	(%)	Ratio of Wages to Production Value	(%)	11.3	8.7	6.5
百元产值占用流动资金	(%)	Per 100 Output Value Engross Circulating Capital	(%)	53.5	58.1	44.4
流动比率	(%)	Circulating Rate	(%)	130.3	155.2	217.0
速动比率	(%)	Speed Rate	(%)	101.4	114.1	169.5
资产负债率	(%)	Ratio of Liabilities to Assets	(%)	37.9	41.9	28.1
职工人均生产房屋竣工面积	(平方米/人)	Per Staff and Workers Products Floor Space of Buildings Completed	(sq. m/person)	30.3	20.0	35.5

10-10 国有建筑业生产效益指标

ECONOMIC RESULTS INDICATORS OF STATE-OWNED CONSTRUCTION

指标		Item		2000	2008	2009
房屋建筑面积竣工率	(%)	Rat of Floor Space of Buildings Completed	(%)	90.3	18.6	66.2
产值利润率	(%)	Ratio of profit to Gross Output Value	(%)	2.0	1.8	19.1
资本金利润率	(%)	Ratio of Profit to Principal	(%)	9.3	4.5	68.6
工资利润率	(%)	Ratio of Profit to Wages	(%)	20.6	254.1	23.3
产值工资率	(%)	Ratio of Wages to Production Value	(%)	9.7	4.5	4.4
百元产值占用流动资金	(%)	Per 100 Output Value Engross Circulating Capital	(%)	49.5	63.3	48.3
流动比率	(%)	Circulating Rate	(%)	114.7	132.9	192.8
速动比率	(%)	Speed Rate	(%)	91.2	98.5	148.5
资产负债率	(%)	Ratio of Liabilities to Assets	(%)	42.2	49.1	30.7
职工人均生产房屋竣工面积	(平方米/人)	Per Staff and Workers Products Floor Space of Buildings Completed	(sq. m/person)	38.4	8.5	31.8

10-11　各地市建筑业生产情况（2009年）

指　标		Item		总计 Total	拉萨市 Lhasa
企业个数	(个)	Construction Enterprises	(unit)	178	63
建筑业总产值	(万元)	Gross Output Value of Construction	(10000 yuan)	962210	325550
建筑工程		Construction Output Value		870448	317769
安装工程		Construction and Installation		73488	3129
其他		Others		18273	4652
建筑业增加值	(万元)	Value Added of Construction	(10000 yuan)	233311	53850
竣工产值	(万元)	Value of Building Completed	(10000 yuan)	785770	181326
房屋建筑施工面积	(万平方米)	Floor Space of Building Under Construction	(10000 sq.m)	285.64	118.13
房屋建筑工程竣工面积	(万平方米)	Floor Space of Building Under Completed	(10000 sq.m)	179.52	73.20
# 住宅面积		Floor Space of Residential Buildings		119.15	45.79
自有机械设备年末总台数	(台)	Machinery and Equipment Owned Unit	(unit)	4787	2226
施工机械功率	(万千瓦)	Power of Construction Machines	(10000 kw)	14136	7223.00
自有机械设备净值	(万元)	Net Value of Machinery and Equipment Owned	(10000 yuan)	36572	19219
全部职工平均人数	(人)	Staff and Workers of Annual Average	(person)	50547	21893
全员劳动生产率	(元/人·年)	Overall Labor Productivity	(yuan/person.year)		
按总产值计算		In Terms of Gross Output Valuc		190359	148702
按增加值计算		In Terms of Construction Valuc-added		46157	24597

MAJOR INDICATORS FOR CONSTRUCTION ENTERPRISES

BY REGION (2009)

昌都地区 Qamdo	山南地区 Shannan	日喀则地区 Xigazê	那曲地区 Nagqu	阿里地区 Ngari	林芝地区 Nyingchi
20	30	34	2	8	21
488813	38722	69905	2278	22703	14236
421644	29814	66491	2278	20136	12316
60935	6720	240		904	1560
6235	2188	3175		1663	360
136751	10500	22676	1114	3838	4582
488813	33506	56449	1208	14345	10123
65.01	15.53	54.29	2.58	6.80	23.30
65.01		31.29		5.60	4.42
55.40		12.27		2.87	2.82
349	16	1995	4	192	5
2618.00	2	3918.00	4	355	16
3442	26	12044	3	1796	42
7743	4822	12023	210	1985	1871
631297	80303	58143	108476	114373	76088
631297	21775	18861	53048	19335	24490

第十一篇

运输和邮电业

Chapter 11

TRANSPORTATION,POSTAL AND TELECOMMUNICATIONS SERVICES

11-1　公路、桥梁、渡口

HIGHWAY , BRIDGE AND FERRY

年 份 Year	公路通车 里程 (公里) Highways in Operation (km)	# 晴雨通车 Length of Highways in All Weathers	公路养护 (公里) Maintain Highways (km)	桥梁 (座/米) Bridge (seat/meter)	渡口 (处) Ferry (unit)
1954	1988	1988			
1959	7343	7343			
1965	14721	5713	5792	631/11286	6
1978	15852	7247	7247	665/15919	6
1979	15852	7247	7247	665/15919	6
1980	21511	20663	7944	712/18358	10
1981	21551	20663	8252	713/18452	10
1982	21551	20663	8541	717/18594	10
1983	21551	20663	8571	721/18753	10
1984	21611	20723	13656	726/19553	10
1985	21660	20733	17863	730/19845	10
1986	21662	20733	17863	744/20178	10
1987	21695	20766	17863	744/20178	10
1988	21695	20845	17863	746/20281	10
1989	21834	20970	17973	757/20549	10
1990	21842	20978	17981	777/21697	10
1991	21944	21066	17981	780/21718	10
1992	21944	20978	17981	881/23960	10
1993	21944	20978	17981	881/23960	10
1994	21842	20978	17981	881/23960	10
1995	22391	20988	17081	882/23988	10
1996	22391	16719	17081	948/27775	10
1997	22455	16719	17981	948/27775	8
1998	22455	8895	17981	948/27775	7
1999	22475	8895	17981	948/27775	7
2000	22503	8895	17981	1011/29472	7
2001	35537	17317	12419	1293/35240	5
2002	39760	18455	12419	1293/35240	
2003	41302	17104	13129	1528/42106	5
2004	42203	16762	39243	1831/47328	5
2005	43716	10916	39501	2012/59514	5
2006	44813	16766	42645	3507/96062	1
2007	48611	21299	45488	4265/115526	1
2008	51314	24317	47239	4452/118548	1
2009	53845	29658	49592	4906/133932	1

注：2001年公路通车里程为第二次公路普查数据。

Note:Date of highways in operation of 2001 is from the second highways cecsuses.

11-2 全社会客、货运输量及周转量

TURNOVER VOLUME OF PASSENGER AND FREIGHT TRAFFIC

指 标		Item		2008	2009
客运量总计	**（万人次）**	**Total Passenger Traffic**	**(10000 person-times)**	**6930.10**	**7964.80**
公 路		Highways		6786.00	7759.00
民 航		Total Civil Aviation Routes		81.90	131.80
铁 路		Railways		62.20	74.00
旅客周转量总计	**（万人公里）**	**Total Passenger-Kilometers**	**(10000 person-km)**	**383748**	**391630**
公 路		Highways		241445	217316
民 航		Total Civil Aviation Routes		79891	91795
铁 路		Railways		62412	82519
货运量总计	**（万吨）**	**Total Freight Traffic**	**(10000 tons)**	**749.63**	**959.26**
公 路		Highways		711.00	920.00
民 航		Total Civil Aviation Routes		1.03	1.36
管 道		Petroleum and Gas Pipelines		12.00	15.10
铁 路		Railways		25.60	22.80
货物周转量总计	**（万吨公里）**	**Total Freight Ton-kilometers**	**(10000 ton-km)**	**367863**	**370349**
公 路		Highways		287949	254041
民 航		Total Civil Aviation Routes		1386	1574
管 道		Petroleum and Gas Pipelines		11548	15388
铁 路		Railways		66980	99346

11-3 公路客货运输量、周转量（2009年）

HIGHWAYS OF PASSENGER AND FREIGHT TRAFFIC (2009)

指标 Item		客运量（万人） Passenger Traffic (10000 persons)	旅客周转量（万人公里） Passenger-Kilometers (10000 person-km)	货运量（万吨） Freight Traffic (10000 tons)	货运周转量（万吨公里） Freight Ton-kilometers (10000 ton-km)
全年	**The Year**	**7759**	**217316**	**920**	**254041**
1月	Jan.	548	20276	52	19368
2月	Feb.	551	16872	44	16975
3月	Mar.	484	11893	39	16384
4月	Apr.	656	17600	95	21168
5月	May.	662	17878	96	21792
6月	June.	712	17953	101	22433
7月	July.	716	19430	90	22278
8月	Aug.	748	19093	93	22893
9月	Sep.	689	18837	95	22911
10月	Oct.	717	20456	97	23866
11月	Nov.	685	19240	64	24335
12月	Dec.	591	17788	54	19638

11-4 民用车辆拥有量（2009年）

NUMBER OF CIVIL MOTOR VEHICIES OWNED (2009)

单位：辆 (unit)

指标	Item	总计 Total	营运 In Management	非营运 Out Management	总计中 (In Total) 进口 Import	个人 Private	新注册 Newly Register	报废 Useless
合计	**Total**	**198570**	**59875**	**138695**	**9979**	**140963**	**17934**	**240**
汽车	**Vehicles**	**150708**	**47996**	**102712**	**9885**	**95260**	**15508**	**1930**
载客汽车	Buses and Cars	89174	14112	75062	9533	51403	10161	143
大型	Large	4794	2951	1843	144	806	141	27
中型	Middle	7627	3504	4123	333	4063	212	57
小型	Small	67758	6830	60928	8616	41161	9612	46
微型	Mini	8995	827	8168	440	5373	196	13
载货汽车	Trucks	57401	31345	26056	331	42143	5153	38
重型	Heavy-duty	22490	18351	4139	182	15995	582	14
中型	Middle	12688	8008	4680	71	10541	484	13
轻型	Light	19824	4226	15598	56	13789	4054	8
微型	Small	2399	760	1639	22	1818	33	3
其他汽车	Others	4133	2539	1594	21	1714	194	2
摩托车	**Motorcycle**	**32777**	**1022**	28000	**94**	**31391**	**2161**	**29**
普通	Common	28909	909	3755	93	27594	1895	24
轻便	Brisk	3868	113	**18**	1	3797	266	5
挂车	**Trailers**	**640**	**622**	**245**		**184**	**66**	
拖拉机	**Tractors**	**12312**	**8347**			**12310**	**199**	**28**
其他	**Others**	**2133**	**1888**	**3965**		**1818**		

11-5 邮电通信网

SYSTEM OF POSTAL AND TELECOMMUNICATIONS SERVICES

年 份 Year	邮政局所（个） Number of post Offices (unit)	邮路总长度（公里） Length of Postal Routes (km)	农村投递路线（公里） Rural Delivery Routes (km)	邮政主要设备汽车（辆） Postal Trucks (unit)	局用交换机容量(门) Capacity of Local Telephone Exchange(line)	长途光缆线路长度(公里) Length of Long Distance Optical Cable Lines (km)
1958	12	2816		15	150	
1959	51	4839		19	360	
1965	90	12378	10498	48	1185	
1978	112	95338	82480	183	5720	
1979	112	82518	69608	182	6850	
1980	117	15865	57487	200	9530	
1985	124	14355	59478	188	10960	
1986	124	17000	60252	198	11080	
1987	118	14837	59937	193	10585	
1988	117	14882	60996	168	11910	
1989	118	14676	56725	166	11760	
1990	119	14678	56725	177	15840	
1991	120	14391	55769	113	15985	
1992	123	15395	54999	175	20995	
1993	125	15175	55186	155	35385	
1994	133	17320	55367	146	38146	
1995	138	17648	55367	155	46571	
1996	139	16407	55260	173	57700	423
1997	134	16435	55260	174	90256	4076
1998	134	16332	58368	189	149280	1450
1999	138	16720	42016	210	158980	2532
2000	142	16646	42677	286	170228	5317
2001	133	16357	42677	341	244160	6789
2002	129	16576	42677	363	272036	6872
2003	128	18544	42677	406	293533	6405
2004	126	18615	44185	415	340824	7565
2005	126	15357	116710	464	362093	9576
2006	126	15347	116975	464	373974	13345
2007	193	17161	117736	501	416325	19019
2008	193	17654	117746	537	430000	23000
2009	194	19246	117635	554	419900	22000

11-6 邮电业务量

POSTAL AND TELECOMMUNICATIONS SERVICES

年份 Year	邮电业务总量 (万元) Business Volume of Post and Telecommunications Services (10000 yuan)	邮政业务总量 Business Volume of Post	电信业务总量 Business Volume of Telecommunications	函件 (万件) Number of Letters (10000 pcs)	包件 (万件) Number of Parcels (10000 pcs)
1958	60	12	48	96	0.1
1959	99	31	43	273	0.2
1965	284	63	58	478	1
1978	214	89	125	557	5
1979	228	100	128	565	5
1980	269	104	165	576	6
1985	813	32	781	657	5
1986	829	191	638	727	6
1987	894	203	691	804	8
1988	1205	296	909	799	10
1989	1524	396	1128	784	12
1990	1713	836	877	792	12
1991	2121	1127	994	753	9
1992	2726	1480	1246	867	9
1993	3273	1399	1874	1168	12
1994	4112	1527	2585	1460	17
1995	5740	1665	4075	1653	16
1996	7991	1858	6133	1587	20
1997	11787	2282	9505	1373	20
1998	16492	2410	14082	1298	27
1999	26030	3073	22960	1415	34
2000	38431	3220	35211	1349	31
2001	64831	7276	28165	926	31
2002	74549	8184	66364	932	35
2003	98192	9288	88904	637	35
2004	134657	10040	124617	473	36
2005	164833	10466	154367	343	36
2006	215134	11346	203788	350	32
2007	308899	13285	295614	301	37
2008	417265	14788	402477	284	30
2009	521235	16918	504317	536	35

注：邮电业务总量1980年以前按1970年不变价格计算，1981年至1990年按1980年不变价格计算，1991年至2000年按1990年不变价格计算，2001年以后按2000年不变价格计算。

Note: The business volume of post and telecommunications in 1980 and prerious years was calculated at 1970 constant prices while that in 1981-1990 was calculated in 1980 constant prices. Since 1990, it has caculated in 1990 constant prices.

11-6 续表 continued

年份 Year	报刊期发数 (万份) Number of Newspapers & Magazines Circulation (10000 copies)	特快专递 (万件) Pieces of Express Mail Services (10000 pcs)	年末市内电话户数 (户) Local Telephone Subscribers Year-end (subscriber)	移动电话用户 (户) Number of Mobile Telephone Subscribers (subscriber)	年末农村电话户数 (户) Rural Telephone Subscribers Year-end (subscriber)
1958	2		139		
1959	3		276		
1965	4		735		
1978	19		3189		530
1979	20		3859		570
1980	23		3923		529
1985	30		5981		280
1986	29		6233		358
1987	24		6429		371
1988	25		7051		332
1989	21		7688		310
1990	25		9056		307
1991	27		10052		307
1992	25		11715		304
1993	26	1	15026	374	304
1994	58	1	19778	717	312
1995	22	3	26230	1422	300
1996	19		32794	2218	321
1997	26	5	43326	6580	310
1998	18	6	58867	11513	299
1999	27	10	79022	27774	530
2000	40	13	105005	72300	620
2001	20	17	144852	112836	4713
2002	24	20	187954	210521	9492
2003	22	28	247661	330900	9094
2004	24	31	378424	396557	24998
2005	27	33	495313	469303	30396
2006	36	39	649680	605483	32513
2007	26	47	678500	737259	11693
2008	26	50	695000	835259	27000
2009	26	63	512100	1255114	27200

第十二篇

国内贸易

Chapter 12

DOMESTIC TRADE

12-1 社会消费品零售总额

TOTAL RETAIL SALES OF CONSUMER GOODS

单位：万元 (10000 yuan)

年份 Year	地区 Region	社会消费品零售总额 Total Retail Sales of Consumer Goods	按地区分 Grouped by Region		
			市 City	县 Country	县以下 Under Country Level
1978		24479	9474	3665	11340
1979		27114	10493	3758	12863
1980		28687	11101	4446	13140
1981		33151	12829	6831	13491
1982		37051	14080	5782	17189
1983		39386	15243	5908	18235
1984		92422	35767	13863	42792
1985		94983	36759	14891	43333
1986		91009	35199	22752	33058
1987		98571	34499	24642	39430
1988		106239	32979	28833	44427
1989		128783	34636	50166	43981
1990		128700	33059	54082	41559
1991		138532	59933	47234	31365
1992		152265	68519	45680	38066
1993		181563	76256	68994	36313
1994		207363	87299	78866	41198
1995		243030	111633	76782	54615
1996		261865	122269	82736	56860
1997		323246	157045	108761	57440
1998		347198	174043	121030	52125
1999		376258	185116	140223	50919
2000		425209	204237	164287	56685
2001		486482	238647	189758	58077
2002		529390	238427	223892	67071
2003		578253	258705	248035	71513
2004		631799	280126	271778	79895
2005		732328	330704	308763	92861
2006		900173	439495	357143	103535
2007		1125992	566576	441876	117540
2008		1299875	647290	513434	139151
2009		1565814	760185	622573	183056
拉萨市	Lhasa	759112	590394	128093	40625
昌都地区	Qamdo	122185		104483	17702
山南地区	Shannan	150680		122507	28173
日喀则地区	Xigazê	303976	169791	78367	55818
那曲地区	Nagqu	88625		83875	4750
阿里地区	Ngari	39162		34683	4479
林芝地区	Nyingchi	102074		70565	31509

注：依据第二次经济普查资料，对2005-2008年社会消费品零售总额进行了修订。

Note: Figures on total retail sales of consumer goods have been adjusted in accordance with the results of the Second Economic Census from 2005 to 2008.

12-2 按经济类型分的社会消费品零售总额

TOTAL RETAIL SALES OF CONSUMER GOODS BY OWNERSHIP

年份 Year	地区 Region	合计 (万元) Total (10000 yuan)	国有经济 State-owned	集体经济 Collective-Owned	联营经济 Joint Owned	个体经济 Individual	其他经济 Others
1978		24479	22763			493	1223
1979		27114	25215			543	1356
1980		28687	26679			574	1434
1981		33151	26520	1658	663	3315	995
1982		37051	29640	1853	741	3705	1112
1983		39386	37639	417		33	1297
1984		92422	33171	44726	294	10046	4185
1985		94983	34914	20628	639	9928	28874
1986		91009	38357	23782	1742	18870	8258
1987		98571	47430	24177	1080	17817	8067
1988		106239	49207	29976	1158	21870	4028
1989		128783	64997	32191	53	23260	8282
1990		128700	77726	28082	526	15340	7026
1991		138532	85594	17108	8	33068	2754
1992		152265	89032	19292	881	39547	3513
1993		181563	65622	11601	3137	57533	43670
1994		207363	68148	3388	1037	94874	39916
1995		243030	74680	4107	571	128763	34909
1996		261865	77773	6611	1064	144371	32045
1997		323246	96585	14424	3631	186035	22571
1998		347198	89274	8527	1398	222130	25869
1999		376258	84792	8452	3144	248498	31372
2000		425209	87095	9034	4894	280153	44033
2001		486482	140623	10720	4626	291787	38726
2002		529390	140474	13568	4691	331452	39205
2003		578253	116669	25992	3913	386968	44711
2004		631799	116046	47631	606	365907	101609
2005		732328	152778	73320	771	324051	181408
2006		900173	251981	84029	966	367800	195397
2007		1125992	244527	99152	597	583645	198071
2008		1299875	278575	89603	84	691604	240009
2009		1565814	415543	89640	5689	818971	235971
拉萨市	Lhasa	759112	217494	75883	5616	342368	117751
昌都地区	Qamdo	122185	16621	1259		93123	11182
山南地区	Shannan	150680	39093	190	30	88564	22803
日喀则地区	Xigazê	303976	86953	12260		150334	54429
那曲地区	Nagqu	88625	25246			34997	28382
阿里地区	Ngari	39162	4320			34312	530
林芝地区	Nyingchi	102074	25816	48	43	75273	894

12-3 按行业分的社会消费品零售总额

TOTAL RETAIL SALES OF CONSUMER GOODS BY SECTOR

年份 Year	地区 Region	合计 (万元) Total (10000 yuan)	批发和零售业 Wholesale and Retail Trades	住宿和餐饮业 Hotel and Restaurants	其他行业 Others
1978		24477	22679	169	1631
1979		27114	24885	179	2050
1980		28687	26220	189	2278
1981		33151	28723	221	4207
1982		37051	33728	532	2791
1983		39386	37426	187	1773
1984		92422	76086	2662	13674
1985		94983	79556	3553	11874
1986		91009	70628	3640	16741
1987		98571	79510	4020	15041
1988		106239	86370	4961	14908
1989		128783	109325	5027	14431
1990		128700	110935	4657	13108
1991		138532	103539	9277	25716
1992		152265	123382	6240	22643
1993		181563	136325	11203	34035
1994		207363	168470	15724	23169
1995		243030	170493	37624	34913
1996		261865	175803	44556	41506
1997		323246	262961	36315	23970
1998		347198	265795	52623	28780
1999		376258	293794	53051	29413
2000		425209	319695	65861	39653
2001		486482	366299	73722	46461
2002		529390	419709	77131	32550
2003		578253	462009	81027	35217
2004		631799	510970	109958	10871
2005		732328	593024	123990	15314
2006		900173	718558	147790	33825
2007		1125992	890370	188975	46647
2008		1299875	1053295	196427	50153
2009		1565814	1298188	229319	38307
拉萨市	Lhasa	759112	659006	94752	5354
昌都地区	Qamdo	122185	93429	25111	3645
山南地区	Shannan	150680	126812	21404	2464
日喀则地区	Xigazê	303976	236595	43223	24158
那曲地区	Nagqu	88625	81286	5870	1469
阿里地区	Ngari	39162	25929	12703	530
林芝地区	Nyingchi	102074	75131	26256	687

12-4 按登记注册类型分限额以上批发和零售业法人企业商品购、销、存总额（2009年）

TOTAL PURCHASES，SALES AND STOCK OF ENTERPRISES ABOVE DESIGNATED SIZE OF WHOLESALE AND RETAIL TRADES BY STATUS OF REGISTRATION

单位：万元 （10000 yuan）

指　标	Item	购进总额 Total Purchases Value	销售总额 Total Sales Value	批 发 Wholesale Value	零 售 Retail Value	年末库存总额 Stock (yesr-end)
总　计	**Total**	**644248**	**768740**	**357404**	**411336**	**114886**
批发业合计	**Wholesale Trade**	**249850**	**331607**	**325181**	**6426**	**41533**
内资企业	**Domestic Funded Enterprises**	**249850**	**331607**	**325181**	**6426**	**41533**
国有企业	State-owned Enterprises	172541	239987	234372	5615	29489
有限责任公司	Limited Liability Corporations	74399	85627	84816	811	11280
私营企业	Private Enterprises	2910	5993	5993		764
港、澳、台商投资企业	**Enterprises with Funds from Hong Kong,Macao and Taiwan**					
外商投资企业	**Foreign Funded Enterprises**					
零售业合计	**Retail Trade**	**394398**	**437133**	**32223**	**404910**	**73353**
内资企业	**Domestic Funded Enterprises**	**390905**	**432407**	**32223**	**400183**	**72959**
国有企业	State-owned Enterprises	188027	182061	21175	160885	46250
集体企业	Collective-owned Enterprises	3323	2225		2225	1098
有限责任公司	Limited Liability Corporations	46212	61328		61328	8736
股份有限公司	Share-holding Corporations Ltd.	60018	83037	4135	78902	3179
私营企业	Private Enterprises	87755	97765	6913	90852	13558
其他企业	Others	5570	5991		5991	138
港、澳、台商投资企业	**Enterprises with Funds from Hong Kong,Macao and Taiwan**					
外商投资企业	**Foreign Funded Enterprises**	**3493**	**4726**		**4726**	**394**

12-5 按行业分限额以上批发和零售业法人企业商品购、销、存总额（2009年）

TOTAL PURCHASES，SALES AND STOCK OF ENTERPRISES ABOVE DESIGNATED SIZE OF WHOLESALE AND RETAIL TRADES BY SECTOR（2009）

单位：万元　　(10000　yuan)

指　标	Item	购进总额 Total Purchases Value	销售总额 Total Sales Value	批 发 Wholesale Value	零 售 Retail Value	年末库存总额 Stock (yesr-end)
总　计	**Total**	**644248**	**768740**	**357404**	**411336**	**114886**
批发业合计	**Wholesale Trade**	**249850**	**331607**	**325181**	**6426**	**41533**
农畜产品批发	Wholesale of Farm Produce and Livestock Products	225	4404	465	3939	1657
食品、饮料及烟草制品批发	Wholesale of Food,Beverages and Tobaccos	167757	236025	234270	1755	25160
文化、体育用品及器材批发	Wholesale of Culture,Sports Appliances and Equipments	9485	7341	6983	358	2145
医药及医疗器材批发	Whollesale of Medicines and Medical Appliances	47041	61922	61922		1278
矿产品、建材及化工产品批发	Wholesalea of Mineral Products,Building Materials and Chemical Products	11962	5453	5079	374	7826
机械设备、五金交电及电子产品批发	Wholesaale of Machimery,Hardware and Electronic Equipment	13380	16462	16462		3467
零售业合计	**Retail Trade**	**394398**	**437133**	**32223**	**404910**	**73353**
综合零售	Integrated Retail	11374	25733	300	25433	3650
食品、饮料及烟草制品专门零售	Retail of Food,Beverages and Tobaccos	43032	43695	19717	23978	6339
纺织、服装及日用品专门零售	Special Retail of Textiles,Garments and Daily Consumer Articles	3493	4726		4726	394
文化、体育用品及器材专门零售	Retail of Culture,Sports Appliances and Equipments	3316	5657		5657	2295
汽车、摩托车、燃料及零配件专门零售	Retail of Motor Vehicles,Motorcycles, Fuel and Parts	325212	339977	7207	332771	58225
家用电器及电子产品专门零售	Special Retail of Household Electric Appliances and Electronic Products	6908	15962	5000	10962	2417
无店铺及其他零售	Non-shop and Other Retails	1063	1383		1383	33

12-6 按登记注册类型和行业分限额以上住宿和餐饮业企业基本情况（2009年）

BASIC CONDITIONS OF ENTERPRISES ABOVE DESIGNATED SIZE IN HOTELS AND CATERING SERVICES BY TYPES OF REGISTRATION AND SECTOR(2009)

单位：万元 (10000 yuan)

指　标	Item	营业额 Business Revenue	客房收入 From Hotes Rooms	餐费收入 From Meala	商品销售收入 From Commodities	其他收入 Others
总　　计	**Total**	**37917**	**19084**	**14283**	**939**	**3611**
住宿业	**Hotesl**	**33450**	**19019**	**9881**	**939**	**3611**
按登记注册类型分组	**By Status of Registration**					
内资企业	**Domestic Funded Enterprises**	**31990**	**18196**	**9286**	**939**	**3569**
国有企业	State-owned Enterprises	19079	11549	5332	193	2005
集体企业	Collective-owned Enterprises	918	500	222		196
股份合作企业	Cooperative Enterprises	458	192	172		94
有限责任公司	Limited Liability Corporations	2452	661	753		1038
股份有限公司	Share-holding Corporations Ltd.	694	271	423		
私营企业	Private Enterprises	8389	5022	2384	746	237
港、澳、台商投资企业	**Enterprises with Funds from Hongkong,Macao and Taiwan**	**1460**	**823**	**595**		**42**
外商投资企业	**Enterprises with Foreign Investment**					
按行业分组	**by Sectors**					
旅游饭店	Tour Restaurant	33450	19019	9881	939	3611
餐饮业	**Catering Services**	**4467**	**65**	**4402**		
按登记注册类型分组	**By Status of Registration**					
内资企业	**Domestic Funded Enterprises**	**4467**	**65**	**4402**		
有限责任公司	Limited Liability Corporations	1834	65	1769		
私营企业	Private Enterprises	2633		2633		
港、澳、台商投资企业	**Enterprises with Funds from Hongkong,Macao and Taiwan**					
外商投资企业	**Enterprises with Foreign Investment**					
按行业分组	**by Sectors**					
正餐服务	Restaurant	4131	65	4066		
快餐服务	Fast Food	336		336		

12-7 按登记注册类型和行业分限额以上住宿和餐饮业企业经营情况（2009年）

BUSINESS OF ENTERPRISES ABOVE DESIGNATED SIZE OF HOTELS AND CATERING SERVICES BY STATUS OF REGISTRATION AND SECTOR(2009)

单位：万元　　(10000 yuan)

指　标	Item	资产总计 Total Assets	#流动资产合计 Working Capitals	#固定资产原价 Original Value of Fixed Assets	负债合计 Total Liabilities	所有者权益合计 Total Owners´ Equities
总　计	**Total**	**378406**	**194955**	**114852**	**185655**	**192751**
批发业合计	**Wholesale Trade**	**208834**	**98848**	**44690**	**93552**	**115282**
按登记注册类型分组	**By Status of Registration**					
内资企业	**Domestic Funded Enterprises**	**208834**	**98848**	**44689**	**93552**	**115282**
国有企业	State-owned Enterprises	122019	35599	27190	39876	82143
有限责任公司	Limited Liability Corporations	72067	59017	7598	49635	22432
私营企业	Private Enterprises	14748	4233	9901	4041	10707
港、澳、台商投资企业	**Enterprises with Funds from Hong Kong,Macao and Taiwan**					
外商投资企业	**Foreign Funded Enterprises**					
零售业合计	**Retail Trade**	**169572**	**96107**	**70162**	**92103**	**77469**
内资企业	**Domestic Funded Enterprises**	**168893**	**95503**	**70064**	**91474**	**77419**
国有企业	State-owned Enterprises	57687	20634	39466	19072	38615
集体企业	Collective-owned Enterprises	8298	4631	3729	7699	599
有限责任公司	Limited Liability Corporations	31834	24167	7806	19021	12813
股份有限公司	Share-holding Corporations Ltd.	19932	8894	10455	5941	13991
私营企业	Private Enterprises	50565	36876	8334	39360	11205
其他企业	Others	577	302	275	381	196
港、澳、台商投资企业	**Enterprises with Funds from Hong Kong,Macao and Taiwan**					
外商投资企业	**Foreign Funded Enterprises**	**679**	**604**	**98**	**629**	**50**

12-8 按行业分限额以上批发和零售业法人企业资产及负债（2009年）

ASSETS AND LIABILITIES OF ENTERPRISES ABOVE DESIGNATED SIZE OF WHOLESALE AND RETAIL TRADES TY SECTOR（2009）

单位：万元 (10000 yuan)

指标	Item	资产总计 Total Assets	#流动资产合计 Working Capitals	#固定资产原价 Original Value of Fixed Assets	负债合计 Total Liabilities	所有者权益合计 Total Owners' Equities
总计	**Total**	**378406**	**194955**	**114852**	**185655**	**192751**
批发业合计	**Wholesale Trade**	**208834**	**98848**	**44690**	**93552**	**115282**
农畜产品批发	Wholesale of Farm Produce and Livestock Products	6722	3689	3290	6373	349
食品、饮料及烟草制品批发	Wholesale of Food,Beverages and Tobaccos	103063	23123	20357	18573	84490
文化、体育用品及器材批发	Wholesale of Culture,Sports Appliances and Equipments	5773	3562	2897	3620	2153
医药及医疗器材批发	Whollesale of Medicines and Medical Appliances	44084	38967	1552	39412	4672
矿产品、建材及化工产品批发	Wholesalea of Mineral Products,Building Materials and Chemical Products	28630	20659	4626	16960	11670
机械设备、五金交电及电子产品批发	Wholesaale of Machimery,Hardware and Electronic Equipment	20562	8848	11968	8614	11948
零售业合计	**Retail Trade**	**169572**	**96107**	**70162**	**92103**	**77469**
综合零售	Integrated Retail	22525	17476	6234	17051	5473
食品、饮料及烟草制品专门零售	Retail of Food,Beverages and Tobaccos	14171	7479	6627	6499	7671
纺织、服装及日用品专门零售	Special Retail of Textiles,Garments and Daily Consumer Articles	679	603	97	630	50
文化、体育用品及器材专门零售	Retail of Culture,Sports Appliances and Equipments	9147	7465	2237	3605	5542
汽车、摩托车、燃料及零配件专门零售	Retail of Motor Vehicles,Motorcycles, Fuel and Parts	111523	58418	54346	55696	55827
家用电器及电子产品专门零售	Special Retail of Household Electric Appliances and Electronic Products	10131	4308	135	8518	1614
无店铺及其他零售	Non-shop and Other Retails	1396	358	486	105	1292

12-9 按登记注册类型和行业分限额以上住宿和餐饮业法人企业资产及负债（2009年）

ASSETS AND LIABILITIES OF ENTERPRISES ABOVE DESIGNATED SIZE OF HOTELS AND CATERING SERVICES BY STATUS OF REGISTRATION ANDSECTOR（2009）

单位:万元 (10000 yuan)

指 标	Item	资产总计 Total Assets	#流动资产合计 Working Capitals	#固定资产原价 Original Value of Fixed Assets	负债合计 Total Liabilities	所有者权益合计 Total Owners´ Equities
总 计	**Total**	**200777**	**26026**	**194753**	**87438**	**113339**
住宿业合计	**Hotesl**	**198904**	**25486**	**194027**	**86102**	**112801**
按登记注册类型分组	**By Status of Registration**					
内资企业	**Domestic Funded Enterprises**	**197486**	**24953**	**194027**	**85217**	**112268**
国有企业	State-owned Enterprises	106566	18239	114088	40275	66292
集体企业	Collective-owned Enterprises	8112	417	5752	3967	4145
股份合作企业	Cooperative Enterprises	5725	187	8047	7083	-1359
有限责任公司	Limited Liability Corporations	15454	1256	14111	2384	13070
股份有限公司	Share-holding Corporations Ltd.	4778	598	4180	1254	3524
私营企业	Private Enterprises	56851	4256	47849	30255	26596
港、澳、台商投资企业	**Enterprises with Funds from Hongkong,Macao and Taiwan**	**1418**	**533**		**885**	**533**
外商投资企业	**Enterprises with Foreign Investment**					
按国民经济行业分	**by Sectors**					
旅游饭店	Tour Restaurant	198904	25486	194027	86102	112801
餐饮业合计	**Catering Services**	**1873**	**540**	**726**	**1336**	**538**
按登记注册类型分	**By Status of Registration**					
内资企业	**Domestic Funded Enterprises**	**1873**	**540**	**726**	**1336**	**538**
有限责任公司	Limited Liability Corporations	302	89	209	209	93
私营企业	Private Enterprises	1571	451	517	1127	445
港、澳、台商投资企业	**Enterprises with Funds from Hongkong,Macao and Taiwan**					
外商投资企业	**Enterprises with Foreign Investment**					
按国民经济行业分	**by Sectors**					
正餐服务	Restaurant	1486	408	409	1106	380
快餐服务	Fast Food	387	132	317	230	158

12-10 限额以上批发和零售业商品分类销售额（2009年）

SALE VALUES OF ENTERPRISES ABOVE DESIGNATED SIZE OF WHOLESALE AND RETAIL TRADES BY CATEGORY OF COMMODITIES(2009)

单位：万元 (10000 yuan)

指标	Item	销售合计 Total Sales	批发 Wholesale	零售 Retail
粮油、食品、饮料、烟酒类	Grain and oil,Food,Beverages,Tobaccos and Liquor	278372	244915	33457
粮油、食品类	Grain and oil,Food	2696		2696
#粮油类	Provisions and Oil	1437		1437
肉禽类	Meat and Poultry	326		326
饮料类	Beverages	2365	618	1747
烟酒类	Tobacco and Liquor	273311	244297	29014
服装鞋帽、针、纺织品类	Clothing,Shoes,Hats and Textiles	8067		8067
服装类	Clothing	5293		5293
鞋帽类	Shoes and Hats	2017		2017
针、纺织品类	Knitwear and Textiles	757		757
化妆品类	Cosmectics	3997		3997
金银珠宝类	Gold,Sliver and Jewelry	3952		3952
日用品类	Articles for Daily Use	2500		2500
#洗涤用品类	Washing Articles	549		549
儿童玩具类	Children Toys	41		41
五金、电料类	Hardwarea and Electrical Materials	24		24
体育、娱乐用品类	Sports and Recreation Articles	8		8
书报杂志类	Newspapers ang Magazines	9336	6999	2337
电子出版物及音像制品类	E-journal and Video Products	99		99
家用电器和音像器材类	Household Appliances and Video Appliances	8607		8607
中西药品类	Traditional Chinese and Western Medicines	67241	61683	5558
#西药	Western Medicines	40317	36426	3891
中草药及中成药	Traditional Chinese Medicines	13998	12633	1365
文化办公用品类	Culture and Official Goods	172		172
家俱类	Furniture			
通讯器材类	Communication Appliances	7123		7123
煤炭及制品类	Coal and Related Products			
木材及制品类	Wood and Wooden Products			
石油及制品类	Petroleum and Relateel Products	192415	5338	187077
化工材料及制品类	Raw Chemical Materials	5958	5958	
#化肥类	Fertilizer			
金属材料类	Metal Materials			
建筑及装潢材料类	Building and Decoration Materials			
机电产品及设备类	Mechanical and Electrical Products	14233	4408	9825
#农机类	Agricultural Machinery			
汽车类	Automobile	136890		136890
种子饲料类	Seeds and Feedstuff			
棉麻类	Cotton,Hemp			
其他类	Others	8829	2380	6449

第十三篇

对外经济贸易和旅游

Chapter 13

FOREIGN TRADE AND TOURISM

13-1 进出口贸易总额

TOTAL VALUE OF IMPORTS AND EXPORTS

年份 Year	人民币(万元) RMB(10000 Yuan)			美元(万美元) USD (10000 US Dollars)		
	进出口总额 Total Imports And Exports	出口总额 Total Exports	进口总额 Total Imports	进出口总额 Total Imports And Exports	出口总额 Total Exports	进口总额 Total Imports
1953	1387	236	1151	402	68	334
1959	672	352	320	195	102	93
1965	693	110	583	243	39	204
1978	2869	272	2597	1664	158	1506
1979	2395	315	2080	1557	205	1352
1980	2463	381	2082	1650	255	1395
1981	3179	441	2738	1907	265	1642
1982	2049	757	1292	1107	409	698
1983	3202	941	2261	1633	480	1153
1984	3257	860	2397	1466	387	1079
1985	5422	1494	3928	1844	508	1336
1986	4119	2914	1205	1195	845	350
1987	9160	4501	4659	2473	1215	1258
1988	8219	5949	2270	2219	1606	613
1989	14481	7342	7139	3910	1982	1928
1990	14267	6581	7686	3022	1394	1628
1991	18460	8581	9879	3470	1613	1857
1992	34891	10466	24425	6434	1930	4504
1993	89305	13076	76229	10265	1503	8762
1994	266887	41857	225030	31288	4907	26381
1995	53726	24942	28784	7052	3494	3558
1996	84764	36768	47996	10471	4542	5929
1997	97954	41473	56481	11833	5010	6823
1998	93576	60911	32665	11304	7358	3946
1999	146140	75655	70485	16622	8605	8017
2000	113352	98597	14755	13029	11333	1696
2001	78416	68178	10238	9482	8244	1238
2002	107775	67070	40705	13032	8110	4922
2003	133271	100613	32658	16115	12166	3949
2004	184876	107584	77292	22355	13009	9346
2005	166366	133909	32457	20539	16532	4007
2006	256152	173332	82820	32840	22222	10618
2007	287422	238408	49014	39348	32638	6710
2008	531798	491348	40450	76543	70721	5822
2009	274507	256296	18211	40202	37535	2667

注:本表1998年以前为外贸部门统计数，1999年开始为海关统计数(下同)。

Note:Data before 1998 were obtained from the Ministry of Foreign Trade ,and the data since 1999 have been obtained from the Customs statistics(The same as in the following tables).

13-2 边境进出口贸易总额

TOTAL VALUE OF IMPORTS AND EXPORTS FOR FRONTIER TRADE

年份 Year	人民币(万元) RMB(10000 Yuan)			美元(万美元) USD (10000 US Dollars)		
	边境进出口总额 Total Value of Imports And Exports for Frontier Trade	出口总额 Total Exports	进口总额 Total Imports	进出口总额 Total Value of Imports and Exports for Frontier Trade	出口总额 Total Exports	进口总额 Total Imports
1953	1387	236	1151	402	68	334
1959	672	352	320	195	102	93
1965	429	110	319	150	39	111
1978	601	272	329	349	158	191
1979	675	315	360	439	205	234
1980	761	381	380	500	255	245
1981	840	406	434	504	244	260
1982	994	446	548	537	241	296
1983	1328	631	697	664	316	348
1984	1136	562	574	511	253	258
1985	1647	819	828	559	278	281
1986	2876	1920	956	834	557	277
1987	2679	2087	592	723	563	160
1988	821	605	216	221	163	58
1989	5205	3168	2037	1405	855	550
1990	4026	2475	1551	902	524	378
1991	3625	2995	630	682	564	118
1992	5829	5352	477	1075	987	88
1993	7760	6072	1688	892	698	194
1994	10500	3557	6943	1231	417	814
1995	4806	4059	747	579	489	90
1996	9715	7448	2267	1200	920	280
1997	2989	2724	265	361	329	32
1998	6664	4892	1772	805	591	214
1999	69356	62014	7342	7972	7128	844
2000	94430	88644	5786	10854	10189	665
2001	67078	62951	4127	8111	7612	499
2002	50786	46792	3994	6141	5658	483
2003	64150	59883	4267	7757	7241	516
2004	74860	70816	4044	9052	8563	489
2005	98982	93806	5176	12220	11581	639
2006	137420	133832	3588	17618	17158	460
2007	181827	179584	2243	24892	24585	307
2008	166391	164487	1904	23949	23675	274
2009	169872	167468	2404	24878	24526	352

13-3 出口贸易总额

TOTAL VALUE OF EXPORTS

单位：万美元 (10000 USD)

指 标	Item	1990	1995	1997	1998	1999	2000	2001	2007	2008	2009
出口总额	Total Exports	1394	3494	5010	7358	8605	11333	8244	32638	70721	37535
#粮油食品类	Grain and Oil or Fat	89	14	426	180	302	334		11	1308	1979
畜产品	Output of Livestock Products	1077	15	329	389	1021	2342	265	693	680	422
中药材	Traditional Chinese Medicine	129	15	330		95	78	…	3540	1192	1338
地 毯	Carpets	51	26	184	4	162	178	101	43	1682	30
轻工品类	Light Industry Products	39	68	350		2237	4032	6865	25547	65127	33310

13-4 进口贸易总额

TOTAL VALUE OF IMPORTS

单位：万美元 (10000 USD)

指 标	Item	1990	1995	1997	1998	1999	2000	2001	2007	2008	2009
进口贸易总额	Total Value of Imports	1628	3558	6823	3946	8017	1696	1238	6710	5822	2667
#汽车及摩托车	Motor Vehicals And Motor-cyclea	529	1729	106	12	73	268	172	303	370	66
其他机械类	Others	13	1252	500	50	392	327	50	5199	4412	1215
仪器类	Instruments	3	541		1	593	252	3	78	40	89
橡胶及制品	Rubber and Articles	2		3	350	689	21	…		9	1
化工原料	Chemical Materials		20	756		3816	1	…	85	2	39

13-5 旅游人数及旅游收入

NUMBER OF TOURISTS AND FOREIGN EARNINGS

年 份 Year	接待旅游者人数(人次) Number of International Tourists Received (persons-times)	入境旅游者人数 Number of Overseas Visitor Arrivals	#外国人 Foreigners	国内旅游者人数 Number of Civil Tourists	旅游总收入(万元) Business Income (10000 yuan)	国内旅游收入(万元) Earnings from International tourism (10000 yuan)	外汇收入(万美元) Foreign Exchange Earnings from Tourism (USD 10000)
1981	8624	2056	2005	6568	258		171
1982	18201	1580	1578	16621	186		130
1983	37564	1723	1596	35841	263		150
1984	60183	1579	1508	58604	257		100
1985	71980	15402	15041	56578	399		120
1986	87968	31000	29553	56968	2970		620
1987	127554	108750	42889	18804	5600		800
1988	103255	56293	21835	46962	6229		700
1989	29833	8287	3341	21546	3726		222
1990	23954	6654	9842	17300	684		145
1991	117169	38286	14768	78883	5069		770
1992	161164	50963	49823	110201	7257		997
1993	184262	54409	53192	129853	9348		675
1994	198928	65980	62233	132948	15321		1045
1995	206598	67814	65428	138784	21375	6340	1130
1996	325468	75003	72580	250465	23258	7835	2955
1997	366610	81800	73412	284810	25974	10338	3172
1998	386643	96444	87039	290199	26491	10998	3302
1999	448547	108224	98966	340323	57000	22234	3630
2000	608335	149441	134539	458894	67462	25834	5226
2001	686116	127148	116440	558968	75053	37053	4638
2002	867320	142279	129617	725041	98777	55899	5166
2003	928639	51120	45685	877519	103723	88028	1891
2004	1223098	95816	88797	1127282	153195	122817	3660
2005	1800623	121308	111018	1679315	193524	157536	4443
2006	2512103	154818	136159	2357285	277072	228929	6094
2007	4029438	365370	338744	3664068	485160	383152	13529
2008	2246447	67997	62934	2178450	225865	204237	3112
2009	5610630	174910	162458	5435720	559870	506088	7873

第十四篇

金融和保险

Chapter 14

BANKING AND INSURANCE

14-1 金融机构各项存款

BALANCE OF DEPOSITS OF BANKING SYSTEM

单位：万元　　(10000 yuan)

年 份 Year	存款合计 Total Deposita	#企事业存款 Deposits of Enterprises	#财政存款 Treasury Deposits	#储蓄存款 Savings Deposits
1959	10182	2827		975
1965	23029	2897	9572	2514
1978	70608	10878	26349	3340
1979	76961	14816	31789	4412
1980	87234	14612	31703	6054
1981	101153	20812	37500	6282
1982	108201	25027	34158	7611
1983	134543	24043	56092	9791
1984	104475	28979	24725	12622
1985	133799	33316	37260	15974
1986	143599	35745	33482	19978
1987	175649	52076	47448	23134
1988	196274	64973	42464	28360
1989	215016	62291	52762	33563
1990	212611	80335	32722	39961
1991	262275	92473	48162	58260
1992	290493	103950	30106	69880
1993	326750	116592	23824	90464
1994	525744	157307	59706	130731
1995	716307	329620	171699	193747
1996	854659	420991	122534	267651
1997	977201	499006	51638	304515
1998	1101308	538961	67252	334481
1999	1318361	626238	121042	368169
2000	1449755	734012	74919	404807
2001	2129002	1256992	96742	501778
2002	2829653	1705832	62803	703825
2003	3208709	1816101	47630	918982
2004	3617220	2074667	97697	1074935
2005	4551139	2196389	158668	1230959
2006	5445494	2471416	454718	1398071
2007	6424371	2953682	468457	1595615
2008	8278506	3860619	734226	1848908
2009	10272388	4397700	1052153	2263699

14-2 金融机构各项贷款

BALANCE LOAN OF BANKING SYSTEM

单位：万元 (10000 yuan)

年 份 Year	贷款合计 All Loans	#工业贷款 Industry	#商业贷款 Commerce	#农业贷款 Agriculture
1959	1379	7	1274	
1965	9092	980	7281	
1978	16091	1684	13616	
1979	24626	4476	19386	
1980	23223	4987	17172	
1981	20709	2727	17092	
1982	22580	1503	20655	
1983	31542	1482	29573	
1984	59135	9737	46504	
1985	73413	7854	62311	
1986	66909	9659	54309	
1987	55915	6318	42865	
1988	108054	17282	66116	
1989	124308	15820	95061	
1990	172156	18837	123348	
1991	171817	17727	119468	
1992	208413	19790	116668	
1993	330067	42895	180248	
1994	403420	53000	222544	
1995	522528	33505	252170	22452
1996	593957	43215	273736	13777
1997	758123	60985	253562	10595
1998	788391	58181	248924	7947
1999	745852	60654	246008	8705
2000	806248	84600	240382	8739
2001	966246	89714	261107	14044
2002	1211279	92530	328332	33645
2003	1444358	94193	308971	54683
2004	1678969	56021	186296	67694
2005	1788521	76921	153160	73441
2006	2037107	58565	147274	92137
2007	2234699	100538	65870	62287
2008	2189754	94376	39939	28104
2009	2480072	63639	41026	30167

14-3 银行现金收支

CASH RECEIPTS AND EXPENDITURES OF BANKING SYSTEM

单位：万元 (10000 yuan)

年 份 Year	收 入 合 计 Total of Revenue	#商品销售收入 Income from Commodity Sales	#服 务 业收入 Income From Service Trade	支 出 合 计 Total of Expenditures	#工资性及个人其他支出 Wages and Other of Expenditures	#农副产品采购支出 Purchases of Agricultural and Sideline Products	投 放 回笼差 Cash Statistics
1960	4442	2566	56	4715	1365	1258	273
1965	10820	6498	210	12272	3692	2059	1452
1978	19884	11952	1156	21894	8603	729	2010
1979	24655	13832	1266	28022	11433	661	3367
1980	30752	16909	1374	37131	15175	1226	
1981	31599	18403	1417	35204	13465	1327	3605
1982	34330	19159	1606	40011	15523	2296	5681
1983	38465	19906	1829	46089	17241	1962	7624
1984	47333	22492	2489	63092	21798	1669	15759
1985	63842	27155	3780	84735	27552	3178	20893
1986	69834	28171	4274	87694	31335	3949	17860
1987	79837	31193	5799	95657	32115	4591	15820
1988	104360	41154	7589	23642	31690	9094	19282
1989	122840	44566	9339	158964	37647	10871	36124
1990	128841	38942	11193	182467	43328	9364	53626
1991	142094	37850	13145	202303	47532	8732	60209
1992	178801	42793	14191	252630	52844	9531	73830
1993	273017	56807	24502	367403	65177	11424	94386
1994	380723	68191	41039	555340	112741	14794	174618
1995	691710	79585	51075	945820	141211	30007	254111
1996	882667	106625	81980	1122786	206472	30786	240119
1997	1064042	116196	111691	1290921	199922	29246	226879
1998	1171173	129354	133723	1389642	200443	11549	218469
1999	1510834	154487	167547	1708721	239174	44084	197887
2000	1713563	189615	190123	1947659	261551	30703	234096
2001	2081952	230764	232507	2362862	314822	39830	280910
2002	2809173	271247	277812	3132293	413019	41584	323120
2003	3853063	425675	379400	4261426	484037	50355	408363
2004	5288637	423618	428992	5625297	551693	68883	336660
2005	5209620	572290	467463	5584708	562488	68391	375088
2006	6435010	800159	568614	6709514	655551	90368	274504
2007	7663452	853866	702041	7968018	1732777	155107	304566
2008	7953238	777246	649570	8298501	1674580	94867	345263
2009	9116840	947774	712406	9583723	2001741	113792	466883

14-4 银行现金收入

CASH RECEIPTS OF BANKING SYSTEM

单位：万元 (10000 yuan)

指标	Item	1990	1995	2000	2008	2009
合计	**Total**	**128841**	**691710**	**1665286**	**7953238**	**9116840**
商品销售收入	Income from Commodity Sales	39143	79585	182914	777246	947774
服务业收入	Income from Service Trade	11295	51662	189061	649570	712406
行政税费收入	Income from AdiministrativeTaxes	1074	5187	17993	64985	64431
城乡个体经营收入	Income from Individual Business	2856	16900	111839	319860	375159
储蓄存款收入	Income from Savings Deposits	43032	251310	704881	4977738	5735248
其他金融性公司收入	Income from Other Financial Corporations	7440	15146	11877	4356	1488
居民归还贷款收入	Income from Household Loan Recovery			34824	231723	294019
汇兑收入	Income from Remittances	13383		278754	249951	278841
有价证券收入及其他投资收入	Income from Debts and Other		12775	5397	3586	6133
其他收入	Other Income	10618	159145	127746	674223	701341

14-5 银行现金支出

CASH EXPENDITURES OF BANKING SYSTEM

单位：万元 (10000 yuan)

指标	Item	1990	1995	2000	2008	2009
合计	**Total**	**182467**	**945820**	**1910296**	**8298501**	**9583723**
工资性及个人其他支出	Wages and other of Expenditure	88795	280914	577171	1674580	2001741
农副产品采购支出	Purchases of Agricultural and Sideline Products	9364	20007	30453	94867	113792
工矿及其他产品采购支出	Expenditure for Purchases of Industrial and Mineral Products				59771	68833
行政企业管理与经营费支出	Expenditure for Government and Enterprises Expenses	10101	65419	194677	743541	855268
城乡个体经营支出	Expenditure for Individual Business	4375	39186	136078	353413	367394
储蓄存款支出	Expenditure for Savings Deposits	35457	214797	697287	4263723	4746457
其他金融性公司支出	Expenditure for Other Financial Corporations	16452	68399	2117	3526	3713
居民提取贷款支出	Expenditure for Household Loan Draw			28297	272550	327022
汇兑支出	Expenditure for Remittances	2266	23661	72112	81108	120101
有价证券及其他投资性支出	Expenditure for Securities and Other	172	87117	3837	261	1750
其他支出	Other Expenditure	15616	142960	158297	751161	977652
投放(+) 回笼(-)	**Withdrawn(+)Or Curency Issuance(—)**	**53626**	**254111**	**245010**	**345263**	**466883**

14-6 保险业务经济技术指标

ECONOMIC AND TECHNICAL INDICATORS OF INSURANCE COMPANIES

指　标	Item	1995	1998	1999	2000	2007	2008	2009
保险金额 (万元)	**Amount Insured (10000 yuan)**	**1703029**	**415264**	**708697**	**687201**	**7748773**	**11551253**	**13086436**
财产险	Projects Insurance	1516061	174762	218156	215207	2147224	4202923	7239422
企业财产险	Enterprise Property Insurance	88023	145367	134742	102170	201033	443288	650127
家庭财产险	Family Property Insurance	20395	16151	17731	47293	81213	239261	24222
工程险	Projects Insurance				4050	161173	385620	554264
责任险	Related Liability	5427	13244	65682	61354	1703790	3134754	6009716
保证险	Guarantee Insurance				340	15		1083
其它险	Other Insurance	1402216						
机动车辆险	Motor Vehicle Insurance	175051	224433	484534	462684	1558985	2009027	2078383
货物运输险	Freight Transport Insurance	11917	16069	6008	9310	44958	35492	43700
航空航天险	Aerospase Insurance					38675	35096	34160
人身意外伤害险	Unforeseen Human Injury Insurance					3925802	3401165	2055221
健康险	Health Insurance						1229777	1621973
农业险	Agriculture Insurance					33129	637773	13577
保费收入 (万元)	**Premiums Income (10000 yuan)**	**2894**	**4550**	**5619**	**7010**	**26781**	**41201**	**40069**
财产险	Projects Insurance	735	716	1287	1491	3862	4123	7394
企业财产险	Enterprise Property Insurance	296	508	555	488	658	1165	1305
家庭财产险	Family Property Insurance	30	105	136	187	231	386	56
工程险	Projects Insurance				6	756	848	3654
责任险	Related Liability	19	103	596	796	2217	1725	2375
保证险	Guarantee Insurance				7			3
其它险	Other Insurance	390			8			1
机动车辆险	Motor Vehicle Insurance	2075	3764	4281	5432	20972	20027	25989
航空航天险	Aerospase Insurance					11	9	9
货物运输险	Freight Transport Insurance	84	70	51	87	39	56	77
人身意外伤害险	Unforeseen Human Injury Insurance					1742	12819	2600
健康险	Health Insurance						966	950
农业险	Agriculture Insurance					155	3202	815
其它	Other							2235

14-6 续表 continued

指标		Item	1995	1998	1999	2000	2007	2008	2009
已决赔案件数(笔、户、辆)		**Number of Indemnity (unit)**	**1873**	**2848**	**3315**	**4250**	**14926**	**22470**	**25416**
财产险		Projects Insurance					814	1104	943
企业财产险	(笔)	Enterprise Property Insurance	51	102	97	90	276	433	366
家庭财产险	(户)	Family Property Insurance	101	370	548	567	385	479	362
工程险	(笔)	Projects Insurance					23	25	41
责任险	(笔)	Related Liability	2	36	153	120	130	167	174
保证险	(笔)	Guarantee Insurance							
其它险	(笔)	Other Insurance	67						
机动车辆险	(笔)	Motor Vehicle Insurance	1645	2335	2517	3467	13867	21052	23402
货物运输险	(辆)	Freight Transport Insurance	7	5		6	5	9	15
人身意外伤害险	(笔)	Unforeseen Human Injury Insurance					236	249	207
健康险	(笔)	Health Insurance							415
农业险	(笔)	Agriculture Insurance					4	56	434
已决赔款金额	**(万元)**	**Indemnity Expenditure (10000 yuan)**	**1397**	**2041**	**2334**	**2533**	**14873**	**12428**	**19468**
财产险		Projects Insurance	224	204	503	355	1355	2171	2525
企业财产险		Enterprise Property Insurance	144	138	245	185	668	765	687
家庭财产险		Family Property Insurance	9	27	25	31	115	46	755
工程险		Projects Insurance					233	528	667
责任险		Related Liability	1	39	233	139	339	640	394
保证险		Guarantee Insurance							
其它险		Other Insurance	70					192	
机动车辆险		Motor Vehicle Insurance	1131	1829	1831	2166	7728	9640	12313
货物运输险		Freight Transport Insurance	42	8		13	28	22	72
人身意外伤害险		Unforeseen Human Injury Insurance					5640	590	759
健康险		Health Insurance						6	77
农业险		Agriculture Insurance					122		3067

第十五篇

教育 科技和文化

Chapter 15

EDUCATION,SCIENCE AND CULTURE

15-1 教育事业基本情况

BASIC STATISTICS ON EDUCATION

指　　标	Item	2000	2007	2008	2009
学校数　　(所)	**Number of Schools** (unit)	**956**	**1014**	**1017**	**1014**
普通高等学校	Gegular Institutions of Higher Education	4	6	6	6
中等学校	Secondary Schools	110	124	126	124
#专业学校	Specialized Secondary Schools	12	7	7	6
普通中学	Regular Secondary Schools	98	117	119	118
小学	Primary Schools	842	884	885	884
专任教师　　(人)	**Number of Full-time Teachers** (person)	**19042**	**30108**	**31257**	**32754**
普通高等学校	Gegular Institutions of Higher Education	813	1755	1877	1969
中等学校	Secondary Schools	5048	10540	11293	12099
#专业学校	Specialized Secondary Schools	742	507	541	601
普通中学	Regular Secondary Schools	4306	10033	10752	11498
小学	Primary Schools	13181	17813	18087	18686
招生数　　(人)	**New Students Enrollment** (person)	**88908**	**133604**	**129636**	**137666**
普通高等学校	Gegular Institutions of Higher Education	2320	8046	8526	9020
中等学校	Secondary Schools	28619	73668	70173	74964
#专业学校	Specialized Secondary Schools	2957	6654	5219	11038
普通中学	Regular Secondary Schools	25662	67014	64954	63926
小学	Primary Schools	57969	51890	50937	53682
在校学生　　(人)	**Student Enrollment** (person)	**381099**	**546524**	**546757**	**538426**
普通高等学校	Gegular Institutions of Higher Education	5475	26767	29409	30264
中等学校	Secondary Schools	61817	199168	205516	202927
#专业学校	Specialized Secondary Schools	6585	18958	21003	21357
普通中学	Regular Secondary Schools	55232	180210	184513	181570
小学	Primary Schools	313807	320589	311832	305235
毕业生数　　(人)	**Graduates** (person)	**51822**	**110576**	**116919**	**118620**
普通高等学校	Gegular Institutions of Higher Education	764	4346	5840	8454
中等学校	Secondary Schools	14019	53992	58358	59316
#专业学校	Specialized Secondary Schools	1895	2197	2436	3603
普通中学	Regular Secondary Schools	12124	51795	55922	55713
小学	Primary Schools	37039	52238	52721	50850
每一教师负担学生数　(人)	**Student-teacher Ratio** (person)	**20.01**	**18.15**	**17.49**	**16.44**
普通高等学校	Gegular Institutions of Higher Education	6.73	15.25	15.67	15.37
中等学校	Secondary Schools	12.24	18.9	18.20	16.77
#专业学校	Specialized Secondary Schools	8.87	37.39	38.82	35.54
普通中学	Regular Secondary Schools	12.83	17.96	17.16	15.79
小学	Primary Schools	23.81	18.00	17.24	16.34

15-2 各级各类学校数

NUMBER OF SCHOOLS BY LEVEL AND TYPE

单位：所 (unit)

年份 Year	高等学校 Regular Institutions of Higher Education	中等学校 Secondary Schools	中等专业学校 Specialized Secondary Schools	普通中学 Regular Secondary Schools	小学 Primary Schools	幼儿园 Kinder-gartens
1956					10	
1959		3	1	2	462	
1965	1	5	1	4	1822	
1978	4	88	28	60	6819	
1979	4	83	28	55	6266	
1980	4	98	24	74	6266	256
1985	3	70	14	56	2315	21
1986	3	78	14	64	2388	
1987	3	81	14	67	2437	26
1988	3	82	15	67	2453	36
1989	3	83	15	68	2398	40
1990	3	78	15	63	2474	37
1991	3	76	15	61	2652	31
1992	3	76	14	62	2831	36
1993	4	84	15	69	3090	32
1994	4	93	16	77	3477	26
1995	4	102	16	86	3943	29
1996	4	104	16	88	790	46
1997	4	106	16	90	806	36
1998	4	106	16	90	814	31
1999	4	113	16	97	820	36
2000	4	110	12	98	842	21
2001	4	111	11	100	895	20
2002	3	114	11	103	899	32
2003	4	115	10	105	892	41
2004	4	120	10	110	886	41
2005	4	128	10	118	890	42
2006	6	128	10	118	880	46
2007	6	124	7	117	884	61
2008	6	126	7	119	885	83
2009	6	124	6	118	884	88

注:1996年以前小学校数包括教学点。(以下同)

Note: The total number of the primary schools in 1996 and previous year included teaching classes. (The same as in the following tables.)

15-3 各级各类学校教职工数

NUMBER OF SCHOOLS STAFF AND WORKERS BY LEVEL AND TYPE OF SCHOOL

单位：人　　　　(person)

年份 Year	高等学校 Regular Institutions of Higher Education	中等学校 Secondary Schools	中等专业学校 Specialized Secondary Schools	普通中学 Regular Secondary Schools	小学 Primary Schools	幼儿园 Kinder-gartens
1959			396			
1965	703	232	110	122	2475	
1978	1399	2578	978	1600	12169	
1979	1601	2817	1025	1792	11620	
1980	1689	2970	1174	1796	13964	254
1985	1750	3260	945	2315	9060	99
1986	1675	3611	1078	2533	9115	107
1987	2883	4023	1215	2808	8685	212
1988	1757	4312	1269	3043	9186	317
1989	1791	4323	1258	3065	9072	291
1990	1737	4382	1202	3180	9573	224
1991	1763	4416	1237	3179	9399	288
1992	1773	4525	1315	3210	9659	300
1993	1744	4502	1340	3162	10528	289
1994	1771	5041	1441	3600	12390	300
1995	1818	5129	1463	3666	14090	347
1996	1720	5444	1462	3982	14712	416
1997	1737	5624	1398	4226	14750	360
1998	1762	5789	1320	4469	14659	343
1999	1736	6125	1264	4861	14418	397
2000	1673	6431	1255	5176	13936	322
2001	1836	7129	1254	5875	12926	283
2002	1829	7722	1222	6500	13631	537
2003	1794	8442	1108	7334	13767	628
2004	1913	9402	1155	8247	14378	616
2005	2033	10220	1214	9006	14967	672
2006	2669	10230	753	9477	16446	644
2007	2888	11586	725	10861	18450	822
2008	2990	12270	745	11525	18715	1131
2009	3082	13046	797	12249	19293	1281

15-4 各级各类学校教师数

NUMBER OF TEACHERS BY LEVEL AND TYPE OF SCHOOL

单位：人 (person)

年份 Year	高等学校 Regular Institutions of Higher Education	中等学校 Secondary Schools	中等专业学校 Specialized Secondary Schools	普通中学 Regular Secondary Schools	小学 Primary Schools	幼儿园 Kinder-gartens
1978	438	1452	391	1061		
1979	554	1641	451	1190	9722	
1980	625	1618	418	1200	12301	
1981	571	1619	456	1163	10164	
1982	534	1634	440	1194	8322	
1983	518	1464	280	1184	8381	
1984	567	1760	354	1406	8118	
1985	571	1875	382	1493	7931	99
1986	659	2182	458	1724	7742	
1987	1071	2570	574	1996	7368	212
1988	723	2894	626	2268	8045	317
1989	756	2936	619	2317	7939	291
1990	719	2941	618	2323	8506	224
1991	741	2975	631	2344	8408	288
1992	727	3031	654	2377	8647	300
1993	761	3027	685	2342	9587	289
1994	777	3435	744	2691	11514	300
1995	782	3580	746	2834	13349	347
1996	833	3936	794	3142	13916	416
1997	849	4132	784	3348	13938	360
1998	834	4381	765	3616	13908	343
1999	765	4785	740	4045	13726	397
2000	813	5048	742	4306	13181	196
2001	867	5781	802	4979	11995	171
2002	885	6359	782	5577	12792	298
2003	972	7162	701	6461	13026	341
2004	1081	8145	774	7371	13610	345
2005	1187	8996	835	8161	14267	378
2006	1673	9161	484	8677	15961	373
2007	1755	10540	507	10033	17813	514
2008	1877	11293	541	10752	18087	757
2009	1969	12099	601	11498	18686	850

15-5 各级各类学校在校学生数

NUMBER OF STUDENTS ENROLLMENT BY LEVEL AND TYPE OF SCHOOL

单位：人 (person)

年份 Year	高等学校 Regular Institutions of Higher Education	中等学校 Secondary Schools	中等专业学校 Specialized Secondary Schools	普通中学 Regular Secondary Schools	小学 Primary Schools	幼儿园 Kinder-gartens
1959		1732	1390	342	16300	
1965	2251	1514	455	1059	66781	
1978	2081	22319	4640	17679	262611	
1979	1476	24849	5061	19788	248000	
1980	1494	22286	3489	18797	240811	3491
1981	1522	19244	2327	16917	186882	3491
1982	1214	18340	1573	16767	141587	1020
1983	1326	19561	1403	18158	124612	731
1984	1370	20713	1826	18887	125469	850
1985	1577	22671	2249	20422	119939	1092
1986	1850	25011	3062	21949	121156	1243
1987	1801	27112	3231	23881	137069	1678
1988	1736	26904	3465	23439	144809	2648
1989	1973	27186	3960	23226	138875	2635
1990	2025	25478	4175	21303	157402	2257
1991	1961	26187	4385	21802	168062	2668
1992	2239	27964	4713	23251	191768	2974
1993	2813	30641	4948	25693	211872	2365
1994	3280	33915	5190	28725	232976	2517
1995	3878	38286	5575	32711	258651	4087
1996	3412	40340	5383	34957	284350	5141
1997	3200	44143	5730	38413	300453	5083
1998	3447	45417	5579	39838	310220	4583
1999	4021	49879	5672	44207	310437	5274
2000	5475	61817	6585	55232	313807	4491
2001	6793	78529	6819	71710	311993	3819
2002	8438	96906	6437	90469	319569	7098
2003	10409	120854	6718	114136	322060	7876
2004	14731	144437	8549	135888	326952	8204
2005	18979	161075	7027	154048	327497	9596
2006	23327	180334	14775	165559	329532	9149
2007	26767	199168	18958	180210	320589	11110
2008	29409	205516	21003	184513	311832	14667
2009	30264	202927	21357	181570	305235	16068

15-6 各级各类学校招生数

NEW STUDENTS ENROLLMENT BY LEVEL AND TYPE OF SCHOOL

单位：人 (person)

年份 Year	高等学校 Regular Institutions of Higher Education	中等学校 Secondary Schools	中等专业学校 Specialized Secondary Schools	普通中学 Regular Secondary Schools	小学 Primary Schools
1959		76		76	
1965	910	880	455	425	
1978	711	8722	1896	6826	
1979	465	9188	1899	7289	64798
1980	233	8530	334	8196	61312
1981	284	6682	310	6372	38106
1982	245	6712	422	6290	25572
1983	266	7379	542	6837	30736
1984	471	8181	904	7277	43746
1985	530	7555	615	6940	25282
1986	579	8169	1031	7138	30333
1987	404	9158	913	8245	32057
1988	568	8301	1060	7241	37657
1989	670	8760	1150	7610	34608
1990	645	7687	1171	6516	38338
1991	552	8981	1117	7864	41748
1992	683	10655	1303	9352	52739
1993	1193	11215	1306	9909	52740
1994	1095	12262	1531	10731	63488
1995	1175	13946	1707	12239	59963
1996	909	14818	1517	13301	73218
1997	717	16317	1552	14765	59611
1998	1385	16784	1300	15484	60385
1999	1681	19831	1664	18167	58939
2000	2320	28619	2957	25662	57969
2001	2420	35912	2089	33823	58973
2002	3414	40080	2107	37973	60824
2003	4279	49138	2203	46935	58913
2004	6009	56938	4223	52715	59126
2005	7589	59684	2856	56828	54665
2006	8359	60573	2336	58237	52864
2007	8046	73668	6654	67014	51890
2008	8526	70173	5219	64954	50937
2009	9020	74964	11038	63926	53682

15-7 各级各类学校毕业生数

NUMBER OF GRADUATES BY LEVEL AND TYPE OF SCHOOL

单位：人 (person)

年份 Year	高等学校 Regular Institutions of Higher Education	中等学校 Secondary Schools	中等专业学校 Specialized Secondary Schools	普通中学 Regular Secondary Schools	小学 Primary Schools
1959		2287	2287		
1965	1063	206		206	
1978	783	5338	1388	3950	
1979	232	5709	1478	4231	20934
1980	193	5861	1288	4573	17051
1981	205	5725	1422	4303	12199
1982	539	5679	1209	4470	11088
1983	106	4866	257	4609	13585
1984	411	4682	435	4247	11500
1985	305	4680	133	4547	11381
1986	315	5716	452	5264	11724
1987	424	6867	667	6200	13167
1988	683	6914	833	6081	7467
1989	394	7253	581	6672	7483
1990	587	6773	900	5873	9314
1991	543	6670	895	5775	8607
1992	593	7949	1006	6943	12403
1993	564	6644	1080	5564	11443
1994	621	7600	1291	6309	12594
1995	525	8351	1196	7155	14412
1996	1242	10104	1353	8751	15974
1997	857	11148	1366	9782	19378
1998	1151	13015	1693	11322	24611
1999	1066	13519	1427	12092	30725
2000	764	14019	1895	12124	37039
2001	1050	14701	1517	13184	42044
2002	1686	18023	2311	15712	43929
2003	1745	23263	1973	21290	45695
2004	2108	33570	2544	31026	45182
2005	3172	40010	2930	37080	47960
2006	3846	47975	2280	45695	48655
2007	4346	53992	2197	51795	52238
2008	5840	58358	2436	55922	52721
2009	8454	59316	3603	55713	50850

15-8 高等学校分科在校学生数

STUDENT ENROLLMENT IN INSTITUTIONS OF HIGHER EDUCATION BY FIELD OF STUDY

单位：人 (person)

项目 Item		2000			2008			2009		
		合计 Total	本科 Regular College Course	专科 Specialized Subject (Three Years)	合计 Total	本科 Regular College Course	专科 Specialized Subject (Three Years)	合计 Total	本科 Regular College Course	专科 Specialized Subject (Three Years)
合计	**Total**	**5475**	**2251**	**3224**	**29409**	**19055**	**10354**	**30264**	**19371**	**10893**
哲学	Philosophy	64	64		41	41		73	73	
经济学	Economics	1004	195	809	1194	1114	80	1030	924	106
法学	Law	527	236	291	2533	1433	1100	2623	1360	1263
教育学	Education	259	29	230	2455	701	1754	2655	835	1820
文学	Literature	1120	608	512	4882	4273	609	4855	4242	613
历史学	History	370	59	311	157	157		274	274	
理学	Science	510	362	148	1699	1699		1749	1749	
工学	Engineering	525	195	330	4460	2531	1929	4819	2776	2043
农学	Agriculture	639	196	443	3069	1580	1489	3283	1645	1638
医学	Medicine	457	307	150	3347	2246	1101	3354	2336	1018
管理学	Management				5572	3280	2292	5549	3157	2392

15-9 高等学校分科招生数

NEW STUDENT ENROLLMENT IN INSTITUTIONS OF HIGHER EDUCATION BY FIELD OF STUDY

单位：人 (person)

项目 Item		2000			2008			2009		
		合计 Total	本科 Regular College Course	专科 Specialized Subject (Three Years)	合计 Total	本科 Regular College Course	专科 Specialized Subject (Three Years)	合计 Total	本科 Regular College Course	专科 Specialized Subject (Three Years)
合计	**Total**	**2320**	**998**	**1322**	**8526**	**4755**	**3771**	**9020**	**5010**	**4010**
哲学	Philosophy				21	21		34	34	
经济学	Economics	459	91	368	346	266	80	189	189	
法学	Law	238	68	170	585	265	320	603	323	280
教育学	Education	192	29	163	1141	261	880	800	232	568
文学	Literature	455	251	204	1210	1023	187	1367	1177	190
历史学	History	126	59	67	55	55		120	120	
理学	Science	176	176		417	417		521	521	
工学	Engineering	212	142	70	1381	739	642	1715	809	906
农学	Agriculture	302	112	190	964	411	553	1144	441	703
医学	Medicine	160	70	90	908	550	358	845	547	298
管理学	Management				1498	747	751	1682	617	1065

15-10 高等学校分科毕业生数

GRADUATES OF INSTITUTIONS OF HIGHER EDUCATION BY FIELD OF STUDY

单位：人 (person)

项目 Item		2000			2008			2009		
		合计 Total	本科 Regular College Course	专科 Specialized Subject (Three Years)	合计 Total	本科 Regular College Course	专科 Specialized Subject (Three Years)	合计 Total	本科 Regular College Course	专科 Specialized Subject (Three Years)
合计	**Total**	**764**	**252**	**512**	**5840**	**3635**	**2205**	**8454**	**4682**	**3772**
哲学	Philosophy									
经济学	Economics	92		92	258	258		386	362	24
法学	Law	23		23	791	360	431	861	458	403
教育学	Education	55		55	282	42	240	518	70	448
文学	Literature	165	124	41	1044	925	119	1397	1182	215
历史学	History	92		92	30	30				
理学	Science	69	53	16	324	324		436	436	
工学	Engineering	47		47	768	256	512	1256	489	767
农学	Agriculture	144	26	118	666	348	318	902	342	560
医学	Medicine	77	49	28	384	271	113	935	479	456
管理学	Management				1293	821	472	1763	864	899

15-11 中等专业学校分科学生数

NUMBER OF STUDENTS BY FIELD STUDY IN SPECIALIZED SECONDARY SCHOOLS

单位：人 (person)

项目 Item		2008			2009		
		毕业生数 Graduates	招生数 New Student Enrollment	在校学生数 Student Enrollment	毕业生数 Graduates	招生数 New Student Enrollment	在校学生数 Student Enrollment
合计	**Total**	**2436**	**5219**	**21003**	**3603**	**11038**	**21357**
农林类	Agriculture,Forestry	250	632	1018	447	2467	3488
资源与环境类	Resource and Environment						109
能源类	Energy	88	90	90	51	105	144
土木水利工程类	Constrution and Water Conservancy Engineering	44	158	198	248	340	515
加工制造类	Machining and Manufacture		234	493	274	256	727
交通运输类	Transport		235	391	84	855	1164
信息技术类	Information Technology	190	405	1045	327	943	2159
医药卫生类	Medicine and Health	399	1460	3096	664	1670	4149
商贸与旅游类	Trade and Tour	201	777	1460	450	1627	2731
财经类	Finance and Economics	141	289	2620	165	32	252
文化艺术与体育类	Arts and Physical Culture	260	376	3693	391	1614	3694
社会公共事物类	Society Commonality Business	91	319	2204	306	436	1349
师范类	Teacher Training	734	35	74			74
其他	Others	38	209	4621	196	693	802

15-12 各级学校教师负担学生数

STUDENT-TEACHER RATIO BY LEVEL OF SCHOOL

单位：人 (person)

年份 Year	高等学校 Institutions of Higher Education		中等专业学校 Specialized Secondary Schools		普通中学 Regular Secondary Schools		小学 Primary Schools	
	教师数 Number of of Teachers	平均每个教师负担学生数 Student-Teacher Ratio	教师数 Number of of Teachers	平均每个教师负担学生数 Student-Teacher Ratio	教师数 Number of of Teachers	平均每个教师负担学生数 Student-Teacher Ratio	教师数 Number of of Teachers	平均每个教师负担学生数 Student-Teacher Ratio
1978	438	4.75	391	11.87	1061	16.66		
1979	554	2.66	451	12.55	1190	16.63	9722	25.51
1980	625	2.39	418	8.35	1200	15.66	12301	19.58
1981	571	2.67	456	5.10	1163	14.55	10164	18.39
1982	534	2.27	440	3.58	1194	14.04	8322	17.01
1983	518	2.56	280	5.01	1184	15.34	8381	14.87
1984	567	2.42	354	5.16	1406	13.43	8118	15.46
1985	571	2.76	382	5.89	1493	13.68	7931	15.12
1986	659	2.81	458	6.69	1724	12.73	7742	15.65
1987	1071	1.68	574	5.63	1996	11.96	7368	18.60
1988	723	2.40	626	5.54	2268	10.33	8045	18.00
1989	756	2.61	619	6.40	2317	10.02	7939	17.49
1990	719	2.82	618	6.76	2323	9.17	8506	16.44
1991	741	2.65	631	6.95	2344	9.30	8408	19.99
1992	727	3.08	654	7.21	2377	9.78	8647	22.18
1993	761	3.70	685	7.22	2342	10.97	9587	22.10
1994	777	4.22	744	6.98	2691	10.67	11514	20.23
1995	782	4.96	746	7.47	2834	11.54	13349	19.38
1996	833	4.10	794	6.78	3142	11.13	13916	20.43
1997	849	3.76	784	7.31	3348	11.47	13938	21.56
1998	834	4.13	765	7.29	3616	11.02	13908	22.31
1999	765	5.26	740	7.66	4045	10.93	13726	22.62
2000	813	6.73	742	8.87	4306	12.83	13181	23.81
2001	867	7.84	802	8.50	4979	14.40	11995	26.01
2002	885	9.53	782	8.23	5577	16.22	12792	24.98
2003	972	10.71	701	9.58	6461	17.67	13026	24.72
2004	1081	13.63	774	11.05	7371	18.44	13610	24.02
2005	1187	15.99	835	8.42	8161	18.88	14267	22.95
2006	1673	13.94	484	30.53	8677	19.08	15961	20.65
2007	1755	15.25	507	37.39	10033	17.96	17813	18.00
2008	1877	15.67	541	38.82	10752	17.16	18087	17.24
2009	1969	15.37	601	35.54	11498	15.79	18686	16.34

15-13 初中毕业生和小学毕业生升学率及小学学龄儿童入学率

PERCENTAGE GRADUATES OF JUNIOR SECONDARY SCHOOLS AND PRIMARY SCHOOLS ENTERING HIGHER LEVEL SCHOOLS, PERCENTAGE OF SCHOOL-AGE CHILDREN ENROLLED

单位：%　　(%)

年份 Year	初中毕业生升学率 Percentage of Graduates of Junior Secondary Schools Entering Senior Secondary Schools	小学毕业生升学率 Percentage of Graduates of Primary Schools Entering Senior Secondary Schools	小学学龄儿童入学率 Percentage of School-Age Children Enrolled
1981		29.6	76.0
1982	38.1	41.1	78.0
1983	39.2	49.7	42.1
1984	36.0	44.0	46.4
1985	49.4	44.9	46.0
1986	44.4	47.9	50.0
1987	48.8	53.2	48.4
1988	41.3	39.6	55.7
1989	40.7	73.6	53.1
1990	36.2	62.1	67.4
1991	32.9	67.7	45.6
1992	32.4	62.7	52.4
1993	30.2	74.0	58.9
1994	29.9	87.3	66.6
1995	43.2	67.7	70.4
1996	35.6	66.7	73.5
1997	52.8	61.7	78.2
1998	47.1	62.9	81.3
1999	66.6	45.2	81.7
2000	82.5	55.0	85.8
2001	73.3	67.0	87.2
2002	77.3	71.1	88.3
2003	72.1	82.9	91.8
2004	61.7	92.3	94.7
2005	50.5	91.7	95.9
2006	42.5	92.0	96.5
2007	58.0	97.1	98.2
2008	48.8	93.8	98.5
2009	55.2	98.4	98.8

15-14 平均每万人口中在校学生数和大中小学学生构成

STUDENT ENROLLMENT PER 10000 POPULATION AND COMPOSITION OF STUDENTS ENROLLED

年份 Year	平均每万人口中 Number of Students per 10000 Population				大中小学学生占学生总数 Students of Different Level as Percentage of Total Students			
	大学生 (人) University and College Students (person)	中专生 (人) Specialized Secondary School Students (person)	中学生 (人) Secondary School Students (person)	小学生 (人) Primary School Students (person)	大学生 (%) University and College Students (%)	中专生 (%) Specialized Secondary School Students (%)	中学生 (%) Secondary School Students (%)	小学生 (%) Primary School Students (%)
1965	16	3	8	487				
1978	12	26	99	1469	0.7	1.6	6.2	91.5
1979	8	31	108	1358	0.5	1.9	7.2	90.4
1980	8	19	102	1300	0.6	1.3	7.1	91.0
1985	8	11	102	601	1.1	1.6	14.2	83.2
1986	9	15	108	598	1.3	2.1	14.8	81.9
1987	9	16	115	659	1.1	1.9	14.4	82.6
1988	8	16	110	682	1.0	2.0	13.5	83.5
1989	9	19	109	654	1.2	2.4	13.8	82.7
1990	9	19	98	725	1.1	2.3	11.5	85.1
1991	9	20	98	758	1.0	2.2	11.1	85.7
1992	10	21	104	858	1.0	2.1	10.5	86.4
1993	12	22	112	926	1.2	2.0	10.5	86.4
1994	14	23	125	1011	1.2	1.9	10.6	86.2
1995	17	24	139	1098	1.3	1.9	10.9	86.0
1996	14	23	146	1188	1.0	1.6	10.7	86.7
1997	13	24	162	1238	0.9	1.7	11.0	86.4
1998	14	23	163	1271	1.0	1.6	11.1	86.4
1999	16	23	179	1253	1.1	1.6	12.1	85.2
2000	21	25	213	1199	1.4	1.7	14.6	82.3
2001	26	26	273	1187	1.7	1.7	18.1	78.5
2002	32	24	339	1197	2.0	1.5	21.3	75.2
2003	39	25	422	1192	2.3	1.5	25.2	71.0
2004	54	31	497	1195	3.0	1.8	28.0	67.3
2005	69	25	556	1182	3.7	1.4	30.4	64.5
2006	83	53	589	1173	4.4	2.8	31.1	61.8
2007	94	67	634	1128	4.9	3.5	33.0	58.7
2008	102	73	643	1086	5.4	3.8	33.7	57.0
2009	104	74	626	1052	5.6	4.0	33.7	56.7

15-15 高等学校分科专任教师数（2009年）
NUMBER OF FULL-TIME TEACHERS BY FIELD OF STUDY IN REGULAR HIGHER EDUCATIONAL INSTITUTIONS (2009)

单位：人 (person)

项 目	Item	合计 Total	正高级 Senior Title	副高级 Associate Title	中级 Junior Title	初级 Primary Title	无职称 Non-title
合计	**Total**	**1969**	**83**	**474**	**719**	**461**	**232**
哲学	Philosophy	90	2	34	14	12	28
经济学	Economics	51	3	13	16	9	10
法学	Law	145	6	37	55	30	17
教育学	Education	299	9	61	95	70	64
文学	Literature	443	19	108	162	95	59
历史学	History	38	4	12	11	5	6
理学	Science	198	13	73	74	30	8
工学	Engineering	240	6	38	84	91	21
农学	Agriculture	174	8	45	87	34	
医学	Medicine	156	10	27	70	40	9
管理学	Management	135	3	26	51	45	10

15-16 高等学校专任教师、聘请校外教师学历情况（2009年）
EDUCATIONAL BACKGROUND OF FULL-TIME TEACHERS AND ENGAGED FROM OTHER SCHOOLS IN INSTITUTIONS OF HIGHER EDUCATION (2009)

单位：人 (person)

项 目	Item	合计 Total	博士 Doctor	硕士 Master	大学本科 Regular College Course	大学专科及以下 Specializ subjec and Below
专任教师	**Full-time Teachers**	**1969**	**62**	**684**	**1123**	**100**
正高级	Senior Title	83	17	11	41	14
副高级	Associate Title	474	26	117	304	27
中级	Junior Title	719	19	331	317	52
初级	Primary Title	461		114	340	7
无职称	Non-title	232		111	121	
聘请校外教师	**Engaged from Other Schools**	**137**	**5**	**23**	**100**	**9**
正高级	Senior Title	13		1	12	
副高级	Associate Title	70	5	12	50	3
中级	Junior Title	22		8	13	1
初级	Primary Title	2			2	
无职称	Non-title	30		2	23	5

15-17 各级学校女学生和女教师数

NUMBER OF FEMALE STUDENTS AND TEACHERS BY LEVEL OF SCHOOL

单位：人 (person)

项　目	Item	2000	2007	2008	2009
女学生数	**Number of Female Students**	**176102**	**261161**	**261953**	**239300**
高等学校	Institutions of Higher Education	2049	13293	14632	15116
中等专业学校	Specialized Secondary Schools	3433	9529	10390	9904
普通中学	Regular Secondary Schools	25946	85371	88205	67502
小学	Primaey Schools	144674	152968	148726	146778
女学生占学生总数的百分比 (%)	**Percentage of Female Students to Total Students (%)**	**46.2**	**49.8**	**47.9**	**44.4**
高等学校	Institutions of Higher Education	37.4	49.7	49.8	49.9
中等专业学校	Specialized Secondary Schools	52.1	50.2	49.5	46.4
普通中学	Regular Secondary Schools	47.0	41.3	47.8	37.2
小学	Primaey Schools	46.1	47.8	47.7	48.1
女教师数	**Number of Female Teachers**	**7721**	**13878**	**14656**	**15617**
高等学校	Institutions of Higher Education	290	783	849	908
中等专业学校	Specialized Secondary Schools	299	189	209	233
普通中学	Regular Secondary Schools	1514	4162	4685	5158
小学	Primaey Schools	5618	8744	8913	9318
女教师数占教师总数的百分比 (%)	**Percentage of Female Teachers to Total Teachers (%)**	**40.6**	**44.0**	**46.9**	**47.7**
高等学校	Institutions of Higher Education	35.7	44.6	45.2	46.1
中等专业学校	Specialized Secondary Schools	40.3	37.3	38.6	38.8
普通中学	Regular Secondary Schools	35.2	41.5	43.6	44.9
小学	Primaey Schools	42.6	49.1	49.3	49.9

15-18 各地区普通中学基本情况(2009年)

BASIC STATISTICS OF REGULAR SECONDARY SCHOOLS BY REGION(2009)

单位：人 (person)

地区	Region	学校(所) Schools (unit)	毕业生数 Graduates	招生数 New Students Enrollment	在校学生 Students Enrollment	教职员工 Staff and Workers	# 专任教师 Full-time Teachers
合计	**Total**	**118**	**55713**	**63926**	**181570**	**12249**	**11498**
拉萨市	Lhasa	23	11133	11807	33363	2596	2372
昌都地区	Qamdo	17	11643	12925	37482	1918	1805
山南地区	Shannan	17	7459	7235	21950	1658	1549
日喀则地区	Xigazê	25	14632	14959	43597	3318	3161
那曲地区	Nagqu	15	5013	9362	23806	1315	1265
阿里地区	Ngari	7	878	1655	4474	229	219
林芝地区	Nyingchi	11	3363	4480	11519	848	807
其他	Others	3	1592	1503	5379	367	320

15-19 各地区普通小学基本情况(2009年)

BASIC STATISTICS OF REGULAR PRIMARY SCHOOLS BY REGION(2009)

单位：人 (person)

地区	Region	学校(所) Schools (unit)	毕业生数 Graduates	招生数 New Students Enrollment	在校学生 Students Enrollment	教职员工 Staff and Workers	# 专任教师 Full-time Teachers
合计	**Total**	**884**	**50850**	**53682**	**305235**	**19293**	**18686**
拉萨 市	Lhasa	99	8275	8341	48001	3508	3320
昌都地区	Qamdo	199	12260	11369	69784	3869	3682
山南地区	Shannan	105	5704	4974	30778	2255	2225
日喀则地区	Xigazê	224	12865	11245	67644	4720	4636
那曲地区	Nagqu	150	6785	12305	55732	2812	2741
阿里地区	Ngari	39	1648	1838	11199	619	604
林芝地区	Nyingchi	66	3101	3422	20887	1445	1423
其他	Others	2	212	188	1210	65	55

15-20 各类专业技术人员数

SCIENTIFIC AND TECHNICAL PERSONNEL

单位：人 (Person)

指 标	Item	1985	1990	1995	2000	2008	2009
总计	**Total**	**23537**	**26751**	**30353**	**36587**	**48524**	**52107**
自然科技人员	Natural Science	17615	19704	24548	30924	45644	48934
工程技术人员	Engineering	1735	2367	2963	4093	2185	2341
农业技术人员	Agriculture	1838	1578	1726	1852	2115	2722
科学研究人员	Scientific Research	324	360	417	352	443	278
卫生技术人员	Health Care	6019	6530	7353	7304	7838	8317
教学人员	Teaching	7699	8869	12089	17323	33063	35276
社会科技人员	Social Science	5922	7047	5805	5663	2880	3173
会计人员	Financial Accounting	3447	2671	1735	1956	291	295
统计人员	Statistical	773	533	283	162	22	22
新闻、出版、播音人员	Editor, Reporter and Announcer	361	492	534	689	917	952
翻译人员	Translator	79	310	332	391	188	214
体育教练人员	Physical Coaches	50	48	57	42	27	173
经济人员	Economic	370	1755	1028	870	86	86
图书、档案、文博人员	Books, Archives and Data	118	364	440	509	287	306
工艺美术人员	Industrial Arts	8	16	26	2	20	22
艺术人员	Literature	716	800	831	471	939	983
律师、公证人员	Lawyer		58	51	66	21	18
政工人员	Politics			488	505	82	102

15-21　自治区科协系统科技活动情况

BASIC STATISTICS ON SCIENTIFIC AND TECHNOLOGICAL ACTIVITIES OF TIBET ASSOCIATIONS FOR SCIENCE AND TECHNOLOGY

项　目		Item		2000	2007	2008	2009
学术活动		**Academic Activities**					
参加活动次数	（次）	Number of Academic Meeting	(time)	41	28	13	50
参加人数	（人）	Number of Participants	(person)	4419	1270	2280	1375
交流论文数	（篇）	Number of Papers Presented	(piece)	579	281	245	552
科普活动		**Activities for Popular Science**					
讲座次数	（次）	Number of Lectures	(time)	19	12	178	145
参加人数	（人）	Number of Participants	(person)	5028	4700	270000	168000
展览次数	（次）	Number of Exhibitions	(time)	6	5	195	157
参观人数	（人）	Number of Participants	(person)	30000	28000	170000	150000
参加科技咨询的科技人员数	（人）	Number of Consultation for Decision-Making	(person)	150	300	1085	2770
出版		**Publications**					
科技期刊总数	（种）	Number of Academic Journals	(kind)	9	5	10	7
学术论著发行量	（册）	Number of Copies Distributed for Science Treatise	(copies)	21000		10000	6000
论文集种数	（种）	Number of Collections Articles	(kind)	1	3	2	1
发行量	（册）	Number of Copies Distributed	(copies)	1000	1000	2000	1500
科技报纸种数	（种）	Number of Scientific and Technological Newspapers	(kind)	2	2	2	2
发行份数	（万份）	Number of Copies Distributed	(10000 copies)	50	22	280	280

15-22 科学研究与技术开发机构科技活动情况

BASIC STATISTICS ON SCIENTIFIC RESEARCH AND DEVELOPMENT INSTITUTION

项 目		Item		2007	2008	2009
科技活动人员	**（人）**	**Personnel Engaged in S&T Activities**	**(person)**	**881**	**915**	**854**
科学家和工程师	（人）	Scientists and Engineers	(person)	473	556	410
科技论文	（篇）	Scientific Papers	(piece)	229	230	268
科技著作	（种）	Scientific Books	(kind)	25	24	31
科技经费筹集额	**（万元）**	**Funding for S&T Activities**	**(10000 yuan)**	**13740**	**18055**	**36418**
政府资金	（万元）	Government Appropriation Funds	(10000 yuan)	13451	17745	34145
企业资金	（万元）	Enterprises Funds	(10000 yuan)			
事业单位资金	（万元）	Institutions Funds	(10000 yuan)	238	295	1983
国外资金	（万元）	Foreign Funds	(10000 yuan)	51	15	290
其他	（万元）	Others	(10000 yuan)			
科技经费内部支出	**（万元）**	**Intramural Expenditures on S&T Activities**	**(10000 yuan)**	**10685**	**12872**	**13448**
人员费用	（万元）	Personnel Cost	(10000 yuan)	4000	5087	5209
资产购建费	（万元）	Purchases or Coustruction of Fixed Asssets	(10000 yuan)	2163	2616	4212
其它日常支出	（万元）	Other Expenditure	(10000 yuan)	4522	5169	4027
研究与试验发展经费支出	**（万元）**	**Expenditure on R&D**	**(10000 yuan)**	**4174**	**5743**	**5552**
基础研究	（万元）	Basic Research	(10000 yuan)	427	941	1174
应用研究	（万元）	Applied Research	(10000 yuan)	3121	2366	1260
试验发展	（万元）	Experimental Development	(10000 yuan)	626	2436	3118
研究与试验发展折合全时工作量	**（人年）**	**Full-time Equivalent of R&Dnding for R&D Personnel**	**(man-year)**	**397**	**400**	**418**
基础研究	（人年）	Basic Research	(man-year)	48	70	88
应用研究	（人年）	Applied Research	(man-year)	298	123	122
试验发展	（人年）	Experimental Development	(man-year)	51	207	208

15-23 文化艺术、文物和出版行业事业机构和人员情况

NUMBER OF INSTITUTIONS AND PERSONNEL IN CULTURE, ART, CULTURAL RELICS, NEWS AND PUBLISHING UNDERTAKINGS

机构类别	Catetory of Institutions	机构数(个) Number of Institutions (unit)			从业人员(人) Number of Persons Engaged (person)		
		2000	2008	2009	2000	2008	2009
文化事业合计	**Culture**	**143**	**314**	**360**	**1683**	**1813**	**1820**
艺术事业	Art Institutions	46	51	51	1255	1367	1367
剧团、文工团	Troupe and Cultural Troupes	10	10	10	816	841	841
乌兰牧骑、文宣队	Ulanmuchi and Performance Troupes	16	19	19	234	438	438
艺术表演场所	Art Centers	20	22	22	205	88	88
图书馆事业	Libraries	1	4	4	43	63	66
群众文化事业	Mass Culture	94	257	297	333	331	331
群众艺术馆	Mass Art Centers	7	7	7	183	157	157
文化馆	Culture Centers	52	45	49	118	71	71
文化站	Culture Stations	35	205	239	32	103	103
其他文化事业	Other Culture Units	2	2	2	52	52	56
文物事业	**Cultural Relics**	**18**	**17**	**17**	**286**	**286**	**286**
出版发行事业	**News and Publishing Undertakings**	**71**	**86**	**90**	**376**	**292**	**435**

15-24 图书、杂志出版情况

NUMBER OF BOOKS，MAGAZINES PUBLISHED

年份 Year	图书 Books Published			杂志 Magazines Published					
				合计 Total		汉文 Chinese		藏文 Tibetan	
	合计（万册） Total (10000 copies)	汉文 Chinese	藏文 Tibetan	种数（种） Number of Publica-tions (kind)	印数（千册） Printed Copies (1000 copies)	种数（种） Number of Publica-tions (kind)	印数（千册） Printed Copies (1000 copies)	种数（种） Number of Publica-tions (kind)	印数（千册） Printed Copies (1000 copies)
1965	50	10	40						
1978	306	61	245	4	74	4	74		
1979	365	140	225	1	40	1	40		
1980	359	159	200	7	835	4	519	3	316
1985	310	96	214	14	417	8	298	6	119
1986	293	124	169						
1987	378	153	225	12	218	6	107	6	111
1988	301	118	184	17	277	9	181	7	96
1989	372	125	247	15	217	7	137	8	80
1990	435	225	210	16	205	7	96	8	106
1991	363	114	249	18	299	8	109	9	187
1992	368	119	249	26	355	14	220	11	133
1993	416	108	308	26	297	15	171	11	126
1994	308	122	186	23	293	12	181	11	112
1995	402	94	308	23	286	12	182	11	104
1996	450			21	252				
1997	349	87	262	20	290	10	177	10	113
1998	456	88	369	20	329	10	172	10	157
1999	436	103	333	23	462	12	302	11	160
2000	524	151	373	32	580	17	347	15	233
2001	461	219	235	33	874	19	518	14	356
2002	874	400	474	34	720	14	263	20	457
2003	781	367	414	34	716	20	517	14	199
2004	795	374	421	34	750	20	531	14	219
2005	854	369	485	34	767	20	587	14	180
2006	927	381	546	34	830	20	635	14	195
2007	1206	725	481	34	3903	20	3614	14	289
2008	1286	788	498	34	2808	20	2478	14	330
2009	1339	899	441	34	1327	20	1009	14	318

15-25 报纸出版情况

NUMBER OF NEWSPAPER PUBLISHED

年份 Year	合计 Total			汉文报 Chinese			藏文报 Tibetan		
	种数（种）Number of Newspaper Published (kind)	总印张（千印张）Printed Sheets (1000 sheets)	总印数（万份）Printed Copies (10 000copies)	种数（种）Number of Newspaper Published (kind)	总印张（千印张）Printed Sheets (1000 sheets)	总印数（万份）Printed Copies (10 000copies)	种数（种）Number of Newspaper Published (kind)	总印张（千印张）Printed Sheets (1000 sheets)	总印数（万份）Printed Copies (10 000copies)
1959		1560			800			760	
1965		3258			2008			1250	
1978		26669			10112			16557	
1979		23153			9102			14051	
1980		20739			8342			12397	
1981		15129			5788			9341	
1982		15167			6593			8574	
1983	6	17251		3	6854		3	10397	
1984	6	17253		3	7329		3	9924	
1985	13	16529		6	9035		7	7494	
1986									
1987	10	15121		5	8103		5	7018	
1988	11	15046		5	8177		6	6869	
1989	12	14782		6	8973		6	5809	
1990	11	13441		5	7493		6	5948	
1991	13	15535		6	8851		7	6684	
1992	14	16454		7	9325		7	7129	
1993	15	15377		8	9072		7	6305	
1994	15	27004		8	15451		7	11553	
1995	15	27207		8	15593		7	11614	
1996	10	28690							
1997	12	26739		7	20261		5	7578	
1998	14	27360		8	20134		6	7226	
1999	16	35573		9	26482		7	9091	
2000	16	28712		9	21987		7	6725	
2001	16	34370	2248	10	24470	1629	6	9900	619
2002	19	51330	2937	11	43953	2048	8	7377	889
2003	19	45130	2806	11	37722	1912	8	7408	894
2004	19	53520	3298	11	44737	2474	8	8783	824
2005	23	53511	2631	13	45632	1810	10	7879	821
2006	23	56000	3440	13	47754	2207	10	8246	1233
2007	23	76642	3788	13	65507	2488	10	11135	1300
2008	23	88662	5694	13	67372	4399	10	21290	1295
2009	23	122774	5927	13	98978	4346	10	23796	1581

15-26 广播、电视基本情况
BASIC STATISTICS BROADCASTING AND TELEVISION STATIONS

项 目		Item		1990	1995	2000	2008	2009
广播电台	(座)	**Broadcasting Stations**	(unit)	**2**	**2**	**2**	**1**	**1**
节目套数	(套)	Produced Programs	(set)	3	4	3	4	4
中、短波转播发射台	(座)	Transmission Stations and Relaying Stations of MW & SW	(unit)	20	35	36	38	42
中、短波转播发射功率	(千瓦)	Power of MW & SW Transmitters	(kw)	435.7	1041.1	1401.9	153.0	161.0
广播综合人口覆盖率	(%)	Listener Rating	(%)	26.00	55.00	77.73	88.81	89.20
电视台	(座)	**Television Stations**	(unit)	**2**	**2**	**2**	**5**	**5**
节目套数	(套)	Produced Programs	(set)	3	3	3	7	10
电视转播发射台	(座)	Television Transmitters Stations and Relaying Stations	(unit)	164	333	647	2060	2060
#50W以上电视转播发射台	(座)	With Power above 50W	(unit)	**80**	**80**	**80**	**80**	**80**
电视转播发射功率	(千瓦)	Power of Transmitters	(kw)	18.6	19.8	21.6	104.0	104.0
电视综合人口覆盖率	(%)	Viewer Rating	(%)	35.00	55.00	76.13	89.94	90.36
广播电视台	(座)	**Broadcast-Television Stations**	(unit)				**3**	**3**
节目套数	(套)	Produced Programs	(set)				6	7
卫星收转站	(座)	Satellite Receicing and Transmission Stations	(unit)	**164**	**1156**	**2759**	**14220**	**15142**
县级以上有线电视转播发射台	(座)	TV Transmission Stations and Relaying Stations in Counties and Cities	(unit)	**74**	**76**	**72**	**76**	**76**
100W以上调频转播发射台	(座)	Transmission and Relaying Stations of Frequency Modulation Broadcast With Power above 100W	(unit)		**1**	**1**	**76**	**78**
卫星地球站	(座)	Satellite Communication Earth Station	(unit)			**1**	**1**	**1**

15-27 广播电视节目播出时间
BROADCAST IN THE BROADCAST TIME OF TV PROGRAMME

单位：小时:分 (hour:minute)

项 目	Item	2009	项 目	Item	2009
广播节目	**Broadcasting Program**		**电视节目**	**Television Program**	
播出公共节目时间	Broadcast Public Program Time	36573:35	播出公共节目时间	Broadcast Public Program Time	45845:35
#转播中央台节目时间	Transfer to the Program time of chinese central Broadcasting	1457:00	#转播中央台节目时间	Transfer to the Program time of chinese central Broadcasting	2774:00
转播省级台节目时间	Transfer to and Save one Grade of Programs time	420:00	转省级台节目时间	Transfer to and Save one Grade of Programs time	2044:40
播出制作节目时间	Broadcast and Make Program time	30105:10	播出制作节目时间	Broadcast and Make Program time	17246:00
购买交换节目时间	Buy Exchange Program time	4591:25	购买交换节目时间	Buy Exchange Program time	23780:55

第十六篇

体育 卫生 环保

Chapter 16

SPORTS,PUBLIC HEALTH AND ENVIRONMENTAL PROTECTION

16-1 体育局系统职工人数

NUMBER OF STAFF AND WORKERS IN SPORTS COMMISSIONS

单位：人 (person)

人员分类	Category Personnel	1990	1995	2000	2007	2008	2009
合计	**Total**	**610**	**707**	**640**	**672**	**543**	**534**
专职教练员	Full-time Coaches	33	40	22	47	66	48
专职文化教师	Full-time Teachers	16	53	3	18	32	18
医务人员	Medical Personnel	13	17	11	12	13	13
行政管理干部	Administrative Personnel	271	140	120	135	140	172
工人	Workers	93	457	325	327	145	149
其他	Others	184		137	133	147	134

16-2 等级运动员 (2009年)

NUMBER OF ATHLETES IN GRADES BY TYPE OF SPORTS (2009)

单位：人 (person)

运动项目	Item	等级运动员 Number of Athletes in Grades	国际运动健将 International Master of Sports	运动健将 Master of Sports	一级运动员 First Grade Sportsman	其他 Others
合计	**Total**	**134**	**22**	**6**	**41**	**65**
田径	Track and Field	5			4	1
射箭	Archery	7			1	6
国际式摔跤	International Wrestling	25		6	10	9
柔道	Judo	6				6
足球	Football	27				27
登山	Mountaineering	22	22			
马术	Horsemanship	35			22	13
射击	Shooting	5			4	1
拳击	Boxer	2				2

16-3 政府援建体育场地

PHYSICAL EDUCATION FIELD AIDED BY GOVERNMENT

级次 Level	场地设施数量（个/条） Number of Physical Field Establishment (unit)					投入(万元) Investment (10000 yuan)				场地规模(m²) Field Size (m^2)	
	小计 Total	健身路径 Fitness Route	篮球场 Basketball Court	乒乓球台 Table Tennis Table	小篮板 Mini-Basketball	小计 Total	财政拨款 Government Subsidies	体彩公益金 Pysical Education lottery Public Fund	其他 Other	占地面积 Land Covering	场地面积 Field Area
自治区 Autonomous Region											
2008年	397	40	119	238		596	85	351	160	95000	82920
2009年	811	100	237	474		1308	80	1228		300000	242200
地市 City											
2008年	29	2	15	4	8	295	200	80	15	8850	8470

16-4 体育彩票销量、公益金及税收情况

SITUATIONS OF SALES,PUBLIC FUND AND TAX OF PHYSICAL EDUCATION LOTTERY

单位：万元 (10000 yuan)

年度 Year	竞猜型销量 Guess	乐透型销量 Lottery	即开型销量 Instant	销量合计 Total Sales	公益金 Public Fund	上缴税款 Tax
合计 **Total**	**1399**	**9707**	**28820**	**39926**	**9480**	**587**
2006	382	1635		2017	656	29
2007	323	2087		2410	801	37
2008	298	3110	12180	15588	3590	185
2009	396	2875	16640	19911	4433	336

16-5 环保系统机构、人员数

NUMBER OF ENVIRONMENTAL PROTECTION AGENCIES AND PERSONS

指　　标		Item		1995	2000	2008	2009
机构总数	(个)	Number of Agencies	(unit)	9	21	101	101
人员总数	(人)	Total Number of Staff & Workers	(person)	140	176	537	557
#科技人员		Scientific and Technical Personnel			25	31	
监测人员		Monitoring Personal		55	48	68	78
监理人员		Supervising and Administrative Personnel			5	40	37

16-6 “三废”排放及治理情况

DISCHARGE AND TREATMENT OF WASTE WATER，WASTE GAS AND SOLID WASTES

指　　标		Item		1995	2000	2008	2009
废水		**Waste Water**					
废水排放总量	(万吨)	Total Volume of Industrial Waste Water Discharged	(10000 tons)	4200	5204	924	942
废水排放达标量	(万吨)	Volume of Industrial Waste Water up to the Standards for Discharge	(10000 tons)	3500	4477	268	210
废水处理量	(万吨)	Total Volume of Industrial Waste Water Treated	(10000 tons)	1400	1615	274	218
废水处理排放达标量	(万吨)	Volume of Treated Industrial Waste Water up to the Standards for Discharge	(10000 tons)	1400	1615	268	210
废气		**Waste Gas**					
废气排放总量	(万标立方米)	Total Volume of Industrial Waste Gas Emission	(ten thousands cu.m)	389	12000	129252	154092
烟尘排放量	(吨)	Volume of Soot Emission	(tons)	5200	1150	1119	720
工业粉尘排放量	(吨)	Volume of Industrial Dust Emission	(tons)	14600	7380	1308	1179
固体废物		**Solid Wastes**					
工业固体废物产生量	(万吨)	Volume of Industrial Solid Wastes Produced	(10000 tons)	0.51	17.05	8.00	11.12
工业固体废物处置量	(万吨)	Volume of Industrial Solid Wastes Accumulated	(10000 tons)				
工业固体废物排放量	(万吨)	Volume of Industrial Solid Wastes Treated	(10000 tons)	0.22	17.04	4.00	4.12

16-7 卫生事业发展情况

指　　标	Item	1980	1985	1990	1991
全区机构数　（个）	**Number of Health Institutions (unit)**	**832**	**958**	**1110**	**1197**
医院、卫生院	Hospitals	528	525	742	479
#医院	Hospitals	92	96	83	107
疗养院	Sanatoriums				1
门诊部(所)	Clinics	247	374	548	595
疾病预防控制中心	Center For Disease Control And Prerention	31	75	80	80
妇幼保健院(所、站)	Maternity and Child Care Centers		4	13	21
采供血机构	Blood Gathering and Supplying Institutions				
卫生监督所	Health Supervision				
社区卫生服务中心	Health Service Center for Community				
其他卫生事业机构	Other Health Care Institutions	20	20	15	15
全区床位数　（张）	**Nmber of Beds (unit)**	**4328**	**4580**	**5381**	**5397**
医院、卫生院	Hospitals	4261	4412	5015	5077
#医院	Hospitals	3719	3679	3361	4388
疗养院	Sanatoriums			150	150
门诊部	Clinics	67	160	207	139
妇幼保健所(站)	Maternity and Child Care Centers		8	9	31
社区卫生服务中心	Other Health Care Institutions				
其他卫生事业机构	Other Health Care Institutions				
全区人员数　（人）	**Personnel (person)**	**8382**	**8461**	**9513**	**9740**
卫生技术人员	Medical Technical Personnel	6663	6837	7498	7749
#执业医师、助理医师	Working Traditional Doctors and Assistants	3564	3628	4514	4620
#注册护士	Registered Nurses	1104	1351	1883	1730
其他技术人员	Other Technical Personnel	100	16	185	180
管理人员	Managerial Personnel	644	584	584	655
工勤技能人员	Logistics Workers	975	1024	1246	1156

注：执业医师、助理医师和注册护士数2001年及以前各年份分别为医生和护士(师)数。

Note:The data of Working Traditional Doctors and Assistants and Registered Nurses is the data of Doctors and Nurses before 2001

DEVELOPMENT OF HEALTH INSTITUTIONS

1992	1993	1994	1995	1996	1997	1998	1999	2000	2007	2008	2009
1223	**1068**	**1152**	**1198**	**1300**	**1324**	**1307**	**1254**	**1237**	**1339**	**1326**	**1329**
491	293	838	882	882	895	876	824	810	765	764	763
108	103	103	104	106	108	108	107	105	97	99	100
1	1	1	1	1	1	1	1	1	1	1	1
609	667	196	195	302	303	303	303	303	419	412	417
82	78	81	83	82	84	84	83	81	79	81	81
21	17	23	24	21	30	32	32	32	58	57	57
									1	1	1
									1	2	2
									14	7	6
14	10	10	4	12	8	2	8	7	1	1	1
5857	**5042**	**5602**	**6176**	**6136**	**6246**	**6512**	**6440**	**6348**	**7127**	**8765**	**8553**
5555	5515	5333	5895	5979	6049	6305	6255	6156	6832	8344	8193
4647	3862	4131	4331	4546	4498	4572	4462	4426	4462	5585	5368
150	150	150	150	120	150	150	120	120	57	40	40
114	347	78	78								
32	27	41	43	37	47	57	65	72	235	336	320
									3		
6	3		10							45	
10063	**9683**	**10424**	**389**	**10935**	**10929**	**10974**	**10957**	**11027**	**10635**	**11680**	**12099**
8030	7540	8176	8467	8682	8697	8785	8892	8948	8535	9435	10047
4597	4457	4760	4851	4909	5149	5089	5181	5262	4148	4376	4465
1729	1501	1572	1657	1669	1669	1760	1687	1816	1807	1920	2007
120	308	350	272	190	154	126	154	211	454	509	415
640	755	713	758	817	743	811	714	676	607	634	649
1273	1080	1185	1250	1246	1335	1252	1197	1192	1039	1102	988

16-8 卫生机构数

NUMBER OF HEALTH INSTITUTIONS

单位：个 (unit)

年份 Year	合计 Total	医院、卫生院 Hospitals	# 医院 Hospitals	门诊部、所 Clinice	疾病预防控制中心 Center For Disease Control And Prerention
1958	43	8	8	35	
1959	62	11	11	51	
1965	193	86	83	106	1
1978	855	519	92	297	14
1979	817	528	93	251	17
1980	832	528	92	247	31
1981	924	530	92	337	30
1982	958	529	93	351	50
1983	940	519	94	432	52
1984	927	520	95	315	64
1985	958	525	96	330	75
1986	770	450	389	213	72
1987	868	544	85	188	81
1988	883	564	83	211	80
1989	1008	638	83	263	80
1990	1110	742	83	255	80
1991	1197	787	83	287	80
1992	1223	831	85	269	82
1993	1068	614	80	345	78
1994	1152	838	88	196	81
1995	1198	882	104	195	83
1996	1300	882	106	231	83
1997	1324	895	108	303	84
1998	1307	876	108	303	84
1999	1254	824	107	303	83
2000	1237	810	105	303	81
2001	1284	808	105	355	81
2002	1346	771	98	361	82
2003	1305	769	97	397	81
2004	1326	764	97	422	79
2005	1378	763	97	474	81
2006	1349	763	97	446	81
2007	1339	765	97	419	79
2008	1326	764	99	412	81
2009	1329	763	100	417	81

16-9 卫生机构床位数和卫生技术人员数

NUMBER OF BEDS AND TECHNICAL PERSONNEL IN HEALTH INSTITUTIONS

单位：张、人　　(unit,person)

年份 Year	床位数 Beds	医院、卫生院 Hospitals Health Centers	# 医院 Hospitals	卫生技术人员数 Medical Technical Personnel	每千人拥有床位数 Every Thousand People has Berths to Count	每千人卫生技术人员数 Number of Medical Technical Personnel Per 1000 Population
1958	174	174	174	502	0.14	0.42
1959	480	480	480	791	0.39	0.64
1965	1631	1570	1570	2424	1.14	1.77
1978	4421	4198	3488	5780	2.35	3.23
1979	4295	4125	3650	6606	2.26	3.62
1980	4328	4261	3719	6663	2.30	3.60
1981	4622	4507	3837	7268	2.42	3.91
1982	4396	4353	3670	7189	2.30	
1983	4455	4307	3642	6899	2.23	3.57
1984	4738	4594	3892	6725	2.34	3.42
1985	4580	4412	3679	6837	2.20	3.43
1986	4983	4720	2881	7001	2.30	3.46
1987	5222	4986	3414	7003	2.40	3.37
1988	5197	4876	3233	7097	2.30	3.34
1989	5355	4999	3325	8064	2.30	3.73
1990	5381	5015	3361	7498	2.30	3.39
1991	5397	5077	3337	7749	2.30	3.44
1992	5857	5555	3569	8030	2.50	3.51
1993	5042	4515	3036	7540	2.00	3.25
1994	5602	5333	3087	8176	2.29	3.46
1995	6176	5895	4331	8467	2.62	3.53
1996	6136	5979	4546	8006	2.56	3.29
1997	6246	6049	4498	7999	2.57	3.23
1998	6512	6305	4572	8785	2.65	3.49
1999	6440	6255	4462	8892	2.60	3.48
2000	6348	6156	4426	8948	2.52	3.44
2001	6372	6153	4385	8820	2.51	3.35
2002	6087	5694	4297	7913	2.38	2.97
2003	6216	5859	4261	8287	2.40	3.07
2004	6413	5928	4238	8569	2.34	3.13
2005	6767	6412	4426	8914	2.44	3.22
2006	7496	7091	4513	8895	2.67	3.17
2007	7127	6832	4462	8535	2.51	3.02
2008	8765	8344	5585	9435	3.05	3.29
2009	8553	8193	5368	10047	2.95	3.47

16-10 全区卫生机构、床位和人员情况（2009年）

指　　标	Item	机构数(个) Number of Institutions (unit)	床位数(张) Beds (unit)	人员数(人) Number of Personnel (person)
总　　计	**Total**	**1329**	**8553**	**12099**
医院	Hospitals	100	5368	6818
综合医院	Comprehensive Hospitals	82	4539	5635
民族医院	Native Hospitals	18	829	1183
疗养院	Sanatoriums	1	40	39
社区卫生服务中心(站)	Community Health	6		19
卫生院	Rural Township Hospitals	663	2825	2646
乡镇卫生院	Township Hospitals	663	2825	2646
#中心卫生院	Center Hospitals	257	1155	1166
诊所. 卫生所. 医务室	Center,community Health	417		906
采供血机构	Blood Gathering and Supplying Institutions	1		20
妇幼保健院(所、站)	Meternity and Child Care Centers	57	320	484
疾病预防控制中心	Center For Disease Control And Prerention	81		1114
卫生监督所(中心)	Health Supervision	2		41
医学在职培训机构	Health Care Institution Earth Station	1		12

16-11 各地（市）卫生机构、床位和人员情况 （2009年）

地　　区	Region	机构数(个) Number of Institutions (unit)	床位数(张) Beds (unit)	人员数(人) Number of Personnel (person)
拉萨市	Lhasa	232	1934	3844
昌都地区	Qamdo	223	1289	1680
山南地区	Shannan	160	905	1426
日喀则地区	Xigazê	324	1873	2277
那曲地区	Nagqu	192	1221	1383
阿里地区	Ngari	76	523	619
林芝地区	Nyingchi	122	808	870

NUMBER OF ALL HEALTH INSTITUTIONS,BEDS AND PERSONS ENGAGED BY TYPE OF INSTITUTIONS (2009)

卫生技术人员 Medical Technical Personnel	执业（助理）医师 Working Traditional Doctor's Assitants	执业医师 Working Traditional Doctors	注册护士 Registered Nurses	药剂师（士） Pharmaceutical Personnel	技师（士） Technician	检验师 Laboratory Personnel	其他 Others	其他技术人员 Other Technical Personnel	管理人员 Managerial Personnel	工勤人员 Logistics Workers
10047	**4465**	**3395**	**2007**	**412**	**514**	**320**	**2649**	**415**	**649**	**988**
5490	2511	2074	1556	331	410	227	682	180	481	667
4655	2053	1661	1411	228	380	208	583	148	369	463
835	458	413	145	103	30	19	99	32	112	204
12	1	1	11						15	12
12	6	6	6					2	1	4
2402	589	271	148	47	6	2	1612	146	43	55
2402	589	271	148	47	6	2	1612	146	43	55
1083	253	117	65	32	3	2	740	39	19	25
834	596	508	164	12	1	1	61			72
10	2	2	3		5	5		1	5	4
381	204	138	89	16	19	14	53	26	31	46
873	555	394	30	6	73	71	209	54	69	118
32							32	4	2	3
1	1	1						2	2	7

NUMBER OF HEALTH INSTITUTION AND IT'S BEDS AND PERSONNEL BY REGION (2009)

卫生技术人员 Medical Technical Personnel	执业（助理）医师 Working Traditional Doctor's Assitants	执业医师 Working Traditional Doctors	注册护士 Registered Nurses	药剂师（士） Pharmaceutical Personnel	技师（士） Technician	检验师 Laboratory Personnel	其他 Others	其他技术人员 Other Technical Personnel	管理人员 Managerial Personnel	工勤人员 Logistics Workers
2974	1422	1247	921	151	200	112	280	126	244	500
1368	564	453	209	45	57	33	493	104	128	80
1233	607	449	178	47	64	41	337	46	47	100
1944	690	449	296	79	109	73	770	69	118	146
1177	436	302	174	53	48	36	466	65	54	87
581	225	162	70	25	21	14	240	1	18	19
770	521	333	159	12	15	11	63	4	40	56

第十七篇

各县（市、区）主要统计指标

Chapter 17

MAIN ECONOMIC INDICATORS

BY COUNTIES(CITY AND REGIONS)

17-1 乡村从业人员 （2009年）

RURAL LABOR FORCE BY SECTOR (2009)

单位：人 (person)

地区	Region	乡村从业人员 Number of Rural Laborers	农林牧渔业 Farming,Forestry, Animal Husbandry and Fishery	工　业 Industry	建筑业 Construction	其他非农从业人员 Other Non-agricultural Trades
拉萨市	**Lhasa**					
城关区	Lhasa Chengguanqu	8492	4141	785	1034	2532
林周县	Lhünzhub	29402	24670	59		4673
当雄县	Damxung	19053	8595	84	2224	8150
尼木县	Nyêmo	15515	9376	70	2382	3687
曲水县	Qüxü	18285	12522	553	1781	3429
堆龙德庆县	Doilungdêqên	24280	14635	237	2667	6741
达孜县	Dagzê	13594	11731		887	976
墨竹工卡县	Maizhokunggar	16965	12204	444	3079	1238
昌都地区	**Qamdo**					
昌都县	Qamdo	28840	21188	3815	2179	1658
江达县	Jomda	42663	30767	3738	2139	6019
贡觉县	Konjo	17539	15088		1284	1167
类乌齐县	Riwoqê	14582	12949			1633
丁青县	Dêngqên	25733	23565	60	650	1458
察雅县	Chagyab	23873	20103	187	266	3317
八宿县	Baxoi	17046	15220	132	577	1117
左贡县	Zogang	20519	19482	130	267	640
芒康县	Markam	47089	41162	578	736	4613
洛隆县	Lhorong	15598	14560		190	848
边坝县	Banbar	14409	13087	4	232	1086
山南地区	**Shannan**					
乃东县	Nêdong	20357	10321	375	3831	5830
扎囊县	Chanang	14769	12053	59	1390	1267
贡嘎县	Konggar	23259	17680	857	2632	2090

17-1 续表1 continued

单位：人 (person)

地区	Region	乡村从业人员 Number of Rural Laborers	农林牧渔业 Farming,Forestry, Animal Husbandry and Fishery	工 业 Industry	建筑业 Construction	其他非农从业人员 Other Non-agricultural Trades
桑日县	Sangri	7146	4143		1118	1885
琼结县	Qonggyai	8940	8264	25	285	366
曲松县	Qusum	6995	5472	399	510	614
措美县	Comai	6973	5481	78	659	755
洛扎县	Lhozhag	9182	3950	153	4564	515
加查县	Gyaca	7583	6501	60	454	568
隆子县	Lhünzê	16210	12528	205	2615	862
错那县	Cona	7133	6264	34	291	544
浪卡子县	Nagarzê	19128	12431	1408	3501	1788
日喀则地区	**Xigazê**					
日喀则市	Xigazê Shi	40395	23406	1726	9809	5454
南木林县	Namling	39962	37040	23	381	2518
江孜县	Gyangzê	29633	24942	769	3274	648
定日县	Tingri	28144	17673	321	73	10077
萨迦县	Sa'gya	22989	18259	682	1970	2078
拉孜县	Lhazê	28534	12948	800	193	14593
昂仁县	Ngamring	25917	20875	383	95	4564
谢通门县	Xaitongmoin	24805	20840	798	730	2437
白朗县	Bainang	23021	15945	1449	3500	2127
仁布县	Rinbung	19091	10877	374	6412	1428
康马县	Kangmar	9463	6827	314	1643	679
定结县	Dinggyê	10407	9027	533	212	635
仲巴县	Zhongba	10576	8050			2526
亚东县	Yadong	6299	4930	394	121	854
吉隆县	Gyirong	6904	6155	155	210	384
聂拉木县	Nyalam	8309	6663	65	616	965
萨嘎县	Saga	5972	5931			41
岗巴县	Kamba	5498	4859	38		601

17-1 续表2 continued

单位：人 (person)

地区	Region	乡村从业人员 Number of Rural Laborers	农林牧渔业 Farming,Forestry, Animal Husbandry and Fishery	工业 Industry	建筑业 Construction	其他非农从业人员 Other Non-agricultural Trades
那曲地区	**Nagqu**					
那曲县	Nagqu	33187	25619	516	656	6396
嘉黎县	Lhari	12405	10923		271	1211
比如县	Biru	21168	19599	22		1547
聂荣县	Nyainrong	14431	12712		736	983
安多县	Amdo	15968	12593		624	2751
申扎县	Xainza	9017	6610	113	1198	1096
索　县	Sog	15727	13974			1753
班戈县	Bangoin	17897	16572			1325
巴青县	Baqên	20556	4756			15800
尼玛县	Nyima	15528	15195			333
阿里地区	**Ngari**					
普兰县	Burang	4084	2974		576	534
札达县	Zanda	2930	2784		2	144
噶尔县	Gar	4742	643	35	747	3317
日土县	Rutog	4751	3360		1104	287
革吉县	Gê'gyai	8685	4640		2670	1375
改则县	Gêrzê	9760	9584		100	76
措勤县	Coqên	5974	4582		602	790
林芝地区	**Nyingchi**					
林芝县	Nyingchi	7132	4106	90	167	2769
工布江达县	Gongbo' gyamda	12359	11567		13	779
米林县	Mainling	7562	7390			172
墨脱县	Mêdog	4638	4384		16	238
波密县	Bomê	12072	9964	272	683	1153
察隅县	Zayü	11124	10589	20	200	315
朗　县	Nang	7256	6805		70	381

17-2 农林牧渔业、工业总产值 （2009年）
GROSS OUTPUT VALUE OF FARMING，FORESTRY，ANIMAL HUSBANDRY，FISHERY AND INDUSTRY (2009)

单位：万元 (10000 yuan)

地区	Region	农林牧渔业产值 Gross Out Value of Farming Forestry, Animal,Husbandry and Fishery	农业 Farming	林业 Forestry	牧业 Animal Husbandry	渔业 Fishery	服务业 Service	工业总产值 Gross Output Value of Industry
拉萨市	**Lhasa**							
城关区	Lhasa Chengguanqu	8004	3549	656	3799			239368
林周县	Lhünzhub	21708	10981	213	10514			2306
当雄县	Damxung	20873	4911		15941		21	23733
尼木县	Nyêmo	8153	3651	372	4096		34	4607
曲水县	Qüxü	13314	7506	385	5392	31		32253
堆龙德庆县	Doilungdêqên	15386	6885	341	7525		635	36132
达孜县	Dagzê	14070	7646	706	5718			19285
墨竹工卡县	Maizhokunggar	23471	9124	377	13970			30570
昌都地区	**Qamdo**							
昌都县	Qamdo	28857	9076	1295	18264	8	214	42342
江达县	Jomda	26016	6248	1812	17223	1	732	4494
贡觉县	Konjo	8230	2702	44	5123	1	360	2114
类乌齐县	Riwoqê	18537	8670	799	8894	4	170	1514
丁青县	Dêngqên	30215	21187	25	8198		805	1214
察雅县	Chagyab	16240	6655	80	9321	4	180	286
八宿县	Baxoi	13124	4518	199	8107	4	296	910
左贡县	Zogang	18410	7606	2239	7908	6	651	1986
芒康县	Markam	25212	9792	2593	11867	3	957	5830
洛隆县	Lhorong	18020	7674	1624	8460	1	261	1116
边坝县	Banbar	16773	5508	2767	8208	1	289	763
山南地区	**Shannan**							
乃东县	Nêdong	13351	5231	666	3170	1476	2808	27327
扎囊县	Chanang	6404	3057	180	2885		282	243
贡嘎县	Konggar	8253	4514	449	3287	3		245

17-2 续表1 continued

单位：万元 (10000 yuan)

地区	Region	农林牧渔业产值 Gross Out Value of Farming Forestry, Animal,Husbandry and Fishery	农业 Farming	林业 Forestry	牧业 Animal Husbandry	渔业 Fishery	服务业 Service	工 业 总产值 Gross Ou-tput Value of Industry
桑日县	Sangri	4444	2600	36	1493		315	19314
琼结县	Qonggyai	3121	2130	38	755		198	1192
曲松县	Qusum	3832	1389	21	2396	…	26	10830
措美县	Comai	2852	1032	39	1646		135	67
洛扎县	Lhozhag	4467	2438	211	1713		105	188
隆子县	Lhünzê	6487	3493	116	2842		36	230
错那县	Cona	2528	1215	11	1120		182	351
浪卡子县	Nagarzê	5365	1022	34	3651		658	338
加查县	Gyaca	7999	4958	705	2280		56	243
日喀则地区	**Xigazê**							
日喀则市	Xigazê Shi	36945	29151	1101	5873		820	17906
南木林县	Namling	28987	23158	192	4988		649	
定日县	Tingri	15981	7334	406	7601		640	41
萨迦县	Sa'gya	15928	9369	464	5938		157	1500
拉孜县	Lhazê	20481	15829	172	4190		290	107
谢通门县	Xaitongmoin	15778	8182	66	7110		420	147
昂仁县	Ngamring	16110	6922	114	8812		262	823
定结县	Dinggyê	5466	2857	216	2192		201	90
仲巴县	Zhongba	13204	12		12630		562	77
吉隆县	Gyirong	6202	2075	12	3937		178	1325
聂拉木县	Nyalam	7832	2967	105	4350		410	709
萨嘎县	Saga	6818	714		6073		31	528
江孜县	Gyangzê	27745	16840	798	9420		687	357
白朗县	Bainang	18227	14194	205	3671		157	368
仁布县	Rinbung	7689	3042	25	2746		1876	177
康马县	Kangmar	7814	4042	31	3574		167	2035
岗巴县	Kamba	3434	1333		2029		72	169
亚东县	Yadong	5008	1608	352	2342	210	496	1109

17-2 续表2 continued

单位：万元 (10000 yuan)

地区	Region	农林牧渔业产值 Gross Out Value of Farming Forestry, Animal,Husbandry and Fishery	农业 Farming	林业 Forestry	牧业 Animal Husbandry	渔业 Fishery	服务业 Service	工业总产值 Gross Output Value of Industry
那曲地区	**Nagqu**							
那曲县	Nagqu	20128	11226		8857		45	1272
嘉黎县	Lhari	12473	8668	3	3780		22	253
比如县	Biru	22545	19503		2876		166	42
聂荣县	Nyainrong	7540	2954		4560		26	
安多县	Amdo	7665			7652		13	807
申扎县	Xainza	4859			4801		58	159
索　县	Sog	11115	7262		3388		465	142
班戈县	Bangoin	10440			7599		2841	16
巴青县	Baqên	16132	12003		3990		139	192
尼玛县	Nyima	10607	46		10460		101	29
阿里地区	**Ngari**							
普兰县	Burang	3234	809	26	2178		221	513
札达县	Zanda	2073	89	2	1922		60	435
噶尔县	Gar	3658	808	48	2729		73	8873
日土县	Rutog	5267	489	10	4659		109	569
革吉县	Gê'gyai	7913	4		7822		87	254
改则县	Gêrzê	15984	5		15740		239	271
措勤县	Coqên	6032	4		5876		152	
林芝地区	**Nyingchi**							
林芝县	Nyingchi	12637	4450	1911	5867	114	295	41019
工布江达县	Gongbo' gyamda	15420	6056	631	8424	78	231	599
米林县	Mainling	11087	4296	1810	3780		1201	2080
墨脱县	Mêdog	1828	975	125	660	16	52	
波密县	Bomê	17013	10515	1113	4816		569	1982
察隅县	Zayü	8796	4710	937	2970		179	629
朗　县	Nang	9957	4211	376	5110	21	239	707

17-3 农林牧渔业产值

GROSS OUTPUT VALUE OF FARMING，FORESTRY，ANIMAL HUSBANDRY AND FISHERY

单位：万元 (10000 yuan)

地区	Region	农林牧渔业产值 Gross Output Value		指数 Index
		2008	2009	
拉萨市	**Lhasa**			
城关区	Lhasa Chengguanqu	7621	8004	105.0
林周县	Lhünzhub	20847	21708	104.1
当雄县	Damxung	19548	20873	106.8
尼木县	Nyêmo	7728	8153	105.5
曲水县	Qüxü	12298	13314	108.3
堆龙德庆县	Doilungdêqên	14739	15386	104.4
达孜县	Dagzê	12108	14070	116.2
墨竹工卡县	Maizhokunggar	22549	23471	104.1
昌都地区	**Qamdo**			
昌都县	Qamdo	26351	28857	109.5
江达县	Jomda	24659	26016	105.5
贡觉县	Konjo	13537	8230	60.8
类乌齐县	Riwoqê	16518	18537	112.2
丁青县	Dêngqên	22946	30215	131.7
察雅县	Chagyab	15801	16240	102.8
八宿县	Baxoi	12365	13124	106.1
左贡县	Zogang	18671	18410	98.6
芒康县	Markam	24870	25212	101.4
洛隆县	Lhorong	16467	18020	109.4
边坝县	Banbar	14777	16773	113.5
山南地区	**Shannan**			
乃东县	Nêdong	13004	13351	102.7
扎囊县	Chanang	5995	6404	106.8
贡嘎县	Konggar	7015	8253	117.6

17-3 续表1 continued

单位：万元 (10000 yuan)

地区	Region	农林牧渔业产值 Gross Output Value		指数 Index
		2008	2009	
桑日县	Sangri	4473	4444	99.4
琼结县	Qonggyai	2637	3121	118.4
曲松县	Qusum	3667	3832	104.5
措美县	Comai	3012	2850	94.6
洛扎县	Lhozhag	4141	4468	107.9
隆子县	Lhünzê	6544	6487	99.1
错那县	Cona	2458	2528	102.8
浪卡子县	Nagarzê	5095	5365	105.3
加查县	Gyaca	7843	7999	102.0
日喀则地区	**Xigazê**			
日喀则市	Xigazê Shi	36632	37033	101.1
南木林县	Namling	28091	28987	103.2
定日县	Tingri	15572	16281	104.6
萨迦县	Sa'gya	14737	15671	106.3
拉孜县	Lhazê	19444	20481	105.3
谢通门县	Xaitongmoin	15281	16061	105.1
昂仁县	Ngamring	14595	16100	110.3
定结县	Dinggyê	5244	5466	104.2
仲巴县	Zhongba	11586	12749	110.0
吉隆县	Gyirong	5449	5903	108.3
聂拉木县	Nyalam	6925	7432	107.3
萨嘎县	Saga	5410	5902	109.1
江孜县	Gyangzê	26818	27745	103.5
白朗县	Bainang	16906	18007	106.5
仁布县	Rinbung	7022	7689	109.5
康马县	Kangmar	6967	7615	109.3
岗巴县	Kamba	3439	3582	104.2
亚东县	Yadong	6245	6547	104.8

17-3 续表2 continued

单位：万元 (10000 yuan)

地区	Region	农林牧渔业产值 Gross Output Value 2008	2009	指数 Index
那曲地区	**Nagqu**			
那曲县	Nagqu	22800	20128	88.3
嘉黎县	Lhari	13522	12473	92.2
比如县	Biru	23938	22545	94.2
聂荣县	Nyainrong	6745	7540	111.8
安多县	Amdo	4064	7665	188.6
申扎县	Xainza	2884	4859	168.5
索　县	Sog	10771	11115	103.2
班戈县	Bangoin	6055	10440	172.4
巴青县	Baqên	17954	16132	89.9
尼玛县	Nyima	9107	10607	116.5
阿里地区	**Ngari**			
普兰县	Burang	3013	3234	107.3
札达县	Zanda	2063	2073	100.5
噶尔县	Gar	3388	3658	108.0
日土县	Rutog	4891	5267	107.7
革吉县	Gê'gyai	7331	7913	107.9
改则县	Gêrzê	14800	15984	108.0
措勤县	Coqên	5588	6032	107.9
林芝地区	**Nyingchi**			
林芝县	Nyingchi	13589	12228	90.0
工布江达县	Gongbo' gyamda	14183	14923	105.2
米林县	Mainling	9355	10729	114.7
墨脱县	Mêdog	1484	1769	119.2
波密县	Bomê	15284	16465	107.7
察隅县	Zayü	7937	8512	107.2
朗　县	Nang	8661	9635	111.2

17-4 年末耕地面积（2009年）

AREA UNDER CULTIVATED AT THE YEAR-END (2009)

单位：公顷 (heactare)

地区	Region	年末实有耕地面积 Cultivated Areas (Year-end)	# 旱地 Dry Fields	农田有效灌溉面积 Irrigated Areas
拉萨市	**Lhasa**			
城关区	Lhasa Chengguanqu	1544	1544	956
林周县	Lhünzhub	11355	11355	10441
当雄县	Damxung			
尼木县	Nyêmo	2787	2787	2437
曲水县	Qüxü	4246	4246	4246
堆龙德庆县	Doilungdêqên	5545	5545	5545
达孜县	Dagzê	4568	4568	3975
墨竹工卡县	Maizhokunggar	5254	5254	5254
昌都地区	**Qamdo**			
昌都县	Qamdo	5442	5442	1824
江达县	Jomda	4872	4872	1005
贡觉县	Konjo	3881	3881	1507
类乌齐县	Riwoqê	2980	2980	400
丁青县	Dêngqên	8035	8035	1121
察雅县	Chagyab	3077	3077	186
八宿县	Baxoi	2701	2701	2186
左贡县	Zogang	2675	2675	1769
芒康县	Markam	5328	5328	3810
洛隆县	Lhorong	5853	5853	4278
边坝县	Banbar	3533	3533	1548
山南地区	**Shannan**			
乃东县	Nêdong	3933	3933	3915
扎囊县	Chanang	4412	4412	3989
贡嘎县	Konggar	4941	4941	3574

17-4 续表1 continued

单位：公顷 (heactare)

地区	Region	年末实有耕地面积 Cultivated Areas (Year-end)	#旱地 Dry Fields	农田有效灌溉面积 Irrigated Areas
桑日县	Sangri	1531	1531	1531
琼结县	Qonggyai	1789	1789	1789
曲松县	Qusum	1663	1663	1304
措美县	Comai	989	989	989
洛扎县	Lhozhag	1936	1936	1936
加查县	Gyaca	1642	1642	1405
隆子县	Lhünzê	3233	3233	3212
错那县	Cona	1479	1479	1435
浪卡子县	Nagarzê	2577	2577	2577
日喀则地区	**Xigazê**			
日喀则市	Xigazê Shi	15713	15713	15713
南木林县	Namling	7891	7891	5279
江孜县	Gyangzê	10799	10799	
定日县	Tingri	7065	7065	6728
萨迦县	Sa'gya	7536	7536	6562
拉孜县	Lhazê	7890	7890	5659
昂仁县	Ngamring	4972	4972	
谢通门县	Xaitongmoin	4065	4065	4065
白朗县	Bainang	8184	8184	8032
仁布县	Rinbung	3420	3420	3272
康马县	Kangmar	3140	3140	
定结县	Dinggyê	2627	2627	2330
仲巴县	Zhongba	76	76	
亚东县	Yadong	872	872	608
吉隆县	Gyirong	1220	1220	951
聂拉木县	Nyalam	1460	1460	1418
萨嘎县	Saga	475	475	399
岗巴县	Kamba	1500	1500	1500

17-4 续表2 continued

单位：公顷 (heactare)

地区	Region	年末实有耕地面积 Cultivated Areas (Year-end)	# 旱地 Dry Fields	农田有效灌溉面积 Irrigated Areas
那曲地区	**Nagqu**			
那曲县	Nagqu			
嘉黎县	Lhari	331	331	229
比如县	Biru	1687	1687	
聂荣县	Nyainrong			
安多县	Amdo			
申扎县	Xainza			
索　县	Sog	2689	2689	
班戈县	Bangoin			
巴青县	Baqên	249	249	
尼玛县	Nyima	92	92	
阿里地区	**Ngari**			
普兰县	Burang	637	637	637
札达县	Zanda	691	691	500
噶尔县	Gar	1083	1083	
日土县	Rutog	648	648	449
革吉县	Gê'gyai	73	73	
改则县	Gêrzê	100	100	
措勤县	Coqên	71	71	
林芝地区	**Nyingchi**			
林芝县	Nyingchi	2521	2521	2521
工布江达县	Gongbo' gyamda	3235	3235	1663
米林县	Mainling	2946	2946	2672
墨脱县	Mêdog	1675	1333	1613
波密县	Bomê	4073	4073	2397
察隅县	Zayü	2614	1873	
朗　县	Nang	1331	1331	1224

17-5 农作物播种面积（2009年）

TOTAL SOWN AREAS OF FARM CROPS （2009）

单位：公顷 (hectare)

地区	Region	农作物播种面积 Total Sown Area	粮食作物 Grain Crops	#谷物 Cereal	#豆类 Beans	油料 Oil-bearing Crops
拉萨市	**Lhasa**					
城关区	Lhasa Chengguanqu	2055	738	738		193
林周县	Lhünzhub	11321	9601	9601		1038
当雄县	Damxung	2801				
尼木县	Nyêmo	2437	2058	1990	68	313
曲水县	Qüxü	4211	3094	3053	41	311
堆龙德庆县	Doilungdêqên	5544	3646	3361	284	693
达孜县	Dagzê	4584	3171	3164	6	301
墨竹工卡县	Maizhokunggar	5254	3816	3509	308	999
昌都地区	**Qamdo**					
昌都县	Qamdo	5602	4622	4618	3	288
江达县	Jomda	4401	3836	3757	79	146
贡觉县	Konjo	4113	3527	3448		400
类乌齐县	Riwoqê	2980	2400	2400		
丁青县	Dêngqên	7985	6896	6646	250	608
察雅县	Chagyab	3688	3181	3046	118	184
八宿县	Baxoi	3253	2724	2645	67	167
左贡县	Zogang	3717	3233	3105	24	162
芒康县	Markam	6913	5773	5600	87	427
洛隆县	Lhorong	5971	4957	4865	77	619
边坝县	Banbar	3533	3046	2763	282	273
山南地区	**Shannan**					
乃东县	Nêdong	3947	2805	2730	74	719
扎囊县	Chanang	4449	3306	3284	22	905
贡嘎县	Konggar	4941	3904	3865	40	592

17-5 续表1 continued

单位：公顷 (hectare)

地区	Region	农作物播种面积 Total Sown Area	粮食作物 Grain Crops	#谷物 Cereal	#豆类 Beans	油料 Oil-bearing Crops
桑日县	Sangri	1531	929	913	16	382
琼结县	Qonggyai	1823	1086	1031	55	408
曲松县	Qusum	1660	1127	1015	112	400
措美县	Comai	989	681	666	15	128
洛扎县	Lhozhag	1949	1589	1311	279	266
加查县	Gyaca	1941	1268	1264	4	238
隆子县	Lhünzê	3384	2237	1945	292	490
错那县	Cona	1481	1224	1138	86	133
浪卡子县	Nagarzê	2577	1858	1845	13	208
日喀则地区	**Xigazê**					
日喀则市	Xigazê Shi	12364	6737	6578	159	1635
南木林县	Namling	7891	4181	3969	212	859
江孜县	Gyangzê	10799	7994	7101	893	1233
定日县	Tingri	6803	5105	4675	430	543
萨迦县	Sa'gya	7532	4565	4264	301	1076
拉孜县	Lhazê	7874	4447	4350	97	1500
昂仁县	Ngamring	4972	3960	3824	136	331
谢通门县	Xaitongmoin	4065	2487	2358	129	441
白朗县	Bainang	8184	5570	5534	35	876
仁布县	Rinbung	3420	2032	1833	200	467
康马县	Kangmar	3140	2261	1953	308	425
定结县	Dinggyê	2554	1919	1605	314	257
仲巴县	Zhongba	76				
亚东县	Yadong	881	396	396		14
吉隆县	Gyirong	1220	822	742	15	209
聂拉木县	Nyalam	1460	1082	1035	47	175
萨嘎县	Saga	475	365	297	68	32
岗巴县	Kamba	1500	905	905		213

17-5 续表2 continued

单位：公顷 (hectare)

地区	Region	农作物播种面积 Total Sown Area	粮食作物 Grain Crops	#谷物 Cereal	#豆类 Beans	油料 Oil-bearing Crops
那曲地区	**Nagqu**					
那曲县	Nagqu					
嘉黎县	Lhari	341	284	275	5	
比如县	Biru	1632	1173	1172		
聂荣县	Nyainrong					
安多县	Amdo					
申扎县	Xainza					
索　县	Sog	2575	1917	1884	33	23
班戈县	Bangoin					
巴青县	Baqên	177	116	107		
尼玛县	Nyima	99	71	71		
阿里地区	**Ngari**					
普兰县	Burang	637	576	521	43	51
札达县	Zanda	501	396	368	27	31
噶尔县	Gar	955	294	289		19
日土县	Rutog	354	302	291	4	19
革吉县	Gê'gyai	73				
改则县	Gêrzê	100				
措勤县	Coqên	71				
林芝地区	**Nyingchi**					
林芝县	Nyingchi	3003	1857	1833	24	484
工布江达县	Gongbo' gyamda	3005	2301	2175	10	495
米林县	Mainling	3131	2577	2554	23	331
墨脱县	Mêdog	1626	1438	1395	43	18
波密县	Bomê	4157	3523	3372	138	438
察隅县	Zayü	4613	3997	3669	128	139
朗　县	Nang	1241	1038	972	5	155

17-6 主要农作物产量（2009年）

YIELD OF MAJOR FARM CROPS （2009）

单位：万吨 (10000 tons)

地区	Region	粮食 Grain	# 谷物 Cereal	# 豆类 Beans	油菜籽 Oil-bearing Crops
拉萨市	**Lhasa**				
城关区	Lhasa Chengguanqu	6387	6386		219
林周县	Lhünzhub	58618	58618		1986
当雄县	Damxung				
尼木县	Nyêmo	12590	12352	239	1165
曲水县	Qüxü	24765	24517	248	2210
堆龙德庆县	Doilungdêqên	24446	23460	986	2351
达孜县	Dagzê	23397	23389	28	1500
墨竹工卡县	Maizhokunggar	21381	20349	1032	2721
昌都地区	**Qamdo**				
昌都县	Qamdo	17589	17584	5	379
江达县	Jomda	11282	11126	156	319
贡觉县	Konjo	6015			221
类乌齐县	Riwoqê	8164			
丁青县	Dêngqên	23999	1261	788	820
察雅县	Chagyab	10756	2186	429	326
八宿县	Baxoi	7970	1532	182	226
左贡县	Zogang	16473	4654	164	194
芒康县	Markam	26890	6631	207	572
洛隆县	Lhorong	19081	4364	229	509
边坝县	Banbar	7787	1335	421	417
山南地区	**Shannan**				
乃东县	Nêdong	21508	21160	348	1656
扎囊县	Chanang	21201	21191	11	3056
贡嘎县	Konggar	29583	29481	101	1293

17-6 续表1 continued

单位：万吨 (10000 tons)

地区	Region	粮食 Grain	# 谷物 Cereal	# 豆类 Beans	油菜籽 Oil-bearing Crops
桑日县	Sangri	7734	7646	88	941
琼结县	Qonggyai	11539	11255	284	1158
曲松县	Qusum	7147	6562	585	929
措美县	Comai	3000	2959	41	200
洛扎县	Lhozhag	9247	7780	1467	790
加查县	Gyaca	7336	7306	30	431
隆子县	Lhünzê	15730	14516	1214	879
错那县	Cona	3962	3832	131	372
浪卡子县	Nagarzê	5233	5220	13	491
日喀则地区	**Xigazê**				
日喀则市	Xigazê Shi	67766	67116	650	2679
南木林县	Namling	20613	19932	680	2265
江孜县	Gyangzê	58799	55637	3162	5111
定日县	Tingri	25804	24381	1423	1054
萨迦县	Sa'gya	24495	22148	2347	2286
拉孜县	Lhazê	35967	35566	399	4405
昂仁县	Ngamring	17621	17228	393	882
谢通门县	Xaitongmoin	14373	13995	378	1567
白朗县	Bainang	39734	39587	147	2169
仁布县	Rinbung	8076	7595	481	709
康马县	Kangmar	10279	8244	2035	778
定结县	Dinggyê	5868	4917	951	528
仲巴县	Zhongba				
亚东县	Yadong	1454	1454		40
吉隆县	Gyirong	4487	4044	79	703
聂拉木县	Nyalam	5987	5788	199	514
萨嘎县	Saga	1224	967	256	59
岗巴县	Kamba	3195	3195		255

17-6 续表2 continued

单位：万吨 (10000 tons)

地区	Region	粮食 Grain	# 谷物 Cereal	# 豆类 Beans	油菜籽 Oil-bearing Crops
那曲地区	**Nagqu**				
那曲县	Nagqu				
嘉黎县	Lhari	783	730	13	
比如县	Biru	2952	2952		
聂荣县	Nyainrong				
安多县	Amdo				
申扎县	Xainza				
索　县	Sog	5819	5765	54	40
班戈县	Bangoin				
巴青县	Baqên	185	144		
尼玛县	Nyima	194	193		
阿里地区	**Ngari**				
普兰县	Burang	2896	2620	142	116
札达县	Zanda	70	51		19
噶尔县	Gar	489	481		23
日土县	Rutog	850	828	13	22
革吉县	Gê'gyai				
改则县	Gêrzê				
措勤县	Coqên				
林芝地区	**Nyingchi**				
林芝县	Nyingchi	11349	11293	56	936
工布江达县	Gongbo' gyamda	5911	4845	6	416
米林县	Mainling	9113	9064	49	489
墨脱县	Mêdog	5054	5002	52	17
波密县	Bomê	16123	15587		987
察隅县	Zayü	18028	17634	394	191
朗　县	Nang	6420	6154		253

17-7 年末牲畜存栏头数和肉类产量 （2009年）

NUMBER OF ANIMALS TKG OUTPUT OF MEAT AT THE YEAR-END（2009）

地区	Region	年末牲畜存栏头数（万头只）Number of Animals (Year-end) (10000 heads)	# 大牲畜 Large Animals	# 羊 Sheep and Goats	肉类总产量（吨）Output of Meat (ton)	# 牛肉 Beef	# 羊肉 Mutton
拉萨市	**Lhasa**						
城关区	Lhasa Chengguanqu	2.67	1.76	0.60	835	636	35
林周县	Lhünzhub	27.63	13.74	12.66	4237	3503	406
当雄县	Damxung	56.67	23.46	32.65	8224	6351	1873
尼木县	Nyêmo	16.92	5.81	10.76	1799	1212	577
曲水县	Qüxü	11.45	5.09	4.80	1369	755	244
堆龙德庆县	Doilungdêqên	14.44	7.16	6.59	2347	1794	414
达孜县	Dagzê	11.68	5.26	5.45	2315	2003	138
墨竹工卡县	Maizhokunggar	24.95	13.66	9.57	7392	6588	632
昌都地区	**Qamdo**						
昌都县	Qamdo	39.78	30.60	9.16	10187	8802	1384
江达县	Jomda	53.71	31.93	21.75	12586	11397	1178
贡觉县	Konjo	27.85	14.19	13.66	3325	2194	1131
类乌齐县	Riwoqê	23.08	15.93	7.16	6250	5594	256
丁青县	Dêngqên	29.21	14.90	14.31	5374	4738	636
察雅县	Chagyab	35.40	17.11	18.28	7254	5991	1262
八宿县	Baxoi	28.58	11.76	16.47	5238	4052	1093
左贡县	Zogang	33.24	13.91	17.35	5210	3292	1078
芒康县	Markam	51.59	22.77	26.43	7174	3665	1872
洛隆县	Lhorong	21.60	13.15	8.40	5096	4537	542
边坝县	Banbar	23.91	17.19	6.71	5726	5155	569
山南地区	**Shannan**						
乃东县	Nêdong	15.39	5.70	9.15	2938	1319	468
扎囊县	Chanang	16.89	4.89	11.66	2342	1455	610
贡嘎县	Konggar	22.44	4.77	17.30	2233	1042	875

17-7 续表1 continued

地区	Region	年末牲畜存栏头数（万头只）Number of Animals (Year-end) (10000 heads)	#大牲畜 Large Animals	#羊 Sheep and Goats	肉类总产量（吨）Output of Meat (ton)	#牛肉 Beef	#羊肉 Mutton
桑日县	Sangri	10.52	4.92	5.38	1680	1374	248
琼结县	Qonggyai	8.26	1.87	6.12	819	418	286
曲松县	Qusum	12.68	3.20	9.45	1878	1292	563
措美县	Comai	18.09	4.32	13.77	973	608	360
洛扎县	Lhozhag	10.61	3.09	7.09	717	515	159
加查县	Gyaca	7.95	6.26	1.38	1705	1298	77
隆子县	Lhünzê	21.14	7.30	13.55	2072	1345	591
错那县	Cona	12.21	2.84	9.34	840	475	333
浪卡子县	Nagarzê	35.73	5.73	29.99	2943	1419	1517
日喀则地区	**Xigazê**						
日喀则市	Xigazê Shi	31.95	7.30	24.20	3747	1866	1371
南木林县	Namling	40.89	13.05	27.56	2378	1475	823
江孜县	Gyangzê	36.54	8.40	27.99	2192	941	1191
定日县	Tingri	36.29	6.16	30.13	1771	733	1039
萨迦县	Sa'gya	36.75	4.86	31.84	2415	561	1809
拉孜县	Lhazê	33.29	5.82	27.44	1514	590	924
昂仁县	Ngamring	67.16	14.03	53.12	3312	1410	1902
谢通门县	Xaitongmoin	38.06	12.28	25.73	2011	1097	861
白朗县	Bainang	26.84	4.63	21.97	1229	423	713
仁布县	Rinbung	19.52	4.78	14.73	645	253	385
康马县	Kangmar	22.50	2.20	20.30	1126	312	812
定结县	Dinggyê	25.38	1.93	23.44	974	147	798
仲巴县	Zhongba	74.80	12.81	61.98	4033	923	3110
亚东县	Yadong	9.28	3.00	6.26	692	530	150
吉隆县	Gyirong	15.65	3.07	12.55	1063	463	588
聂拉木县	Nyalam	17.01	2.06	14.95	1167	451	717
萨嘎县	Saga	29.34	5.41	23.93	1937	720	1217
岗巴县	Kamba	19.08	1.06	18.02	1031	141	890

17-7 续表2 continued

地区	Region	年末牲畜存栏头数（万头只）Number of Animals (Year-end) (10000 heads)	# 大牲畜 Large Animals	# 羊 Sheep and Goats	肉 类 总产量（吨）Output of Meat (ton)	# 牛肉 Beef	# 羊肉 Mutton
那曲地区	**Nagqu**						
那曲县	Nagqu	89.27	38.80	50.47	12669	9278	3392
嘉黎县	Lhari	21.22	16.96	3.71	3403	3015	332
比如县	Biru	29.01	19.73	9.27	6707	6264	465
聂荣县	Nyainrong	41.78	20.04	21.75	7007	5295	1710
安多县	Amdo	97.08	24.94	72.14	11626	5836	5791
申扎县	Xainza	63.59	8.32	55.27	4777	1985	2792
索　县	Sog	19.05	13.57	5.46	2964	2627	337
班戈县	Bangoin	103.27	15.94	87.33	5806	1674	4132
巴青县	Baqên	35.53	21.21	14.32	9515	8733	782
尼玛县	Nyima	117.38	10.66	106.72	7568	2144	5425
阿里地区	**Ngari**						
普兰县	Burang	13.80	2.23	11.57	554	172	382
札达县	Zanda	13.22	1.86	11.36	401	127	274
噶尔县	Gar	20.79	1.38	19.41	1105	98	1007
日土县	Rutog	40.27	0.96	39.31	1237	93	1144
革吉县	Gê'gyai	63.53	3.01	60.52	3184	389	2796
改则县	Gêrzê	81.63	6.29	75.34	5598	1175	4423
措勤县	Coqên	49.51	3.95	45.56	1700	166	1535
林芝地区	**Nyingchi**						
林芝县	Nyingchi	10.85	5.47	1.39	2170	487	54
工布江达县	Gongbo' gyamda	16.42	10.77	1.13	2207	1296	34
米林县	Mainling	11.34	5.42	1.84	1154	511	46
墨脱县	Mêdog	1.09	0.63		356	46	
波密县	Bomê	10.55	6.89	0.29	1618	752	10
察隅县	Zayü	11.72	4.95	3.13	1331	499	87
朗　县	Nang	10.43	7.56	2.31	1615	1338	80

17-8 奶类、皮、毛产量（2009年）

OUTPUT OF MILK,SHEEP AND GOAT WOOL,SHEEPSKIN AND COWSKIN PRODUCTS（2009）

地区	Region	奶类 (吨) Milk (ton)	# 牛奶 Cow Milk	羊毛 (吨) Sheep and Goat Wool (ton)	# 绵羊毛 Sheep Wool	羊皮 (张) Sheepskin (unit)	牛皮 (张) Cowskin (unit)
拉萨市	**Lhasa**						
城关区	Lhasa Chengguanqu	5961	5961	5.79	5.30	539	1743
林周县	Lhünzhub	3239	3190	69.32	57.05	31770	28669
当雄县	Damxung	4303	2582	128.44	116.72	130676	34506
尼木县	Nyêmo	1872	1720	49.90	30.00	44645	13984
曲水县	Qüxü	4100	4100	49.40	37.00	6179	8191
堆龙德庆县	Doilungdêqên	1984	1916	19.40	16.00	11937	10312
达孜县	Dagzê	2385	2025	25.96	17.00	19677	6415
墨竹工卡县	Maizhokunggar	3145	3144	41.49	22.00	22371	25972
昌都地区	**Qamdo**						
昌都县	Qamdo	15036	13032	100.45	76.65	49588	68500
江达县	Jomda	10516	9865	82.30	42.40	82221	88943
贡觉县	Konjo	5649	4308	153.00	153.00	62594	21564
类乌齐县	Riwoqê	8107	7859	31.00	18.00	13692	51123
丁青县	Dêngqên	5393	4968	47.30	41.30	41991	39292
察雅县	Chagyab	5556	5365	107.44	66.34	58411	44035
八宿县	Baxoi	5177	3896	61.42	53.13	67227	31051
左贡县	Zogang	5680	5141	73.72	39.75	63390	25617
芒康县	Markam	8215	6161	139.69	99.17	56813	32982
洛隆县	Lhorong	6177	5422	68.11	57.90	25041	32583
边坝县	Banbar	6984	5911	19.54	13.31	30802	39652
山南地区	**Shannan**						
乃东县	Nêdong	2471	2471	51.35	37.31	37321	13156
扎囊县	Chanang	3494	2340	83.57	75.40	48818	12594
贡嘎县	Konggar	3641	3641	341.09	325.66	65738	8967

17-8 续表1 continued

地区	Region	奶类（吨）Milk (ton)	# 牛奶 Cow Milk	羊毛 (吨) Sheep and Goat Wool (ton)	# 绵羊毛 Sheep Wool	羊皮（张）Sheepskin (unit)	牛皮（张）Cowskin (unit)
桑日县	Sangri	1899	1899	27.70	9.70	8376	8830
琼结县	Qonggyai	905	905	42.20	38.10	22918	3963
曲松县	Qusum	5061	4984	127.87	111.20	45089	10335
措美县	Comai	3350	2998	142.72	134.81	36015	6084
洛扎县	Lhozhag	2600	2597	62.46	46.78	16175	5425
加查县	Gyaca	4862	4862	7.93	3.40	6165	10819
隆子县	Lhünzê	4621	4516	114.77	93.43	38243	8534
错那县	Cona	2116	2022	76.24	61.54	25974	4735
浪卡子县	Nagarzê	7078	5537	258.00	236.00	121322	11350
日喀则地区	**Xigazê**						
日喀则市	Xigazê Shi	8973	8920	94.00	69.00	66590	8063
南木林县	Namling	2832	2590	128.35	103.95	74603	18965
江孜县	Gyangzê	16954	16931	176.70	152.50	97862	9409
定日县	Tingri	2938	749	93.34	72.34	109614	
萨迦县	Sa'gya	2372	1879	135.38	110.11	152632	6681
拉孜县	Lhazê	1574	949	73.83	52.63	56857	5312
昂仁县	Ngamring	4430	2426	214.27	175.78	137059	15950
谢通门县	Xaitongmoin	2014	1972	92.68	84.01	79002	12407
白朗县	Bainang	3957	3633	120.00	94.00	65526	5176
仁布县	Rinbung	1765	1763	92.46	70.97	42809	4677
康马县	Kangmar	2864	2308	109.53	99.29	78591	3770
定结县	Dinggyê	1182	261	84.68	64.73	66482	1621
仲巴县	Zhongba	11313	2903	439.00	403.00	124760	5963
亚东县	Yadong	1005	814	40.50	35.54	12045	1334
吉隆县	Gyirong	2601	1394	202.00	148.00	21969	2072
聂拉木县	Nyalam	2012	1207	88.01	73.97	16492	2281
萨嘎县	Saga	2995	1229	125.74	112.03	39149	3106
岗巴县	Kamba	1098	219	118.82	114.24	60930	1322

17-8 续表2 continued

地区 Region		奶类 (吨) Milk (ton)	# 牛奶 Cow Milk	羊毛 (吨) Sheep and Goat Wool (ton)	# 绵羊毛 Sheep Wool	羊皮 (张) Sheepskin (unit)	牛皮 (张) Cowskin (unit)
那曲地区	**Nagqu**						
那曲县	Nagqu	6337	5527	276.00	263.61	266429	94766
嘉黎县	Lhari	3270	3115	39.94	34.78	16819	23465
比如县	Biru	2766	2349	55.04	51.74	32735	49580
聂荣县	Nyainrong	3198	2907	173.76	170.65	66372	23804
安多县	Amdo	4912	3829	609.12	583.84	242575	24507
申扎县	Xainza	3513	1763	319.89	305.40	194789	13412
索　县	Sog	2270	2164	13.78	10.57	17142	21337
班戈县	Bangoin	4783	1904	523.45	475.10	318906	19667
巴青县	Baqên	4823	3357	77.54	72.95	55357	71969
尼玛县	Nyima	3797	866	824.94	759.94	341998	10667
阿里地区	**Ngari**						
普兰县	Burang	643	241	60.69	56.64	10692	900
札达县	Zanda	506	165	61.66	50.54	12091	1195
噶尔县	Gar	959	168	68.64	62.77	44350	1354
日土县	Rutog	206	46	121.94	105.35	68223	870
革吉县	Gê'gyai	1990	105	649.31	599.82	88745	2043
改则县	Gêrzê	2444	269	493.10	481.94	177320	5039
措勤县	Coqên	1392	345	196.23	173.24	81443	2209
林芝地区	**Nyingchi**						
林芝县	Nyingchi	3979	3979	8.59	8.59		2444
工布江达县	Gongbo' gyamda	4757	4712	43.10	43.10	2353	8054
米林县	Mainling	2761	2761	12.27	9.37	2383	3129
墨脱县	Mêdog	92	92				233
波密县	Bomê	3514	3514	0.37	0.01	197	1380
察隅县	Zayü	1875	1875	12.00	5.00	2606	2114
朗　县	Nang	4444	4434	26.35	11.75	6658	12273

第十八篇

全国各省（区、市）统计资料

Chapter 18

STATISTICAL DATA OF PROVINCE, MUNICIPALITY AND AUTONOMOUS REGION

18-1 各省（区、市）生产总值 （2009年）

GROSS DOMESTIC PRODUCT BY PROVINCE, MUNICIPALITY AND AUTONOMOUS REGION （2009）

单位：亿元 (100 million yuan)

地区	Region	地区生产总值 Gross Domestic Product	第一产业 Primary Industry	第二产业 Secondary Industry	#工业 Industry	第三产业 Tertiary Industry	人均地区生产总值（元） Per Capita GDP(yuan)
全国	**National Total**	335352.9	35477.0	156957.9	134624.5	142918.0	25188
北京	Beijing	11865.9	118.3	2743.2	2191.0	9004.5	68788
天津	Tianjin	7500.8	131.0	4110.5	3749.8	3259.3	62403
河北	Hebei	17026.6	2218.9	8874.9	7902.1	5932.8	24284
山西	Shanxi	7365.7	477.6	4021.2	3551.9	2867.0	21544
内蒙古	Inner Mongolia	9725.8	929.0	5101.4	4503.3	3695.4	40225
辽宁	Liaoning	15065.6	1414.9	7821.7	6841.0	5829.0	34898
吉林	Jilin	7203.2	980.5	3492.0	3004.6	2730.7	26319
黑龙江	Heilongjiang	8288.0	1154.3	3920.4	3412.9	3213.3	21665
上海	Shanghai	14900.9	113.8	5940.0	5349.8	8847.2	78225
江苏	Jiangsu	34061.2	2201.6	18416.1	16464.7	13443.4	44232
浙江	Zhejiang	22832.4	1161.7	11843.3	10457.1	9827.5	44335
安徽	Anhui	10052.9	1495.6	4902.8	4064.2	3654.5	16391
福建	Fujian	11949.5	1182.9	5812.4	4918.1	4954.2	33051
江西	Jiangxi	7589.2	1098.3	3890.3	3170.1	2600.6	17185
山东	Shandong	33805.3	3226.6	19035.0	17032.7	11543.7	35796
河南	Henan	19367.3	2769.0	10968.6	9858.4	5629.7	20477
湖北	Hubei	12831.5	1795.9	5909.4	5059.1	5126.2	22450
湖南	Hunan	12930.7	1969.7	5682.2	4814.4	5278.8	20226
广东	Guangdong	39081.6	2006.0	19270.5	17946.3	17805.1	40748
广西	Guangxi	7700.4	1458.7	3377.7	2863.8	2863.9	15923
海南	Hainan	1646.6	461.9	443.4	300.6	741.2	19166
重庆	Chongqing	6528.7	606.8	3447.5	2917.4	2474.4	22916
四川	Sichuan	14151.3	2240.6	6711.9	5678.2	5198.8	17339
贵州	Guizhou	3893.5	554.0	1474.3	1252.7	1865.2	10258
云南	Yunnan	6168.2	1064.0	2580.3	2088.3	2523.9	13536
西藏	Tibet	441.4	63.9	136.6	33.1	240.9	15295
陕西	Shaanxi	8186.7	789.6	4312.1	3579.0	3084.9	21732
甘肃	Gansu	3382.4	497.5	1511.0	1191.3	1373.9	12852
青海	Qinghai	1081.3	107.4	576.3	471.3	397.5	19454
宁夏	Ningxia	1334.6	127.1	680.2	538.3	527.2	21475
新疆	Xinjiang	4273.6	759.7	1951.9	1579.9	1562.0	19926

18-2 各省（区、市）生产总值构成（2009年）

COMPOSITION OF GROSS DOMESTIC PRODUCT BY PROVINCE, MUNICIPALITY AND AUTONOMOUS REGION（2009）

单位：% (%)

地区	Region	地区生产总值 Gross Domestic Product	第一产业 Primary Industry	第二产业 Secondary Industry	第三产业 Tertiary Industry
全　国	**National Total**	**100.0**	10.6	46.8	42.6
北　京	Beijing	100.0	1.0	23.1	75.9
天　津	Tianjin	100.0	1.7	54.8	43.5
河　北	Hebei	100.0	13.0	52.1	34.8
山　西	Shanxi	100.0	6.5	54.6	38.9
内蒙古	Inner Mongolia	100.0	9.6	52.5	38.0
辽　宁	Liaoning	100.0	9.4	51.9	38.7
吉　林	Jilin	100.0	13.6	48.5	37.9
黑龙江	Heilongjiang	100.0	13.9	47.3	38.8
上　海	Shanghai	100.0	0.8	39.9	59.4
江　苏	Jiangsu	100.0	6.5	54.1	39.5
浙　江	Zhejiang	100.0	5.1	51.9	43.0
安　徽	Anhui	100.0	14.9	48.8	36.4
福　建	Fujian	100.0	9.9	48.6	41.5
江　西	Jiangxi	100.0	14.5	51.3	34.3
山　东	Shandong	100.0	9.5	56.3	34.1
河　南	Henan	100.0	14.3	56.6	29.1
湖　北	Hubei	100.0	14.0	46.1	40.0
湖　南	Hunan	100.0	15.2	43.9	40.8
广　东	Guangdong	100.0	5.1	49.3	45.6
广　西	Guangxi	100.0	18.9	43.9	37.2
海　南	Hainan	100.0	28.1	26.9	45.0
重　庆	Chongqing	100.0	9.3	52.8	37.9
四　川	Sichuan	100.0	15.8	47.4	36.7
贵　州	Guizhou	100.0	14.2	37.9	47.9
云　南	Yunnan	100.0	17.2	41.8	40.9
西　藏	Tibet	100.0	14.5	30.9	54.6
陕　西	Shaanxi	100.0	9.6	52.7	37.7
甘　肃	Gansu	100.0	14.7	44.7	40.6
青　海	Qinghai	100.0	9.9	53.3	36.8
宁　夏	Ningxia	100.0	9.5	51.0	39.5
新　疆	Xinjiang	100.0	17.8	45.7	36.5

18-3 各省（区、市）总人口（2009年）

TOTAL POPULATION BY PROVINCE, MUNICIPALITY AND AUTONOMOUS REGION（2009）

单位：万人、‰　　(10000 persons,‰)

地区	Region	年末总人口 Total Population (year-end)	出生率 Birth Rate	死亡率 Death Rate	自然增长率 Natural Growth Rate
全　国	**National Total**	**133474**	**12.13**	**7.08**	**5.05**
北　京	Beijing	1755	8.06	4.56	3.50
天　津	Tianjin	1228	8.30	5.70	2.60
河　北	Hebei	7034	12.93	6.43	6.50
山　西	Shanxi	3427	10.87	5.98	4.89
内蒙古	Inner Mongolia	2422	9.57	5.61	3.96
辽　宁	Liaoning	4319	6.06	5.09	0.97
吉　林	Jilin	2740	6.69	4.74	1.95
黑龙江	Heilongjiang	3826	7.48	5.42	2.06
上　海	Shanghai	1921	8.64	5.94	2.70
江　苏	Jiangsu	7725	9.55	6.99	2.56
浙　江	Zhejiang	5180	10.22	5.59	4.63
安　徽	Anhui	6131	13.07	6.60	6.47
福　建	Fujian	3627	12.20	6.00	6.20
江　西	Jiangxi	4432	13.87	5.98	7.89
山　东	Shandong	9470	11.70	6.08	5.62
河　南	Henan	9487	11.45	6.46	4.99
湖　北	Hubei	5720	9.48	6.00	3.48
湖　南	Hunan	6406	13.05	6.94	6.11
广　东	Guangdong	9638	11.78	4.52	7.26
广　西	Guangxi	4856	14.17	5.64	8.53
海　南	Hainan	864	14.66	5.70	8.96
重　庆	Chongqing	2859	9.90	6.20	3.70
四　川	Sichuan	8185	9.15	6.43	2.72
贵　州	Guizhou	3798	13.65	6.69	6.96
云　南	Yunnan	4571	12.53	6.45	6.08
西　藏	Tibet	290	15.31	5.07	10.24
陕　西	Shaanxi	3772	10.24	6.24	4.00
甘　肃	Gansu	2635	13.32	6.71	6.61
青　海	Qinghai	557	14.51	6.19	8.32
宁　夏	Ningxia	625	14.38	4.70	9.68
新　疆	Xinjiang	2159	15.99	5.43	10.56

18-4 各省（区、市）固定资产投资 （2009年）

TOTAL INVESTMENT IN FIXED ASSETS BY PROVINCE, MUNICIPALITY AND AUTONOMOUS REGION（2009）

地区	Region	投资总额（亿元）Total Investment (100 million yuan)	#城镇固定资产投资 Urban Investment In fixed Assets	#房地产开发投资 Real Estate Development Investment	#农村固定资产投资 Rural Investment In fixed Assets
全　国	**National Total**	**224845.6**	**194138.6**	**36231.7**	**30707.0**
北　京	Beijing	4616.9	4149.6	2337.7	467.3
天　津	Tianjin	4738.5	4446.8	735.2	291.6
河　北	Hebei	12267.0	10472.2	1517.2	1794.7
山　西	Shanxi	4943.2	4509.6	477.3	433.6
内蒙古	Inner Mongolia	7318.9	7144.3	815.5	174.5
辽　宁	Liaoning	12292.6	11605.2	2640.6	687.4
吉　林	Jilin	6411.3	5958.6	756.3	452.6
黑龙江	Heilongjiang	5029.2	4696.1	563.9	333.1
上　海	Shanghai	5143.7	4718.8	1464.2	424.9
江　苏	Jiangsu	18950.0	14266.9	3338.6	4683.1
浙　江	Zhejiang	10741.6	7453.6	2253.6	3288.0
安　徽	Anhui	8985.8	7940.5	1667.5	1045.2
福　建	Fujian	6231.2	5548.6	1136.3	682.6
江　西	Jiangxi	6642.4	6006.7	634.5	635.7
山　东	Shandong	19034.5	15439.1	2428.7	3595.4
河　南	Henan	13704.6	11455.0	1553.8	2249.6
湖　北	Hubei	7866.9	7183.7	1200.4	683.2
湖　南	Hunan	7703.5	6880.1	1084.7	823.4
广　东	Guangdong	12941.5	10238.5	2961.3	2703.1
广　西	Guangxi	5237.2	4689.9	813.7	547.4
海　南	Hainan	988.2	942.6	287.9	45.6
重　庆	Chongqing	5214.3	4855.1	1238.9	359.2
四　川	Sichuan	11387.3	9061.4	1586.8	2325.8
贵　州	Guizhou	2401.7	2040.0	369.7	361.7
云　南	Yunnan	4526.4	4117.5	737.5	408.9
西　藏	Tibet	379.4	328.7	15.7	50.8
陕　西	Shaanxi	6249.0	5890.5	943.7	358.5
甘　肃	Gansu	2363.0	2076.4	204.1	286.6
青　海	Qinghai	798.3	689.1	72.8	109.2
宁　夏	Ningxia	1075.9	964.2	162.7	111.7
新　疆	Xinjiang	2710.9	2418.5	230.8	292.4

18-5 各省（区、市）主要农产品和畜产品产量（2009年）

YIELD OF MAJOR FARM CROPS AND OUTPUT OF LIVESTOCK PRODUCTS BY PROVINCE, MUNICIPALITY AND AUTONOMOUS REGION（2009）

单位：万吨　　(10000 tons)

地区	Region	粮食产量 Yield of Grain	油料产量 Yield of Oil-bearing Crops	牛肉产量 Output of Beef	猪肉产量 Output of Pork	羊肉产量 Output of Mutton
全　国	**National Total**	**53082.1**	**3154.3**	**635.5**	**4890.5**	**389.5**
北　京	Beijing	124.8	1.8	2.1	24.1	1.4
天　津	Tianjin	156.3	0.5	3.6	25.7	1.5
河　北	Hebei	2910.2	143.3	55.3	253.6	28.0
山　西	Shanxi	942.0	17.0	4.8	50.7	5.6
内蒙古	Inner Mongolia	1981.7	119.6	47.4	68.6	88.2
辽　宁	Liaoning	1591.0	55.3	40.2	218.8	7.8
吉　林	Jilin	2460.0	50.4	41.8	113.2	3.6
黑龙江	Heilongjiang	4353.0	28.2	36.8	108.2	11.6
上　海	Shanghai	121.7	3.4		17.3	0.5
江　苏	Jiangsu	3230.1	162.2	3.3	204.5	7.5
浙　江	Zhejiang	789.2	43.2	1.0	128.2	1.7
安　徽	Anhui	3069.9	240.3	17.5	229.8	13.8
福　建	Fujian	666.9	26.3	2.2	142.9	1.7
江　西	Jiangxi	2002.6	102.0	10.9	210.8	1.1
山　东	Shandong	4316.3	334.5	69.6	341.3	32.9
河　南	Henan	5389.0	533.0	84.0	389.6	25.9
湖　北	Hubei	2309.1	314.1	17.0	279.9	7.8
湖　南	Hunan	2902.7	179.2	15.7	395.4	11.0
广　东	Guangdong	1314.5	84.6	6.1	262.1	0.9
广　西	Guangxi	1463.2	42.1	13.4	232.3	3.2
海　南	Hainan	187.6	9.1	2.3	39.7	1.1
重　庆	Chongqing	1137.2	40.5	5.9	146.5	2.1
四　川	Sichuan	3194.6	261.8	28.9	474.2	24.3
贵　州	Guizhou	1168.3	78.7	11.4	140.1	3.2
云　南	Yunnan	1576.9	50.2	28.0	230.8	12.1
西　藏	Tibet	90.5	5.8	16.3	1.3	8.0
陕　西	Shaanxi	1131.4	54.4	7.8	75.0	7.3
甘　肃	Gansu	906.2	58.5	15.1	45.8	15.6
青　海	Qinghai	102.7	36.6	8.1	9.2	8.8
宁　夏	Ningxia	340.7	13.6	7.3	9.2	6.8
新　疆	Xinjiang	1152.0	63.9	33.9	22.0	43.8

18-6 各省（区、市）规模以上工业企业主要经济指标（2009年）

MAIN ECONOMIC INDICATORS OF ALL INDUSTRIAL ENTERPRISES ABOVE DESIGNATED SIZE，MUNICIPALITY AND AUTONOMOUS REGION（2009）

单位：亿元 (100 million yuan)

地区	Region	主营业务收入 Business Income of the Main Products	主营业务成本 Core Business cost	主营业务税金及附加 Sales Tax of The core business and Adding	营业费用 Operation Expense	税金总额 Total Tax	利润总额 Total Profits
全国	**National Total**	**474608.6**	**403816.3**	**7292.8**	**11991.7**	**21129.2**	**25890.8**
北京	Beijing	10606.3	9096.2	149.6	402.7	451.9	561.1
天津	Tianjin	11470.2	10034.2	121.2	279.2	338.4	612.1
河北	Hebei	21213.0	18621.6	228.9	360.8	777.1	1112.7
山西	Shanxi	7968.8	6559.8	89.5	262.8	588.7	339.8
内蒙古	Inner Mongolia	9366.2	7644.1	133.8	225.7	534.2	653.2
辽宁	Liaoning	24322.9	21030.2	505.2	420.6	989.6	781.8
吉林	Jilin	8007.9	6921.1	195.4	240.7	432.2	455.5
黑龙江	Heilongjiang	6612.3	5072.7	204.9	156.0	556.2	761.4
上海	Shanghai	22271.9	18847.7	382.0	777.1	940.8	1246.0
江苏	Jiangsu	64061.9	56505.7	486.2	1356.3	2137.2	3198.2
浙江	Zhejiang	33972.0	29193.4	393.4	863.4	1283.6	1742.5
安徽	Anhui	10737.2	9179.0	190.2	328.0	516.2	416.4
福建	Fujian	14438.6	12439.1	164.9	374.6	451.4	652.2
江西	Jiangxi	8618.3	7371.8	121.9	163.6	392.9	402.6
山东	Shandong	64463.1	55217.4	742.2	1259.9	2581.8	3936.7
河南	Henan	25153.6	21276.8	347.1	552.6	1212.5	2062.3
湖北	Hubei	13235.1	11015.2	312.5	397.6	697.6	675.8
湖南	Hunan	11141.0	8871.9	357.5	288.2	715.6	488.5
广东	Guangdong	56467.7	48160.1	540.7	1842.2	1789.5	2643.1
广西	Guangxi	5486.2	4691.8	91.5	151.5	299.2	196.8
海南	Hainan	886.7	668.6	68.4	26.6	119.1	85.3
重庆	Chongqing	5796.8	4834.9	87.6	194.9	267.4	269.7
四川	Sichuan	15299.5	12808.1	203.3	459.0	729.1	794.3
贵州	Guizhou	2727.4	2149.1	111.5	92.2	257.7	153.2
云南	Yunnan	4367.2	3257.5	417.8	124.4	676.3	265.4
西藏	Tibet	48.9	36.7	0.8	2.8	4.5	6.8
陕西	Shaanxi	6985.4	5271.1	263.8	188.0	616.8	679.6
甘肃	Gansu	3351.1	2778.8	163.6	61.0	294.0	140.8
青海	Qinghai	939.6	756.1	20.0	19.6	67.3	80.8
宁夏	Ningxia	1207.9	1008.5	25.1	42.8	71.2	57.3
新疆	Xinjiang	3390.4	2500.8	172.7	77.1	339.2	420.3

注：本表为1—11月份数据。

Note:Data in this table are from Jan to Nov.

18-7 各省（区、市）社会消费品零售总额（2009年）

TOTAL RETAIL SALES OF CONSUMER GOODS BY PROVINCE, MUNICIPALITY AND AUTONOMOUS REGION（2009）

单位：亿元　(100 million yuan)

地区	Region	2005	2006	2007	2008	2009
全　国	**National Total**	**68352.6**	**79145.2**	**93571.6**	**114830.1**	**132678.4**
北　京	Beijing	2911.7	3295.3	3835.2	4645.5	5309.9
天　津	Tianjin	1201.6	1383.1	1650.6	2078.7	2430.8
河　北	Hebei	2969.5	3435.7	4053.8	4991.1	5764.9
山　西	Shanxi	1410.7	1635.4	1953.3	2421.1	2809.0
内蒙古	Inner Mongolia	1358.1	1628.6	1964.0	2463.0	2855.3
辽　宁	Liaoning	3014.4	3471.6	4097.8	5032.4	5812.6
吉　林	Jilin	1470.3	1697.6	2038.3	2549.2	2957.3
黑龙江	Heilongjiang	1773.8	2029.0	2386.2	2928.3	3401.8
上　海	Shanghai	2979.5	3375.2	3873.3	4577.2	5173.2
江　苏	Jiangsu	5735.5	6706.2	7985.9	9905.1	11484.1
浙　江	Zhejiang	4645.9	5358.0	6271.3	7533.3	8622.3
安　徽	Anhui	1776.7	2056.5	2451.9	3045.2	3527.8
福　建	Fujian	2351.7	2717.6	3212.3	3866.7	4481.0
江　西	Jiangxi	1244.9	1448.2	1718.9	2142.0	2484.4
山　东	Shandong	6166.9	7217.1	8607.5	10658.8	12363.0
河　南	Henan	3380.9	3932.6	4690.3	5815.4	6746.4
湖　北	Hubei	2985.9	3461.1	4115.8	5109.7	5928.4
湖　南	Hunan	2474.3	2869.4	3419.2	4222.6	4913.7
广　东	Guangdong	7915.5	9194.3	10731.3	12986.6	14891.8
广　西	Guangxi	1405.5	1620.3	1932.7	2395.8	2790.7
海　南	Hainan	270.8	313.4	370.9	463.2	537.5
重　庆	Chongqing	1227.8	1431.5	1711.1	2147.1	2479.0
四　川	Sichuan	3003.5	3472.5	4105.6	4944.8	5758.7
贵　州	Guizhou	615.7	710.0	858.2	1075.2	1247.3
云　南	Yunnan	1041.3	1204.8	1422.5	1764.7	2051.1
西　藏	Tibet	73.2	90.0	112.6	130.0	156.6
陕　西	Shaanxi	1331.3	1542.4	1837.3	2317.1	2699.7
甘　肃	Gansu	638.1	729.5	854.4	1023.6	1183.0
青　海	Qinghai	161.6	182.6	212.6	259.7	300.5
宁　夏	Ningxia	175.8	202.5	239.5	295.4	339.3
新　疆	Xinjiang	640.2	733.2	857.5	1041.5	1177.5

18-8 各省（区、市）人民生活（2009年）

PEOPLE'S LIFE BY PROVINCE, MUNICIPALITY AND AUTONOMOUS REGION（2009）

单位：元 (yuan)

地区	Region	城镇居民人均收入情况 Per Capital Annual Income of Urban Households		城镇居民消费支出 Total Living Expenditures of Urban Housholds		农村居民人均收支情况 Per Capital Annual Income and Expenditure of Rural Households	
		总收入 Total Income	#可支配收入 Disposable Income	总支出 Total Expenditure	#消费性支出 Increases	纯收入 Net Income	生活消费支出 Living Expenditures
全　国	**National Total**	**18858.1**	**17174.7**	**17248.3**	**12264.6**	**5153.2**	**3993.5**
北　京	Beijing	30673.7	26738.5	25413.1	17893.3	11668.6	8897.6
天　津	Tianjin	23565.7	21402.0	22136.6	14801.4	8687.6	4273.2
河　北	Hebei	15675.8	14718.3	12681.4	9678.8	5149.7	3349.7
山　西	Shanxi	14983.2	13996.6	13212.5	9355.1	4244.1	3304.8
内蒙古	Inner Mongolia	16951.4	15849.2	16097.7	12369.9	4937.8	3968.4
辽　宁	Liaoning	17757.7	15761.4	17799.9	12324.6	5958.0	4254.0
吉　林	Jilin	15155.2	14006.3	14194.1	10914.4	5265.9	3902.9
黑龙江	Heilongjiang	13689.9	12566.0	12869.8	9629.6	5206.8	4241.3
上　海	Shanghai	32403.0	28837.8	39506.2	20992.4	12482.9	9804.4
江　苏	Jiangsu	22494.9	20551.7	18992.9	13153.0	8003.5	5804.5
浙　江	Zhejiang	27119.3	24610.8	24110.8	16683.5	10007.3	7731.7
安　徽	Anhui	15691.9	14085.7	15283.6	10234.0	4504.3	3655.0
福　建	Fujian	21692.4	19576.8	19925.3	13450.6	6680.2	5015.7
江　西	Jiangxi	15047.2	14021.5	12836.8	9740.0	5075.0	3532.7
山　东	Shandong	19336.9	17811.0	16072.8	12012.7	6118.8	4417.2
河　南	Henan	15408.0	14371.6	12902.1	9567.0	4807.0	3388.5
湖　北	Hubei	15698.1	14367.5	13868.2	10294.1	5035.3	3725.2
湖　南	Hunan	16078.1	15084.3	14956.3	10828.2	4909.0	4020.9
广　东	Guangdong	24116.5	21574.7	23245.6	16857.5	6906.9	5019.8
广　西	Guangxi	17032.9	15451.5	14787.1	10352.4	3980.4	3231.1
海　南	Hainan	14909.3	13750.9	12820.1	10086.7	4744.4	3088.6
重　庆	Chongqing	16990.3	15748.7	15683.6	12144.1	4478.4	3142.1
四　川	Sichuan	15323.8	13839.4	14727.3	10860.2	4462.1	4141.4
贵　州	Guizhou	13793.4	12862.5	12085.9	9048.3	3005.4	2422.0
云　南	Yunnan	15680.3	14423.9	13802.9	10201.8	3369.3	2924.9
西　藏	Tibet	14979.0	13544.4	11711.0	9034.3	3531.7	2451.0
陕　西	Shaanxi	15311.3	14128.8	14307.8	10705.7	3437.6	3349.2
甘　肃	Gansu	12918.0	11929.8	11260.0	8890.8	2980.1	2766.5
青　海	Qinghai	14150.3	12691.9	12117.9	8786.5	3346.2	3209.4
宁　夏	Ningxia	15550.8	14024.7	16162.8	10280.0	4048.3	3347.9
新　疆	Xinjiang	13602.2	12257.5	12601.4	9327.6	3883.1	2950.6

18-9 各省(区、市)居民消费价格分类指数 （2009年）

GENERAL PRICE INDICES BY CATEGORY AND BY PROVINCE, MUNICIPALITY AND AUTONOMOUS REGION（2009）

(上年=100)　　(preceding year=100)

地区 Region	居民消费价格总指数 General Consumer Price Index	食品 Food	烟酒及用品 Tobacco and Liquor and It's Articles	衣着 Clothing	家庭设备用品及服务 Household Facilities and Articles and Service	医疗保健和个人用品 Medicine and Medical and Personal Articles	交通和通信 Transportation & Communication	娱乐教育文化 Recreation, Education and Culture	居住 Housing
全　国 National Total	**99.3**	**100.7**	**101.5**	**98.0**	**100.2**	**101.2**	**97.6**	**99.3**	**96.4**
北　京 Beijing	98.5	102.4	102.2	98.4	100.3	99.9	95.9	97.6	89.8
天　津 Tianjin	99.0	101.2	104.7	97.3	99.7	102.6	96.3	96.1	94.9
河　北 Hebei	99.3	101.0	101.9	96.4	99.8	101.5	97.0	97.8	98.4
山　西 Shanxi	99.6	101.8	101.9	96.9	99.5	101.1	97.8	99.2	97.4
内蒙古 Inner Mongolia	99.7	101.3	100.8	99.7	99.3	101.0	97.2	98.7	98.0
辽　宁 Liaoning	100.0	102.8	101.1	93.8	100.7	101.8	97.5	98.4	99.0
吉　林 Jilin	100.1	101.0	101.1	99.2	102.1	101.2	97.6	99.3	99.0
黑龙江 Heilongjiang	100.2	101.2	101.0	96.8	99.3	102.4	99.0	99.4	101.0
上　海 Shanghai	99.6	102.1	100.8	99.3	101.5	99.4	97.5	98.0	96.6
江　苏 Jiangsu	99.6	100.9	101.7	99.0	101.3	100.7	96.7	99.9	97.5
浙　江 Zhejiang	98.5	100.7	100.5	98.2	99.8	102.4	96.0	98.4	92.7
安　徽 Anhui	99.1	100.8	101.2	97.1	99.0	101.2	97.9	100.3	94.0
福　建 Fujian	98.2	99.0	102.1	96.3	100.3	101.3	96.9	98.3	94.8
江　西 Jiangxi	99.3	100.1	100.4	99.0	101.1	101.1	97.3	100.3	96.5
山　东 Shandong	100.0	101.3	102.4	97.2	100.1	101.3	98.1	100.8	98.8
河　南 Henan	99.4	101.3	101.7	99.7	100.4	101.9	97.8	101.2	93.9
湖　北 Hubei	99.6	100.5	101.4	99.1	100.2	101.4	98.4	98.9	97.7
湖　南 Hunan	99.6	100.3	100.2	100.0	100.5	100.2	98.2	101.1	96.9
广　东 Guangdong	97.7	98.5	102.7	97.3	99.3	100.9	97.4	98.0	93.5
广　西 Guangxi	97.9	98.5	100.8	97.8	98.6	100.5	97.9	99.8	92.0
海　南 Hainan	99.3	99.9	100.9	98.6	101.9	104.3	98.1	99.6	94.0
重　庆 Chongqing	98.4	100.0	101.6	94.7	97.2	99.4	98.2	98.5	95.9
四　川 Sichuan	100.8	102.0	101.8	98.1	100.8	101.1	99.3	101.2	99.7
贵　州 Guizhou	98.7	98.5	100.9	95.6	99.6	100.9	98.2	100.2	98.4
云　南 Yunnan	100.4	101.6	100.1	98.1	100.3	101.5	97.4	98.8	101.9
西　藏 Tibet	101.4	103.9	101.9	101.6	99.3	101.4	97.0	99.1	100.0
陕　西 Shaanxi	100.5	102.3	101.5	99.3	99.6	101.6	99.4	98.8	99.2
甘　肃 Gansu	101.3	103.5	102.6	99.8	101.4	101.4	97.5	100.3	101.0
青　海 Qinghai	102.6	103.0	101.4	107.0	101.5	102.5	99.3	100.4	104.4
宁　夏 Ningxia	100.7	101.6	102.1	99.2	100.9	101.7	98.4	100.0	101.7
新　疆 Xinjiang	100.7	102.1	101.5	98.6	101.9	101.9	99.0	99.9	99.9

18-10 各省(区、市)客运量和货运量（2009年）

PASSENGER TRAFFIC AND FREIGHT TRAFFIC BY PROVINCE, MUNICIPALITY AND AUTONOMOUS REGION（2009）

地区 Region	客运量 (万人) Total (10000 persons)	#铁路 Railways	#公路 Highways	#水运 Waterways	货运量 (万吨) Total (10000 tons)	#铁路 Railways	#公路 Highways	#水运 Waterways
全　国 National Total	**2976898**	**152451**	**2779081**	**22314**	**2780628**	**333348**	**2127834**	**318996**
北　京 Beijing	129534	8161	121373		20470	1717	18753	
天　津 Tianjin	23337	2232	21090	15	42324	11263	19800	11261
河　北 Hebei	77773	7194	70579		123065	15483	106530	1052
山　西 Shanxi	36474	5320	31122	32	109534	54743	54786	5
内蒙古 Inner Mongolia	22077	4079	17998		113916	43084	70832	
辽　宁 Liaoning	95505	13377	81585	543	135055	20316	105088	9651
吉　林 Jilin	58580	5687	52723	170	34771	7478	27032	261
黑龙江 Heilongjiang	43365	10133	32947	285	54208	16744	36486	978
上　海 Shanghai	9571	5161	2995	1415	76669	941	37745	37983
江　苏 Jiangsu	200713	9167	191001	545	152581	6563	104002	42016
浙　江 Zhejiang	199068	7024	188364	3680	151566	3762	95802	52002
安　徽 Anhui	141229	5131	135984	114	196654	11308	157991	27355
福　建 Fujian	75009	2083	71586	1340	58163	3574	40317	14272
江　西 Jiangxi	70496	5470	64770	256	86057	5570	75200	5287
山　东 Shandong	234564	6136	226134	2294	284086	19219	251587	13280
河　南 Henan	144203	7718	136279	206	169942	14160	151343	4439
湖　北 Hubei	94334	5260	88703	371	78984	6116	59563	13305
湖　南 Hunan	140572	6466	133359	747	128921	5736	111351	11834
广　东 Guangdong	418938	10361	406704	1873	169653	7597	125433	36623
广　西 Guangxi	68593	2886	65405	302	94466	8962	75766	9738
海　南 Hainan	40735	68	39461	1206	18393	621	10839	6933
重　庆 Chongqing	113981	2605	110150	1226	68566	2263	58532	7771
四　川 Sichuan	220020	5903	211288	2829	118253	7659	106472	4122
贵　州 Guizhou	64918	3204	59981	1733	34803	6956	27031	816
云　南 Yunnan	35556	2123	32775	658	46039	4929	40765	345
西　藏 Tibet	7966	74	7760		998	23	959	
陕　西 Shaanxi	84303	5008	79033	262	92557	24421	67963	173
甘　肃 Gansu	49968	2121	47755	92	26605	5763	20812	30
青　海 Qinghai	10071	430	9603	38	9874	2701	7173	
宁　夏 Ningxia	12629	513	12034	82	29242	5979	23263	
新　疆 Xinjiang	29886	1345	28541		45046	6389	38657	

18-11 西部十二省（区、市）行政区划 （2009年）

DIVISIONS OF ADMINISTRATIVE AREAS IN TWELVE PROVINCES, MUNICIPALITY AND AUTONOMOUS REGION （2009）

单位：个 (unit)

省级行政区划名称 Provinces, Municipalities and Autonomous Regions	地级区划数 Number of Prefectures	#地级市 Cities at Prefectural Level	县级区划数 Number of Counties	#县级市 Cities at Country Level	#市辖区 Districts Under the Jurisdiction of Cities	乡镇级区划数 Number of Regions at Townships Levels
全　国 National Total	**333**	**283**	**2858**	**367**	**855**	**40858**
西　藏 Tibet	7	1	73	1	1	692
重　庆 Chongqing			40		19	1009
四　川 Sichuan	21	18	181	14	43	4660
贵　州 Guizhou	9	4	88	9	10	1555
云　南 Yunnan	16	8	129	9	12	1366
内蒙古 Inner Mongolia	12	9	101	11	21	863
广　西 Guangxi	14	14	109	7	34	1232
陕　西 Shaanxi	10	10	107	3	24	1745
甘　肃 Gansu	14	12	86	4	17	1350
青　海 Qinghai	8	1	43	2	4	396
宁　夏 Ningxia	5	5	22	2	9	233
新　疆 Xinjiang	14	2	98	19	11	1005

18-12 西部十二省（区、市）农林牧渔业总产值 （2009年）

GROSS OUTPUT VALUE OF FARMING, FORESTRY, ANIMALHUSBANDRY AND HUSBANDRY AND FISHERY OF TWELVE PROVINCES MUNICIPALITY AND AUTONOMOUS REGION （2009）

单位：亿元 (100 million yuan)

地区 Region	农林牧渔业总产值 Total	农业 Farming	林业 Forestry	牧业 Animal Husbandry	渔业 Fishery	农林牧渔业总产值比上年增长(%) Increase Rate in 2008 over 2007(%)
全　国 National Total	**60361.0**	**30611.1**	**2359.4**	**19468.4**	**5626.4**	**4.6**
西　藏 Tibet	93.4	39.1	7.1	44.3	0.2	5.6
重　庆 Chongqing	913.1	522.8	34.1	319.4	24.3	6.4
四　川 Sichuan	3689.8	1806.1	112.5	1596.7	119.1	4.2
贵　州 Guizhou	875.2	501.5	36.9	281.5	11.1	4.6
云　南 Yunnan	1706.2	850.7	196.1	557.8	42.0	5.8
内蒙古 Inner Mongolia	1570.6	731.9	78.2	721.4	12.7	2.4
广　西 Guangxi	2377.2	1135.0	129.0	812.5	216.9	5.4
陕　西 Shaanxi	1337.2	823.6	45.6	387.9	6.5	5.0
甘　肃 Gansu	876.3	587.3	24.2	171.9	1.1	5.8
青　海 Qinghai	157.3	61.3	2.3	90.1	0.1	5.8
宁　夏 Ningxia	243.5	146.8	8.4	70.7	7.0	8.2
新　疆 Xinjiang	1297.6	898.6	26.6	318.4	11.1	5.1

18-13 西部十二省（区、市）规模以上工业企业主要经济效益指标(2009年)

MAIN INDICATORS ON ECONOMIC BENEFIT OF INDUSTRIAL ENTERPRISES IN TWELVE PROVINCES,MUNICIPALITY AND AUTONOMOUS REGION（2009）

地区	Region	总资产贡献率(%) Ratio of Total Assets to Industrial Output Value (%)	资本保值增值率(%) Ratio of (%)	资产负债率(%) Assets-Liability Ratio (%)	流动资产周转次数(次) Number of Times of Annual of Turnover Working Capitals(times)	成本费用利润率(%) Ration of Profits to Industrial Cost(%)	产品销售率(%) Proportion of Products Sold (%)
全　国	**National Total**	**12.9**	**114.2**	**59.2**	**2.5**	**5.9**	**97.5**
西　藏	Tibet	5.4	114.8	23.9	0.7	14.3	94.0
重　庆	Chongqing	11.3	115.2	61.6	2.3	5.0	97.8
四　川	Sichuan	12.3	120.8	63.5	2.4	5.6	97.6
贵　州	Guizhou	11.5	117.4	66.7	1.7	6.2	94.5
云　南	Yunnan	14.6	111.9	59.0	1.6	7.2	95.7
内蒙古	Inner Mongolia	13.8	125.1	62.3	2.9	7.9	96.6
广　西	Guangxi	10.8	115.8	64.2	2.4	3.8	95.7
陕　西	Shaanxi	14.7	124.4	58.9	1.6	11.4	96.6
甘　肃	Gansu	11.5	108.4	61.8	1.9	4.6	96.2
青　海	Qinghai	8.9	114.1	66.5	1.4	9.5	93.6
宁　夏	Ningxia	7.7	121.8	68.2	1.6	5.0	94.0
新　疆	Xinjiang	15.4	107.7	54.6	1.9	15.1	94.8

18-14 西部十二省（区、市）国际旅游接待情况

FOREIGN EXCHANGE EARNING FROM INTERNATIONAL TOURISM OF TWELVE PROVINCES MUNICIPALITY AND AUTONOMOUS REGION

地区	Region	2008年			2009年		
		旅游人数(万人次) Interantional tourists (10000 persons-times)	#外国人 Foreigners	旅游外汇收入(亿美元) Foreign Exchange Earnings from Tourism (USD 100 million)	旅游人数(万人次) Interantional tourists (10000 persons-times)	#外国人 Foreigners	旅游外汇收入(亿美元) Foreign Exchange Earnings from Tourism (USD 100 million)
西　藏	Tibet	6.8	6.3	0.31	17.5	16.3	0.79
重　庆	Chongqing	87.2	74.3	4.50	104.8	84.8	5.37
四　川	Sichuan	70.0	47.8	1.54	85.0	61.5	2.89
贵　州	Guizhou	39.5	18.2	1.17	40.0	16.3	1.10
云　南	Yunnan	250.2	169.2	10.08	284.5	191.8	11.72
内蒙古	Inner Mongolia	154.9	153.2	5.77	129.0	126.6	5.58
广　西	Guangxi	201.0	120.0	6.02	209.9	117.4	6.43
陕　西	Shaanxi	125.7	93.7	6.60	145.1	114.4	7.71
甘　肃	Gansu	8.3	6.0	0.16	6.1	4.5	0.13
青　海	Qinghai	3.0	2.1	0.10	3.6	2.5	0.15
宁　夏	Ningxia	1.2	0.9	0.03	1.5	1.2	0.04
新　疆	Xinjiang	36.3	32.8	1.36	35.5	31.8	1.37

附　录

APPENDIX

附录 1：

主要统计指标解释

Explanatory Notes for Major Indicators

森林面积　Forest Area

指生长着乔木和竹林，郁闭度在 0.3 以上（不包括 0.3）的林地面积，即有林地面积。它是反映森林资源总面积的重要指标。森林面积包括天然林面积和人工林面积，不包括灌木林地和疏林地面积。

Refers to the area of forest land where trees and bamboo grow with canopy density above 0.3, including land of natural woods and planted woods, but excluding bush land and thin forest land. It reflects the total areas of afforestation.

森林覆盖率　Forest Coverage-rate

是反映一个国家或地区森林资源和绿化水平的重要指标。国家规定在计算森林覆盖率时，森林面积还包括灌木林面积、农田林网树占地面积以及四旁树木的覆盖面积。计算公式为：

森林覆盖率(%)=森林面积/土地总面积×100%

Refer to the ratio of area of afforested land to total land area. This indicator shows the forest resources and afforestation progress of a country or a region. According to regulations of the government, in addition to afforested land, the area of bush forest, the area of forest land inside farm land and the area of trees planted by the side of farm houses and along the roads, rivers and fields should also be include in the area of afforested land in the calculation of the forest coverage-rate. The formula for calculating forest coverage-rate is as follows:

Forestry Coverage-rate(%)=Area of Afforested Land/Area of Total Land×100%

活立木总蓄积量　Total Standing Stock Volume

指全部土地上树木蓄积的总量，包括森林蓄积、疏林蓄积、散生木蓄积和四旁树蓄积。

Refers to the stock volume of trees in land, including trees in forest ,trees in sparse forest, scattered trees and trees planted by the side of farm house and the roads, rivers and fields.

森林蓄积量　Stock Volume of Forest

指森林面积上生长着的林木树干材积总量，是反映一个国家或地区森林资源总规模和水平的重要指标。

Refers to total stock volume of wood growing in forest area, which shows the total size and level of forest resources of a country or a region.

草地面积　Grass Land

指牧区和农区用于放牧牲畜或割草，植被盖度在 5%以上的草原、草坡、草山等面积。包括天然的和人工种植或改良的草地面积。

Refers to prairies, grasslands on the slopes, and grass-mountains in pastoral and agricultural areas used for herding and grass growing with vegetation coverage above 5%, including natural, planted or improved grassland.

内陆水域总面积　Inland Water Area

指江、河、池塘、湖泊、塘堰、水库等各种流水或蓄水的水面占地面积。

Refers to water area of rivers, lakes, ponds, reservoir, etc.

矿产保有储量　Ensured Mineral Reserves

指探明的矿产储量(包括工业储量和远景储量)扣除已开采部分和地下损失量后的年末实有储量，是反映国家矿产资源现状的重要指标。

Refers to the actual mineral reserves, which equal to the proven mineral reserves (including industrial reserves and prospective reserves) minus extracted parts and underground losses. This indicator shows the current condition of the mineral resources of a country.

可比价格　Comparable Prices

指计算各种总量指标所采用的扣除了价格变动因素的价格，可进行不同时期总量指标的对比。按可比价格计算总量指标有两种方法：一种是直接用产品产量乘某一年的不变价格计算；另一种是用价格指数进行伸缩。

Refers to prices that are used to remove the factors of price change in calculating economic aggregates, so as to facilitate comparison of aggregates over time. Tow methods are used for calculating economic aggregates at comparable prices: 1.multiplying the output of products by their constant prices of certain year; 2.deflation of data at current prices by relevant price index.

不变价格　Constant Price

指以同类产品某年的平均价格作为固定价格，用于计算各年的产品价值。按不变价格计算的产品价值消除了价格变动因素，不同时期对比可以反映生产的发展速度。新中国成立后，随着工农业产品价格水平的变化，国家统计局先后五次制定了全国统一的工业产品不变价格和农业产品不变价格。从 1949 年到 1957 年使用 1952 年工（农）业产品不变价格，从 1957 年到 1971 年使用 1957 年不变价格，从 1971 年到 1981 年使用 1970 年不变价格，从 1981 年到 1990 年使用 1980 年不变价格，从 1990 年开始使用 1990 年不变价格。

Refers to the average price of a given product in certain year, which is used for comparison of output value over time. As the output value at constant prices removes the factor of price changes, it reflects the trend of production development over time. Since 1949, with the changes in general price level, the State Statistical Bureau has issued nationally unified constant prices five times: the 1952 constant prices for 1949-1957; the 1957 constant prices for 1957-1971; the 1970 constant prices for 1971-1981; the 1980 constant prices for 1981-1990; and the 1990 constant prices have been used since 1991.

平均增长速度　Average Annual Growth Rate

我国计算平均增长速度有两种方法：一种是习惯上经常使用的“水平法”，又称几何平均法，是以间隔期最后一年的水平同基期水平对比来计算平均每年增长（或下降）速度；另一种是“累计法”，又称代数平均法或方程法，是以间隔期内各年水平的总和同基期水平对比来计算平均每年增长（或下降）速度。

在一般正常情况下，两种方法计算的平均每年增长速度比较接近；但在经济发展不平衡、出现大起大落时，两种方法计算的结果差别较大。

Tow methods for calculating average annual growth rate are applied in China, one is often called “level approach" or the method of calculating geometric average, which is derived by comparing the level of the last year of the interval with that of the beginning year; the other is called "accumulative approach" or algebraic average or equation method, which is derived by the summation of the actual figure of each year in the interval divided by the figure in the base year.

Usually the results calculated by the two methods are fairly close, but they differed sharply when uneven economic development occurred with striking fluctuations in growth.

各个计划时期　Various Planning Periods

年鉴中各个“时期”代表的年份如下：恢复时期为 1950 年到 1952 年；第一个五年计划时期（简称一五时期）为 1953 年到 1957 年；第二个五年计划时期（简称二五时期）为 1958 年到 1962 年；第三个五年计划时期（简称三五时期）为 1966 年到 1970 年；第四个五年计划时期（简称四五时期）为 1971 年到 1975 年；第五个五年计划时期（简称五五时期）为 1976 年到 1980 年；第六个五年计划时期（简称六五时期）为 1981 年到 1985 年；第七个五年计划时期（简称七五时期）为 1986 年到 1990 年；第八个五年计划时期（简称八五时期）为 1991 年到 1995 年；第九个五年计划时期（简称九五时期）为 1996 年到 2000 年；第十个五年计划时期（简称十五时期）为 2001 年到 2005 年。

The conventional division of "time period" in this yearbook is as follows: Economic Rehabilitation Period, 1950-1952; The first five-year plan period, 1953-1957;The second five-year plan period, 1958-1962; The third five-year plan period, 1966-1970; The fourth five-year plan period, 1971-1975; The fifth five-year plan period,1976-1980; The six five-year plan period, 1981-1985; The seventh five-year plan period, 1986-1990; The eighth five-year plan period, 1991-1995; The ninth five-year plan period,1996-2000;And the tenth five-year plan period,2001-2005.

企业（单位）登记注册类型　Registration Status of Enterprises

是以在工商行政管理机关登记注册的各类企业为划分对象，以工商行政管理部门对企业登记注册的类型为依据，将企业登记注册类型分为内资企业、联营企业、有限责任公司、股份有限公司、私营公司和其它企业；港澳台商投资企业和外商投资企业分别包括合资经营企业、合作经营企业、独资经营企业和股份有限公司。对不在工商行政管理部门进行登记注册的行政机关、事业单位和社会团体，主要按其经费来源和管理方式进行划分。

Enterprises are classified into 3 categories, namely domestic-funded enterprises, enterprises with investment from Hong Kong, Macao and Taiwan, and enterprises with foreign investment, in the light of the registration status of an enterprise in industrial and commercial administration agencies. Domestic-funded enterprises include state-owned enterprises, collective-owned enterprises, cooperative enterprises, joint ownership enterprises, limited liability corporations, share-holding corporations Ltd., private enterprises and other enterprises. Include in the enterprises with investment from Hong Kong, Macao and Taiwan and enterprises with foreign investment are joint-venture enterprises, cooperative enterprises, sole investment enterprises and share-holding corporations Ltd. For government agencies, institutions and social organizations which are not requested to be registered in industrial and commercial administration agencies, they are classified mainly by way of management.

国有企业　State-owned Enterprises

指企业全部资产归国家所有，并按《中华人民共和国企业法人登记管理条例》规定登记注册的非公司制的经济组织。不包括有限责任公司中的国有独资公司。

Refers to non-corporation economic units where the entire assets are owned by the state and which have registered in accordance with the Regulation of the People's Republic of China on the Management of Registration of Corporate Enterprises. Excluded from this category are sole state-funded corporations in the limited liability corporations.

集体企业　Collective-owned Enterprises

指企业资产归集体企业所有，并按《中华人民共和国企业法人登记管理条例》规定登记注册的经济组织。

Refers to economic units where the assets are owned collectively and which have registered in accordance with the Regulation of the People's Republic of China on the Management of Registration of Corporate Enterprises.

股份合作企业　Cooperative Enterprises

指以合同制为基础，由企业职工共同出资入股，吸收一定比例的社会资产投资组建，实行自主经营，自负盈亏，共同劳动，民主管理，按劳分配与按股分红相结合的一种集体经济组织。

Refers to a form of collective economic units (enterprises) where capitals come mainly from employees as their shares, with certain proportion of capital from the outside, where production is organized on the basis of independent operation, independent accounting for profits and losses, joint work, democratic management, and a distribution system that integrates remuneration according to work with dividend according to capital share.

联营企业　Joint Ownership Enterprises

指两个及两个以上相同或不同所有制性质的企业法人或事业单位法人，按自愿、平等、互利的原则，共同投资组成的经济组织。联营企业包括国有联营企业、集体联营企业、国有与集体联营企业和其它联营企业。

Refer to economic units established by two or more corporate enterprises or corporate institutions of the same or different ownership, through joint investment on the basis of equality, voluntary participation and mutual benefits. they include state joint ownership enterprises, collective joint ownership enterprises, joint state-collective enterprises, other joint ownership enterprises.

有限责任公司　Limited Liability Corporations

指根据《中华人民共和国公司登记管理条例》规定登记注册，由两个以上五十个以下的股东共同出资，每个股东以其所认缴的出资额对公司承担有限责任，公司以其全部资产对其债务承担责任的经济组织。有限责任公司包括国有独资公司以及其它有限责任公司。

国有独资公司：指国家授权的投资机构或者国家授权的部门单独投资设立的有限责任公司。

其他有限责任公司：指国有独资公司以外的有限责任公司。

Refers to economic units established with investment from 2-50 investors and registered in accordance with the Regulation of the People's Republic of China on the Management of Registration of Corporations, each investor bearing limited liability to the corporation depending on its share of investment, and the corporation bearing liability to its debt to the maximum of its total assets. limited liability corporations include exclusive state-funded limited liability corporations and other limited liability corporations.

(1) Exclusive state-funded Corporations refer to limited liability corporations established with exclusive investment from investment institutions or departments authorized by the state.

(2) Other Limited Liability Corporations refer to limited liability corporations other than exclusive state-funded corporations.

股份有限公司　Share-holding Corporations Ltd.

指根据《中华人民共和国公司登记管理条例》规定登记注册，其全部资本由等额股份构成并通过发行股票筹集资本，股东以其认购的股份对公司承担有限责任，公司以其全部资产对其债务承担责任的经济组织。

Refers to economic units registered in accordance with the Regulation of the People's Republic of China on the Management of Registration of Corporations, with total registered capitals divided into equal shares and raised through issuing stocks. Each investor bears limited liability to the corporation depending on the holding of shares, and the corporation bears liability to its debt to the maximum of its total assets.

私营企业　Private Enterprises

指由自然人投资设立或由自然人控股，以雇佣劳动为基础的盈利性经济组织。包括按照《公司法》、《合伙企业法》、《私营企业暂行条例》规定登记注册的私营有限责任公司、私营股份有限公司、私营合伙企业和私营独资企业。

(1)私营独资企业：指按《私营企业暂行条例》的规定，由一名自然人投资经营，以雇佣劳动为基础，投资者对企业债务承担无限责任的企业。

(2)私营合伙企业：指按《合伙企业法》或《私营企业暂行条例》的规定，由两个以上自然人按照协议共同投资、共同经营、共负盈亏，以雇佣劳动为基础，对债务承担无限责任的企业。

(3)私营有限责任公司：指按《公司法》、《私营企业暂行条例》的规定，由两个以上自然人投资或由单个自然人控股的有限责任公司。

(4)股份有限责任公司：指按《公司法》的规定，由五个以上自然人投资，或由单个自然人控股的股份有限公司。

Refers to profit-making economic units invested and established by natural persons, or controlled by natural persons using employed labor. Included in this category are private limited liability corporations, private share-holding corporations Ltd., private partnership enterprises and private-funded enterprises registered in accordance with the Corporation Law, Partnership Enterprises law and Interim Regulations on Private Enterprises.

(1) Private-funded enterprises: refer to enterprises registered in accordance with the Interim Regulations on Private Enterprises, invested and operated by a single natural person using employed labor and bearing unlimited liability to the debt of the enterprise.

(2) Private partnership enterprises: refer to enterprises registered in accordance with the Partnership Enterprise Law or Interim Regulations on Private Enterprises, jointly invested and operated by two or more natural persons using employed labor and bearing unlimited liability to the debt of the enterprise.

(3) Private limited liability corporations: refer to limited liability corporations registered in accordance with the Corporation Law and Interim Regulations on Private Enterprises, jointly invested by two or more

natural persons or exclusively invested by a single natural person.

(4) Private share-holding corporations Ltd.: refer to share-holding corporations registered in accordance with the Corporation Law, jointly invested by five or, more natural persons or exclusively units other than those mentioned above.

其他内资企业　Other Domestic-funded Enterprises

指上述企业之外的其他内资经济组织。

Refer to domestic-funded economic units other than those mentioned above.

与港澳台商合资经营企业　Joint-venture Enterprises with Funds from Hong Kong, Macao and Taiwan

指港澳台地区投资者与内地企业依照《中华人民共和国中外合资经营企业法》及有关法律的规定，按合同规定的比例投资设立、分配利润和分担风险的企业。

Refer to enterprises jointly established by investors from Hong Kong, Macao and Taiwan with enterprises in the mainland of China in accordance with the Law of the People's Republic of China on Sino-foreign Joint Venture Enterprises and other relevant laws, where the share of investment, profits and risks is stipulated in the contract.

与港澳台商合作经营企业　Cooperative Enterprises with Funds from Hong Kong, Macao and Taiwan

指港澳台地区投资者与内地企业依照《中华人民共和国中外合作经营企业法》及有关法律的规定，依照合作合同的约定进行投资或提供条件设立、分配利润和分担风险的企业。

Refers to enterprises jointly established by in investors from Hong Kong, Macao and Taiwan with enterprises in the mainland of China in accordance with the Law of the People's Republic of China on Sino-foreign Cooperative Enterprises and other relevant laws, where the investment or provision of facilities, and the share of profits and risks is stipulated in the cooperative contract.

港澳台商独资经营企业　Enterprises with Sole (exclusive) Investment from Hong Kong, Macao and Taiwan

指依照《中华人民共和国外资企业法》及有关法律的规定，在内地由港澳台地区投资者全额投资设立的企业。

Refers to enterprises established in the mainland of China with exclusive investment from investors from Hong Kong, Macao and Taiwan in accordance with the Law of the People's Republic of China on Foreign-Funded Enterprises and other relevant laws.

港澳台商投资股份有限公司　Share-holding Corporations Ltd. with Investment from Hong Kong,Macao and Taiwan

指根据国家有关规定，经外经贸部依法批准设立，其中港、澳、台商的股本占公司注册资本的比例达 25%以上的股份有限公司。凡其中港、澳、台商的股本占公司注册资本的比例小于 25%的，属于内资企业中的股份有限公司。

Refers to share-holding corporations Ltd. established with the approval from the Ministry of Foreign Trade and Economic Relations in line with relevant state regulations, where the share of investment from Hong Kong, Macao or Taiwan businessmen exceeds 25% of the total registered capital of the corporation. In case the share of investment from Hong Kong, Macao or Taiwan is less than 25% of the total registered capital, the enterprise is to be classified as domestic-funded share-holding corporation Ltd.

中外合资经营企业　Joint-venture Enterprises with Foreign Investment

指外国企业或外国人与中国内地企业依照《中华人民共和国中外合资经营企业法》及有关法律的规定，按合同规定的比例投资设立、分享利润和分担风险的企业。

Refers to enterprises jointly established by foreign enterprises or foreign Joint Venture Enterprises and other relevant laws, where the share of investment, profits and risks is stipulated in the contact.

中外合作经营企业　Cooperation Enterprises with Foreign Investment

指外国企业或外国人与中国内地企业依照《中华人民共和国中外合作经营企业法》及有关法律的规定，依照合作合同的约定进行投资或提供条件设立、分配利润和分担风险的企业。

Refers to enterprises jointly established by foreign enterprises or foreigners with enterprises in the mainland of China in accordance with the Law of the People's Republic of China on Sino-foreign Joint Venture Enterprises and other relevant laws, where the investment or provision of facilities, and the share or profits and risks is stipulated in the cooperative contract.

外资企业　Enterprises with Sole (exclusive) Foreign Investment

指依照《中华人民共和国外资企业法》及有关法律的规定，在中国内地由外国投资者全额投资设立的企业。

Refers to enterprises established in the mainland of China with exclusive investment from foreign investors in accordance with the Law of The People's Republic of China on Foreign-Funded Enterprises and other relevant laws.

外商投资股份有限公司　Share-holding Corporations Ltd. with Foreign Investment

指根据国家有关规定，经外经贸部依法批准设立，其中外资的股本占公司注册资本的比例达 25%以上的股份有限公司。凡其中外资股本占公司注册资本的比例小于 25%的，属于内资企业中的股份有限公司。

Refers to share-holding corporations Ltd. established with the approval from the Ministry of Foreign Trade and Economic Relations in line with relevant state regulations, where the share of investment from foreign investor exceeds 25% of the total registered capital, the enterprise is to be classified as domestic-funded share-holding corporation Ltd.

行政机关事业单位和社会团体　Government Agencies, Institutions and Social Organizations

参照企业登记注册类型，主要按其经费来源和管理方式划分。具体规定如下：

(1)行政机关：包括国家机关和政党机关，原则上均列为“国有”。但有特殊规定的，如供销社等，则列为“集体”。

(2)事业单位：包括经国家机构编制部门和有关业务主管部门批准成立的各类事业单位，但不包括实行企业化管理的事业单位。事业单位的划分办法如下：

①由国家财政预算拨款或列入财政预算外资金管理以及经费主要来源于国有主管部门或国有上级单位的事业单位，列为“国有”。

②经费主要来源于集体单位的事业单位，列为“集体”。

③公民个人（或个人合伙）开办的事业单位，列为“私营”。

④上述以外的其他事业单位, 如果其经费来源不明确, 按管理方式进行划分.

(3)社会团体：包括经民政部门批准成立以及未纳入社会团体管理条例范围的工会妇联等各类社会

团体。社会团体的划分办法如下：

①未纳入民政部社会团体管理条例范围的工会、妇联、共青团、青联、工商联、科协、侨联等社会团体，国家拨款设立的基金会或基金管理组织以及经费主要来源于国有业务主管部门或国有上级单位的社会团体，列为“国有”。

②经费主要来源于集体单位的社会团体，列为“集体”。

③公民个人（或各人合伙）开办的社会团体，列为“私营”。

④上述以外的其他社会团体，如果其经费来源不明确，按管理方式进行归类。

Are classified into following categories by source of funds and way of management taking reference of the registration status of enterprises:

Government agencies: include state and party agencies, classified in principle as “state-owned”. There are exceptions, such as supply and marketing cooperatives which are classified as “collective”.

Institutions: include institutions of various types established with the approval by organization and staffing departments of the government, but exclude institutions where enterprises management system is introduced. Institutions are further classified as follows:

Institutions whose main budget is listed in the government budget appropriations or extra-budget funds, or allocated from the budget of their competent government agencies. Such institutions are classified as “state-owned”.

Institutions whose budget mainly comes from collective units. Such institutions are classified as “collective”.

Institutions other than those mentioned above whose source of budget is not clear. Such institutions are classified by way of management.

Social organizations: include social organizations established with the approval from the Ministry of Civil Affairs, and organizations that are not covered by social organization management regulations such as trade unions, women’s federations etc. . Social organizations as further classified as follows:

Social organizations that are not covered by social organization management regulations of the Ministry of Civil Affairs such as trade unions, women’s federations, communist youth leagues, youth associations, industrial and commerce associations, scientists associations, overseas Chinese associations, etc., foundations and fund management organizations established with funds from the state, and social organizations whose funds mainly come from the budget of their competent government agencies. Such institutions are classified as “state-owned”.

Social organizations whose budget mainly comes from collective units. Such institutions are classified as “collective”.

Social organizations established by individual or a group of citizens, which are classified as “private”.

Social organizations other than those mentioned above whose source of budget is not clear. Such organizations are classified by way of management.

国内(地区)生产总值　(GDP) Gross Domestic Product

指一个国家（或地区）所有常住单位在一定时期生产活动的最终成果。国内（地区）生产总值有三种表现形态，即价值形态、收入形态和产品形态。从价值形态看，它是所有常住单位在一定时期内生产的全部货物和服务价值超过同期中间投入的全部非固定资产货物和服务价值的差额，即所有常住单位的增加值之和；从收入形态看，它是所有常住单位在一定时期内创造并分配给常住单位和非常住单位的初次收入分配之和；从产品形态看，它是所有常住单位在一定时期内最终使用的货物和服务价值与货物和服务净出口之和。在实际核算中，国内（地区）生产总值有三种计算方法，即生产法、收入法和支出法。三种方法分别从不同的方面反映国内生产总值及其构成。

Refers to the final products of all resident units in a country (or a region) during a certain period of time. Gross domestic product is expressed in three different forms, i. E. Value, income, and products respectively. The form of value refers to the total value of all products and services produced by all resident units during a certain period of time minus total value of intimidate input of materials and services of the nature of non-fixed assets or the summation of the value-added of all resident units; the form of income includes all the income created by all resident units and distributed primarily to all resident and non-resident units; the form of products refers to the value of all final goods and services for final use by all resident units plus the value of net exports of goods and services during a given period of time. In the practice of national accounting, gross domestic product is calculate with three approaches, i.e. production approach, income approach, and expenditure approach, which reflect gross domestic product and its composition from different aspects.

三次产业　Three Industries

是根据社会生产活动历史发展的顺序对产业结构的划分，产品直接取自自然界的部门称为第一产业，对初级产品进行再加工的部门称为第二产业，为生产和消费提供各种服务的部门称为第三产业。我国的三次产业划分是：

第一产业：农林牧渔业。

第二产业：工业和建筑业。

第三产业：除第一、第二产业以外的其他各业。

Industry structure has been classified according to the historical sequence of development. Primary industry refers to extraction of natural resources; secondary industry involves processing of primary products; and tertiary industry provides services of various kinds for production and consumption. Industry in China comprises:

Primary industry: farming, forestry, animal husbandry, fishery, and service for farming、forestry、 animal husbandry、fishery .

Secondary industry: industry and construction.

Tertiary industry: all other industries not included in primary or secondary industry.

支出法国内(地区)生产总值　GDP Calculated with Expenditure Approach

指一个国家（或地区）所有常住单位在一定时期内用于最终消费、资本形成总额，以及货物和服务净出口总额，它反映本期生产的国内生产总值的使用及构成。

Refers to total expenditure on final consumption, total capital formation and net export of goods and services by resident units of a country in a certain period of time. It reflects the composition of GDP by its use.

最终消费　Final Consumption

指常住单位在一定时期内对于货物和服务的全部最终消费支出，也就是常住单位为满足物质、文化和精神生活的需要，从本国经济领土或国外购买的货物和服务的支出；不包括非常住单位在本国经济领土内的消费支出。最终消费分为居民消费和政府消费。

Refers to the total expenditure of resident units on final consumption of goods and services in a certain period, namely the expenditure of the resident units for purchases of goods and services from domestic economic territory and abroad to meet the requirements of material, cultural and spiritual life. It excludes the expenditure of non-resident units on consumption in the economic territory of the country. The final consumption is classified into household consumption and government consumption.

居民消费　Households Consumption

指常住居民对于货物和服务的全部最终消费支出。居民消费按市场价格计算，即按居民支付的购买者价格计算。购买者价格是购买者取得货物所支付的价格，包括购买者支付的运输和商业费用。居民消费除了直接以货币形式购买货物和服务的消费以外，还包括以其他方式获得的货物和服务的消费支出，即所谓的虚拟消费支出。居民虚拟消费支出包括以下几种类型：单位以实物报酬及实物转移的形式提供给劳动者的货物和服务；居民生产由本居民消费了的货物和服务，其中的服务仅指居民的自有住房的服务；金融机构提供的金融媒介服务；保险公司提供的保险服务。

Refers to the total expenditure of resident households on the final consumption of goods and services. The households consumption is calculated at market prices, namely the purchaser's prices which the households pay; the purchasers' prices of goods re the prices the households pay when they obtain the goods, including the transport and commercial expenses paid by the households. In addition to the consumption of goods and services bought by the households directly with money, the expenditure on goods and services obtained by the households in other ways, i.e. the so-called imputed expenditure on consumption, is also included in the households consumption. The imputation expenditure of the households on consumption includes the following types: (a) the goods and services provided to the households by the units in the form of payment in kind and transfer in kind; (b) the goods and services produced and consumed by the households themselves, in which the services refer only to the services provided by the residential buildings owned by the households; (c) the services of financial intermediary provided by the financial institutions; (d) the insurance services provided by the insurance companies.

政府消费　Government Consumption

指政府部门为全社会提供公共服务的消费支出和免费或以较低价格向居民提供的货物和服务的净支出。前者等于政府服务的产出价值减去政府单位所获得的经营收入的价值，政府服务的产出价值等于它的经常性业务支出加上固定资产折旧；后者等于政府部门免费或以较低价格向居民提供的货物和服务的市场价值减去向居民收取的价值。

Refers to the expenditure on the consumption of the public services provided by the government to the whole society and the net expenditure on the goods and services provided by the government to the households at free charge or lower prices. The former equals to the output value of the government services minus the value of operating income obtained by the government departments. (The output value of the government services equals to its current operating expenditure plus depreciation of fixed assets). The latter equals to the market value of the goods and services provided by the government free of charge or at low prices to the households minus the value received by the government from the households.

资本形成总额　Total Capital Formation

指常住单位在一定时期内获得的减去处置的固定资产加存货的变动，包括固定资本形成总额和存货增加。

Refers to the fixed assets acquired minus those disposed and the change in inventory, including the total fixed assets formation and the increase in inventory.

固定资本形成总额　Total Fixed Capital Formation

指常住单位购置、转入和自产自用的固定资产，扣除固定资产的销售和转出后的价值，分有形固定资产形成总额和无形固定资产形成总额。有形固定资产形成总额包括一定时期内完成的建筑工程安装工程和设备工器具购置（减处置）价值，以及土地改良、新增役、种、奶、毛、娱乐用牲畜和新增经济林木价值。无形固定资产形成总额包括矿藏的勘探、计算机软件、娱乐和文学艺术品原件等获得（减处置）价值。

Refers to the value of fixed assets purchased, transferred in by the resident units and those produced and used by themselves deducting the value of fixed assets sold and transferred out. It can be classified into total tangible assets formation and total tangible assets formation and total intangible assets formation. The total tangible assets formation include the value of the construction projects, installation projects completed and the equipment, apparatus and instruments purchased as well as the value of land improved, the value of draught animals, breeding stock, milk, wool and recreational animals and the newly increased economic forest in a certain period. The total tangible assets formation includes the prospecting of minerals, the originals of recreational works and works of literature and arts minus the disposal of them.

库存增加　Increase in Inventory

指常住单位存货实物量变动的市场价值，即期初与期末差额。正值表示库存增加，负值表示库存减少。具体包括本期购买的原材料、燃料和储备物资等存货，以及生产单位本期生产的产成品、半成品和在制品等存货。

Refers to the market value of the change in inventory, i.e. the difference of value between the beginning and the end of the period. The increase in inventory can be positive or negative. A positive value indicates the increase in inventory while a negative value indicates the decrease in stock. The inventory includes the raw materials, fuels and reserve materials purchased by the production units as well as the inventory of finished products, semi-finished products, work-in-progress, etc.

货物和服务净出口　Net Export of Gods and Services

指货物和服务出口与货物和服务进口的差额。出口包括常住单位向非常住单位出售或无偿转让的各种货物和服务的总值；进口包括常住单位从非常住单位购买或无偿得到的各种货物和服务的总值。由于服务活动提供与使用同时发生，因此服务的进出口业务并不发生出入境现象，一般把常住单位从国外得到的服务作为进口，反之，非常住单位从本国得到的服务作为出口。货物的出口和进口都按离岸价格计算。

Refers to the difference of thc cxports of goods and services minus the imports of goods and services. The imports include the value of various goods and services sold or gratuitously transferred by the resident units to the non-resident units. The imports include the value of various goods and services purchased or gratuitously acquired by the resident units from the non-resident units. Because the provision of services and the use of them happen simultaneously, the import and export of services do not appear to have the phenomena of crossing the border of the country. The acquisition of services by the resident units from abroad is usually treated as import while the acquisition of services by non-resident units in this country is usually as export. The export and import of goods are calculated at FOB.

固定资产折旧　Depreciation of Fixed Assets

指一定时期内为弥补固定资产损耗而按照核定的折旧率提取的补偿价值，或按国民经济核算统一规定的折旧率虚拟计算的补偿价值。它反映了固定资产在本期生产中的转移价值。各类企业和企业化管理的事业单位的固定资产折旧是指从成本费用中提取的折旧费。对不计提折旧的政府机关、非企业化管理的事业单位、和居民住房的固定资产折旧则按照统一规定的折旧率和固定资产原值进行虚拟折旧。

Refers to the depreciation of fixed assets drawn in accordance with the stipulated depreciation rate for the purpose of compensating the wear loss of the fixed assets or the depreciation of fixed assets calculated in a fictitious way in accordance with the stipulated unified depreciation rate in the national economic accounting system. It reflects the value of transfer of the fixed assets in the production of the current period. The depreciation of fixed assets in various enterprises and institutions managed as enterprises refers to the depreciation expenses actually draw and calculate as part of the cost. In government agencies and institutions not managed as enterprises which do not draw the depreciation expenses, as well as for the houses of residents, the depreciation of fixed asses is the imputed depreciation, which is calculated in accordance with the stipulated unified depreciation rate. In principle, the depreciation of fixed assets should be calculated on the basis of the re-purchased value of the fixed assets. However, there is no actual condition to re-evaluate all the fixed assets in China. Therefore, the above-mentioned methods are temporarily adopted at resent.

劳动者报酬　Laborers' Remuneration

指劳动者从事生产活动而获得的各种报酬。它反映劳动者参与增加值创造而获得的原始收入。包括劳动者获得的工资、奖金和津贴，包括货币形式和实物形式的；还包括劳动者所享受的公费医疗和医药卫生费上下班交通补贴和单位支付的社会保险费等。对于个体经济来说，其所有者所获得的劳动报酬和经营利润不易区分，这两部分统一作为劳动者报酬处理。

Refers to the whole payment earned by the laborers from the productive activities they are engaged in. It includes wages, bonuses and allowances the laborers earned in monetary form and in kind. It also includes the free medical services provided to the laborers and the medicine expenses, traffic subsidies and social insurance fee paid by the laborers' working units for them. As the individual economy is concerned, since the laborers' remuneration is not easily distinguished from the operating profit, both are treated as laborers remuneration.

生产税净额　Net Taxes on Production

指生产税减补贴后的余额。生产税是指政府对生产单位生产销售和从事经营活动以及从事生产活动使用某些生产要素（如固定资产、土地、劳动力）所征收的各种税、附加费和规费。生产补贴与生产税相反，指政府对生产单位的单方面收入转移，因此视为负生产税，包括政策亏损补贴、粮食系统价格补贴、外贸企业出口退税收入等。

Refers to the residual of the taxes on production minus the subsidies on production. The taxes on production refers to the various taxes, extra charges and fees levied on the production units on their production, sale and business activities as well as n some factors of production, such as fixed assets, land and labor force, used in the production activities they are engaged in. In contrast to the taxes on production, the subsidies on production refer to the unilateral transfer of part of the government's revenue to the production units and is therefore regarded as negative taxes on production. They include subsidies on the loss due to implementation of government policies, price subsidies to the grain institutions, foreign trade corporations' receipts from drawback, etc.

营业盈余　Operating Surplus

指常住单位创造的增加值扣除固定资产折旧、劳动者报酬和生产税净额后的余额。它相当于企业的营业利润加上生产补贴，但要扣除从利润中开支的工资和福利等。

Refers to the balance of the value added created by the resident units deducting the laborers' remuneration, net taxes on production and the depreciation of fixed assets. It is equivalent to the business profit of the enterprises plus subsidies on production, but the wages and welfare expenses paid from the profits should be deducted.

总人口　Total Population

指一定时点、一定地区范围内的有生命的个人的总和。

年度统计的年末总人口是指每年１２月３１日２４时的人口数，未包括海外华侨人数。

Refers to the total number of people alive at a certain point of time within a given area.

The annual statistics on total population is taken at midnight, the 31st of December，not including Chinese compatriots overseas China.

市镇总人口和乡村总人口　Urban Population and Rural Population

一般是按常住人口划分的。

Are classified, in general, with the permanent population.

市镇总人口　Urban Population

指市镇辖区的全部人口。

Refers to the population living in areas under the jurisdiction of cities or towns.

乡村总人口　Rural Population

指县（不含镇）的全部人口。

Refers to the population of counties excluding those living in towns.

市　City

指经国家批准成立的“市”建制的城市。

Refers to cities establish with the approval of the central government.

镇　Town

指经省自治区直辖市批准的镇。1963 年以前为常住人口在 2000 人以上，非农业人口占 50%以上的。1964 年起改为常住人口在 3000 人以上，非农业人口占 70%以上；或常住人口在 2500 人以上，不满 3000 人，非农业人口占 85%以上的。1984 年后又调整为凡县级地方国家机关所在地；或总人口在 20000 人以下的乡，乡政府驻地非农业人口超过 2000 人的；或总人口在 20000 人以上的乡，乡政府驻地非农业人口占全乡人口 10%以上；或少数民族地区、人口稀少的边远地区、山区和小型工矿区、小港口、风景旅游区、边境口岸等地，非农业人口虽不足 2000 人都可以建镇。

Refers to towns established with the approval of the governments of province, autonomous region, or municipality directly under the central government. Prior to 1963, a town was defined as an area with more than 2000 permanent residents, of which 50% or more were non-agricultural population. A revision of the definition was made in 1964. By the new definition, a town was an area with more than 3000 permanent residents, of which 70% or more were non-agricultural population or an area with more than 2500, but lower than 3000 permanent residents, of which 85% or more were non-agricultural population. Further adjustment was made in 1984: a town is defined as: (1) an area being the location of county-level government agency, or (2) a township with a total population less than 20000, where the non-agricultural population of the location of a township government exceeds 2000; or (3) a township with a total population more than 20000, where the proportion of the non-agricultural population to the total population of the location of a township government is greater than 10%; or (4) a remote area, mountainous area small-sized mining area, small harbor, tourism area, or border area with non-agricultural population less than 2000.

出生率（又称粗出生率） Birth Rate or (Crude Birth Rate)

指在一定时期内（通常为一年内）平均每千人所出生的人数的比率，一般用千分率表示。计算公式为：出生率＝（年出生人数 / 年平均人数）×1000‰

式中：出生人数是指活产婴儿，即胎儿脱离母体时（不管怀孕月数），有过呼吸或其他生命现象。年平均人数是指年初、年末人口数的平均数，也可用年中人口数代替。

Refers to the ratio of the number of births to the average population during a certain period of time (usually a year), which is often expressed in ‰. The following formula is used:

Birth Rate = Number of Births / Average Number of Population ×1000‰

Number of births refers to live births, i.e. the births when babies had showed any vital phenomena regardless of the length of pregnancy.

死亡率（又称粗死亡率） Death Rate (or Crude Death Rate)

指在一定时期内（通常为一年内）一定地区的死亡人数与同期平均人数（或期中人数）之比，一般用千分率表示。计算公式为：死亡率＝（年死亡人数 / 年平均人数）×1000‰

refers to the ratio of the number of deaths to the average population (or mid-year population) during a certain period of time (usually a year), which is often expressed in ‰. The following formula is used:

Death Rate = Number of Deaths / Annual Average Number of Population × 1000‰

人口自然增长率 Natural growth Rate of Population

指在一定时期内（通常为一年内）一定地区的人口自然增加数（出生人数减死亡人数）与该时期内平均人数（或期中人数）之比，一般用千分率表示。计算公式为：

人口自然增长率＝(本年出生人口数－本年死亡人口数）/ 年平均人数×１０００‰

人口自然增长率＝人口出生率－人口死亡率

refers to the ratio of natural increase in population (number of births minus number of deaths) in a certain period of time (usually a year) to the average population or mid-year population) of the same period, which is often expressed in ‰. The following formulas are applied:

Natural Growth of Population = (number of Births-Number of deaths) / Average Number of Population × 1000‰

Natural Growth Rate of Population = Birth Rate – Death Rate

从业人员　Employed Persons

指从事一定社会劳动并取得劳动报酬或经营收入的人员，包括全部职工、再就业的离退休人员、私营业主、个体户主、私营和个体从业人员、乡镇企业从业人员、农村从业人员、其他从业人员（包括民办教师、宗教职业者、现役军人等）。这一指标反映了一定时期内全部劳动力资源的实际利用情况，是研究我国基本国情国力的重要指标。

Refers to the persons who are engaged in social labor and receive remuneration payment or earn business income, including: total staff and workers, re-employed retirees, employers of private enterprises, self-employed workers, employees in private enterprises and individual economy, employees in the township enterprises, employed persons in the rural areas, other employed persons (including teachers in the schools run by the local people, people engaged in religious profession and the servicemen, etc.). This indicator reflects the actual utilization of total labor force during a certain period of time and is often used for the research on China's economic situation and national power.

单位从业人员　Persona Employed in Various Units

指在各级国家机关、政党机关、社会团体及企业、事业单位中工作，取得工资或其他形式的劳动报酬的全部人员。包括在岗职工、再就业的离退休人员、民办教师以及在各单位中工作的外方人员和港、澳、台方人员、兼职人员、借用的外单位人员和第二职业者。不包括离开本单位仍保留劳动关系的职工。各单位的从业人员反映了各单位实际参加生产或工作的全部劳动力。

Refers to all the persona working in government agencies of various levels, political and party organizations, social organizations, enterprises and institutions, and receiving wages or other forms of payment. They include fully-employed staff and workers, re-employed retirees, teachers in schools run by the local people, foreigners and Chinese compatriots from Hong Kong, Macao and Taiwan working in various units, part-time employees, employees of other units working temporarily at current posts, and employees holding the job, but exclude staff and workers who have left their working units while keeping their labor contract (employment relation) unchanged. This indicator reflects the total number of laborers actually engaged in production or other operations in various units.

城镇私营和个体从业人员　Persons Employed in Private Enterprises and Self-Employed Individuals in Urban Areas

城镇私营从业人员指在工商管理部门注册登记，其经营地址设在县城关镇（含城关镇）以上的私营企业从业人员；包括私营企业投资者和雇工。城镇个体从业人员指在工商管理部门注册登记，并持有城镇户口或在城镇长期居住，经批准从事个体工商经营的从业人员；包括个体经营者和在个体工商户劳动的家庭帮工和雇工。

Persons employed in private enterprises refer to the persons employed in the private enterprises which have been registered at the departments of industrial and commercial administration and are situated at a county town (i.e. a town where the county government is located) for business operation or at urban areas with the level higher than a county town. The self-employed individuals in urban areas refer to persons who hold the certificates of residence in urban areas or have resided in the urban areas for a long time and have been registered at the departments of industrial and approved to be engaged in individual industrial or commercial business, including self-employed persons as well as helpers and hired laborers who work in the individual households engaged in industrial or commercial business.

职工　Staff and Workers

指在国有经济、城镇集体经济、联营经济、股份制经济、外商和港、澳、台投资经济、其他经济单位及其附属机构工作，并由其支付工资的各类人员。

Refers to the persons who work in (and receive payment therefrom) enterprises and institutions of state ownership, collective ownership, joint ownership, share holding, foreign ownership, and ownership by entrepreneurs from Hong Kong, Macao and Taiwan, and other type of ownership and their affiliated units, excluding the retired persons invited to work in the units again, teachers in the schools run by the local people and foreigners and persons coming from Hong Kong, Macao and Taiwan and working in the state-owned economic units.

在岗职工　Fully Employed Staff and Workers

指在本单位工作并由单位支付工资的人员，以及有工作岗位，但由于学习、病伤、产假等原因暂未工作，仍由单位支付工资的人员。

Refers to persons who work in, and receive wages from their working units, as well as persons who have their work posts, but are temporarily absent from work for reasons of study or on sick, injury or maternal leave and still receive wages from their working units.

国有单位职工　Staff and Workers in State-owned Economic Units

指在国有经济单位及其附属机构工作，并由其支付工资的各类人员。

Refers to the persons who work in the state-owned economic units or their attached units and are listed in their payrolls.

城镇集体单位职工　Staff and Workers of Collective Owned Units in Urban Areas

指在城镇集体经济单位及其管理部门工作，并由其支付工资的各类人员。

Refers to the persons who work in collective owned units in urban areas and their administration departments and receive payment therefrom.

其他经济单位职工　Staff and Workers in Units of Other Type of Ownership

指在联营经济、股份制经济、外商投资经济、港、澳、台投资经济单位工作，并由其支付工资的各类人员。

Refers to those who work in (and receive payment there from) enterprises and institutions of joint ownership, share holding, foreign ownership, and ownership by entrepreneurs from Hong Kong, Macao and Taiwan.

职工工资总额　Total Wages of Staff and Workers

指各单位在一定时期内直接支付给本单位全部职工的劳动报酬总额。工资总额的计算原则应以直接支付给职工的全部劳动报酬为根据。各单位支付给职工的劳动报酬以及其他根据有关规定支付的工资，不论是计入成本的还是不计入成本的，不论是按国家规定列入计征奖金税项目的，还是未列入计征奖金项目的，不论是以货币形式支付的还是以实物形式支付的，均包括在工资总额内。

Refers to the total remuneration payment to staff and workers in various units during a certain period of time. The calculation of total wages is based on the total remuneration payment to the staff and workers. Therefore, all the wages and salaries and other payments to staff and workers are included in the total wages regardless of their sources, category, and forms (in kind or cash). (Total wages of staff and workers in this yearbook include only total wages of fully employed staff and workers, excluding the living allowances distributed to those who have lift their working units while keeping their labor contract/employment relation unchanged).

奖金　Bonus

指支付给职工的超额劳动报酬和增收节支的劳动报酬。

Refers to remuneration payment to workers for extra work and for increasing earnings and practicing economy.

津贴和补贴　Subsidies and Allowances

指为了补贴职工特殊或额外的劳动消耗和因其他特殊原因支付给职工的津贴，以及为保证职工工资水平不受物价影响支付给职工的物价补贴。

Refers to subsidies paid to staff and workers for compensating special or extra labor and allowances paid to staff and workers to offset the impact of inflation on real wages.

职工平均工资　Average Wage of Staff and Workers

指企业、事业、机关单位的职工在一定时期内平均每人所得的货币工资额。它表明一定时期职工工资收入的高低程度，是反映职工工资水平的主要指标。计算公式为：

职工平均工资＝报告期实际支付的全部职工工资总额 / 报告期全部职工平均人数

Refers to the average wage in money terms per person during a certain period of time for staff and workers in enterprises, institutions, and government agencies, which reflects the general level of wage income during a certain period of time and is calculate as follows:

Average Wage of Staff and Workers = Total Wages of Staff and Workers in Reference Period/Average Number of Staff and Workers in Reference Period

职工平均实际工资　Average Real Wage of Staff and Workers

指扣除物价变动因素后的职工平均工资。计算公式为：

职工平均实际工资＝报告期职工平均工资 / 报告期职工生活费价格指数

Refers to average wage of staff and workers after removing the effects of price changes, which is calculated as follows:

Average Real Wage of Staff and Workers = Average Wage of Staff and Workers in Reference Period/Consumer Price Index of Urban Residents in Reference Period

全社会固定资产投资　Total Investment in Fixed Assets in the Whole Country

是以货币形式表现的在一定时期内全社会建造和购置固定资产的工作量以及与此有关的费用的总称。该指标是反映固定资产投资规模、结构和发展速度的综合性指标，又是观察工程进度和考核投资效果的重要依据。全社会固定资产投资按登记注册类型可分为国有、集体、个体、联营、股份制、外商、港澳台商、其他等。

refers to the volume of activities in construction and purchases of fixed assets of the whole country and related fees, expressed in monetary terms during the reference period. It is a comprehensive indicator which shows the size, structure and growth of the investment in fixed assets, providing a basis for observing the progress of construction projects and evaluating results of investment. Total investment in fixed assets in the whole country includes, by type of ownership, the investment by State-owned units, collective-owned units, individuals, joint ownership units, share-holding units, as well as investments by entrepreneurs from foreign countries and from Hong Kong, Macao and Taiwan, and by other units.

城镇固定资产投资　Urban Investment in Fixed Assets

指城镇各种登记注册类型的企业、事业、行政单位及个体户进行的计划总投资（或实际需要总投资）50 万元及 50 万元以上的建设项目投资、房地产开发投资、城镇和工矿区私人建房投资。县城及以上区域内发生的投资，县及县以上各级政府及主管部门直接领导、管理的建设项目和企业事业单位的投资均为城镇固定资产投资。

refers to construction projects involving a total planned (or required) investment of 500,000 yuan and over by enterprises of various types of ownership, institutions, administrative units and individuals in urban areas, investment in real estate development, and private investment in housing construction in urban areas and industrial and mining areas. In other words, all investments that take place in county towns and urban areas, investment in construction projects under the direct leadership and management of government agencies at and above county levels and investments by enterprises and institutions at and above county levels are covered in urban investment in fixed assets.

房地产开发投资　Investment in Real Estate Development

指房地产开发公司、商品房建设公司及其他房地产开发法人单位和附属于其他法人单位实际从事房地产开发或经营的活动单位统一开发的包括统代建、拆迁还建的住宅、厂房、仓库、饭店、宾馆、度假村、写字楼、办公楼等房屋建筑物和配套的服务设施，土地开发工程（如道路、给水、排水、供电、供热、通讯、平整场地等基础设施工程）的投资。包括非房产企业实际从事房地产开发或经营活动，不包括单纯的土地交易活动。

It includes the investment by the real estate development companies, commercial buildings construction companies and other real estate development units of ownership in the construction of house buildings, such as residential buildings, factory buildings, warehouses, hotels, guesthouses, holiday villages, office buildings, and the complementary service facilities and land development projects, such as roads, water supply, water drainage, power supply, heating, telecommunications, land leveling and other projects of infrastructure. It excludes the activities in simple land transactions.

农村投资 Investment in Rural Areas

包括在农村区域范围内进行固定资产投资活动的企业、事业、行政单位及农村个人投资

refers to investment in fixed assets by enterprises, institutions, administrative units and individuals in rural areas.

固定资产投资的资金来源　Sources of Funds for Investment in Fixed Assets

根据固定资产投资的资金来源不同，分为国家预算内资金、国内贷款、利用外资、自筹资金和其他资金来源。

(1) 国家预算内资金：指中央财政和地方财政中由国家统筹安排的基本建设拨款和更新改造拨款，以及中央财政安排的专项拨款中用于基本建设的资金和基本建设拨款改贷款的资金等。

(2) 国内贷款：指报告期内企、事业单位向银行及非银行金融机构借入的用于固定资产投资的各种国内借款。包括银行利用自有资金及吸收的存款发放的贷款、上级主管部门拨入的国内贷款、国家专项

贷款（包括煤代油贷款、劳改煤矿专项贷款等） 地方财政专项资金安排的贷款、国内储备贷款、周转贷款等。

(3)利用外资：指报告期内收到的用于固定资产投资的国外资金，包括统借统还、自借自还的国外贷款，中外合资项目中的外资，以及对外发行债券和股票等。国家统借统还的外资指由我国政府出面同外国政府团体或金融组织签订贷款协议，并负责偿还本息的国外贷款。

(4)自筹资金：指建设单位报告期收到的，用于进行固定资产投资的上级主管部门、地方和企事业单位自筹资金。

(5)其他资金来源：指报告期收到的除以上各种拨款、借款、自筹资金之外，其他用于固定资产投资的资金。

State budgetary appropriation, domestic loans, foreign investment, self-raised funds, and others.

(1) State budgetary appropriation refers to appropriation in the budget of the central and local governments earmarked for capital construction and for innovation projects, and the special appropriation from the budget of the central government for capital construction and for the transfer fund to banks to be issued as loans for capital construction projects.

(2) Domestic loans refers to various funds borrowed by enterprises and institutions from banks and non-bank financial institutions during the reference period for the purpose of investment in fixed assets, including loans issued by banks from their self-owned funds and deposit, loans appropriated by higher responsible authorities, special loans by government (including loan for replacing petroleum with coal, special loan for reform-through-labor coal mines), loans arranged by local government from special funds, domestic reserve loan, and working loan, etc.

(3) Foreign Investment refers to foreign funds received during the reference period for the purpose of investment in fixed assets, including foreign fends borrowed and managed by the government, by individual units, foreign fund in joint venture program, and issue if bonds and stocks at the international financial markers. The foreign funds borrowed and managed by the government refer to foreign loans borrowed by the government from foreign government, organizations, or financial institutions under official agreement signed by both parties, under which government is responsible for the repayment of both the principal and interests of the foreign loans.

(4) Self-raised funds refer to funds received by construction enterprises from their higher responsible authorities, local governments, or raised by enterprises or institutions themselves for the purpose of investment in fixed assets during the reference period.

(5) Others refer to funds received during the reference period which are not included in the above-mentioned sources.

固定资产投资按国民经济行业分　Investment in Fixed Assets by Sector

建设项目归哪个行业，按其建成投产后的主要产品或主要用途及社会经济活动性质来确定。基本建设按建设项目划分国民经济行业，更新改造、国有单位其他固定资产投资及城镇集体投资根据整个企业、事业单位所属的行业来划分。一般情况下，一个建设项目或一个企业、事业单位只能属于一种国民经济行业。为了更准确地反映国民经济各行业之间的比例关系，联合企业（总厂）所属分厂属于不同行业的，原则上按分厂划分行业。

The classification of construction projects by sector is determined by the major products or the purpose of the projects when they are put into production or use, and by the nature of their social economic activities. The investment in capital construction is classified by construction projects, while investment in innovation, other investment by state-owned units and urban collective units are classified according to the sector which the whole enterprises or institution belongs to. In general, one project or one enterprise or institution can only belong to one sector. In order to reflect more accurately the proportions among various sectors, the branch factories of integrated complex are classified into different sectors according to their economic activities.

固定资产投资按建设性质分　Investment in Fixed Assets by Type of Construction

建设项目的性质一般分为新建、扩建、改建、迁建、恢复。基本建设按建设项目划分建设性质，更新改造、国有单位其他固定资产投资及城镇集体投资按整个企业、事业单位的建设情况确定建设性质。目前基本建设和更新改造是根据我国现行的计划管理体制区分的，所以基本建设和更新改造都可分别按新建、扩建等划分。

(1)新建：一般是指从无到有、“平地起家”新开始建设的单位。有的单位原有的基础很小，经过建设后其新增加的固定资产价值超过原有固定资产价值（原值）三倍以上的也算新建。

(2)扩建：一般是指为扩大原有产品的生产能力，在厂内或其他地点增建主要生产车间（或主要工程）、独立的生产线或总厂之下的分厂的企业；事业单位和行政单位在原单位增建业务用房（如学校增建教学用房、医院增建门诊部或病房、行政机关增建办公楼等）也作为扩建。

(3)改建：一般是指现有企业、事业单位为了技术进步，提高产品质量，增加花色品种，促进产品升级换代，降低消耗和成本，加强资源综合利用和三废治理、劳保安全等，采用新技术、新工艺、新设备、新材料等对现有设施、工艺条件进行技术改造或更新（包括相应配套的辅助性生产、生活福利设施）。有的企业为充分发挥现有生产能力，进行填平补齐而增建不增加单位主要产品生产能力的车间等，也属于改建。

The construction projects in general can be classified by the type of construction into new construction, expansion, reconstruction and moving away. In capital construction, the type of construction is determined by the condition of the project. In investment in innovation, in other investment by state-owned units and investment by collective –owned units, the type of construction is determined by the condition of the whole enterprise and restoration. The current distinction between capital construction and innovation is determined by China’s current planning and management system. Therefore the projects of capital construction and innovation can all be classified respectively into new construction, expansion, etc.

(1) New construction in general refers to newly constructed units. In the case in which the value of the original fixed assets is quite small, and the value of newly added fixed assets exceeds the original ones by three times, the expansion construction is considered as new construction.

(2) Expansion refers to construction of new major production workshop or independent production line within a factory or in other locations, or construction of a branch factory so as to increase the production capacity of the original products. Newly constructed business houses in institutions and administrative organizations (such as the newly constructed teaching buildings in schools, clinics or bed building in hospitals, and office buildings in administrative agencies, etc.) are also classified as expansion.

(3) Reconstruction refers to technical innovation and transformation of the existing equipment and

technical conditions undertaken by enterprises and institutions for the purposes of technological advancement, improvement in product quality, enlarging variety of products, promoting new generation of products, reducing production consumption and cost promoting comprehensive utilization of resources, strengthening treatment of waste gas, waste water and solid wastes, and safety in production, etc. Through application of new technologies and techniques, use of new equipment and new materials (including accessory facilities for production or for living and welfare purposes). Construction of new workshops for improving existing production capacity rather than increasing production capacity is also considered as reconstruction.

固定资产投资按构成分　Investment in Fixed Assets by Structure

固定资产投资活动按其工作内容和实现方式分为建筑安装工程，设备、工具、器具购置，其他费用三个部分。

(1)建筑安装工程（建筑安装工作量）：指各种房屋、建筑物的建造工程和各种设备、装置的安装工程。包括各种房屋建造工程，各种用途设备基础和各种工业窑炉的砌筑工程；为施工而进行的各种准备工作和临时工程以及完工后的清理工作等；铁路、道路的铺设，矿井的开凿及石油管道的架设等；水利工程；防空地下建筑等特殊工程；以及各种机械设备的安装工程；为测定安装工程质量，对设备进行的试行工作。在安装工程中，不包括被安装设备本身的价值。

(2)设备、工具、器具购置：指购置或自制达到固定资产标准的设备、工具、器具的价值。固定资产的标准按财务部门规定。新建单位、扩建单位的新建车间按照设计和计划要求购置或自制的全部设备、工具、器具，不论是否达到固定资产标准均计入“设备、工具、器具购置”中。

(3)其他费用：指在固定资产建造和购置过程中发生的，除建筑安装工程和设备、工具、器具购置以外的各种应摊入固定资产的费用。

Refers to the three major parts of investment activities, i.e. construction and installation, purchase of equipment and instrument, and other expenses.

(1) Construction and installation (work volume of construction and installation) refers to the construction of various houses and buildings and installation of various kinds of equipment and instruments, including construction of various houses, equipment foundations and industrial kilns and stoves, preparation works for project construction, and clearing up works post project construction, pavement of railways and roads, drilling of mines and putting up of oil pipes, construction of projects water conservancy, construction of underground air-raid shelters and construction of other special projects, installation of various machinery equipment, testing operation for pre-testing the quality of installation projects. The value of equipment installed is not included in the value of installation projects.

(2) Purchase of equipment and instruments refers to the total value of equipment, tools, and vessels purchased or self-produced which come up to standards for fixed assets. Equipment, tools and vessels purchased or self-produced for new workshops by newly established or expanded units are categorized as “purchase of equipment and instruments” no matter whether they come up to the standards for fixe assets or not.

(3) Other expenses refers to expenses occurring during the construction or purchase of fixed assets other than construction, installation or purchase of equipment and instruments.

施工项目　Projects under Construction

指报告期内曾进行建筑或安装工程施工活动的建设项目，包括报告期内新开工项目、报告期以前开工跨入报告期继续施工的项目以及报告期施过工并在报告期内全部建成投产或停缓建的项目。

Refers to projects having construction and installation activities undertaken in the reference period, including projects started in the reference period, or continued from the previous period, or completed and put into production or suspended in the reference period.

全部建成投产项目　Projects completed and Put into Use

工业项目是指设计文件规定形成生产能力的主体工程及其相应配套的辅助设施全部建成，经负荷试运转，证明具备生产设计规定合格产品的条件，并经过验收鉴定合格或达到竣工验收标准，与生产性工程配套的生活福利设施可以满足近期正常生产的需要，正式移交生产的建设项目。非工业项目是指设计文件规定的主体工程和相应的配套工程全部建成，能够发挥设计规定的全部效益，经验收鉴定合格或达到竣工验收标准，正式移交使用的建设项目。

Industrial projects refers to the major projects and accessory facilities completed which result in forming production capacity and have been checked and accepted while the living and welfare facilities have been completed and can ensure normal production and formally put into production. Non-industrial projects refer to the major projects and accessory facilities completed which possess the designed capacity and have been checked, accepted and formally put into production.

新增生产能力　Newly increased Production Capacity

指通过固定资产投资活动而增加的设计能力或工程效益，它是用实物形态表示的固定资产投资的成果。新增生产能力的计算，是以能独立发挥生产能力或效益的单项工程（或项目）为对象。当单项工程（或项目）建成，经有关部门鉴定合格，正式移交投入生产，即可计算新增生产能力。

新增生产能力或工程效益有以下几种表现形式：

(1) 以建设项目或单位工程建成后的年生产能力表示，如煤炭开采、石油开采等。

(2) 以建设项目或单项工程建成后处理原料的能力表示。如选矿工程的年处理矿石能力，洗煤厂年洗原煤能力等。

(3) 以新增的主要设备数量或容量表示。如棉纺锭枚数，发电机组容量等。

(4) 以建筑物容积、容量、面积或长度表示。如水库容量，铁路公路里程等。

新增生产能力的数量一般按设计能力计算。设计能力是指设计文件中规定的在正常情况下能达到的生产能力，而不论投产后的实际产量如何。以设备数量、建筑物容积、面积、长度等表示的新增生产能力（或工程效益），则按建成的实际数量计算。

Refers to the increase of designed capacity and project efficiency through investment in fixed assets, which reflects the accomplishment of investment in fixed assets in kind. The calculation of newly increased production capacity is based on individual project which operates independently and efficiently. When an individual project is completed and checked and accepted and put into production, it is counted as newly increased production capacity.

The newly increased production capacity and project efficiency are usually expressed in one of the following forms:

(1)Annual production capacity, such as extraction of coal and petroleum;

(2)Raw material processing capacity, such as ore dressing capacity of ore dressing projects, the dressing capacity of a coal washery;

(3)Number or capacity of major equipment、increased, such as the number of cotton spindles increased and the capacity of generating sets increased;

(4)Physical measures of construction, such as volume, capacity, area, and length, for instance, the capacity of reservoirs, the length of railways or highways.

Newly increased production capacity in terms of quantity is calculated in designed capacity in general, which refers to the production capacity of a project under conditions designed in construction documents regardless of the actual output.

房屋建筑面积　Floor Space of buildings under Construction and Completed

指从房屋外墙线算起的各层平面面积的总和，包括可供使用的有效面积和房屋结构（如柱墙）占用的面积。多层建筑按各层（包括地下室）面积总和计算

Refers to total floor space in each story of buildings calculated from the outside line of building walls, including both usable space and the space occupied by constructions like pillars or walls. The floor space of multi-story buildings includes the total floor space of each story (including basement).

住宅建筑面积　Floor Space of Residential Buildings

指施工和竣工房屋建筑面积中供居住用的施工和竣工房屋建筑面积。

Refers to the floor space of the residential buildings under construction and completed among the total space of buildings under construction and completed.

施工面积　Floor Space under Construction

指报告期内施工的全部房屋建筑面积。包括本期新开工的面积 上期跨入本期继续施工的房屋面积 上期停缓建在本期恢复施工的房屋面积 本期竣工的房屋面积及本期施工后又停缓建的房屋面积。

Refers to total floor space of all buildings under construction during the reference period, including floor space of newly started building the reference period, floor space of construction extended from the previous period to the current period, floor space of construction suspended during the previous period and resumed in the current period, floor space of construction completed in the current period, and floor space of construction started and then suspended in the current period.

竣工面积　Floor Space of Buildings Competed

指在报告期内房屋建筑按照设计要求已全部完工，达到住人和使用条件，经验收鉴定合格，正式移交使用单位的建筑面积。

Refers to the floor space of buildings completed in the reference period, which have come up to the designed standards and have been put into use.

房屋建筑面积竣工率　Completed Rate of Floor Space of Buildings

指一定时期内房屋竣工面积占同期房屋施工面积的比率。它是从房屋建筑施工速度的角度反映投资效果和建筑业经济效益的指标。

Refers to the ratio of the floor space of buildings completed in certain period of time to the floor space of buildings under construction in the same period, which reflects the investment result and economic efficiency of the construction industry from the angle of the speed of project construction.

新增固定资产　Newly Increased Fixed Assets

指通过投资活动所形成的新的固定资产价值。包括已经建成投入生产或交付使用的工程价值和达到固定资产标准的设备、工具、器具的价值及有关应摊入的费用。它是以价值形式表示的固定资产投资成果的综合性指标，可以综合反映不同时期、不同部门、不同地区的固定资产投资成果。

Refers to the newly increased value of fixed assets through investment, including the value of projects completed and put into production, the value of equipment, tools, and vessels considered as fixed assets, as well as the relevant expenses as investment in fixed assets. This is a comprehensive indicator of investment in fixed assets, reflecting the achievements of investment in fixed assets in different periods, different sectors, and different regions.

建设项目投产率　Rate of Construction Projects Completed and Put into Use

指一定时期内全部建成投入生产项目个数与同期正式施工项目个数的比率。它是从项目建设速度的角度反映投资效果的指标。

Refers to the ratio of the number of construction projects completed and put into use in certain period of time to the number of projects under construction in the same period. This reflects the investment efficiency from the angle of the speed of projects construction.

固定资产交付使用率　Rate of :Projects of Fixed Assets and Put into Operation

指一定时期新增固定资产与同期完成投资额的比率。它是反映各个时期固定资产动用速度，衡量建设过程中投资效果的一个综合性指标。

Refers to the ratio of the newly increased fixed assets to the total investment made in the same period. This is a comprehensive indicator, reflecting the speed of the employment of fixed assets and the investment efficiency.

财政收入　Government Revenue

指国家财政参与社会产品分配所取得的收入，是实现国家职能的财力保证。财政收入所包括的内容主要有：

(1) 各项税收：包括增值税、营业税、消费税、土地增值税、城市维护建设税、资源税、城市土地使用税、印花税、固定资产投资方向调节税、个人所得税、企业所得税、关税、农牧业税、和耕地占用税等。

(2) 专项收入：包括征收排污费收入、征收城市水资源费收入、教育费附加收入等。

(3) 其他收入：包括基本建设贷款归还收入、基本建设收入、捐赠收入等。

(4) 国有企业计划亏损补贴：此项为负收入，冲减财政收入。

Refers to the revenue of the government finance by means of participating in the distribution of the social products, which is the financial resources for ensuring the government to function. The contents of government revenue have been changed several times. Now it includes the following main items:

(1) Various tax revenues, including value added tax, business tax, consumption tax, land value added tax, tax on city maintenance and construction, resources tax, tax on use of urban land, stamp tax, tax on adjustment of the orientation of investment in fixed assets, personal income tax, enterprise income tax, tariff, tax on agriculture and animal husbandry and tax on occupancy of cultivated land, etc.

(2) Special revenues, including revenue collected from imposing fee on sewage treatment, revenue

collected from imposing fee on urban water resources, and extra-charges for education, etc.

(3) Other revenues, including revenue from the repayment of capital construction loan, revenue from capital construction projects, and donations and grants.

(4) Planned subsidies for the losses of the state-owned enterprises. This is an item of negative revenue, used to eat up part of the government revenue.

财政支出　Government Expenditure

国家财政将筹集起来的资金进行分配使用，以满足经济建设和各项事业的需要，主要包括：

(1)基本建设支出：指按国家有关规定，属于基本建设范围内的基本建设有偿使用、拨款、资本金支出以及经国家批准对专项和政策性基建投资贷款，在部门的基建投资额中统筹支付的贴息支出。

(2)企业挖潜改造资金：指国家预算内拨给的用于企业挖潜革新和改造方面的资金。包括各部门企业挖潜改造资金和企业挖潜改造贷款资金，为农业服务的县办“五小”企业技术改造补助，挖潜改造贷款利息支出。

(3)地质勘探费用：指国家预算用于地质勘探单位的勘探工作费用，包括地质勘探管理机构及其事业单位经费、地质勘探经费。

(4)科技三项费用：指国家预算用于科技支出的费用，包括新产品试制费、中间试验费、重要科学研究补助费。

(5)支援农村生产支出：指国家财政支援农村集体（户）各项生产的支出。包括对农村举办的小型农田水利和打井喷灌的补助费，对农村水土保持措施的补助费，对农村举办的小水电站的补助费，特大抗旱的补助费，农村开荒补助费，扶持乡镇企业资金，农村农技推广和植保补助费，农村草场和畜禽保护补助费，农村造林和林木保护补助费，农村水产补助费，发展粮食生产专项资金。

(6)农林水利气象等部门的事业费：指国家财政用于农垦、农场、农业、畜牧、农机、林业、森工、水利、水产、气象、乡镇企业的技术推广、良种推广（示范）、动植物（畜禽森林）保护、水质监测、勘探设计、资源调查、干部训练等项费用，园艺特产场补助费，中等专业学校经费，飞播牧草试验补助费，营林机构、气象机构经费，渔政费以及农业管理事业费等。

(7)工业交通商业等部门的事业费：指国家预算支付给工交商各部门用于事业发展的经费，包括勘探设计费、中等专业学校经费、技术学校经费、干部训练费。

(8)文教科学卫生事业费：指国家预算用于文化、出版、文物、教育、卫生、中医、公费医疗、体育、档案、地震、海洋、通讯、电影电视、计划生育、党政群干部训练、自然科学、社会科学、科协等项事业的经费支出和高技术研究专项经费。主要包括工资、补助工资、福利费、离退休费、助学金、公务费、设备购置费、修缮费、业务费、差额补助费。

(9)抚恤和社会福利救济费：指国家预算用于抚恤和社会福利救济事业的经费。包括由民政部门开支的烈士家属和牺牲病残人员家属的一次性、定期抚恤金，革命伤残人员的抚恤金，各种伤残补助费，烈军属、复员退伍军人生活补助费，退伍军人安置费，优抚事业单位经费，烈士纪念建筑物管理、维修费，自然灾害救济事业费和特大自然灾害灾后重建补助费等。

(10)国防支出：指国家用于国防建设和保卫国家安全的支出，包括国防费、国防科研事业费、民兵建设以及专项工程支出等。

(11)行政管理费：包括行政管理支出，党派团体补助支出，外交支出，公安安全支出，司法支出，法院支出，检察院支出以及公检法办案费用补助。

(12)价格补贴支出：指经国家批准，由国家财政拨给的政策性补贴支出。主要包括粮食加价款，粮、棉、油差价补贴，棉花收购价外奖励款，副食品风险基金，市镇居民的肉食价格补贴，平抑市价肉食、蔬菜价差补贴等以及经国家批准的教材课本、报刊新闻纸等价格补贴。

Refers to the distribution and use of the funds the government finance has raised, so as to meet the needs of economic construction and various causes. It includes the following main items:

(1) Expenditure for capital construction: it refers to the non-gratuitous use and appropriation of funds for capital construction in the range of capital construction, outlay of capital as well as the loans on capital construction approved by the government for special purpose or policy purpose and the expenditure with discount paid in an overall way within the amount of the funds appropriated to the departments for capital construction.

(2) Innovation funds of the enterprises: they refer to the funds appropriated from the government budget for the enterprises to tap the latent power, upgrade the technology and carry out innovation, including the innovation fund of the departments, loan of the enterprises for innovation, subsidies on the innovation of the small fertilizer plant, small cement plant, small coal mines, small machinery plant and small steel plant, the expenditure of interest for the loan for innovation.

(3) Geological prospecting expenses: they refer to the expenses appropriated from the government budget to the geological prospecting units for the expenditure of the prospecting work, including the expenditures of the administrative agencies for geological prospecting and their institutional units as well as the geological prospecting expenditure.

(4) Expenditures for science and technology promotion: they refer to the expenses appropriated from the government budget for the scientific and technological expenditure, including new products development expenditure, expenditure for intermediate trial and subsidies on important scientific researches.

(5) Expenditure for supporting rural production: it refers to the expenditures appropriated from the government budget for supporting the various expenditures of the rural collective units or households for production, including the subsidies to the small water conservancy projects and well drilling, sprinkling irrigation projects run by the villages; subsidies on the rural water and soil conserving measures; subsidies to the small power stations run by the villages; subsidies to the expenditure for fighting against particularly severe draughts; subsidies on the rural waste land exclamation; fund for supporting the township enterprises; subsidies to the expenditure for popularization of the agricultural technologies and plant protection in the rural areas; subsidies to the expenditure for the protection of grasslands and cattle and fowls; subsidies on afforestation and forest protection in rural areas; subsidies on the rural aquatic products industry; special fund for developing grain production.

(6) Operating expenses of the departments of farming, forestry, water conservancy and meteorology etc.: they refer to the expenses appropriated from the government budget for the expenditures of agricultural exclamation, farms, agriculture, animal husbandry, agricultural machinery, forestry, timber industry, water conservancy, aquatic products industry, meteorology, technology popularization in township enterprises, popularization (demonstration) of improved varieties, plant (cattle and fowls, forest) protection, water quality monitoring, prospecting and designing, resources investigation, cadres training, subsidies to horticulture

gardens, expenditure of specialized secondary schools, subsidies on the experiments of sowing herbage seeds by flights, expenditures of afforestation agencies and meteorology agencies, expenses for fishery administration and operating expenses for agricultural administration, etc.

(7) Operating expenses of the department of industry, transport and commerce: they refer to the expenses appropriated from the government budget to the departments of industry, transport and commerce for the expenditure of business development, including expenses for prospecting and designing, expenditures of specialized secondary schools, expenditures of the technical training schools and expenditures for cadres training, etc.

(8) Operating expenses of the departments of culture, education, science and public health: they refer to the expenses appropriated from the government budget for the expenditures of the causes of culture, publication, cultural relics, education, public health, traditional Chinese medical science, free medical services, sports, archives, earthquake, ocean, communications, broadcasting, film and television, family planning; expenditure for training of cadres of government, party and mass organization; expenditures for natural sciences, social sciences, associations for science and technology and the special expenditure for the high-tech researches. They include mainly wages, extra wages, welfare funds, pension for the retirees, stipend, expenses for official business, expenses for equipment purchases, expenses for repairs, business expenses and subsidies to the units which are unable to support their expenditures by their own earnings.

(9) Pension for the disabled or for the families of the bereaved and relief funds for social welfare: they refer to the funds appropriated from the government budget for the expenditures of pension for the disabled or for the families of the bereaved and relief funds for social welfare, including the lump-sum or regular pension paid by the departments of civil affairs to the members of martyrs families and families of those who died for the public interest, pension to the revolutionary disabled, subsidies for permanent disability of various kinds, subsidies to the military martyrs dependents and the demobilized servicemen, expenditure for settling down the demobilized servicemen, operating expenses of the consoling institutions, expenses for management and repair of the commemorative buildings for the martyrs, the expenses managed by the departments of civil affairs for the retirees and those who have quitted their work, expenses for social relief in rural and urban areas, operating expenses for providing relief to the areas of natural calamity and subsidies on the reconstruction after the particularly severe natural calamities, etc.

(10) Expenditures for national defence: they refer to the funds appropriated from the government budget for the expenditures for building up national security, including expenses of national defence, expenses of scientific researches on national defence, expenses for building up people's militia and expenditure for special projects, etc.

(11) Administrative expenses: they include expenditure for administration, subsidies to the parties and mass organizations, diplomatic expenditure, expenditure for public security, judicial expenditure, law court expenditure, procuratorial expenditure and subsidies to the expenses for treating the cases by he public security departments, procuratorial organs and law courts.

(12) Expenditure for price subsidies: it refers to the expenditure appropriated, with the approval of the government, from the government budget for the policy subsidies to price adjustment, including the funds for

the increase of grain prices, the subsidies to the difference between the selling prices and purchasing prices of grains, cotton and edible oil, awards in addition to the purchasing prices of cotton, risk fund for non-staple food, subsidies on the prices of meat and meat products, subsidies on the price difference for curbing the high market prices of meat, meat products and vegetables and the subsidies approved by the government on the prices of textbooks and newsprint of newspapers and periodicals.

中央财政收入和地方财政收入　Revenue of the central government and revenue of the local governments

指按财政体制划分的中央本级收入和地方本级收入。1994 年分税制财政体制以后，属于中央财政的收入包括关税、海关代征消费税和增值税，消费税，中央企业所得税，地方银行和外资银行及非银行金融企业所得税，铁道、银行总行、保险公司等集中缴纳的营业税、所得税、利润和城市维护建设税，增值税的 75%部分，海洋石油资源税的和证券（印花）税的 50%部分。属于地方财政的收入包括营业税，地方企业所得税，个人所得税，城镇土地使用税，固定资产投资方向调节税，城镇维护建设税，房产税，车船使用税，印花税，屠宰税，农牧业税，农业特产税，耕地占用税，契税，增值税 25%部分，证券交易税（印花税）50%部分和除海洋石油资源以外的其他资源税.

In accordance with the classification of the structure of the government finance in 1994 in the bases of the classification of channels for collection of tax revenues, the revenue of the central government and the revenue of the local governments have different coverage. The revenue of the central government includes tariff, consumption tax and value added tax levied by the customs, consumption tax, income tax of the enterprises subordinate to the central government, income taxes of the local banks, foreign-funded banks and non-bank financial institutions, business tax, income tax and profits of railways, head offices of banks, head office f insurance company, which are handed over to the government in a centralized way, tax on city maintenance and construction, 75% of the value added tax, tax on ocean petroleum resources, 50% of the tax on stock dealing (stamp tax). The revenue of the local governments includes business tax, income tax of the enterprises subordinate to the local government, personal income tax, tax on the use of urban land, tax on the adjustment of the investment in fixed assets, tax on town maintenance and construction, tax on real estates, tax on the use of vehicles and ships, stamp tax, slaughter tax, tax on agriculture and animal husbandry, tax on special agricultural products, tax on the occupancy of cultivated land, contract tax, 25% of the value added tax, 50% of the tax on stock dealing (stamp tax0 and tax on resources other than the ocean petroleum resources.

中央财政支出和地方财政支出　Expenditure of the central government and expenditure of the local governments

指根据政府在经济和社会活动中的不同职责，划分中央和地方政府的责权，按照政府的责权划确定的支出。中央财政支出包括国防支出，武装警察部队支出，中央级行政管理费和各项事业费，重点建设支出以及中央政府调整国民经济结构、协调地区发展、实施宏观控制的支出。地方财政支出主要包括地方行政管理和各项事业费，地方统筹的基本建设、技术改造支出，支援农村生产支出，城市维护和建设经费，价格补贴支出等。

According to the different functions of the central government and local governments in the economic and social activities, the rights of affaire administration are classified between the central government and local governments; and the classification of the expenditure between the central government and local governments are made on the basis of the classification of the rights of affairs administration between them. The expenditure of the central government includes the expenditure for national defence, expenditure for armed police forces, the administrative expenses and various operating expenses at the level of central government, expenditure for key projects and the expenditure of the central government for adjusting the national economic structure, coordinating the development among different regions and exercising the macro-economic regulation and control. The expenditure of the local governments includes mainly the administrative expenses and various operating expenses at the level of local governments, expenditure for supporting rural production, expenditure for city maintenance and construction and expenditure for price subsidies, etc.

预算外资金收支　Extra-budgetary revenue and expenditure

预算外资金指国家机关、事业单位和社会团体为履行或代行政府职能，依据国家法律、法规和具有法律效力的规章而收取、提取和安排使用的未纳入国家预算管理的各种财政性资金。其范围主要包括：法律、法规规定的行政事业性收费、基金和附加收入等；国务院或省级人民政府及其财政、计划（物价）部门审批的行政事业性收费；国务院及财政部审批建立的基金、附加收入等；主管部门所属单位集中上缴资金；用于乡镇政府开支的乡自筹及乡统筹资金；其他未纳入预算管理的财政性资金。社会保障基金在国家财政尚未建立社会保障预算制度以前，先按预算外资金管理制度进行管理。部门和单位的预算外收入必须上缴同级财政专户，支出由同级财政按预算外资金收支计划和单位财务收支计划统筹安排，从财政专户中拨付，实行收支两条线管理。

Extra-budgetary fund refers to financial fund of various types not covered by the regular government budgetary management, which is collected, allocated or arranged by government agencies, institutions and social organizations while performing duties delegated to them or on behalf of the government in accordance with laws, rules and regulations. It mainly covers following items: administrative and institutional fees, funds and extra charges that are stipulated by laws and regulations; administrative and institutional fees approved by the State Council and provincial government and their financial and planning (price management) departments; funds and extra charges established by the State Council and the Ministry of Finance; funds turned over to competent departments by their subordinate institutions; self-raised and collected funds by township governments for their own expenditure; and other financial funds that are not covered in budgetary management. Social security funds are treated as extra-budget fund and managed for its exclusive use , given the circumstance that separate government budgetary system for social security is yet to be designed. Special accounts are opened by the financial departments in banks for the management of revenue and expenditure of extra-budgetary fund. Extra-budgetary revenue and expenditure is managed separately, namely, revenue of institutions and departments must enter into the special accounts of the financial departments at the same administrative level, and their extra-budgetary expenditure is arranged in line with the extra-budget plans and appropriated from these accounts.

商品零售价格指数　Retail Price Index

是反映城乡商品零售价格变动趋势的一种经济指数。零售物价的调整变动直接影响到城乡居民的生活支出和国家的财政收入，影响居民购买力和市场供需平衡，影响消费与积累的比例。因此，计算零售价格指数，可以从一个侧面对上述经济活动进行观察和分析。

Reflects the general change in retail prices of commodities. The change and adjustment in retail prices directly affect the living expenditure of urban and rural residents, government revenue , purchasing power of residents and the equilibrium of market supply and demand, and the ratio of consumption to accumulation. Therefore, the calculation of retail price index is useful to analyze the changes of the above economic activities.

居民消费价格指数　Consumer Price Index

是反映一定时期内城乡居民所购买的生活消费品价格和服务项目价格变动趋势和程度的相对数，是对城市居民消费价格指数和农村居民消费价格指数进行综合汇总计算的结果。利用居民消费价格指数，可以观察和分析消费品的零售价格和服务价格变动对城乡居民实际生活费支出的影响程度。

Reflects the trend and degree of changes in prices of consumer goods and services purchased by urban and rural residents, and is a composite index derived from the urban consumer price index and the rural consumer price index. Consumer price index can be used to analyze the impact of consumer price change on actual expenditure for living cost of urban and rural residents.

城市居民消费价格指数　Urban Consumer Price Index

是反映城市居民家庭所购买的生活消费品和服务项目价格变动趋势和程度的相对数。城市居民消费价格指数可以观察和分析消费品的零售价格和服务项目价格变动对职工货币工资的影响，作为研究职工生活和确定工资政策的依据.

Reflects the trend and degree of changes in prices of consumer goods and services purchased by urban households. It can be used to observe and analyze the impact of price changes in consumer goods and services→ on money wages of staff and workers, and provide basis for policy making concerning the living cost and wages of staff and workers.

农村居民消费价格指数　Rural Consumer Price Index

是反映农村居民家庭所购买的生活消费品价格和服务项目价格变动趋势和程度的相对数。农村居民消费价格指数可以观察农村消费品的零售价格和服务项目价格变动对农村居民生活消费支出的影响，直接反映农民生活水平的实际变化情况，为分析和研究农村居民生活问题提供依据。

Reflects the trend and degree of changes in prices of consumer goods and services purchased by rural households. It can be used to observe the impact of change in retail prices of consumer goods and service prices in rural areas on living expenditure of rural households, and to show the changes in the living standard of peasants. It provides basis for analysis and research on condition of life in rural areas.

城镇居民家庭全部收入　Total Income of Urban Households

指被调查城镇居民家庭全部的实际收入，包括经常或固定得到的收入和一次性收入。不包括周转性收入，如银行存款、向亲友借款、收回借出款以及其他各种暂收款。

Refers to the total actual income of the sample households, including regular or fixed income and occasional income. The income of a circulating nature such as withdrawal from bank deposits, loans borrowed from relatives or friends, repayment of loans received and various temporary collection of money is excluded.

城镇居民家庭可支配收入　Disposable Income of Urban Households

指被调查的城镇居民家庭在支付个人所得税、财产税及其他经常性转移支出后所剩下的实际收入。

Refers to the income of the sample households which can be used for daily expenses, i.e.. Total income minus income tax, property tax and other current transfers.

城镇居民家庭消费性支出　Expenditure for Consumption of Urban Households

指被调查的城镇居民家庭用于日常生活的全部支出，包括购买商品支出和文化生活、服务等非商品性支出。不包括罚没、丢失款和缴纳的各种税款（如个人所得税、牌照税、房产税等），也不包括个体劳动者生产经营过程中发生的各项费用。

Refers to total expenditure of the sample households for consumption in daily life, including expenditure for various commodities and expenses for non-commodity items such as culture and service, etc., but excluding fines and confiscation, loss, tax payments (such as income tax, license tax, real estates tax, etc.) and various expenses by individual laborers for business purposes.

农村居民家庭纯收入　Net Income of Rural households

指农村常住居民家庭总收入中，扣除从事生产和非生产经营费用支出、缴纳税款和上交承包集体任务金额以后剩余的，可直接用于进行生产性、非生产性建设投资、生活消费和积蓄的那一部分收入。它是反映农民家庭实际收入水平的综合性的主要指标。农村居民家庭纯收入包括从事生产性和非生产性的经营收入，取自在外人口寄回带回和国家救济、各种补贴等非经营性收入；既包括货币收入，又包括自产自用的实物收入。但不包括向银行信用社和向亲友借款等属于借贷性的收入。

Refers to the total income of the permanent residents of the rural households during a year after the deduction of the expenses for productive and non-productive business operation, the payment for taxes and the payment for collective units for their contracted tasks, which can then be spent for investments in productive and non-productive construction for consumption in daily life and for savings deposit. It is a comprehensive indicator to show the actual level of the income of the peasants' household. The net income of the rural households includes not only the income from the productive and non-productive business operation, but also the income from the non-business operation, such as the money remitted or brought back by the members of the household who are in other places, the government relief payment and various subsidies. It includes not only the money income, but also the income in kind. But the income from borrowing from banks, friends and relatives is excluded.

农林牧渔业总产值　Gross Output Value of Farming, Forestry, Animal Husbandry and Fishery

是以货币表现的农、林、牧、渔业全部产品的总量，它反映一定时期内农业生产的总规模和总成果。

农业总产值的计算方法通常是按农林牧渔业产品及其副产品的产量分别乘以各自单位产品价格求得，少数生产周期较长，当年没有产品或产品产量不易统计的，则采用间接方法匡算其产值，然后将四业产品产值相加即为农业总产值。

1957 年以前的农业总产值中包括了厩肥和农民自给性手工业（如农民自制衣服、鞋、袜，自己从事粮食初步加工等）。1958 年及以后的农业总产值，林业中增加了村及村以下竹木采伐产值；牧业中取消了厩肥产值；副业中取消了农民自给性手工业产值，增加了村及村以下办的工业产值；渔业中增加了海洋捕捞水产品产值。1980 年及以后的农业总产值，在副业中增加了农民家庭兼营工业商品部分的产值。从 1984 年起村及村以下办工业产值划归工业。从 1993 年起，取消副业，将野生动物的捕猎划入牧业，野生植物采集和农民家庭兼营商品性工业划归农业。

Refers to the total volume of products of farming, forestry, animal husbandry and fishery in value terms, which reflects the total scale and total result of agricultural production during a given period of time. Gross output value of agricultural is obtained by first multiplying the output of each product or by-its price, resulting in the output value of each single item. For a small number of products, annual output of which is not available or difficult to get due to the long production/growing process involved, the output value is estimated through an indirect approach. The sum of out put value of all products of farming, forestry, animal husbandry, and fishery is then equal to the gross out put value of agriculture. Prior to 1957, China's gross agricultural output value included barnyard manure and handicraft products for self-consumption (clothes, shoes, stockings, and initial grain processing undertaken by peasants). Since 1958, cutting and felling of bamboo and trees by villages and other cooperative organizations under villages have been included in forestry; value of barnyard manure has been excluded from animal husbandry; self-consumed handicrafts has been excluded from sideline occupations, while the output value of industries run by villages and cooperative organizations under village had been included in sideline occupations and the output value of fish catches by motor fishing boats has been added to fishery. Since 1980, the value of handicraft products made for sale by individuals in households had been added to sideline occupations. Since 1993, the subdivision of sideline occupations has been canceled, and the hunting of wild animals has been classified into animal husbandry, and the gathering of wild plants and commodity industry run by rural household have been include in farming.

粮食产量　Grain Yield

指全社会的产量。包括国有经济经营的、集体统一经营的和农民家庭经营和其它生产单位的粮食产量。粮食除包括稻谷、小麦、玉米、高粱、谷子及其他杂粮外，还包括薯类和豆类。其产量计算方法，豆类按去豆荚后的干豆计算；薯类（包括甘薯和马铃薯，不包括芋头和木薯）1963 年以前按每 4 公斤鲜薯折 1 公斤粮食计算，从 1964 年开始及以后改为 5 公斤鲜薯折 1 公斤粮食计算。城市郊区作为蔬菜的薯类（如：马铃薯等）按鲜品计算，并且不做为粮食统计。其他粮食一律按脱粒后的原粮计算。

Refers to the yield in the whole country including grains produced by state farms, collective units, industrial enterprises and mines. Grain includes rice, wheat, corn, sorghum, millet and other miscellaneous grains as well as tubers and beans. Output of beans refers to dry beans without pods. The output of tubers (sweet potatoes and potatoes, not including taros and cassava) was converted into that of grain at the ratio 4:1, i.e. four kilograms of fresh tubers was equivalent to one kilogram of grain up to 1963. Since 1964 the ratio for conversion has been 5:1. Tubers supplied as vegetables (such as potatoes) in cities and suburbs are calculated as fresh vegetables and their output is not included in the output of grain. Output of all other grains refers to husked grain.

油料产量　Yield of Oil-bearing Crops

指全部油料作物的生产量。包括花生、油菜籽。不包括大豆，也不包括木本油料和野生油料。花生以带壳干花生计算。

Refers to catches of both artificially cultured and naturally grown aquatic products, including fish, shrimps, crabs and shellfish in sea and inland water as well as seaweed. Freshwater plants are not included.

期初（末）畜禽存栏头（只）数　Number of Livestock of Poultry in Stock at Beginning (or End) of Reference Period

指本期期初（末）农村各种合作经济组织和国营农场、农民个人、机关、团体、学校、工矿企业、部队等单位以及城镇居民饲养的大牲畜、猪、羊、家禽等畜禽的存栏头（只）数.

Refers to the total number of large animals, pigs, sheep, fowls, etc. Raised by rural cooperative organizations, state farm, rural individuals, government agencies, schools, industrial and mining enterprises, army, and urban residents at the beginning (or end) of the reference period.

猪、牛、羊肉产量　Output of pork, Beef and mutton

指当年出栏并已屠宰除去头蹄下水后带骨肉（即胴体重）的重量。

Refers to the meat of slaughtered hogs, cattle, sheep and goats with head, feet, and offal taken away.

耕地面积　Cultivated Area (Area under cultivation)

指年初可以用来种植农作物、经常进行耕锄的田地，除包括熟地、当年新开荒地、连续撂荒未满三年的耕地和当年的休闲地（轮歇地），还包括以种植农作物为主并附带种植桑树、茶树、果树和其他林木的土地，以及沿海、沿湖地区已围垦利用的“海涂”、“湖田”等面积。但不包括属于专业性的桑园、茶园、果园、果木苗圃、林地、芦苇地、天然或人工草地面积。

Refers to farmland which is plowed constantly for growing crops, including cultivated land, newly cultivated land in the current year, farmland left without cultivation for less than three years and fallow land in the current year, rotation land, rotation land of grass and crops, farmland with some fruit trees, mulberry trees and other trees and cultivated seashore land, lake land, and etc. The land of mulberry fields, tea plantations, orchards, nurseries of young plants, forest land, reed land, natural and man-made grassland and other land are not included in cultivated land.

农作物播种面积　Sown Area Corps

指实际播种或移植有农作物的面积。凡是实际种植有农作物的面积，不论种植在耕地上还是种植在非耕地上，均包括在农作物播种面积中。在播种季节基本结束后，因遭灾而重新改种和补种的农作物面积，也包括在内。

Refers to area of land sown or transplanted with crops regardless of being in cultivated area or non-cultivated area. Area of land re-sown to natural disaster is also included.

有效灌溉面积　Irrigated Area

指具有一定的水源，地块比较平整，灌溉工程或设备已经配套，在一般年景下当年能够进行正常灌溉的耕地面积。

Refers to areas that are effectively irrigated, i.e. level land which has water source and complete sets of irrigation facilities to lift and move adequate water for irrigation purpose under normal conditions.

农用化肥施用量　Consumption of Chemical Fertilizers in agriculture

指本年内实际用于农业生产的化肥数量。包括氮肥、磷肥、钾肥和复合肥。化肥施用量要求按折纯量计算数量。折纯法化肥施用量是把氮肥、磷肥和钾肥分别按含氮、含五氧化二磷、含氧化钾的百分之一百成份折算后的数量。复合肥按其所含主要成分折算。

Refers to the quantity of chemical fertilizers applied in agriculture in the year, including nitrogenous fertilizer, phosphate fertilizer, potash fertilizer, and compound fertilizer. The consumption of chemical fertilizers is required in calculation to convert the gross weight into weight containing 100% effective component (e.g. 100% nitrogen content in nitrogenous fertilizer, 100% phosphorous pentoxide contents in phosphate fertilizer, 100% potassium oxide contents in potash fertilizer). Compound fertilizer is converted with its major component.

农业机械总动力　Total Power of Farm Machinery

指主要用于农、林、牧、渔业的各种动力机械的动力总和。包括耕作机械、排灌机械、收获机械、农产品加工机械、运输机械、植物保护机械、牧业机械、林业机械、渔业机械和其他农业机械[内燃机按引擎马力折成瓦（特）计算，电动机按功率折成瓦（特）计算]。不包括专门用于乡、镇、村、组办工业、基本建设、非农业运输、科学试验和教学等非农业生产方面用的动力机械与作业机械。

Refers to total mechanical power of machinery used in farming, forestry, animal husbandry, and fishery, including ploughing, irrigation and drainage, harvesting, transport, plant protection, stock breeding, forestry and fishery. The power of internal combustion engines is required to convert horsepower into watts and the power of electric motors is required to be converted into watts. Machinery employed for non-agricultural purposes, such as the machines used in township-run and village-run industry, construction, non-agricultural transport, scientific experiments and teaching, is excluded.

农林牧渔业劳动力　Labor Force Engaged in Farming, Forestry, Animal husbandry and Fishery

指直接参加农林牧渔业生产劳动的劳动力。

Refers to the total laborers who are directly engaged in production of farming forestry, animal husbandry and fishery.

工业　Industry

指从事自然资源的开采，对采掘品和农产品进行加工和再加工的物质生产部门。

具体包括：（1）对自然资源的开采，如采矿晒盐森林采伐（但不包括禽兽捕猎和水产捕捞）；（2）对农副产品的加工再加工，如粮油加工食品加工轧花缫丝纺织制革等；（3）对采掘品的加工再加工，如炼铁炼钢化工生产机器制造木材加工等，以及电力自来水煤气的生产和供应等；（4）对工业品的修理翻新，如机器设备的修理交通运输工具（包括小卧车）的修理等。

1984 年以前农村的村及村以下办工业归属农业，1984 年以后划归工业。

Refers to the material production sector which is engaged in extraction of natural resources and processing and reprocessing of minerals and agricultural products, including (1) extraction of natural resources, such as mining, salt production, logging (but not including hunting and fishing); (2) processing and reprocessing of farm and sideline produces, such as rice husking, flour milling, wine making, oil pressing, cotton ginning, silk reeling, spinning and weaving, and leather making; (3) manufacture of industrial products, such as steel making, iron smelting, chemicals manufacturing, petroleum processing, machine building, timber processing; water and gas production and electricity generation and supply; (4) repairing of industrial products such as the repairing of machinery and means of transport (including cars).

工业统计调查单位　Units of Industry Statistics and Inquiry

工业统计调查单位分为两类：独立核算法人企业和工业活动单位。

（1）独立核算法人工业企业：指从事工业生产经营活动的单位。独立核算法人工业企业应同时具备以下条件：①依法成立，有自己的名称组织机构和场所，能够承担民事责任；②独立拥有和使用资产，承担负债，有权与其他单位签订合同；③独立核算盈亏，并能够编制资产负债表。

（2）工业活动单位：指在一个场所从事一种或主要从事一种工业生产活动的经济单位。它包括独立核算工业企业按主营业务活动（即工业生产活动）划分的主营业务活动单位和非工业企业所属的工业生产活动单位（即原非独立核算工业生产单位）。工业活动单位，一般应同时具备以下三个条件：①具有一个场所，从事一种或主要从事一种工业活动；②单独组织工业生产经营或业务活动；③单独核算收入和支出。

They are classified into two categories : corporate industrial enterprises with independent accounting system and industrial establishments.

(1) Corporate industrial enterprises with independent accounting system refer to enterprises engaging in industrial production activities, which meet the following requirements: ①They are established legally, having their own names, organizations, location, able to take civil liability;②they possess and use their assets independently, assume liabilities, and are entitled to sign contracts with other units;③they are financially independent and compile their own balance sheets.

(2) Industrial establishments refer to economic units which located in one single place and engaged entirely or primarily in one kind of industrial activity, including financially independent industrial enterprises and units engaged in industrial activities under the non-industrial enterprises (or financially dependent). Industrial establishments generally meet the following requirements: ①they have each one location and are engaged in one kind of industrial activity each; ②they operate and manage their industrial production activities separately; ③they have accounts of income and expenditures separately.

国有经济工业（即过去的全民所有制工业或国营工业） State-owned Industry

指生产资料归国家所有的一种经济类型。包括中央和地方各级国家机关、部队、科研机构、学校、人民团体和国有经济企事业单位等举办的国有经济工业。1957 年以前的公私合营和私营工业，后均改造为国营工业，1992 年改为国有工业，这部分工业的资料不单独分列时，均包括在国有工业内。

Refers to industrial enterprises where the means of production or income are owned by the state. Joint state-private industries and private industries, which existed before 1957, have been transformed into state industries. Statistics on these enterprises has been included in the state-owned industries since 1957 when separation of data was no longer necessary.

集体经济工业 Collective-owned Industry

指生产资料归公民集体所有的一种经济类型，是社会主义公有制经济的组成部分。包括城乡所有使用集体投资举办的企业，以及部分个人通过集资自愿放弃所有权并依法经工商行政管理机关认定为集体所有制的企业。

Refers to industrial enterprises where the means of production are owned collectively, including urban and rural enterprises invested by collectives and some enterprises which were formerly owned privately but have been registered in industrial and commercial administration agency as collective units through raising fund from the public.

其他经济类型工业 Industry of Other Types of Ownership

指除国有经济、集体经济、城乡个体经济以外的其他经济类型工业企业（单位）。包括私营经济、联营经济、股份制经济（股份有限公司，有限责任公司）；外商投资经济（中外合资经营、中外合作经营、外资企业）；港、澳、台投资经济（与大陆合资经营、与大陆合作经营、港、澳、台独资企业）及其他经济类型的工业。

Refers to industrial enterprises (units) of the ownership other than the state-owned economy, collective economy, individual economy. They include the enterprises of private economy, joint-owned economy, share-holding economy (companies limited by shares and companies limited with liabilities.), foreign -funded economy (Sino-foreign joint ventures , Sino-foreign cooperative enterprises and foreign ventures exclusively with their own investment),economy funded by the entrepreneurs from Hong Kong ,Macao and Taiwan(joint ventures and cooperative enterprises with the mainland as well as ventures exclusively with their own investment)and other types of ownership.

轻工业 Light Industry

指主要提供生活消费品和制作手工工具的工业。按其所使用的原料不同，可分为两大类：（ 1 ）以农产品为原料的轻工业，是指直接或间接以农产品为基本原料的轻工业。主要包括食品制造、饮料制造、烟草加工、纺织、缝纫、皮革和毛皮制作、造纸以及印刷等工业；（ 2 ）以非农产品为原料的轻工业，是指以工业品为原料的轻工业。主要包括文教体育用品、化学药品制造、合成纤维制造、日用化学制品、日用玻璃制品、日用金属制品、手工工具制造、医疗器械制造、文化和办公用机械制造等工业。

Refers to the industry that produces consumer goods and hand tools. It consists of two categories, depending on the materials used:

(1) Industries using farm products as raw materials. These are branches of light industry which directly or indirectly use farm products as basic raw materials, including the manufacture of food and beverages, tobacco processing, textile, clothing, fur and leather manufacturing, paper making, printing, etc.

(2) Industries using non-farm products as raw materials. These are branches of light industry which use manufactured goods as raw materials, including the manufacture of cultural, educational articles and sports goods, chemicals, synthetic fiber, chemical products for daily use, glass products for daily use, metal products for daily use, hand tools, medical apparatus and instruments, and the manufacture of cultural and clerical machinery.

重工业 Heavy Industry

指为国民经济各部门提供物质技术基础的主要生产资料的工业。按其生产性质和产品用途，可以分为下列三类：（ 1 ）采掘（伐）工业，是指对自然资源的开采，包括石油开采、煤炭开采、金属矿开采、非金属矿开采和木材采伐等工业；（ 2 ）原材料工业，指向国民经济各部门提供基本材料、动力和燃料的工业。包括金属冶炼及加工、炼焦及焦炭化学、化工原料、水泥、人造板以及电力、石油和煤炭加工等工业；（ 3 ）加工工业，是指对工业原材料进行再加工制造的工业。包括装备国民经济各部门的机械设备制造工业、金属结构、水泥制品等工业，以及为农业提供的生产资料如化肥、农药等工业。
根据上述划分原则，修理中以重工业产品为修理作业对象的划为重工业，反之划为轻工业。

Refers to the industry which produces capital goods, and provides various sectors of the national economy with necessary material and technical basis. It consists of the following three branches according to the purpose of production or the use of products:

(1) Mining, quarrying and logging industry refers to the industry that extracts natural resources, including extraction of petroleum, coal, metal and non-metal ores and logging.

(2) Raw materials industry refers to the industry that provides various sectors of the national economy with raw materials, fuels and power. It includes smelting and processing of metals, coking and coke chemistry, chemical materials and building materials such as cement, plywood, and power, petroleum refining and coal dressing.

(3) Manufacturing industry refers to the industry that processes raw materials. It includes

machine-building industry which equips sectors of the national economy, industries of metal structure and cement products, industries producing means of agricultural production, such as chemical fertilizers and pesticides. According to the above principle of classification, the repairing trades which are engaged primarily in repairing products of heavy industry are classified into heavy industry while these engaged in repairing products of light industry are classified into light industry.

工业总产值　Gross Industrial Output Value

是以货币表现的工业企业在一定时期内生产的已出售或可供出售工业产品总量，它反映一定时期内工业生产的总规模和总水平。包括在本企业内不再进行加工，经检验、包装入库（规定不需包装的产品除外）的成品价值，对外加工费收入，自制半成品、在产品期末期初差额价值。工业总产值采用“工厂法”计算，即以工业企业作为一个整体，按企业工业生产活动的最终成果来计算，企业内部不允许重复计算，不能把企业内部各个车间（分厂）生产的成果相加。但在企业之间、行业之间、地区之间存在着重复计算。

轻重工业总产值的划分也是按“工厂法”计算的，即一个工业企业在正常情况下生产的主要产品的性质属于轻工业，则该企业的全部总产值作为轻工业总产值；一个工业企业生产的主要产品的性质属于重工业，则该企业的全部总产值作为重工业总产值。

Is the total volume of industrial products sold or available for sale in value terms which reflects the total achievements and overall scale of industrial production during a given period. It includes the value of the finished products, which are not to be further processed in the enterprises and have been inspected, packed and put in storage, the value of industrial services rendered to other units, and the changes in the value of the semi-finished products and products in process between the beginning and closing of the period. The gross industrial output value is calculated with “factory method”. No double calculations are to be made within the same enterprise. However, double counting does occur among different enterprises.

Output value of light and heavy industries is also classified with the “factory” method. Under normal conditions, if the major products of an industrial enterprise belong to light industry products, the gross output value of that enterprise is classified wholly into light industry; the same principle applies to heavy industry.

工业增加值　Value-added of Industry

指工业行业在报告期内以货币表现的工业生产活动的最终成果。

Refers to the final results of industrial production of the industrial trade in money terms during the reference period.

固定资产原价　Original Value of Fixed Assets

指企业在建造、购置、安装、改建、扩建、技术改造某项固定资产时所支出的全部货币总额。它一般包括买价、包装费、运杂费和安装费等。

Refers to the original value of all fixed assets owned by industrial enterprises, calculated at the cost paid at the time of purchase, installation, reconstruction, expansion, and technical innovation and transformation of the said assets, which includes expenses on purchase, package, transportation, and installation, etc.

固定资产净值　Net Value of Fixed Assets

指固定资产原价减去历年已提折旧额后的净额。

Is obtained by deducting depreciation over years from the original value of fixed assets.

流动资产　Working Capital (Circulating Assets)

指可以在一年或者超过一年的一个营业周期内变现或者耗用的资产，包括现金及各种存款、短期投资、应收及预付货款、存货等。

Refers to assets which can be cashed in or spent or consumed in an operating cycle of one year or over one year, which includes cash, various deposits, short term investment, and receivable payments, and advance payments, stock, etc.

总资产贡献率　Ratio of Profits, Taxes and Interests to Average Assets

反映企业全部资产的获利能力，是企业经营业绩和管理水平的集中体现，是评价和考核企业盈利能力的核心指标。计算公式为：

Refers the profit-making capability of all assets of the enterprise and is a key indicator manifesting the performance and management and evaluating the profit-making potential of the enterprise. It is calculated as follows:

总资产贡献率（%）＝（利润总额+税金总额+利息支出）/ 平均资产总额×100%

Ratio of profits, taxes and interests to average assets (%)=(Total profits + total Taxes+ interest payment) /average assets ×100%

利润总额　Total profits

指企业实现的利润。

Refer to the profits gained by the enterprises.

工业成本费用利润率　Ratio of profits to Total Industrial Costs

指在一定时期内实现的利润与成本费用之比，是反映工业生产成本及费用投入的经济效益指标，同时也是反映降低成本的经济效益的指标。计算公式：

Refers to the ratio of profits realized in a given period to the total costs in the same period, which reflects the economic efficiency of input cost and is calculated as follows:

工业成本费用利润率（%）＝利润总额 / 成本费用总额×100%

Ratio of profits to Total Industrial Cost (%)=Total Profits/Total Costs×100%

工业增加值率　Value-added Rate of Industry

指一定时期内工业增加值占同期工业总产值的比重，反映降低中间消耗的经济效益。计算公式：

Refers to the ratio of value added of industry in a given period to the gross output value in the same period, which reflects the economic efficiency of cutting down the intermediate input and is calculated as follows:

工业增加值率（%）＝工业增加值（现价）/ 工业总产值（现价）×100%

Value-added Rate of Industry (%)=Value-added of Industry(at current prices)/Gross Output Value (at Current Prices) ×100%

流动资产周转次数 Turnover of Working Capital

指在一定时期内流动资产完成的周转次数，反映流动资产的周转速度。计算公式：

Refers to the number of times of turnover of working capital in a given period of time, which reflects the speed of the turnover of working capital and is calculated as follows:

流动资金周转次数＝产品销售收入 / 全部流动资产平均余额

Turnover of Working Capital(%)=Sales Revenue of Products/Average Balance of Total Working Capital×100%

产品销售率　Ratio of Sales to Gross Output Value

指报告期内工业销售产值与同期全部工业总产值之比，是反映工业产品已实现销售的程度，分析工业产销衔接情况研究工业产品满足社会需求程度的指标。计算公式为：

Refers to the sales of industrial products to the gross industrial output value during the reference period, and is important in reflecting the linkage between production and sales and the extent of the needs of the society that has been met by the supply of industrial products. It is calculated as follows:

产品销售率（%）＝工业销售产值 / 工业总产值（现价）×100%

Ratio of Sales to Gross Output Value=Industrial sales/Gross industrial output value(at current prices) × 100%

产品销售收入　Sales Revenue of Industrial Products

指企业销售产品和提供劳务等主要经营业务的实际成本。

Refers to the revenue from the sales of products by industrial enterprises and the revenue from services provided and etc.

产品销售成本　Sales Cost of Industrial Products

指企业销售产品的销售收入和提供劳务等主要经营业务取得的收入总额。

Refers to the actual cost of products of industrial enterprises and industrial services provided, etc.

全员劳动生产率　Overall Labour Productivity of Industrial Enterprises

指根据产品的价值量指标计算的平均每一个从业人员在单位时间内的产品生产量。是考核企业经济活动的重要指标，是企业生产技术水平、经营管理水平、职工技术熟练程度和劳动积极性的综合表现。目前我国的全员劳动生产率是将工业企业的工业增加值除以同一时期全部职工的平均人数来计算的。计算公式：

Refers to the average output per employed per employed person in industrial enterprises in value terms. At present, the value added and the average number of staff and workers of an industrial enterprises in a given period are used to calculate the overall labour productivity. The formula used is:

全员劳动生产率＝工业增加值 / 全部职工平均人数

Overall Labour Productivity=Value Added of Industry/Average Number of Staff and Workers.

为了使各年度的全员劳动生产率数字可以比较，1990 年以前各年的全员劳动生产率均按指数换算成 1990 年不变价格。

For the purpose of comparison of the overall labour productivity among different years, the data on the overall labour productivity of the years prior to 1990 have been adjusted on the basis of 1990 constant prices.

总资产　Total Assets

指企业拥有或控制的全部资产。包括流动资产、长期资产、固定资产、无形及递延资产、其他长期资产递延税项等，即为企业资产负债表的资产总计项。

Refer to all assets which are owned or controlled by enterprises, including circulating assets, long term investment, fixed assets, intangible assets, and deferred assets other long term assets, and deferred taxes, etc. The summation of above items is equal to total assets shown in the balance sheets of the enterprises.

（1）流动资产　指企业可以在一年内或者超过一年的一个生产周期内变现或耗用的资产合计。包括现金及各种存款、短期投资、应收及预付款项、存款等。

Circulating assets (working capital) refer to assets which can be cashed in or spent or consumed in an operating cycle of one year or over one year, including cash, all kinds of deposits, short term investment, receivables, advance payment, stock, etc.

（2）固定资产　指企业固定资产净值、固定资产清理、在建工程、待处理固定资产损失所占用的资金合计。

Fixed assets refer to the net value of fixed assets, clearance of fixed assets, project under construction, fixed assets losses in suspense. These are corporations' fund holdings.

（3）无形资产　指企业长期使用而没有实物形态的资产。包括专利权、非专利技术、商标权、著作权、土地使用权、商誉等。

Intangible assets refer to the assets without material form used by enterprises over a long time, such as patents, non-patent technologies, trade marks, copyright, land use right, business reputation, etc.

总负债　Total Liabilities refer

指企业承担并需要偿还的全部债务。包括流动负债和长期负债、递延税项等，即为企业资产负债表的负债合计项。

To the debts that enterprises are responsible for repayment, including liquid liabilities, long-term liabilities and deferred taxes, etc. Total liabilities correspond to the summation item of liabilities shown in the balance sheets of the enterprises.

（1）流动负债　指企业在一年内或者超过一年的一个营业周期内需要偿还的债务合计，其中包括短期借款、应付及预收款项、应付工资、应交税金和应交利润等。

Liquid liabilities (also called quick liabilities or immediate liabilities) refer to enterprises' total debt payable within an operating cycle of one year or over one year, including short term loans, payables and advance payments, wages payable, taxes payable and profit payable, etc.

（2）长期负债　指企业在一年以上或者超过一年的一个生产周期以上需要偿还的债务合计，其中包括长期借款、应付债务、长期应付款项等。

Long term liabilities refers to total debt payable within an operating cycle of one year or over one year, including long-term loans, payable liabilities, long-term payables, etc.

所有者权益　Creditors' Equity

指企业投资人对企业净资产的所有权。企业净资产等于企业全部资产减去全部负债后的余额，其中包括投资者对企业的最初投入，以及资本公积金、盈余公积金和未分配利润，对股份制企业即为股东权益。

Refers to investors' ownership of net assets of the enterprise. It is equal to the total assets of the enterprise minus its total liabilities, including the primary input from investors, capital accumulation fund, surplus accumulation fund and undistributed profit. It is the shareholder's equity in share-holding companies.

资产负债率　Ratio of Debts to Assets

该指标既反映企业经营风险的大小，也反映企业利用债权人提供的资金从事经营活动的能力。计算公式为：

Reflect both the operation risk and the capability of the enterprise in making use of the capital from the creditors. It is calculated as follows:

资产负债率（%）=负债总额/资产总额×100%

Ratio of debts to assets (%)=Total debts/Total assets×100%

产品销售税金及附加　Tax and Extra Charges on Sales of Products

指企业销售产品和提供工业性劳务等主要经营业务应负担的城市维护建设税、消费税、资源税和教育费附加。

Refer to the tax on city maintenance and construction, consumption tax, resources tax and extra charges for education, which should be borne by the enterprises in selling products and providing industrial services.

产品销售利润　Sales Profit of Products

指企业销售产品和提供工业性劳务等主要经营业务收入扣除其成本、费用、税金后的利润。

Refers to the profit gained by the enterprises by deducting cost, charges and taxes from the business income of the enterprises obtained in selling products and providing industrial services.

应交增值税　Value-added Tax Payable

指企业在报告期内应交纳的增值税额。

Refers to amount of the value added tax which should be paid by the enterprises in the reporting period.

实收资本　Capital Obtained

指企业实际收到的投资人投入的资本。 按投资主体可分为国家资本、集体资本、法人资本、个人资本、港澳台资本和外商资本。

Refers to capital actually received by the enterprise from investors. It can be further classified by investors as state capital, collective capital, individual capital, capital from Hong Kong, Macau and Taiwan foreign capital.

建筑业总产值(自行完成施工产值)　Gross Output Value of Construction (Output Value of Projects Under Construction)

是以货币表现的建筑安装企业在一定时期内生产的建筑业产品的总和。建筑业总产值包括：

Refers to total of construction products, expressed in money terms, completed by construction and installation enterprises during a given period of time. It includes:

(1) 建筑工程产值　指列入建筑工程预算内的各种工程价值。

Output value of construction projects, that is the value of projects covered by the project budgets.

(2) 设备安装工程产值　指设备安装工程价值，不包括被安装设备本身价值。

Output value of installation projects, that is the value of the installation equipment, (excluding the value of the equipment to be installed).

(3) 房屋、构筑物修理产值　指房屋、构筑物修理所完成的价值， 但不包括被修理房屋、构筑物本身的价值和生产设备的修理价值。

Output value of repair of buildings and structures, that is the value created through the repairs of buildings or structures but does not include the value of buildings or structures being repaired and the value of the repair of production equipment.

(4) 非标准设备制造产值　指加工制造没有定型的、非标准的生产设备的加工费和原材料价值， 以及附属加工厂为本企业承建工程制作的非标准设备的价值。

Output value of manufactured non-standard equipment,that is the value of non-standard production equipment (including raw materials and manufacturing cost) made for the construction project, and the equipment manufactured by subsidiary workshops.

建筑业统计单位　Statistical Unit in Construction

指从事房屋、构筑物建造和设备安装活动的法人企业。建筑业法人企业应同时具备的条件是：（1）依法成立，有自己的名称、组织机构和场所，能承担民事责任；（2）独立拥有和使用资产，承担负债，有权与其他单位签订合同；（3）独立核算盈亏，能够编制资产负债表。

Refers to corporate enterprise engaged in the construction of buildings and structures and in the installation of equipment. A corporate construction enterprise should meet the following 3 requirements: (1) being set up in line with relevant legal basis, having its full name, organization and location, and capable of taking civil liabilities; (2) independently possessing and using its assets and assuming its liabilities, and entitled to sign contracts with other institutions; and (3) making independent accounts of its profits and losses, and capable of compiling its own balance sheet.

建筑业增加值　Value-added of Construction

指建筑业企业在报告期内以货币表现的建筑业生产经营活动的最终成果。目前建筑业增加值采用分配法（收入法）计算，即从收入的角度出发，根据生产要素在生产过程中应得到的收入份额计算。具体计算公式为：

Refers to the final result of the activities of production and management of construction in monetary terms in the reference period. At present, the value-added of construction is calculated with the income approach. In other words, it is the sum of income of various production factors in the production process. The formula is as follows:

建筑业增加值=本年提取的固定资产折旧+应付工资+应付福利费+管理费用中的劳动待业保险金、税金+工程结算税金及附加+工程结算利润

Value-added of construction=depreciation of fixed assets in the year + wages payable + welfare expenses payable + insurance premium and tax for waiting for employment in the administrative expenses + taxes and surcharges on project settlement + profit gained from project settlement.

房屋建筑施工面积　Floor Space of Buildings Under Construction

指在报告期内施工的全部房屋建筑面积，包括本期新开工的房屋面积、上期施工跨入本期继续施工的房屋面积、上期停缓建在本期恢复施工的房屋面积、本期竣工的房屋面积及本期施工后又停缓建的房屋面积。

Refers to floor space of buildings under construction during the reference period, including newly started buildings, buildings started earlier and continued during the reference period, and buildings suspended earlier but restarted during the reference period, buildings completed during the reference period, and buildings under construction and then suspended during the reference period.

房屋建筑竣工面积　Floor Space of Buildings Completed

指在报告期内房屋建筑按照设计要求全部完工，达到了住人和使用条件，经验收鉴定合格，正式移交使用单位的房屋建筑面积。

Refers to the floor space of buildings that are completed in the reference period in accordance with the requirements of the design, up to the standard for putting them into use, and have been checked and accepted by concerned departments as qualified ones.

自有机械设备年末总台数　Total Number of Machinery and Equipment Owned by the End of Year

指归本企业所有，属于本企业固定资产的生产性机械设备年末总台数。包括施工机械、生产设备、运输设备及其他设备。

Refers to the number of machines and equipment owned by the enterprises, and listed as the fixed assets of the enterprises by the end of the year, including machinery and equipment for construction, production and transportation.

自有机械设备年末总功率　Total Power of Machinery and Equipment Owned by the End of Year

指本企业自有施工机械、生产设备、运输设备以及其他设备等列为在册固定资产的生产性机械设备年末总功率，按设定能力或查定能力计算。包括机械本身的动力和为该机械服务的单独动力设备，如电动机等。计算单位用千瓦，动力换算可按 1 马力=0. 735 千瓦折合成千瓦数。电焊机、变压器、锅炉不计算动力。

Refers to the total power of machinery and equipment owned by the enterprises, and listed as the fixed assets of the enterprises by the end of the year, including machinery and equipment for construction, production and transportation. The power of the machinery is calculated on basis of the designed or verified capacity, covering the power of the machinery/equipment and the separate power equipment serving the machinery/equipment (such as electric motors), but excluding welders, transformers and boilers. The unit used for the calculation of power is kilowatt, with horsepower converted to kilowatt by 1 horsepower=0.735 kilowatt.

工程结算收入　Income from Settlement of Projects

指企业承包工程实现的工程价款结算收入，以及向发包单位收取的除工程价款以外的按规定列作营业收入和各种款项，如临时设施费、劳动保险费、施工机械调迁费等以及向发包单位收取的各种索赔款。

Refers to the income received by the construction enterprise from the contracted project through settlement procedures, and other charges to the contractores as operational costs in addition to the value of the project, such temporary facility fee, labour insurance premium, moving cost of construction equipment, as well as various types of claims to the contracte.

工程结算利润　Profit from Settlement of Projects

指已结算工程实现的利润，如亏损以"-"号表示。计算公式为：

Refers to profit realized through settled projects. It is calculated with the following formula:

工程结算利润=工程结算收入-工程结算成本-工程结算税金及附加

Profit from Settlement of Projects=Income from Settlement of Projects - Settled Cost – Settled Taxes and Other Cost.

企业总收入　Total Revenue of Enterprises

指与企业生产经营直接有关的各项收入，包括工程结算收入和其他业务收入。计算公式为：

Refers to the sum of income from production and operation of enterprises, including income from settlement of projects and other operational income, namely:

企业总收入=工程结算收入+其他业务收入

Total Revenue of Enterprises=Income from Settlement of Projects + Other Operational Income.

公路里程　Length of Highways

指在一定时期内实际达到《公路工程(WTBZ)技术标准 JT101-88》规定的等级公路，并经公路主管部门正式验收交付使用的公路里程数。包括大中城市的郊区公路以及通过小城镇街道部分的公路里程和桥梁、渡口的长度，不包括大中城市的街道、厂矿、林区生产用道和农业生产用道的里程。两条或多条公路共同经由同一路段，只计算一次，不得重复计算里程长度。它是反映公路建设发展规模的重要指标，也是计算运输网密度等指标的基础资料。

Refers to the length of highways which are built in conformity with the grades specified by the highway engineering standard formulated by the Ministry of Communications, and have been formally checked and accepted by the departments of highways and put into use. The length of highways includes that of the suburb highways at large and medium-sized cities, highways passing through streets at small cities and towns, and also the length of bridges and ferries. It does not include the length of streets in big and medium-sized cities and highways built for the production purpose at factories, mines, forest areas and agricultural areas. If two or more highways go the same section of the way, the length of the section is only calculated for once and no duplication is allowed. The length of highways is an important indicator to show the development of the highway construction and to provide essential information to calculate the transport network density.

民用航空线里程　Length of Civil Aviation Routes

指民航运输定期班机飞行的航线长度的总和。航线长度按机场之间的距离计算，通常有两种计算方法：一是将每条航线长度相加称为重复计算航线里程；二是将两线或两条以上航线经过同一区段里程，只计算一次航线长度称为不重复计算航线里程。一般常用的是后者，它能确切反映民航运输网的规模，表明民航事业为国民经济服务和方便人民生活程度的主要指标。

Refers to the length of all routes for regular civil aviation flights. There are usually two ways to calculate the distance between airports connected by the route length: One is to put the length of all air routes together, called duplicated calculation of the length of the routes; the other is not to allow the duplication in calculation when two or more routes passing the same section of aviation routes. The latter is usually used, as it can precisely show the size of the civil aviation network and indicate the extent of civil aviation serving the national economy and the people.

货（客）运量　Freight (Passenger) Traffic

指在一定时期内，各运输部门实际运送的货物（旅客 ）数量。是反映运输业为国民经济和人民生活服务的数量指标，也是制定和检查运输生产计划，研究运输发展规模和速度的重要指标。货运按吨计算，客运按人计算。货物不论运输距离长短，货物类别，均按实际重量统计；旅客不论行程远近或票价多少，均按一人一次作为客运量统计。半价票、小孩也按一人统计。

Refers to the volume of freight (passenger) transported with various means. Freight transport is calculated in tons and passenger traffic is calculated in the number of persons. Despite the type of freight and traveling distance, the freight transport is calculated in the actual weight of the goods: and despite the traveling distance and ticket price, the passenger traffic is calculated by the principle that one person can be counted only once in one travel. The passenger who travel with a half-price ticket or a child ticket is also calculated as one person. The freight (passenger) traffic provides a quantitative measure to show how the transport industry serves the national economy and people, and is also an important indicator for planning the transport industry and for studying the development scale and speed of the transport industry.

货（客）运密度　Freight (Passenger) Traffic Density

指在一定时期内某种运输方式在营运线路的某一区段平均每公里线路通过的货物（旅客）运输周转量。计算单位是吨（人）公里 / 公里。计算公式为：

Refers to the freight (passenger) traffic volume carried by a particular means of transportation during a given period through one kilometer of a specific section of transportation route. The formula is as follows:

货（客）运密度＝货物（旅客）周转量 / 营业线路长度

Freight (Passenger) Traffic Density=Freight Ton-kilometers (Passenger-kilometers) / Length of Route in Operation

货（客）运密度是反映交通运输线路上货物（旅客）运输量运输繁忙程度的主要指标。是平衡运输线路运输能力和通过能力，规划线路建设及改造、配备技术设备，研究运输网布局的重要依据。

Freight (passenger) traffic density reflects the degree of business of freight (passenger) traffic on transportation routes, and therefore provides important information for balancing transport capability, planning construction and`upgrading of transport routes and studying the distribution of transport network.

货物（旅客）周转量　Freight Ton-kilometers (Passenger-kilometers)

指在一定时期内，由各种运输工具运送的货物（旅客）数量与其相应运输距离的乘积之总和，是反映运输生产总成果的重要指标，也是编制和检查运输生产计划，计算运输效率、劳动生产率以及核算运输单位成本的主要基础资料。计算货物周转量通常按发出站与到达站之间的最短距离，也就是计费距离计算。

Refer to the sum of the products of the volume of transported cargo (passengers) multiplying by the transport distance, usually using ton-kilometer and passenger-kilometer as units for measurement. Normally, the shortest distance between the departure station and the destination station (i. e., the payable distance) is the basis to calculate the freight ton-kilometers. This is an important indicator to show the total results of the transport industry, to prepare and examine the transport plan and to measure the efficiency, the labour productivity and the unit cost of transport.

邮电业务总量　Business Volume of Post and Telecommunications

指以货币表现的邮电部门用于传递信息和提供其他邮电服务的总数量。它综合反映了一定时期邮电工作的总成果，是研究邮电业务量构成和发展趋势的重要指标。根据邮电管理体制不同，分为中央国营业务总量和地方国营业务总量。它用各种邮电分类业务量，如函件件数、电报份数、长话张数、市内电话和农村电话的年均户数、订销报刊累计份数等，分别乘以相应的平均单价（不变价），加总后再加上出租电路和设备的收入、代用户维护电话交换机和线路等设备的收入、其他业务收入求得。

Refers to the total amount of post and telecommunications services, expressed in value terms, provided by the post and telecommunications departments for the customers. Post and telecommunications services can be classified as letters, parcels, remittancc, issue of newspapers and magazines, fast mail service, express mail service, savings deposits, stamps for collection, public and individual telegraph service, facsimiles, long-distance telephone service, leasing of telephone lines, urban paging service, mobile telephone service, data transfer and transmission, etc. The accounting approach is to multiply the service products of all types with their average unit price (constant price) to get sum of business value, plus income from other services such as leasing of telephone lines and equipment, maintenance of telephone switchboards and lines on behalf of customers. This indicator reflects the overall results of post and telecommunications service during a given period, and is important to study the composition of business service and the development of post and telecommunications service.

无线寻呼电话用户　Subscribers of Paging Services

指携带小型寻呼机，接收市话用户通过无线寻呼中心，在规定范围内向其发出声音、数字或文字显示的信息的用户。目前在邮电部门办理登记手续的无线寻呼电话用户，每一部寻呼机按一户计算。

Refer to subscribers who carry small-size pagers and receive audio signals, digital signals or character signals sent out by city telephone through wireless paging center within assigned area. Each pager is counted as a subscriber.

移动电话用户　Mobile Telephone Subscribers

指在邮电部门登记，通过移动电话交换机进入移动电话网、占有移动电话号码的电话用户。用户数量以实际办理登记手续进入邮电部门移动电话网的户数进行计算，一部或一台移动电话统计为一户。

Refer to the persons who own mobile telephone number connected with the mobile telephone communication network and registered by post and telecommunications organization. The number of subscribers is calculated only when the subscribers who have gone through all the register formalities and entered into the mobile telephone network. One mobile telephone is treated as a subscriber.

社会消费品零售额　Total Retail Sales of Consumer Goods

指各种经济类型的批发零售贸易业、餐饮业、制造业和其他行业对城乡居民和社会集团的消费品零售额。这个指标反映通过各种商品流通渠道向居民和社会集团供应的生活消费品来满足他们生活需要，是研究人民生活，社会消费品购买力、货币流通等问题的重要指标。社会消费品零售额包括：（１）售给城乡居民作为生活用的商品和住房及修建房屋用的建筑材料；（２）售给社会集团的各种办公用品和公用消费品；(3) 售给机关、团体、学校、部队、企业、事业单位的职工食堂和旅店（招待所）附设专门供本店旅客食用，不对外营业的食堂的各种食品、燃料；企业、单位和国营农场直接售给本单位职工和职工食堂的自己生产的产品；(4) 售给部队干部、战士生活用的粮食、副食品、衣着品、日用品、燃料；(5) 售给来华的外国人、华侨、港澳台同胞的消费品；(6) 居民自费购买的中、西药品、中药材及医疗用品；(7) 报社、出版社直接售给居民和社会集团的报纸、图书、杂志、集邮公司出售的新、旧纪念邮票、特种邮票、首日封、集邮册、集邮工具等；(8) 旧货寄售商店自购、自销部分的商品零售额；(9) 煤气公司、液化石油气站售给居民和社会集团的液化灶具和灌装液化石油气；(10) 城市建设，房产管理等部门、企业、事业单位售给居民的商品房；（１０）农民售给非农业居民和社会集团的商品。不包括售给国民经济各部门企业、事业单位（包括国有经济的农场）生产经营用的各种原材料、燃料、设备、工具等和售给批发零售贸易业、餐饮业作为转卖用的商品、旧货寄售商店受托寄售卖出的商品、服务业的营业收入、邮局出售邮票的收入、自来水、电力、煤气生产（供应）单位的产品供应收入，也不包括农民之间的商品销售。

Refer to the sum of retail sales of consumer goods sold by all sectors of the national economy to urban and rural residents and social groups. This indicator is used to show the supply of consumers goods through various channels to households and institutions, and is very important for the study on people's livelihood, on the purchasing power of consumer goods and on money. The retail sales of consumer goods include:

(1)commodities sold to urban and rural residents for their daily use and building materials sold to them for the construction or repair of houses; (2) office appliances and supplies sold to institutions; (3)food and fuels sold to canteens of institutions, enterprises, schools, military units and to canteens of hotels that only serve their guests, and commodities produced by enterprises, institutions or state farms and sold directly to their employees or their canteens; (4) grain and non-staple food, clothing, daily articles and fuels sold to military personnel; (5)consumer goods sold to foreigners, overseas Chinese, and Chinese compatriots from Taiwan, Hong Kong and Macao during their stay in the mainland of China; (6)Chinese and western medicines, herbs and medical facilities purchased by residents; (7)newspapers, books and magazines directly sold to residents and social groups by publishers, new and old commemorative stamps, special stamps, first-day covers, stamp albums and other stamp-collection articles sold by stamp companies; (8) consumer goods purchased and then sold by second-hand shops; (9) stoves and other heating facilities and liquefied gas sold by gas companies to households and institutions; and (10) commodities sold by farmers to non-agricultural residents and social groups. Excluded under this heading are: raw materials, fuels, equipment, tools sold to enterprises, institutions and state farms for production purpose; commodities sold to trade establishments for re-selling; commissioned sales at second-hand shops; operational income of urban public utilities; stamps sold at post offices; income of water, power, gas production and supply establishments from the supply of their products; and sales of commodities among farmers.

批发零售贸易业商品购、销、存、总额　Purchase, Sales and Stock of Commodities by Wholesale and Retail Trade

指以各种经济类型的批发、零售贸易业（不包括个体）为总体的商品购、销、存。

Refer to the purchase, sales and stock of commodities by wholesale and retail establishments of different status of registration (excluding individual sellers).

商品购进总额　Total Purchases of Commodities

指从本企业（单位）以外的单位和个人购进（包括从国外直接进口）作为转卖或加工后转卖的商品。这个指标反映批发零售贸易业从国内、国外市场上购进商品的总量。商品购进总额包括：（1）从工农业生产者购进的商品；（2）从出版社、报社的出版发行部门购进的图书、杂志和报纸；（3）从各种经济类型的批发零售贸易企业（单位）购进的商品；（4）从其他单位购进的商品，如从机关、团体、企业、单位购进的剩余物资，从餐饮业、服务业购进的商品，从海关、市场管理部门购进的缉私和没收的商品，从居民收购的废旧商品等；（5）从国（境）外直接进口的商品。不包括企业（单位）为自身经营用，和未通过买卖行为而收入的商品以及销售退回、商品升溢等。

Refer to the total of value of purchases of commodities by the establishments from other establishments or individuals (including direct import from abroad) for the purpose of re-selling, either with or without further processing of the commodities purchased. This indicator is used to show the total value of purchases of commodities by wholesale and retail establishments from domestic and overseas markets. The total purchases include: (1) agricultural and industrial products purchased from producers; (2) books, magazines and newspapers purchased from distribution departments of the publishers; (3)commodities purchased from wholesale and retail establishments of different status of registration;(4) commodities purchased from other units, such as surplus materials purchased from government agencies, enterprises or institutions, commodities purchased from catering and service establishments, confiscated goods purchased from customs authorities or market management agencies, second-hand goods and wastes purchased from residents; and (5) commodities directly imported from abroad. Excluded are commodities purchased by establishments (units) for use in their own business operation, commodities obtained without buying or selling procedures, rejected commodities, etc.

商品销售总额　Total Sales of Commodities

指对本企业（单位）以外的单位和个人出售（包括对境外直接出口）的商品。它反映批发零售贸易业在国内市场上销售商品以及出口商品的总量。商品销售总额包括：（1）售给城乡居民和社会集团消费用的商品；（2）售给工业、农业、建筑业、运输邮电业、批发零售贸易业、餐饮业、服务业等作为生产、经营使用的商品；（3）售给批发零售贸易业作为转卖和加工后转卖的商品；（4）对国（境）外直接出口的商品。不包括：出售本企业（单位）自用的废旧包装用品，未通过买卖行为付出的商品，经本单位介绍，由买卖双方直接结算，本单位只收手续费的业务，购货退出的商品以及商品损耗和损失等。

Refer to selling of commodities by the establishments to other establishments and individuals (including direct export). This indicator is used to show the total value of sales of commodities at domestic markets and export. The total sales include: (1) commodities sold to urban and rural residents and social groups for their consumption; (2) commodities sold to establishments in industry, agriculture, construction, transportation, post and telecommunications, wholesale and retail trades, catering trade and public utility for their production and operation; (3) commodities sold to wholesale and retail establishments for re-selling, with or without further processing; and (4) commodities for export to other countries. Excluded are selling of waste packaging materials used by the establishments (units) themselves, commodities transferred without buying or selling procedures, commission income from brokerage in transactions whose settlement is directly handled and sellers, rejected commodities in the purchase, loss in commodities, etc.

批发零售贸易业库存　Commodity Stock of Wholesale and Retail Enterprises

指报告期末各种登记注册类型的批发零售贸易企业（单位）已取得所有权的商品。它反映批发零售贸易企业（单位）的商品库存情况和对市场商品供应的保证程度。期末库存包括：（1）存放在批发零售贸易业经营单位（如门市部、批发站、经营处）仓库、货场、货柜和货架中的商品；（2）挑选、整理、包装中的商品；（3）已记入购进而尚未运到本单位的商品，即发货单或银行承兑凭证已到而货未到部分；（4）寄放他处的商品，如因购货方拒绝承付而暂时存放在购货方的商品和已办完加工成品收回手续而未提回的商品；（5）委托其他单位代销（未作销售或调出）尚未售出的商品；（6）代其他单位购进尚未交付的商品。 不包括所有不属于本单位的商品、拨付除批发零售贸易业以外的其他行业所属独立核算加工厂等加工生产尚未收回成品的商品、代国家物资储备部门保管的商品等。库存总额采用的计算价格是：农副产品采购单位按购进价计算，批发单位按进货价计算，零售单位按核算价格计算，即按什么价格核算就按什么价格计算。

Refers to total commodities possessed by wholesale and retail enterprises (units) of various types of registration status at the end of the reference period, which reflects the commodity stock level of various wholesale and retail enterprises and the potential for market supply. It includes: (1)commodities located in storage, garages, counters, and shelves of operating units (such as sale stores, wholesale centers, and operating offices) of wholesale and retail enterprises; (2)commodities in the process of selecting, sorting, and packing; (3)commodities not arrived but recorded as purchase in the account, i. e.. commodities not arrived but payment receipts for the commodities from the sellers or the banks arrived; (4) commodities deposited in other places rather than places mentioned above, for instance: commodities in the hold of purchasers temporarily due to the refusal of payment and commodities not taken back after going through the formalities; (5) commodities entrusted to other units to sell but not sold yet; (6) commodities purchased for other units but not delivered yet. Commodities not included as stock are those not owned by the enterprises (units), those allocated to financially independent factories rather than wholesale and retail enterprises for processing but not taken back yet, and finally those put in stock by wholesale and retail enterprises on behalf of the state material reserves units. For the calculation of the value of commodities stock, the value is calculated at purchasing prices in agricultural goods purchasing units and wholesale units, and at the accounting prices in retail units.

城乡集市贸易成交额　Volume of Business (Transaction Value) at Urban and Rural Free Market

指在农村集市和城市集市上买卖双方（包括农民、非农业居民、机关、团体、工商企业、个体商贩）成交的全部商品金额，是反映集市贸易规模的综合性指标。

Refers to the value of all goods changed hands between sellers and buyers, including farmers, no-agricultural residents, institutions, organizations, enterprises and private peddlers, at urban and rural free markets. It is a comprehensive indicator used to show the size of the transaction at the free trade markets.

进出口总额　Total Imports and Exports at Customs

海关进出口总额是指从实际进出我国国境的货物总金额，包括对外贸易实际进出口货物来料加工装配进出口货物，国家间、联合国及国际组织无偿援助物资和赠送品，华桥、港澳台同胞和外籍华人捐赠品，赁期满归承租人所有的租赁货物，边境地方贸易及边境地区小额贸易进出口货物（边民互市贸易除外），中外合资经营企业、中外合作经营企业、外商独资经营企业进出口货物和公用物品，到、离岸价格在规定限额以上的进出口货样和广告品（无商业价值、无使用价值和免费提供出口的除外），从保税仓库提取在中国境内销售的进口货物，以及其他进出口货物。进出口总额用以观察一个国家在对外贸易方面的总规模。我国规定出口货物按离岸价格统计，进口货物按到岸价格统计。

Refer to the value of commodities imported into and exported from the boundary of China. They include the actual imports and exports through foreign trade, imported and exported goods under the processing and assembling trades and materials, supplies and gifts as aid given gratis between governments and by the United Nations and other international organizations, and contributions, donated by overseas Chinese, compatriots in Hong Kong and Macao and Chinese with foreign citizenship, leasing commodities owned by tenant at the expiration of leasing period, the imported and exported commodities processes with imported materials, commodities trading in border areas (excluding mutual exchange goods), the imported and exported commodities and articles for public use of the Sino-foreign joint ventures, cooperative enterprises and ventures exclusively with foreign own investment. Also included are import or export of samples and advertising goods for whose CIF or FOB value are beyond the permitted ceiling (excluding goods of no trading or use value and free commodities for export), imported goods sold in China from bonded warehouses and other imported or exported goods. The indicator of the total imports and exports at customs can be used to observe the total size of external trade in a county. It accordance with the stipulation of the Chinese government, imports are calculated at CIF, while exports are calculated at FOB.

旅游人数　Number of Tourists

人数、出包括入境国际旅游者境居民人数和国内旅游者人数。

Include international tourists entering into China, Chinese residents going abroad and domestic tourists.

（1）入境国际旅游者人数：指来我国参观、访问、旅行、探亲、访友、休养、考察、参加会议和从事经济、科技、文化、教育、体育、宗教等活动的外国人、华侨、港澳台湾同胞的人数。不包括外国在我国的常驻机构，如领使馆、通讯社、企业办事处的工作人员；来我国常住的外国专家、留学生以及在岸逗留不过夜人员。

International tourists refer to foreigners, overseas Chinese, Chinese compatriots from Hong Kong, Macao and Taiwan coming to China for sightseeing visits, tours, family reunions, vacations, study tours, conferences and other activities of a business, scientific and technological, cultural, educational and religious nature. It does not include representatives and employees of resident institutions of foreign countries in China such as embassies, consulates, news agencies and offices of foreign companies and organizations, no does it include long-term foreign experts or students residing in China, or persons in transition without spending a night in China.

（2）出境居民人数：指大陆居民因公务活动或私人事务短期出境人数。公务活动出境居民人数包括在国际交通工具上的中国服务员工，因私出境居民人数不包括在国际交通工具上的中国服务员工。

Chinese residents going abroad refer to Chinese residents going abroad refer to Chinese residents going abroad for short terms for short terms for either public business or private purposes. Chinese employees working on international transport carriers are included in those going abroad for public business purpose, not in those for private purpose.

（3）国内旅游者人数：指我国大陆居民和在我国常住 1 年以上的外国人、华侨、港澳台湾同胞离开常住地在境内其他地方的旅游设施内至少停留一夜，最长不超过 6 个月的人数。

Domestic tourists refer to residents of the mainland of China who stay for one night at least but no more than 6 months at tourist facilities in other places than their permanent residence within the territory of the mainland China, including foreigners, overseas Chinese and Chinese compatriots from Hong Kong, Macao and Taiwan who have resided in China for over one year.

国际旅游（外汇）收入　Foreign Exchange Earnings from International Tourism

指入境旅游的外国人、华侨、港澳和台湾同胞在中国大陆旅游过程中发生的一切旅游支出，对于国家来说就是国际旅游（外汇）收入。

Refer to the total expenditures of foreigners, overseas Chinese, Chinese compatriots from Hong Kong, Macao and Taiwan during their stay in the mainland of China, which are earnings of foreign exchange from international tourism from the point of view from China.

企业存款　Deposit

指企业、机关、团体或居民根据可以收回的原则，把货币资金存入银行或其他信用机构保管并取得一定利息的一种信用活动形式。根据存款对象的不同划分为企业存款、财政存款、机关团体存款、对外贸易存款、城乡居民储蓄存款、农村存款等科目。它是银行信贷资金的主要来源。

Is a form of credit by which enterprises, institutions, organizations or households can put money into banks and other credit institutions for safekeeping and interest earning under the principle of free withdrawal.

According to different depositors, deposits are divided into enterprise deposits, treasury deposits, deposits of government agencies and organizations, capital construction deposits, urban savings deposits, rural deposits and other deposits. Deposits are major sources of the credit funds of banks.

贷款　Loan

银行或其他信用机构根据必须归还的原则，按一定利率，为企业、个人等提供资金的一种信用活动形式。我国银行贷款，分流动资金贷款，中短期设备贷款以及农户贷款等科目。

Is a form of credit by which banks and other credit institutions provide funds at certain interest rate to enterprises and individuals in the light of the principle of unconditional repayment. Loans from Chinese banks include circulating capital loans, fixed assets loans, loans to urban and rural individuals engaged in industrial and commercial business and agricultural loans.

赔款　Settled Claim

指保险人根据保险合同的规定，向被保险人支付的赔偿保险责任损失的金额。

Is the compensation paid by the insurer to the insurant in accordance with the insurance contract.

普通高等学校　Regular Institutions of Higher Learning

按国家规定的设置标准和审批程序批准举办，通过国家统一招生考试，招收高中毕业生为主要培养对象，实施高等教育的全日制大学、独立设置的学院和高等专科学校、短期职业大学。

Refer to educational establishments set up according to the government evaluation and approval procedures, enrolling graduates from senior secondary schools and providing high professional schools and courses and training for senior professionals. They include full-time universities, colleges, high professional schools and short-term professional universities.

成人高等学校　Institutions of Higher learning for Adults

指按照国家有关规定审批，招收通过全国成人高教统一招生考试的具有高中毕业或同等学历的在职从业人员利用脱产、半脱产、业余或函授等多种形式对其实施高等学历教育，培养高等教育专科或本科毕业水平的专门人才，修业年限、课程设置和总学时数均按高等学历教育要求付诸实施的学校。包括广播电视大学、职工高等学校、农民高等学校、管理干部学院、教育学院、独立设置的函授学院等。

Refer to educational establishments, set up in line with relevant rules approved by the government, enrolling staff and workers with senior secondary school or equivalent education, and providing higher education courses in many forms of full-time, part-time, spare-time, or correspondence for adults. Professionals thus trained receive a qualification equivalent to graduates studying regular courses at regular universities, colleges and professional colleges. Institutions of higher learning for adults include Radio and TV universities, schools of high education for staff and workers and peasants, colleges for management cadres, pedagogical colleges, independent correspondence colleges.

小学学龄儿童入学率　Enrollment Rate of Primary School-age Children

指调查范围内已入小学学习的学龄儿童占校内外学龄儿童总额（包括弱智儿童在内，但不包括盲聋哑儿童）的比重。计算公式：

小学学龄儿童入学率＝已入学的小学学龄儿童数／校内外小学学龄儿童总数×100%

Refers to the proportion of school-age children enrolled at schools to the total number of school-age children both in and outside schools (including retarded children, but excluding blind, deaf and mute children). The formula is :

Enrollment Rate of Primary School-age Children = Total Primary School-age Children at Schools / Total Primary School age Children Both at and Outside Schools ×100%

独立研究与开发机构　Independent Research and Development Institutions

指有明确任务和研究方向，有一定学术水平的业务骨干和一定数量的研究人员，具有研究、开发、开展学术工作的基本条件，主要进行科学研究与技术开发活动，并且在行政上有独立的组织形式，财务上独立核算盈亏，有权与其他单位签订合同，在银行有单独户头的单位。包括国务院各部门、中国科学院、中国社会科学院和各省、自治区、直辖市以及地（市）以上［含地（市）］各部门所属的国有独立的科学研究与技术开发机构。

Refer to the state owned institutions which have direct mission and research purpose, a certain number of core member with higher research level and a certain number of research personnel, necessary conditions for R&D activities and engaging in scientific research and technological development. The institutions also have their own independent organization and finance, authority to sign contracts with other units, with their own accounts in banks. Independent research and development institutions include the institutions attached to central government agencies, Chinese Academy of Sciences. Chinese Academy of Social Sciences and the institutions attached to local governments.

独立研究与开发机构职工　Personnel of Independent Research and Development Institutions

指在科学研究与技术开发机构工作，并由其支付工资的各种人员。包括长期职工和临时职工，不包括编制以外的离休、退休人员和停薪留职人员，但包括招聘人员。

Refers to the persons working in and receiving payment from research and development institutions. It includes regular full-time and temporary staff and workers and employees working on contracts, but excludes retirees and persons leaving their work without payment but still retaining their posts, who are not on the employee list.

研究与发展经费支出　Total Expenditure on Research and Development

指报告期内用于研究与试验发展课题活动（基础研究、应用研究、试验发展）的全部实际支出。包括用于研究与发展课题活动的直接支出，还包括间接用于研究与发展活动的一切支出（院、所管理费、维持院、所正常运转的必需费用和与研究发展有关的基本建设支出）。

Refers to all actual expenditure made for R&D (basic research, applied research and experimental development) in reference period. It includes direct expenditure on R&D and indirect expenditure on R&D (including management and necessary administrative expenses of research institutes, investment in capital construction relating to R&D) .

科学家和工程师　Scientists and Engineers

指具有大学本科及以上学历和不具备上述学历但有高、中级职称的人员。

Refer to persons who have completed university or higher education or obtained titles of senior and middle-level professional positions.

其他科技人员　Other Scientific and Technical Personnel

指大专、中专毕业和具有中级职称的从事科技活动的人员。

Refer to persons who engage in scientific activities that have completed college or technical secondary school or obtained titles of middle-level professional positions.

自然科学技术人员　Scientific Technical Personnel

指已取得科学技术职称，或大学、中专的理、工、农、医科系毕业，以及国民经济各部门从工作实践中提拔，从事理、工、农、医等自然科学技术的研究、教学、生产的专业人员和在机关、企业、事业中从事科学技术业务管理工作的专业人员。

Refer to persons who obtained titles of scientific and technical positions, or graduated from department of science, technical, agriculture or medicine in college or technical secondary school, and promoted from practice in department of national economy, or research, teach, produce in technology of science of science, technical, agriculture or medicine, or engage in scientific management in government, enterprises and institutions.

工程技术人员　Engineering Professionals

指在国民经济各行业从事工程技术工作的自然科学技术专业人员，包括：高级工程师、工程师、助理工程师、技术员和未评定职称的技术人员。

Refer to the persons who are engaged in engineering science and technology in different sectors of the national economy, including senior engineers, engineers, assistant engineers, technicians and technical personnel without professional titles.

农业技术人员　Agricultural Professionals

指在国民经济各行业从事农业技术工作的自然科学技术专业人员，包括：高级农艺师、农艺师、助理农艺师、技术员和未评定职称的技术人员。

Refer to the persons who are working on the science of agriculture in different sectors of the national economy, including senior agronomists, agronomists, assistant agronomists, technicians and technical personnel without professional titles.

卫生技术人员　Public Health Professionals

指在国民经济各行业从事卫生医务工作的自然科学技术专业人员，包括：正副主任医师、主治医师、医师、医（护）士和未评定职称的技术人员。

Refer to the persons who are engaged in medical and health work in different sectors of the national economy, including director doctors and their deputies, doctors in charge, paramedics, nurses and technical personnel without professional titles.

科学研究人员　Scientific Research Personnel

指在国民经济各行业从事科学技术活动的自然科学技术专业人员，包括：正副研究员、助理研究员、研究实习员、技术员和未评定职称的技术人员。

Refers to those personnel engaged in scientific and technical activities in different sectors of the national economy, including research fellows and their deputies, assistant research fellows, research trainees, technicians and technical personnel without professional titles.

教学人员　Teaching Personnel

指在国民经济各行业从事自然科学技术方面教学活动的专业人员，包括：正副教授、讲师、助教、教师和在中学从事自然科学技术方面教学活动的人员。

Refers to those professionals engaged in the teaching in different sectors of the national economy, including professors, associate professors, lecturers, teaching assistants, teachers and teaching personnel in science and technology in middle schools.

文化事业机构　Cultural Institutions

指从事专业文化工作和为专业文化工作服务的独立建制的单独核算的单位。不包括这些单位另外举办独立核算的其他机构和各部门的业余文化组织。

Refer to units which have their own organizational system and independent accounting system and specialize in or serve cultural development. They exclude other establishments run by these cultural institutions and amateur cultural groups established by various departments. Art Troupe refers to the troupe which is engaged in drama, opera, music, dance, acrobatics or other art performance, opens independent accounts with banks and has self-supporting accounting system; excluding the troupes which are engaged partly in industrial or agricultural activities, partly in art performance and the professional troupes organized by the people.

艺术表演团　Number of Spectators at Art Performance

指从事戏曲、音乐、舞蹈、杂技等专业艺术表演，有独立帐户，实行单独核算的团体。不包括半工半艺、半农半艺的业余剧团。

Refers to the number of attendants at commercial shows, completely booked shows or free shows given in minority national areas, and does not include the number of spectators at rehearsals for examination and internal shows for study.

电影放映单位　Film Projection Units

指具有放映机器设备、固定或不固定的放映场所与专职或兼职的放映技术人员，经有关部门登记批准，经常为一定的观众对象放映电影的机构。包括批准对外开放进行营业，并与电影发行放映管理机构分帐的专用放映单位和军委系统片单位。

Refer to units with film projection equipment, full or part-time projectionists, permanent or non-permanent places, approved by related administrative departments to show films regularly regularly for certain groups of audience, including those film projection units which have been approved to give commercial shows and run business with independent accounting system as well as those film-renting units of the military system.

体育场　Stadiums

指有 400 米跑道(中心含足球场)，有固定道牙、跑道 6 条以上，并有固定看台的田径场。以看台容纳观众人数分：甲级 25000 人以上，乙级 15000—25000 人，丙级 5000—15000 人，丁级 5000 人以下。

Refer to stadiums for track and field events with six lane 400-meter tracks around soccer fields, permanent track marks and permanent bleachers. Stadiums are classified according to seating capacity. They include: Class A stadiums seating 25000 people each. Class B stadiums seating 15000 to 25000 people each. Class C stadiums seating 5000 to 15000 people each. And Class D stadiums seating fewer than 5000 people.

体育馆　Gymnasiums

指有固定看台可供篮球、排球、羽毛球、乒乓球、体操等项目训练比赛活动用的室内场地，以看台容纳观众人数分：甲级 6000 人以上，乙级 4000—6000 人，丙级 2000—4000 人，丁级 2000 人以下。

Refer to indoor sports grounds with permanent seats in which basketball, volleyball. badminton, table tennis and gymnastics competitions can be held. Gymnasiums are classified according to seating capacity. They include Class A gymnasiums seating over 6000 people. Class B gymnasiums seating 4000 to 6000 people. Class C gymnasiums seating 2000 to 4000 people, and Class D gymnasiums seating fewer than 2000 people.

等级裁判员人数　Number of Referees in Grades

指经考试正式批准授予等级裁判员称号的人数。裁判员等级分为国际级裁判，国家级裁判、一级、二级、三级裁判。

Refers to the number of referees who have been given titles after examination. They are classified as international referees, national referees and referees of the first, second and third grades.

等级运动员人数　Number of Athletes in Grades

指经考核正式批准授予等级运动员称号的人数。运动员等级分为国际运动健将、运动健将、一级、二级、三级运动员、少年运动员。

Refers to the number of athletes who have been given titles through examination. The titles of athletes include international masters of sports, masters of sports, first-grade and third-grade sportsmen and young athletes.

医院　Hospitals

指名称为医院，设有固定床位能收容病人住院并能为病人提供医疗、护理服务的医疗机构。包括县及县以上医院、农村乡卫生院、其他医院三部分。按所属性质分为卫生部门、工业及其他部门、集体所有制三类。其中县及县以上医院按业务性质分为综合医院和专科医院。

Refer to medical institutions with permanent hospital beds, which are able to take in patients and provide them with medical and nursing services. Hospitals are classified into three categories: hospitals at or above the county level, hospitals of rural townships, and other hospitals. According to their ownership, hospitals can be classified into three categories: hospitals under the public health departments, hospitals under industrial and other departments and collective-owned hospitals. Hospitals at or above county level are divided into comprehensive and specialized hospitals.

卫生技术人员　Medical Technical Personnel

指卫生事业机构支付工资的全部固定职工和合同制职工中现任职务为卫生技术工作的人员。包括中医师、西医师、中西医结合高级医师、护师、中药师、西药师、检验师、其他技师、中医士、西医士、护士、助产士、中药剂士、西药剂士、检验士、其他技士、其他中医、护理员、中药剂员、西药剂员、检验员、其他初级卫生技术人员。

Refers to all medical staff and workers employed by medical institutions, including doctors of Chinese and Western medicine, senior doctors who integrate traditional Chinese therapeutics with Western therapeutics in practice, senior nurses, pharmacists of Chinese and Western medicine, laboratory specialists, other specialists, paramedics of Chinese and Western medicine, nurses, midwives, druggists in Chinese and Western medicine, laboratory technicians, other technicians, other practitioners of Chinese medicine, nursing attendants, pharmacological workers of Chinese and Western medicine, laboratory workers, and other primary medical personnel.

医生　Doctors

指经卫生部门审查合格，从事医疗工作的专业人员。分为中医医生和西医医生。包括卫生技术人员的中医师、西医师、中西结合高级医师、中医士、西医士和其他中医。

Refer to qualified professional medical workers approved to practice by public health departments. They are classified into doctors of Chinese medicine, doctors of Western medicine, senior doctors who integrate traditional Chinese therapeutics with Western therapeutics in practice, paramedics of Chinese medicine and Western medicine, and other specialists of Chinese medicine.

附录 2：

政府工作报告

——2010 年 1 月 10 日在自治区九届人大三次会议上

自治区主席　向巴平措

各位代表：

现在，我代表自治区人民政府，向大会报告工作，请予审议，并请各位政协委员提出意见。

2009 年工作回顾

2009 年，我区经济社会发展面临的形势极为复杂、极为严峻。一年来，在中央的亲切关怀和全国人民的大力支援下，在自治区党委的正确领导下，我们高举中国特色社会主义伟大旗帜，坚持以邓小平理论和“三个代表”重要思想为指导，深入贯彻落实科学发展观，全面贯彻党的十七大和十七届三中、四中全会精神，按照自治区第七次党代会和区党委七届四次、六次全委会的部署，坚持走有中国特色、西藏特点的发展路子，大力实施“一产上水平、二产抓重点、三产大发展”的经济发展战略，以“新西藏、新发展、新变化、新生活”凝聚力量、鼓舞斗志、坚定信心，着力维护社会局势稳定，更加重视保障和改善民生，加强经济调控，加强社会管理，加强公共服务，有效应对国际金融危机的冲击，积极克服拉萨“3・14”事件的后续影响，努力抗击干旱、暴雨、地震等多种自然灾害，完成了自治区九届人大二次会议确定的各项任务，较好地实现了“保增长、保民生、保稳定”的目标。

一、多措并举保增长，经济平稳较快运行，跨越式发展的物质基础更加坚实

我们坚决贯彻落实中央关于扩大内需、刺激经济增长的一系列决策部署，把保增长、促跨越作为政府调控的重要目标，采取有力措施，积极应对挑战，努力扩大投资、刺激消费，加快产业建设，完善体制机制，保持了全区经济平稳较快发展。

加强政府调控，实现了 12%以上的经济增长。我们认真落实刺激增长、恢复发展的一系列政策措施，加强经济监测预警，发挥投资财政金融调控作用，全区经济运行好于预期。全年共落实中央投资 210 亿元，同比增长 31.3%，这是中央投资到位最好的一年；为扩大内需、促进经济增长，我们及时出台了 185 亿元总盘子的两年刺激计划，加大对“三农”、基础设施、产业发展、社会事业、改善民生、生态环境保护等方面的投入，现已完成 110 多亿元，占计划的 60%以上；各项贷款余额达到 248.35 亿元，较年初增长了 13.24%，有力推动了我区经济的快速恢复和发展。预计全区 GDP 完成 437 亿元，增长 12.1%，其中一、二、三产分别增长 3.0%、18.3%和 11.7%；地方财政一般预算收入突破 30 亿元，比上年实际增长 20%以上；共组织各项收入 34 亿多元，同比增长 15.2%。农牧业的稳步发展，“三农”工作的不断加强，为全区经济快速恢复发展奠定了良好基础；二、三产业的较快发展，对我区国民经济起到了重要支撑作

用。总体上看，全区经济在跨越式发展的轨道中迈出了更加稳健的步伐。这充分说明我们贯彻中央的决策部署是坚决有力的，自治区各项调控措施是扎实有效的。

扩大有效需求，投资消费均实现了20%以上的增长。我们进一步加大投资落实力度，大力刺激城乡消费，投资消费并驾齐驱拉动经济增长的格局得到巩固和发展。全方位、多渠道扩大投资，预计全社会固定资产投资超过370亿元，增长20%以上。“180项目”中已有125个项目资金全部安排到位。落实援藏资金20亿元，增长21.4%。民间投资信心逐步恢复，预计完成105亿元，增长23%。城乡消费持续活跃，预计社会消费品零售总额实现155亿元，增长20.1%，城市和农牧区消费市场呈现出齐头并进、同步增长的良好态势。积极推动“家电、家具、农机、汽车和摩托车下乡”，扩大实施范围，提高补贴幅度，全年共安排补贴资金4077万元，有力刺激了消费的较快增长。建立了生活必需品应急和储备制度。“万村千乡市场工程”和“双百市场工程”扎实推进，完成了400家农家店的建设和改造。碘盐营销网络体系建设顺利启动，拉萨配送中心建成使用。住房消费逐步回暖，旅游、汽车消费旺盛。

及时集中开工，重点项目建设进展顺利。我们认真做好前期工作，积极创造开工条件，及时组织旁多水利枢纽、国省干线公路整治改建等一批重点项目开工建设；除拉日铁路已报国家待批、藏中抽水蓄能电站调整外，实现了“180项目”全部开工的目标，目前已有100个项目竣工。青藏、川藏、新藏、滇藏、中尼公路、墨脱公路和通县油路建设进展顺利，共有49个县通油路。阿里昆莎机场校飞成功，昌都邦达机场改扩建工程已完成。老虎嘴水电站建设进展顺利，巴河雪卡水电站投产运营，实现了林芝电网与藏中电网联网。提前安排、精心组织，藏中电网过渡电源加紧实施，藏历新年前可实现全部机组发电。阿里光伏并网电站开工建设，狮泉河应急电源建成投运。满拉、墨达两大灌区主体工程完工。与全国同步开通了3G业务。三大重点文物维修工程竣工。青藏铁路那曲物流中心投入运营。加强重点项目的审计、监察和稽查，项目管理能力和水平不断提高。

突出重点领域，工业经济和旅游发展取得新突破。我们注重政策引导，加大资金扶持力度，促进重点领域企业强强联合，经济发展方式加快转变，质量和效益明显提升。第一产业平稳发展，预计完成增加值64亿元。积极抵御各种自然灾害，农牧业综合生产能力不断增强，粮食总产量达到92万吨左右；畜牧业稳步发展，乡镇企业和多种经营发展态势良好。坚持做大做强，努力优化政策环境，工业产销两旺，第二产业增加值在GDP中的比重首次突破30%。自治区安排5亿元产业发展与国有企业发展资金，积极帮助企业恢复生产经营，努力渡过难关，提高了经济效益，实现了工业经济的较快发展。继续落实去年安排的200多亿元，开展青稞啤酒、甲玛铜矿、新型干法水泥等重点工业项目建设和前期工作。建工集团、建材集团和矿业集团挂牌成立。地质找矿工作取得新进展，矿产资源整合力度加大、勘查开发管理进一步规范。以旅游业为龙头的第三产业快速恢复发展，完成增加值241亿元，增长11.7%。全年接待国内外游客突破500万人次，达到556万，旅游收入达到52.4亿元，分别增长1.47倍和1.32倍，实现了历史新高。农村旅游快速发展，全区有4.2万农牧民参与旅游接待服务，实现旅游收入2.6亿元，一万多户农牧民家庭受益。旅游业的快速增长，有力地促进了相关行业的发展，为保增长作出了积极贡献。

深化改革开放，发展动力与活力不断增强。我们注重健全优化体制机制，锐意推进各项改革，大力实施开放带动战略，经济社会发展更富活力、更具效率。农村综合改革不断深化，农村公共服务体系进一步完善。农村水电体制改革和集体林权制度改革试点进展顺利。国有企业改革稳妥推进，出台了自治区扶持企业发展激励办法和企业高管人员激励办法。推进了电价改革。

资本市场有了新的发展，奇正藏药成功上市，雅砻上市公司顺利重组。全区医药卫生体制改革全面启动。盐业体制改革取得实质性进展。积极开展对外经济交往与合作，与华能、华电、国电等三大电力集团和中国电信、移动、联通三大通信运营商签订了战略合作协议。非公有制经济加快发展，创造就业岗位 32.1 万个，上缴税收达 25 亿元，占全区各项税收总额的 73%，为解决就业、促进经济发展作出了突出贡献。招商引资力度不断加大，全年到位资金 59 亿元，增长 23%。拉萨国家级经济技术开发区建设和企业入驻工作加快。边境贸易稳步发展，预计全年实现进出口贸易总额 4 亿美元。对外经济交往与合作积极开展，成功举办了第十二届中国西藏—尼泊尔经贸洽谈会。我区参加上海世博会的各项筹备工作进展顺利。

二、千方百计保民生，人民共享发展成果，促跨越奔小康的群众基础更加坚实

我们坚持以人为本，把改善民生作为改革发展稳定的重要结合点，着力解决人民群众最关心、最直接、最现实的利益问题，大幅提高民生投入，努力提高保障水平，不断提高公共服务能力，各族群众得到了更多实惠。

切实改善农牧民生产生活条件，提前一年完成了“十一五”安居工程规划目标。我们始终把农牧民安居工程建设作为改善农牧民生产生活条件的着力点，加快推进“八个基本解决”，到目前已解决了 23 万户、120 万农牧民的安居问题，去年又投资 2.9 亿元实施了农房抗震加固工程；累计解决了 122.2 万人的安全饮水问题，提前一年完成“十一五”规划任务；共有 668 个乡镇、4222 个行政村通了公路，提前一年实现了 80%行政村通公路的目标；新增和改善用电人口 11 万人，现在已有 150 多万农牧民用上了电；行政村通电话率达到 85%、乡镇通邮率达到 80%；农牧区碘盐覆盖率达到 80%以上；所有县乡村医疗机构都配备了标准医疗设备；做到了白内障成熟一例、治愈一例。薪柴替代工程加快推进，累计完成 11.4 万户沼气池建设、向 39.5 万户农牧民家庭发放了太阳能灶。随着生产生活条件的显著改善，以安居乐业为突破口的社会主义新农村建设迈上了新台阶。

充分发挥政策增收作用，农牧民人均纯收入实现 13%的增长。我们按照“打牢一个基础，转好两个轮子，搭建一个平台”的工作要求，通过农牧业增产增效、特色产业开发、劳动力转移、科技推广、加大信贷投入和加快发展农牧民专业合作经济组织等多项措施，农牧民增收长效机制进一步巩固完善。预计农牧民人均纯收入达到 3589 元，增长 13%，连续七年保持两位数增长。加大强农惠农补贴力度，全年累计落实粮食直补、农机购置补贴、化肥补贴、牲畜出栏补贴等各项补贴 2.13 亿元，比上年增长 37%。全年涉农信贷余额 51 亿元；商业保险面不断扩大，在 30 个县开展农牧业商业保险，有效降低了灾害对群众造成的损失。整合资金 8.3 亿元，实施了 65 个农牧业特色产业开发项目，带动了项目区群众增收。以科学文明进步为导向，大力实施科学知识和劳动技能培训，共安排培训资金 5000 万元，培训农牧民 28 万人次，农牧民增收致富能力进一步增强。

社会事业投入增长22%，公共服务水平不断提高。我们始终坚持统筹兼顾，把促进经济社会协调发展作为实现科学发展的重要战略任务，加大投入力度，各项社会事业加快发展。

教育水平进一步提升。“两基”成果不断巩固，“普九”、“扫盲”任务全面完成。再次提高了“三包”经费标准，年生均达到1800元，受益学生27万人。免除了农牧民子女中职教育学费和住宿费，受益学生2.9万人。对高校师范、地矿及涉农专业学生实行了免费教育。高中教育和职业教育快速发展，高等教育质量得到提高。内地办学规模逐步扩大，结构得到优化，水平不断提高。大骨节病区学生搬离病区就学任务完成，高等院校质量工程和中学改造、小学规范化和幼儿园建设进展顺利，农牧区寄宿制学校建设力度不断加大。高校思想政治教育、中小学思想品德教育、小学“双语”教育和学前教育深入推进。

医疗卫生服务进一步改善。启动了31个县卫生服务中心、53个乡镇卫生院和4个社区卫生服务中心标准化建设，新建了4个县疾控中心，自治区第三人民医院和藏医院开工建设。加大村医补贴与奖励力度，人均每年可达3200元以上。实施了农牧民健康促进行动。在农牧区孕产妇住院分娩全部免费的同时，实施了城镇孕产妇补助政策。传染病、地方病防控防治工作得到加强。高度重视，切实加强联防联控，有效控制了甲型H1N1流感疫情蔓延，最大限度地减轻了疫情对人民健康的危害。人口和优生优育工作取得新进展。食品药品监管工作得到加强。

科技支撑产业发展和服务“三农”的能力进一步增强。“金牦牛、金太阳科技工程”等重大科技项目深入实施，加强科技特派员和科普工作，科技特派员增加到2112人，其中农牧民科技特派员1163人。

文化事业进一步发展。农牧区基层文化工作稳步推进，建设了13个县综合文化活动中心、41个县文化信息资源共享工程、81个乡镇综合文化站和680个农家书屋。西新工程、广播电视户户通工程、农村电影放映工程、有线数字电视工程大力实施，广播电视综合人口覆盖率分别达到89.2%和90.4%。在北京成功举办了文化产业项目推介会。创造和推出了《扎西岗》等一批优秀剧节目。藏戏和“格萨尔”成功入选世界非物质文化遗产名录。重点文物保护维修工程顺利推进。体育事业取得新成绩，新建了290个村级体育健身场地，我区运动员在第十一届全运会上实现了奖牌零的突破。

高度重视生态文明建设。《西藏生态安全屏障保护与建设规划》获得国务院批准，已落实投资17.5亿元。草原生态保护奖励机制率先在我区试点，森林生态效益补偿全面落实。全区第一次污染源普查和全区土壤污染状况调查工作基本完成。节能减排、饮用水安全保障、环境综合整治等工作扎实推进。农牧区环境保护不断加强。地质灾害预测预警防治工作得到加强。

高度重视就业和社会保障工作，全区新增就业2万人。我们注重社会公平，积极促进就业，健全社会保障体系，就业和社会保障工作扎实推进。大力开展就业服务，多渠道、多方式增加就业岗位，高校毕业生就业率达80%以上，复转军人得到妥善安置,残疾人就业得到重视。开发安置了13989个公益性岗位，对“零就业”家庭做到了出现一户、援助一户、消除一户。职业培训力度加大，职业技能鉴定进一步规范。城镇登记失业率为3.95%。覆盖城乡居民的社会保障体系逐步完善。开展了7个县的新型农村养老保险试点工作。城镇职工基本医疗保险率先在全国实行省级统筹，失业保险、工伤保险、生育保险已实现了地市级统筹。通过提高补助标准、改革支付办法，大幅提高了城镇居民的基本医疗保险待遇，将关闭、破产国有企业退休人员纳入了基本医疗保险。制定专门政策，确保了参加基本养老保险企业离退休人员病故后一次性抚恤金的按时足额发放。全区参加社会保险总人数达到 72.1 万人，社会保险覆盖面进一步扩大。

加大扶持救助力度，再次提高了困难群众最低生活保障标准。我们始终将扶贫济困作为政府工作的重要责任，不断加大救济救助力度，着力保障困难群众生活。城镇和农牧区低保标准再次得到提高，“五保”供养标准增加到 1800 元。向全区城乡低保人员、国有企业退休人员、优抚对象和“三老”人员发放了购物券（卡）或购物现金 9530.3 万元，赢得了群众的广泛好评。加强保障性住房建设，投资 4.35 亿元建设廉租住房 4236 套，下达了 1.5 万城镇低收入住房困难人员租赁住房补贴资金。投资 7.79 亿元，安排建设县乡周转房 7045 套。投入救灾资金 8517.8 万元，救助受灾群众 24.86 万人。当雄、仲巴地震民房恢复重建工作全面完成。投入福利彩票公益金 5900 万元，新建福利院、敬老院、流浪儿童救助保护中心 52 所。妥善处置拖欠农民工工资和土地征收、拆迁中存在的问题，保障了群众的合法权益。高度重视扶贫工作，不断加大工作力度，贫困人口和重点帮扶人口大幅下降，扶贫开发取得了显著成效。

全区第二次经济普查取得阶段性成果，第六次全国人口普查前期准备工作正式启动，统计服务决策的能力和水平显著提升。全区第二次土地调查工作进展顺利。哲学社会科学、新闻出版、妇女儿童、文学艺术等事业全面发展，老龄、残障、气象、地震、人防等工作取得新成绩。大力支持国防、军队建设，双拥工作进一步加强。

为隆重庆祝“西藏百万农奴解放纪念日”，中央下拨专款 5.3 亿多元，向城乡低保人员、民主改革前参加工作的老同志发放了慰问金，向广大农牧民赠送了应急灯、电视接收器，为所有通公路的行政村配备了农用汽车。这充分体现了党中央、国务院对西藏广大干部群众的巨大关怀。

一年来，我们不遗余力抓落实，切实关注和改善民生，各族群众共同享有改革发展成果；我们大张旗鼓抓宣传，惠民政策明白卡进村入户，广大群众真正明白惠在何处、惠从何来，全区各族人民群众更加心向党、心向祖国、心向社会主义，推动科学发展、促进社会和谐的群众基础更加牢固。

三、全力以赴保稳定，各族人民团结进步，安定和谐的社会基础更加坚实

我们始终把维护稳定作为第一责任，把反分裂斗争作为维稳工作的重点，高举维护社会稳定、维护社会主义法制、维护人民群众根本利益的旗帜，按照“谋长久之策，行固本之举”的要求，健全工作机制，强化社会管理，保持了社会局势的持续稳定。

保持高度警惕，严密防范和严厉打击了敌对势力的各种分裂破坏活动。我们全面贯彻中央对达赖集团斗争的基本方针，旗帜鲜明地揭批达赖，反分裂斗争深入开展。针对春节、藏历新年、“3·10”、“3·14”、“西藏百万农奴解放纪念日”、新中国成立 60 周年等敏感时段和节庆期间，我们高度警惕、严密防范，加强军警民联防联控，加强情报信息搜集研判，严密掌握分裂分子和敌对势力的动向，彻底粉碎了各种分裂破坏活动。加强边境管控工作，有力打击了非法出入境和边境渗透活动。紧紧围绕中央涉藏外交工作大局，积极开展外事外宣工作，加强涉外管理，有效挤压了达赖集团的国际活动空间。

建立健全机制，社会管理取得新成效。我们进一步健全社会防控体系，加大社会治安综合治理力度，严密防范和依法打击了各类违法犯罪活动。进一步加强和改进信访工作，一些涉及人民群众切身利益的热点、难点问题得到解决，有效预防和妥善处置了群体性事件。扫黄打非工作得到加强，社会文化环境不断净化。流动人口服务与管理得到加强。城市社区管理制度逐步健全，农村社区建设试点工作顺利推进。基层政权和政法基础设施建设不断加强，基层基础更加巩固。狠抓安全生产，高度重视道路交通、食品药品、消防等重点领域的安全防范工作，深化专项整治，保障了人民群众的生命财产安全。

加强民族宗教工作，党的民族政策和宗教信仰自由政策得到全面贯彻落实。我们始终坚持“共同团结奋斗、共同繁荣发展”主题，积极推进民族团结进步事业。开展了一系列形式多样、内容丰富的民族团结宣传教育和表彰活动，“三个离不开”和“团结稳定是福，分裂动乱是祸”的思想更加深入人心。藏语言文字工作不断加强，藏文信息化工作扎实推进。兴边富民行动成效显著，人口较少民族地区经济社会加快发展。认真贯彻国务院宗教事务条例，依法管理宗教事务，深入开展寺庙法制宣传教育，规范管理重大宗教活动和跨地域宗教活动，寺庙管理长效机制进一步健全。

一年来，我们积极参加深入学习实践科学发展观、领导干部作风建设年和千名干部进百村开展“两帮助”活动，进一步密切了党群干群关系，进一步夯实了基层基础，政风建设得到加强。认真实施《行政许可法》和依法行政实施纲要，公共服务能力和依法行政能力不断提高。全年共办理人大代表议案、建议和政协委员提案 637 件，答复率 100%。切实加强执法监察、效能监察和廉政监察，认真开展重点专项整治工作。审计监督力度进一步加大，政府廉政建设取得明显成效。突发公共事件应急管理体系不断健全。积极推进政府机构改革，完善了机制，理顺了职能。不断完善公众参与、专家论证和政府决策相结合的决策机制，西藏自治区发展咨询委员会的作用得到有效发挥，科学民主决策成为政府工作规范。

各位代表，刚刚过去的一年，我们迎来了新中国 60 华诞。60 年来，中国共产党团结带领全国各族人民，谱写了中华民族伟大复兴的光辉篇章。西藏各族人民无不为伟大祖国的繁荣昌盛感到无比的骄傲和自豪！

刚刚过去的一年，我们迎来了西藏民主改革 50 周年。50 年来，在中央的正确领导和全国人民的无私援助下，西藏各族人民以主人翁的姿态和空前的热情，投身建设社会主义新西藏的伟大实践，创造了一个又一个发展奇迹，50 年跨越上千年。西藏各族人民无不感到中国共产党的英明伟大、社会主义道路和民族区域自治制度的无比正确！

刚刚过去的一年，我们迎来了第一个“西藏百万农奴解放纪念日”庆祝活动，西藏各族群众欢欣鼓舞，“新西藏、新发展、新变化、新生活”宣传活动深入开展，唱响了共产党好、社会主义好、改革开放好、人民军队好、各族群众好、伟大祖国好的主旋律，增强了党和政府的感召力、祖国的向心力和中华民族的凝聚力！

刚刚过去的一年，中央组织开展了西藏民主改革以来调动力量最大、参与部门最多、涵盖领域最全、工作分工最细、谋划发展最周密的深入调研，进一步为我们理清了发展思路，为我区“十二五”的更好更快更大发展指明了方向。这充分表明了中央对西藏工作的高度重视，西藏各族人民再一次感受到了中央的亲切关怀和祖国大家庭的无比温暖！

这些年，我们在树立和落实科学发展观、推进跨越式发展的伟大实践中，作了一些有益的探索，积累了一些宝贵的认识。

深入贯彻落实科学发展观，推动西藏在科学发展的轨道上实现跨越式发展、在社会和谐的进程中实现长治久安，必须始终坚持新时期西藏工作指导思想不动摇，走有中国特色、西藏特点的发展路子，这是我们建设社会主义新西藏的强大思想武器；必须始终坚持把保障和改善民生放在更加突出的位置，让各族人民共享发展成果，这是我们一切工作的出发点和落脚点；必须始终坚持加快转变经济发展方式，着力提高经济增长质量和效益，这是我们深入贯彻落实科学发展观的重大举措和重要目标；必须始终坚持做强做大特色优势产业、保护生态环境，不断增强自我发展能力和后劲，这是我们全面建设小康社会的战略支撑；必须始终坚持统筹兼顾、整合资源，集中力量办大事，这是我们推动跨越式发展的根本方法；必须始终坚持稳定压倒一切的思想，加强民族团结，坚决反对分裂，这是我们建设和谐社会的首要政治任务。

各位代表，刚刚过去的一年，面对严峻的反分裂斗争形势，我们倾注了更多的精力和心血，维护社会局势的稳定；面对国际金融危机和自然灾害的严重影响，我们采取了更加特殊的措施，促进经济平稳较快发展。在这种异常艰难曲折的形势下，我区改革发展稳定能取得这样的成绩，确实来之不易，实属难能可贵。这是以胡锦涛同志为总书记的党中央正确领导、全国人民大力支援的结果；是全区上下坚决贯彻中央一系列方针政策，旗帜鲜明反分裂、坚定不移抓发展的结果；与全区各族人民的团结拼搏、艰苦奋斗，是决然分不开的。在此，我代表自治区人民政府，向付出辛勤劳动的全区各族干部群众，向全国人民特别是承担对口支援的省市、中央国家机关和重要国有骨干企业，表示诚挚的谢意！向给予政府工作大力支持的人大代表、政协委员和离退休干部，向驻藏人民解放军、武警官兵、政法干警，表示崇高的敬意！向关心、支持我区改革开放和现代化建设的海内外各界人士，表示衷心的感谢！

同时，我们也清醒地看到，在推进跨越式发展和长治久安的进程中，还存在不少困难和问题。虽然我们在改善农牧民生产生活条件、增加农牧民收入方面尽了很大努力，也取得了显著成效，但由于农牧业基础薄弱，农牧民稳定增收的长效机制和增收致富能力有待进一步完善和提高。虽然我们在培育发展特色优势产业上做了大量工作，但由于能源建设滞后、人力资源短缺、市场开拓不够，产业发展的特色不够鲜明，规模较小、效益不高的情况依然存在，自我发展能力亟待培育和提高。虽然我区拥有特殊优惠的政策，但由于思想解放不够，政策措施落实还不完全到位，加上一些不正常因素的干扰，发展软环境尤其需要治理和优化。虽然我们采取多种措施有力地促进了社会就业，但就业渠道狭窄，就业观念落后，就业总量矛盾与结构性矛盾并存，压力将越来越大。虽然我们保持了社会局势的持续稳定，但反分裂斗争形势依然十分严峻，这始终是影响西藏发展稳定的主要因素。虽然我们大力开展作风建设年活动，各级干部工作作风有了较大的改进，但在工作责任心、服务意识和工作落实上还需要进一步加强。对这些困难和问题，我们必须认真研究解决，把西藏的改革开放和现代化建设事业不断推向前进。

2010年主要任务

今年是全面完成“十一五”规划目标任务的决战之年，也是承前启后的关键之年，做好政府各项工作责任重大、意义深远。

政府工作的总体要求是：高举中国特色社会主义伟大旗帜，坚持以邓小平理论和“三个代表”重要思想为指导，深入贯彻落实科学发展观，认真贯彻党的十七大、十七届四中全会精神，坚持新时期西藏工作指导思想不动摇，坚定不移地走有中国特色、西藏特点的发展路子，按照自治区第七次党代会和区党委七届六次全委会的决策部署，大力实施“一产上水平、二产抓重点、三产大发展”的经济发展战略，谋长久之策，行固本之举，始终处理好发展与稳定的关系、近期发展与长远发展的关系，经济增长速度与质量效益的关系，把保障和改善民生放在更加突出的位置，立足完成“十一五”任务，着眼谋划“十二五”发展，着力推进以“首要任务”为重点的社会主义新农村建设，着力推进以扩大投资消费为重点的经济发展，着力推进以改善民生为重点的社会建设，着力推进以完善体制机制为重点的改革开放，着力推进以反分裂斗争为重点的长治久安，努力建设小康西藏、平安西藏、和谐西藏、生态西藏。

主要预期目标是：全区生产总值增长12%以上；农牧民人均纯收入增长13%以上；地方财政一般预算收入增长20%以上；全社会固定资产投资增长18%以上；社会消费品零售总额增长18%以上；居民消费价格总水平涨幅控制在3.5%以内；城镇登记失业率控制在4.3%以内。

为实现上述目标，我们将重点做好以下工作。

一、抓住首要任务，突出安居乐业，扎实推进社会主义新农村建设

按照“打牢农牧业基础，转好特色农牧业、劳务输出两个轮子，搭建农牧区综合服务体系平台”的“三农”工作基本思路和总体要求，以增加农牧民收入为核心，将工作精力、资金投入、项目安排全方位向“三农”倾斜，加大政策支持引导力度，提高农牧业综合生产能力和效益，改善农牧民生产生活条件，建立健全农牧民增收长效机制，全力推进以安居乐业为突破口的社会主义新农村建设。

确保农牧民人均纯收入突破4000元。巩固和完善农牧民增收长效机制，强化组织引导，积极培育农牧民专业合作组织和经纪人队伍，不断提高农牧民的组织化程度、抗风险能力和市场竞争力。继续发挥政策增收作用。抓住农牧业内部增收这个根本，大力发展特色农牧业及其加工业，实现农牧业增效增收。坚持农外结合，多业并举，大力发展非农产业，培育劳务经济，积极促进农牧区富余劳动力转移和就业，进一步拓宽增收渠道。

全面落实强农惠农政策。大幅度增加“三农”投入，自治区安排资金34.9亿元，促进农牧区发展。进一步健全财政投入稳定增长机制，不断扩大财政对农牧区公共服务的覆盖范围，发挥政府投入带动效应。进一步完善补贴办法，加大补贴力度，安排29240万元，用于化肥补贴、良种补贴、农机具补贴、农资综合直补等各类强农惠农补贴。

着力保护和提高农牧业综合生产能力。继续执行最严格的耕地草场保护和节约集约用地制度，加快农田草场水利基本建设，加强农业综合开发，不断增强农牧业综合生产能力。调整和优化种植业结构，扩大青稞种植面积，继续搞好青稞生产基地建设，提高青稞最低收购价，确保青稞安全；坚持立草为业、草业先行，实施退牧还草工程，扩大饲草料种植面积，以农区畜牧业的大发展带动全区畜牧业上水平。切实优化畜群结构，加大牲畜出栏力度，发挥高原草地畜牧业优势，加快培育精品牦牛产业，保持好高原特色、有机特色；强化品牌宣传和市场营销，让牦牛产品进入高端消费市场。积极推进农牧业标准化建设。加强动物防疫体系建设，重点抓好重大动物疫病防控工作。加快农牧区防抗灾物资储备设施建设，进一步提高防抗灾能力。加大农牧业商业保险力度，力争实现全覆盖。从人才、资金、项目、制度建设等方面着手，大力加强以公共服务为依托、合作经济组织为基础、科技服务为支撑的新型农牧业社会化服务体系建设。

力争完成“八个基本解决”。紧紧围绕改善农牧民生产生活条件、增加农牧民收入这一首要任务，整合资金，加大力度，加快推进“八个基本解决”。再经过一年的努力，提前实施并完成剩余20%的安居工程计划任务。再投入3亿元资金，提高新建安居工程抗震能力；对已建安居房，在拉萨、那曲开展抗震加固试点工作。安排2.6亿元“以奖促治”资金，积极开展500个行政村的村容村貌综合整治试点工作，创造整洁、卫生、文明的新农村人居环境。加快农村公路建设，力争使所有乡镇通公路；加快农牧区邮政、通信建设，力争实现85%的乡镇通邮、88%的建制村通电话。加大碘盐推广力度，力争农牧区碘盐覆盖率达到 90%以上。着力加强农村电力、安全饮水工程建设，再解决15万人的用电和25万人的农村饮水安全问题。

大力培养社会主义新型农牧民。加大培训力度，把农牧民培训与农牧区精神文明建设结合起来，以崇尚科学、追求文明为方向，以党的方针政策、思想道德、法律常识、实用技术、劳动技能等为重点，拓展培训内容，创新培训方式，提高培训效果，培养造就“有觉悟、有文化、懂技术、会经营”的高素质新型农牧民，不断增强广大农牧民商品意识、竞争意识，强化和巩固农牧民在社会主义新农村建设中的主体作用。

二、抓住投资消费，突出合力拉动，促进经济更好更快更大发展

抓住有利机遇，努力扩大投资，刺激消费需求，着力做大经济总量，不断提高经济发展的质量和效益，进一步巩固投资消费合力拉动经济增长的良好格局。

全面完成“十一五”投资计划。调整优化投资结构，合理安排资金投向，努力提高投资效益。加快推进投资主体多元化，力争全社会固定资产投资超过440亿元。做好项目前期工作，力争中央投资达到220亿元。进一步加强与援藏省市和中管企业的协调，做好第六批援藏项目的筛选、衔接和投资争取工作。充分发挥政府投资的引导带动作用，落实好各项优惠政策，力争民间投资达到120亿元以上。

扎实推进基础设施和重点项目建设。加大工作力度，全面完成“180项目”“十一五”期间的建设任务。积极推进综合交通运输体系建设，加快国防公路、口岸公路和通县油路建设。充分发挥青藏铁路的经济社会效益，力争青藏铁路延伸线拉萨至日喀则段开工建设。抓紧那曲机场项目选址工作，完成阿

里昆莎机场建设和日喀则和平机场改造任务，争取拉萨贡嘎机场飞行区改造和配套工程开工建设。加快旁多水利枢纽工程建设，推进雅江江北灌区建设进度，完成满拉、墨达、雅砻三大灌区工程收尾和验收工作。争取开工建设青藏直流联网工程。继续做好老虎嘴电站、果多电站等续建项目建设，实现老虎嘴电站首台机组发电。开工建设5万千瓦光伏并网电站，力争完成2万千瓦的建设任务。加快实施农网建设和改造工程、藏中电网输电工程、七地市城网改造工程。加快开展雅鲁藏布江和藏东南“三江”流域水电资源开发规划和前期工作，积极推进“西电东送”接续能源基地建设。积极推进信息化，加快自治区、地、县三级电子政务网络建设。加强项目前期工作，让更多的项目具备开工条件，储备一批符合国家和自治区投资导向的重大项目。加强对重点项目的审计、监察和稽查工作，全面提升项目管理水平和质量。抓好竣工项目验收，高度重视建成项目管理，切实发挥效益。

努力扩大消费需求。以中低收入群体为重点，多渠道增加群众收入，努力提高城乡居民消费能力。继续开展好“家电、家具、农机、汽车和摩托车下乡”、科技文化卫生“三下乡”等活动，大力拓展农牧区消费市场。着力发展商贸餐饮、文化健身、社区商业、物业、家政等服务性消费。优化金融服务，鼓励个人信贷消费，不断扩大旅游、住房、汽车等消费热点。大力优化消费环境，整顿和规范消费市场。依法惩治虚假广告、制假售假、商业欺诈、强买强卖等行为，维护消费者权益。认真做好价格监测预警和监管工作，切实加强商品和生活必需品的储备和供应，防止脱销断档，防止物价过快上涨。加快市场建设，进一步组织实施“万村千乡市场工程”，完成4个地市农产品批发市场、6个边贸市场和400家农家店的建设和改造，力争社会消费品零售总额达到180亿元以上。

做好财税金融工作。继续抓好国家和自治区扩大内需、促进增长各项政策措施的落实，进一步调整优化财政支出结构，大幅增加对“三农”的投入，大幅增加对保障和改善民生的投入，大幅增加对教育卫生等社会事业的投入，大幅增加对维护稳定和基层政权建设的投入，积极支持产业发展。规范政府采购，深化国库集中支付管理改革。积极推行财政科学化、精细化管理，严格预算管理，严格控制一般性支出，坚决反对铺张浪费。依法加强税收征管，规范非税收入管理。切实加强和改善对金融的指导、支持和服务，高度重视金融生态建设；认真落实中央赋予西藏的特殊优惠金融政策，加快制定符合西藏实际的信贷管理办法，放宽审贷条件，优化贷款程序，调整信贷结构，增加对“三农”、中小企业、产业发展的有效信贷投入。继续扩大商业保险覆盖面。

三、抓好产业建设，突出规模与优势，不断增强自我发展能力

坚持“注重特色与规模、注重引导扶持、注重生态环境保护、注重带动农牧民”的产业发展指导原则，积极创新发展思路和发展模式，科学规划、整合资源，实行大区域谋划、大产业构建、大集团引领、大项目支撑，做大做强市场主体，加快培育战略支撑产业，以产业化推进城镇化，切实提高自我发展能力。

精心组织，科学编制特色优势产业发展专项规划。结合国家重点产业调整振兴规划，深入做好前期研究，加快制定出台特色优势产业发展专项规划和配套产业政策。规划编制要依托能源、交通等基础设施条件，找准产业和市场定位，注重生态保护，突出惠及民生，依靠企业主体，强化产业带动；依据地域条件、资源优势，合理调整产业布局，规划建设特色产业园区，形成不同区域、各具特色的产业群。

必须做到一个产业，一个规划，一套实施办法，一套班子一抓到底。严格执行规划和配套政策，避免低水平投资和重复建设，确保规划权威性。

整合资源，做大做强特色优势产业。抓住青藏铁路那曲物流中心投入运营的重要契机，发挥青藏铁路的强大辐射带动作用，从资源条件和产业基础等实际情况出发，坚持扶优扶强，切实发挥产业发展资金的引导带动作用，向优势产业和优势企业倾斜，提升企业市场竞争力，扩大产业规模。大力培育扶持市场主体，注重打造和保护高原特色品牌，着力发展一批具有自主品牌、核心竞争力、带动作用明显的特色优势产业龙头企业。坚持优势互补、强强联合，以产权为纽带、以市场为导向，加快组建企业集团，推动企业的集约化、规模化发展。通过兼并、重组、联合等方式，积极推动藏药、旅游两大集团的组建。

突出重点，加快培育战略支撑产业。立足我区的资源特色和企业的自身特点，重点发展旅游业、藏医药业、优势矿产业、高原特色生物产业和绿色食（饮）品业、特色农牧业及加工业、建筑建材业、民族手工业和以水电为主的能源工业，加强产业建设与信息化的融合，以信息化促进产业建设，加快形成我区的战略支撑产业。大力发展旅游业。加快旅游配套设施建设，优化接待服务，规范旅游市场，提升旅游形象；围绕自然、人文资源，深度开发具有吸引力的旅游景区景点；突出地域和文化特色,加快旅游纪念品创新和市场开发；鼓励扶持农牧民积极参与旅游业发展。大力发展藏医药业。保护和挖掘传统医药方，积极开发藏医药新品种；重视藏医药科技人才培养和科技创新工作，加快藏药标准体系和检验检测体系建设，推进藏医药的产业化、标准化、规模化和可持续发展。大力发展优势矿产业。继续按照抓大限小的要求，加大资源整合力度，做大做强优势矿产业。加快优势矿产资源勘查，实施好以青藏专项为重点的各类地质勘查项目。开发建设甲玛多金属矿、巨龙铜矿和玉龙铜矿二期及盐湖资源的综合利用开发。继续整顿和规范矿产资源开发秩序，建立企业与政府、企业与群众的有效沟通和利益形成机制，营造矿业发展的良好环境。大力发展特色农牧业及加工业。着力抓好青稞、牦牛等特色农畜产品和优势产区的开发建设，延伸产业链，提高附加值；探索建立农牧户和龙头企业的利益联接机制。

四、抓好社会建设，突出改善民生，不断提高公共服务水平

民生连着民心，民心关乎和谐。切实把保障和改善民生放在更加突出的位置，加大投入力度，推动社会事业快速发展，促进基本公共服务均等化。

优先发展教育事业。进一步巩固“两基”攻坚成果，提高义务教育普及水平。认真落实农牧民子女义务教育阶段“三包”政策，加强经费管理。加快寄宿制学校建设，推进小学规范化和初中标准化建设，实施中小学校舍安全工程。以农牧区为重点，加快幼儿园建设，启动学前两年“双语”教育工程。积极发展高中阶段教育，提高入学率。继续办好内地西藏班，进一步提高办学层次，优化招生结构，逐步扩大办学规模。大力发展职业技术教育，做好内地西藏中职班招生工作。推进高等教育质量工程，完善家庭经济困难学生资助政策。关心支持特殊教育。以热爱党、热爱祖国、热爱人民、热爱社会主义教育和民族团结教育为重点，强化思想政治教育和德育工作，大力加强师德师风建设，用社会主义核心价值体系牢牢占领学校阵地。

加快发展卫生事业。大力开展农牧民健康促进行动。加强基层医疗卫生服务体系建设，完成20个县级卫生服务中心、50个乡镇卫生院的标准化建设任务。不断完善农牧区医疗制度，将农牧民免费医疗补助标准提高到180元。加强乡村医生培养，力争为每个行政村配备两名村医。加强学校和社区医疗卫生工作，推进学校医务室和社区卫生服务中心建设。继续做好自治区藏医院改扩建、自治区疾控中心改造，新建自治区第三人民医院，改扩建自治区第二人民医院。加强重大传染病和地方病的防治工作，认真做好甲型H1N1流感防控工作，有效预防、及时控制突发公共卫生事件。加强流动人口计划生育服务与管理。切实做好妇幼保健、优生优育工作，落实好农牧民孕产妇住院分娩医药费全免、奖励和生活救助政策，进一步降低婴儿死亡率和孕产妇死亡率，提高出生人口素质。

提升科技服务能力。围绕特色经济发展、经济结构调整，加强科技平台建设，建立健全科技推广服务体系，加大科技创新力度，引进、吸收、创新和推广先进适用技术，在农牧业、新能源、高原生物、藏医药、生态环境、民族手工业等应用领域取得突破。深入实施科技入户工程，实现科技指导直接到户、良种良法直接到田、技术要领直接到人。今年再发展500名农牧民科技特派员。实施民生科技工程，推广适宜西藏民用的光热、光电等新产品和新技术，继续开展沼气与生物质能技术示范推广。进一步深化科技交流，积极推动跨区域重大科技项目合作。大力开展科普宣传活动，开工建设西藏自然科学博物馆。

繁荣发展文化事业。强化广播电视、新闻出版、文化、哲学社会科学等工作，努力构建“体系健全、事业发展、市场活跃、产业兴旺”的文化发展新格局。以基层为重点，加大投入力度，加快文化基础设施和队伍建设，完善公共文化服务网络。扎实推进“西新工程”、广播电视户户通、广播影视数字化和农村电影放映等文化建设工程，完成10个县综合文化活动中心、29个县文化信息资源共享工程、46个乡镇综合文化站建设任务，建设1320家农家书屋，切实改善基层文化设施条件。进一步繁荣文化艺术创作。加强物质和非物质文化遗产保护，全面启动古籍普查保护工作。加快推进“十一五”重点文物保护工程。深化改革创新，大力发展文化产业。抓好竞技体育工作。认真实施全民健身条例，加快群众体育、健身场所建设，提高人民群众健康素质。

加强社会主义精神文明建设。大力推进社会主义核心价值体系建设，坚持用中国特色社会主义理论体系武装头脑、教育人民。不断深化社会主义荣辱观教育，大力加强公民道德建设和未成年人思想道德建设。进一步加强爱国主义教育和民族团结教育，教育引导广大干部群众特别是青少年牢固树立马克思主义祖国观、民族观、宗教观、文化观，深刻认识中华民族多元一体，进一步增强公民意识，像爱护自己的眼睛一样珍惜民族团结、维护社会主义祖国大家庭。进一步加强党的惠民政策宣传，继续开展“四新”宣传教育活动，唱响“六好”主旋律。开展群众性精神文明创建活动。深入开展扫黄打非活动。继续做好双拥工作，加强国防教育、国防动员和人民防空工作。

提高就业和社会保障服务水平。继续实施积极的就业政策，做好高校毕业生就业和转业退伍军人安置工作，鼓励高校毕业生到基层和企业就业，扶持高校毕业生自谋职业、自主创业，确保城镇新增就业2万人，城镇登记失业率控制在4.3%以内。加快地市级城乡人力资源市场建设。加强公益性岗位开发管理，重视残疾人就业，援助“零就业”家庭和困难群体就业。加大农牧民和城镇失业、转岗等人员技能培训力度，进一步提高就业和创业能力。建立健全统筹城乡的社会保障体系。完成20%的新型农村社会养老保险制度试点任务，到2012年基本实现全覆盖。再次提高企业退休人员基本养老金标准。加快社会保险扩面工作，将城镇非公经济组织单位及其从业人员和灵活就业人员全部纳入城镇基本养老和基本医疗保险覆盖范围。在完善城镇居民基本医疗保险的基础上，加快发展商业补充保险和医疗救助，大幅提高城镇居民医疗保障水平。实现失业保险自治区级统筹。完善城乡居民最低生活保障制度，将城镇低保标准从月人均310元提高到330元，农村低保标准从年人均1100元提高到1300元，并切实抓好落实。加大城镇低收入住房困难家庭住房保障力度，建设2000套廉租住房和300套经济适用住房，继续对城镇住房困难家庭发放住房租赁补贴。加大干部职工周转房建设力度，建设周转房5500套。加大扶贫开发力度，完成31个乡镇整乡推进扶贫工作。投入2.3亿元资金，实施好溜索改桥项目建设。加快53个地、县救灾物资仓库建设。妥善安置受灾群众。积极发展妇女、儿童、老龄、残障和慈善等事业。

加强生态环境保护与建设。加快实施《西藏生态安全屏障保护与建设规划》，提高生态安全保障能力，推进生态西藏建设。继续抓好草原生态保护奖励机制试点工作。积极探索开展资源开发生态补偿试点。加强气候变化应对工作，提高防灾减灾能力。加强高原生物多样性保护，搞好自然保护区建设。积极开展植树造林，加大水土流失治理力度。实施饮用水水源地保护工程，建立健全饮用水水源安全预警机制。倡导以低碳排放为特征的消费模式，发展低碳经济。高度重视节能减排工作，严格环境监测监管，认真落实规划和建设项目环境影响评价制度，深入开展环保专项行动。加快城镇生活污水和垃圾处理设施建设，推进农牧区薪柴替代和环境综合治理工程。

五、抓好改革开放，突出扶持市场主体，不断增强跨越式发展的动力与活力

进一步加大改革开放力度，着力破解经济社会发展中的突出矛盾和问题，采取特殊扶持政策，发展壮大中小企业和非公有制经济，为推动科学发展注入新的生机与活力。

稳步推进各项改革。完善和落实土地、草场承包经营责任制，积极推进土地流转、集体林权制度改革和农村综合改革。加快建立健全统一规范的土地和矿业权要素市场和监管平台。继续深化国有企业改革，着力完善法人治理结构，建立健全现代企业制度。进一步加强和改进对国有企业的监管，逐步将部分行业部门管理的国有企业划归国资委监管。依法完善国有资产监督管理体制和制度，确保国有资产保值增值。认真贯彻自治区深化医药卫生体制改革的意见，抓好各项工作的落实。继续推进教育、科技和文化等社会领域改革。全面完成政府机构改革，积极稳妥地推进事业单位改革。

全方位扩大开放。把祖国内地作为我区开放的重点，依托青藏铁路和资源优势，进一步加快西藏与内地经济、文化的交融，壮大经济主体，增强发展活力。积极参与上海世博会，建好具有浓郁民族特色的西藏展馆，全面展现新西藏、新形象。以做大做强特色优势产业为方向，以青藏铁路那曲物流中心、拉萨国家级经济技术开发区和产业园区等为主要载体，全面落实各项优惠政策，吸引更多的资本投入西藏、更多的企业落户西藏、更多的人才流向西藏。进一步加强与内地特别是对口支援省市和重要国有骨干企业的交流与合作，探索优势互补、合作联合、互惠互利的有效途径。积极鼓励和支持我区企业走出去，努力开拓国内外市场。加大招商引资力度，力争达到70亿元以上。重点建设吉隆口岸、普兰口岸，稳步发展樟木口岸、普兰口岸，加快推进南亚陆路贸易大通道建设。继续巩固边境贸易，稳定一般贸易，加快特色出口产品基地建设，努力提高自产产品出口，力争进出口贸易总额增长10%。配合国家总体外交，继续加强和改进涉藏外事外宣工作。

促进中小企业和非公有制经济发展。认真落实中央和自治区促进中小企业和非公有制经济发展的政策措施，加强政策落实情况的监督检查，保护中小企业和非公有制经济的合法权益。加大财政资金支持力度，重点支持中小企业技术创新、结构调整、开拓市场、扩大就业。根据中央政策规定，结合西藏实际，完善小企业信贷考核体系，提高小企业贷款呆账核销效率，建立信贷人员尽职免责机制。建立小企业贷款风险补偿机制，对金融机构发放小企业贷款按增量给予适当补助，对小企业不良贷款损失给予适度风险补偿。设立多层次的贷款担保专项资金和担保机构，切实解决中小企业和非公有制经济融资难问题。发展资本市场，拓宽企业直接融资渠道。加快培育拟上市公司，提高上市公司质量。认真落实自治区人民政府关于贯彻《国务院关于进一步促进中小企业发展的若干意见》的实施意见，促进中小企业和非公有制经济实现又好又快发展。

六、抓好维稳能力建设，突出反分裂斗争，促进社会持续稳定

始终坚持稳定压倒一切的思想不动摇，深入持久地揭批达赖，旗帜鲜明地反对分裂，立足强基固本，强化能力建设，积极主动治理，维护安定和谐的社会局面。

深入开展反分裂斗争。高举维护社会稳定、维护社会主义法制、维护人民群众根本利益的旗帜，深入开展“团结稳定是福、分裂动乱是祸”教育，坚决贯彻中央对达赖集团的斗争方针和政策，深入揭批达赖，旗帜鲜明地反对和打击一切分裂祖国、破坏民族团结的言行。着力构建反渗透防控体系，清理查处各类反动出版物及宣传品，坚决杜绝分裂思想和有害言论的传播，切实维护意识形态领域安全。认真落实维护稳定的各项措施，严密掌握分裂分子和敌对势力的动向，切实加强重点时段和重点部位的管控，严厉打击各种分裂破坏活动。对蓄意挑拨民族关系、破坏民族团结、制造恶性事件的违法犯罪分子，坚决依法严惩。进一步加强边境管控，维护边境安宁。

加强信访工作，化解社会矛盾。始终把群众呼声作为第一信号、群众需要作为第一选择、群众利益放在第一位置、群众满意作为第一标准，健全维护群众权益机制，健全正确处理人民内部矛盾的工作机制。认真落实信访属地责任、部门责任和领导责任，及时处理群众反映的各类问题，努力把矛盾化解在基层、解决在萌芽状态，防止群体性事件发生，防止各类矛盾叠加升级。

进一步创新社会管理。深入开展平安西藏创建活动，加强和完善社会治安综合治理，全面堵塞管理漏洞、消除管理盲点，依法打击各种刑事犯罪活动，构建点、线、面结合的社会治安防控体系，切实增强人民群众的安全感。加强流动人口管理与服务。坚持建管并重，加强网络虚拟社会管理。加强社区管理，积极推进社区矫正工作，完善服务设施，建设新型城乡社区。

加强维稳能力建设。进一步健全和完善维稳工作机制，提高预警反应处置能力。加大政法系统维稳处突、治安防控、技术手段、教育培训、装备配置等方面的投入，提高维稳处突能力。加快公安特警基础设施和队伍建设。健全基层政法机构，继续建设乡镇公安派出所、司法所。加强边防建设。着力夯实基层基础，不断提高基层组织的凝聚力和战斗力。

高度重视安全生产工作。认真落实安全生产责任制，抓好交通运输、食品药品、建筑矿山、危险化学品、爆炸品、消防等方面的安全整治和监管，严防重特大安全事故发生。加强地质灾害监测预警防治工作。加强市场监管，强化产品质量管理和监督，确保人民群众生命财产安全。

七、抓好民族宗教工作，突出团结进步，凝聚力量建设和谐西藏

高举爱国团结进步的旗帜，加强教育引导，打牢民族团结的思想基础和群众基础，巩固西藏各族人民共同团结奋斗、共同繁荣发展的良好局面。

认真做好民族工作。牢牢把握民族工作主题，全面贯彻落实党的民族政策和民族区域自治法，保持和发展各族人民和睦相处、和衷共济、和谐发展的良好局面。积极探索做好新形势下民族工作的思路和办法，深入开展“三个离不开”思想宣传教育和民族团结进步创建活动，增强对中华民族的归属感、对中华文化的认同感和对伟大祖国的自豪感。继续加强使用、规范和发展藏语文工作。采取特殊政策扶持人口较少民族地区和边境地区加快发展，扎实推进兴边富民行动。改善边境地区基础设施条件，建立边民补助机制，不断提高边民生产生活水平。

依法加强宗教事务管理。全面贯彻落实党的宗教工作基本方针，依法加强宗教事务管理，积极引导宗教与社会主义社会相适应。坚决打击利用宗教从事分裂破坏活动，建立和维护正常的宗教秩序。深化寺庙法制宣传教育，大力开展和谐寺庙创建活动，建立健全寺庙管理长效机制。加强寺庙管委会建设。完成全区宗教活动场所登记和活佛、僧尼资格登记备案工作。加强宗教爱国力量建设，凝聚广大僧尼和信教群众共同致力于推进跨越式发展和长治久安。

八、抓好政府建设，突出增强能力，努力建设人民满意的政府

我们工作的态度和力度，体现着对人民群众感情的深度。要坚持一切从人民利益出发，认真履行政府职能，不断提高政府管理经济社会事务、服务市场主体、驾驭复杂局面的能力和水平，切实做到让人民群众满意。

与时俱进，不断提高学习能力。积极引导广大公务员特别是领导干部不断学习、实践和创新，自觉做到学以立德、学以增智、学以创业，努力营造勤于学习、不断学习、善于学习的良好氛围。重点抓好党的十七届四中全会精神的学习，全面贯彻落实好自治区党委七届六次全委会议的决策部署。紧紧围绕促进跨越式发展和长治久安，继续开展好学习实践科学发展观活动，努力把学习成果转化为推动各项事业发展的智慧和能力。加强经济、政治、法律、文化、历史、民族宗教等知识的学习，提升综合素质，增强运用各学科知识驾驭市场经济、应对复杂局面的能力。

依法行政，不断提高管理能力。深入贯彻实施《行政许可法》和《全面推进依法行政实施纲要》，规范行政行为。自觉接受人大和政协的监督，主动听取社会各界的意见和建议，欢迎和支持人民群众、新闻媒体对政府工作进行监督。善于运用经济、法律等手段，调整各种经济关系和利益关系，引导和调控经济平稳较快运行。继续推行行政综合执法，加强市场监管，维护公平竞争的市场秩序。加强社会管理，建立健全各类突发事件应急机制，提高政府应对和处置突发事件的能力。围绕关键环节和重点领域，扎实推进政府立法工作。深入开展法制宣传教育，加强法律援助工作，不断提高法律服务水平。深入开展执法大培训，大力推行阳光执法，加强行政执法监督，切实提高公正廉洁执法水平。

转变职能，不断提高服务能力。牢固树立“支持市场主体就是支持发展，服务市场主体就是服务发展，保护市场主体就是保护发展”的理念，把市场主体满意、人民群众满意作为服务的最高标准，把服务市场主体、服务人民群众作为履职的根本责任，把安商、稳商、富商和便民、利民、惠民作为工作的第一要求，踏踏实实为市场主体和人民群众办实事，真正做到服务高效率、工作快节奏，形成诚心诚意办实事、尽心竭力解难事、坚持不懈做好事的良好风气。进一步理顺职责关系，明确和强化责任，不断提高政府行政效能。创新服务方式，完善服务载体，加快推进政务中心和公共资源交易中心建设，使政府的服务更加便民、更加有效。着力推进政务公开，完善新闻发布制度，发展电子政务，实行限时办结制、服务承诺制，积极主动地为基层、企业和群众解决实际问题。

求真务实，不断提高执行能力。各级政府和领导干部要始终做到勤政、廉政、公正，对党和人民的事业高度负责；始终保持锐意进取、蓬勃向上、争创一流的工作激情，敢于坚持原则、敢于严格管理、敢于修正错误，真正形成干事创业的良好氛围。对中央确定的各项大政方针和自治区党委、政府的决策部署，要雷厉风行，坚决贯彻，坚决落实，确保令行禁止、政令畅通。大力加强督查督办，确保工作部署事事有着落、件件有成效。加强公务员队伍建设，完善绩效考核和监督约束机制。全面落实党风廉政建设责任制，加强行政监察和审计监督，深化治本抓源头工作，坚决查处违纪违法案件，坚决纠正部门和行业不正之风，坚决杜绝损害群众利益的不良行为。

各位代表，科学编制“十二五”规划，是今年的一项重要工作。我们将以科学发展观为指导，按照跨越式发展的要求，从西藏实际出发，紧扣全面建设小康社会的主题，用改革的精神、改革的思路和改革的办法，认真研究加强基础设施建设、推进产业建设、社会建设、维稳能力建设等战略性和长远性重大问题，抓紧编制“十二五”规划。创新总体规划内容，强化战略指导功能，突出针对性和可操作性。加强分类指导，做深做细专项规划，把区域规划放在重要位置，加强总体规划与专项规划、地市规划、国家规划及主体功能区规划之间的衔接，同步组织，协调一致，形成合力。

各位代表，今年是全面完成“十一五”规划目标任务的最后一年，任务十分艰巨。让我们在自治区党委的坚强领导下，更加紧密地团结在以胡锦涛同志为总书记的党中央周围，高举中国特色社会主义伟大旗帜，坚持以邓小平理论和“三个代表”重要思想为指导，深入贯彻落实科学发展观，抓住机遇，团结拼搏，扎实工作，为圆满完成“十一五”规划目标任务，加快推进跨越式发展和长治久安而努力奋斗！

附录3：

关于西藏自治区2009年国民经济和社会发展计划执行情况与2010年国民经济和社会发展计划草案的报告

——2010年1月10日在自治区第九届人民代表大会

第三次会议上

西藏自治区发展和改革委员会

各位代表：

受自治区人民政府委托，现将2009年国民经济和社会发展计划执行情况与2010年国民经济和社会发展计划草案提请自治区九届人大三次会议审议，并请自治区政协各位委员和各位列席代表提出意见。

一、2009年国民经济和社会发展计划执行情况

2009年是“十一五”规划实施的关键之年。自治区党委、政府带领全区各族人民，认真贯彻落实胡锦涛总书记在参加全国人大十一届二次会议西藏代表团审议时的讲话精神，坚持走有中国特色、西藏特点发展路子，深入贯彻落实科学发展观，一手旗帜鲜明抓稳定，确保了拉萨“3·14”事件敏感期以及西藏民主改革50周年和新中国成立60周年庆典活动期间的社会局势稳定，为经济的快速恢复营造了良好的社会环境；一手坚定不移抓发展，全面落实全区经济工作会议部署，大力实施“一产上水平、二产抓重点、三产大发展”的经济发展战略，积极落实投资，努力扩大消费，不断夯实农牧业基础，大力发展特色产业，着力改善民生，攻坚克难、锐意进取，保增长、保民生、保稳定，推动全区经济加快发展。经济运行呈现出“四个明显”特征：发展态势明显恢复，地区生产总值再上新台阶，突破400亿元，预计达到437亿元，经济增速达到12.1%，同比加快2个百分点，恢复了跨越式发展的良好态势。其中，第一产业64亿元，同比增长3%；第二产业132亿元，同比增长18.3%；第三产业241亿元，同比增长11.7%。产业结构明显改善，第二产业增加值占地区生产总值的比重首次超过30%，提前一年完成“十一五”规划目标；旅游业快速增长，接待国内外旅游者预计突破550万人次，同比增长1.47倍；青稞啤酒、5100矿泉水打入国际市场。经济效益明显提高，财政收入大幅增加，一般预算收入预计突破30亿元，比上年实际完成数增长20%以上；各项税收预计完成34亿元，同比增长12.8%；农牧民人均纯收入快速增长，达到3589元，同比增长13%；城镇居民人均可支配收入预计达到13580元，同比增长8%。体制活力明显增强，农牧区综合改革、医药卫生体制、社会保障、企业、财税等改革取得积极进展，政府机构改革全面实施，保障经济社会发展的体制机制进一步理顺。国民经济与社会发展计划执行情况总体良好。

（一）着力夯实农牧业基础，新农村建设取得新进展。

一年来，我们坚定不移地推进以安居乐业为突破口的社会主义新农村建设，促进农牧业稳定发展、农牧民持续增收、农牧区全面进步。1. 狠抓农牧业增产增收，扎实推进现代农牧业进程，有效克服局部地区重大自然灾害不利影响，保持了农牧业平稳发展。预计全区粮食产量 92 万吨，保持了常年水平；肉、奶产量分别达到 25.2 万吨和 31 万吨，同比分别增长 3%和 5.2%。2. 着力改善农牧民生产生活条件。积极实施农牧民安居工程及其配套设施建设，累计解决 23 万户、120 万农牧民的住房问题，提前一年完成“十一五”农牧民安居工程规划目标；落实游牧民定居工程建设任务 1.44 万户，累计落实 4.04 万户，超额完成“十一五”规划项目方案中提出的 2.4 万户建设任务，基本实现游牧民定居。解决 41.43 万人饮水安全问题，累计解决 122.2 万人饮水安全问题，提前一年完成“十一五”规划目标任务。完成 7.1 万座农村沼气池建设，累计完成户用沼气池 11.4 万座，超额完成了“十一五”规划项目方案中提出的 2.5 万户建设任务。安排 3.16 亿元，全面推进村级组织活动场所建设任务。解决和改善 11 万人用电问题，已有 150 多万农牧民用上了电。新增 19 个乡、213 个行政村通公路、63 个乡（镇）通光缆、404 个行政村通电话。完成 7 个乡（镇）客运站建设。金融支持“三农”力度不断加大，截至 2009 年年底，涉农贷款余额达到 51 亿元。3. 千方百计拓宽农牧民增收渠道，积极发挥特色产业项目增收作用，整合资金 8.3 亿元实施农牧业特色产业项目 65 个，项目建设对群众增收的作用更加突出，项目区群众人均增收从 660 元提高到 674 元。加大农牧民技能培训和劳务输出力度，通过参与工程建设，促进农牧民增收，农牧民人均纯收入预计达到 3589 元，同比增长 13%。

（二）着力加强重点项目建设，落实中央投资再创新高。

一年来，我们紧紧围绕国家扩大内需、促进经济增长的一揽子政策措施，加快推进项目建设，确保了经济增长的投资需求。1. 积极争取中央投资，落实中央投资 210 亿元，同比增长 31.3%，再创新高，累计落实中央投资 580 亿元，占“十一五”规划投资的 74.5%。除安排国家预算内资金外，还统筹准备财政基本建设周转金 25 亿元。预计，全社会固定资产投资超过 370 亿元，同比增长 20%以上。抓住中央研究西藏工作赴藏调研组调研的有利时机，及时提出“十一五”规划项目调整方案，为规划目标的完成奠定了良好基础。2. 狠抓开工复工。认真落实自治区党委提出的“4 月为我区开工复工月”的要求，开工建设拉萨至贡嘎机场专用公路、墨脱公路、日喀则和平机场等一批重点项目，极大地提振了全区推进经济发展的信心和决心。除拉日铁路已报国家待批、藏中抽水蓄能水电站已调整外，到 2009 年年底“180 项目”及其他项目全部开工。125 个项目投资已安排完毕，其中 100 个项目完工交付使用。3. 重点项目建设进展顺利。阿里昆莎机场初步建成，校飞成功；邦达机场改扩建工程顺利完工；日喀则和平机场开工建设；拉萨贡嘎机场飞行区改造及配套工程正加紧前期工作；新藏、青藏、川藏、滇藏、中尼等干线公路、通县油路和农村公路建设进展顺利，公路建设完成投资 60.62 亿元。门士—巴嘎—普兰、定日岗嘎—聂拉木—樟木、芒康—隔界河等 6 个项目已基本完工，新增沥青（水泥）路面 394 公里；巴河雪卡水电站 4 月底全部完工，雪卡送出 110 千伏输变电工程 4 月份投产；加查 110 千伏输变电工程带电运行；拉萨至林芝 220 千伏输变电工程投入运营；藏中电网与林芝电网联网成功，标志着覆盖五地（市）的藏中电网已经形成，为缓解藏中地区电力矛盾起到了积极作用；过渡电源 3 台机组已于 2009 年年底投产运行；老虎嘴水电站及户户通电工程、阿里并网光伏电站建设进展顺利。旁多水利枢纽开工建设；满拉、墨达两大灌区完成主体工程；青藏铁路那曲物流中心建成并投入运营，已有 6 家企业入驻；灾区基础设施以及公益性社会事业恢复重建工作进展顺利。4.着力加强项目管理，强化重点项目审计、检查和稽查。积极配合国家新增中央投资项目检查组做好相关检查工作，按照中央第十八、第十六检查组的整改通知意见和要求，切实加大新增中央投资整改力度，第一批新增中央投资项目已全部开工建设，第二、三批新增中央投资项目开工率达93%，第四批新增中央投资项目陆续开工，配套资金总体到位91%，项目管理水平明显提高。

（三）着力扩大社会消费，经济活跃度明显增强。

一年来，我们按照国家扩大内需、促进经济增长的一揽子计划的要求，着力扩大社会消费。预计，全社会消费品零售总额155亿元，同比增长20.1%。1.充分利用“藏历新年”、“雪顿节”等传统节日，通过发放“政府惠民购物券、购物卡”以及为贫困人员、特殊群体发放一次性生活补贴等方式，刺激消费需求快速增长。2.积极开展“家电、家具、农机、汽车、摩托车下乡”，安排补贴资金4077万元，有力地推动了农牧区消费升级和农牧民生活水平的提高。3.扎实推进“万村千乡市场工程”和“双百市场工程”，新建和改造农家店400家，建成县级农贸市场40个，市场覆盖率进一步提高。全面展开碘盐营销网络体系建设，完成碘盐营销网点建设1200个，拉萨碘盐营销配送中心已建成，昌都、那曲、阿里碘盐配送中心建设进展顺利，碘盐覆盖率超过80%。4.制定完善了住房公积金管理制度，有力地促进了房地产市场发展。

（四）着力加强产业建设，自我发展能力进一步增强。

一年来，我们坚持“注重特色与规模、注重引导扶持、注重生态环境保护、注重带动农牧民增收”的产业发展指导原则，在“高、大、长”上下功夫，产业建设快速推进。1.积极争取国家产业振兴贷款贴息和投资补助资金1.1亿元，大力支持我区特色优势产业发展。20万吨青稞啤酒生产线、华新水泥厂60万吨新型干法水泥生产线扩建工程、9.4万吨冰川矿泉水一期工程、甲玛铜多金属矿采选（一期）工程等工业项目取得重大进展，高争水泥二期生产线顺利达产。山南地区加查县邦布岩金矿采选、墨竹工卡县那茶淌北矿区锌矿采选等项目开工建设。2.工业生产稳步增长，工业增加值33亿元，同比增长12.3%。主要工业产品产量快速增长，发电量、水泥、啤酒、瓶（罐）装饮用水同比分别增长10.6%、13.1%、13.7%、101.8%。5100矿泉水销往香港地区，青稞啤酒出口美国，啤酒、矿泉水销售市场不断扩展。3.安排资金2.7亿元，积极实施青藏地质专项。4.加快旅游业发展。着力强化旅游宣传促销和客源组织，大力开发特色旅游产品，充分发挥旅游促销和旅游发展专项资金的作用，大力刺激旅游需求增长，旅游回升势头明显，旅游产业快速恢复。预计，全年累计接待海内外游客556万人次，同比增长1.47倍；旅游总收入52.4亿元，同比增长1.32倍。在旅游业的带动下，交通运输、邮电通信、餐饮服务等行业快速发展。

（五）着力发展社会事业，民生进一步改善。

一年来，我们坚持以人为本，狠抓民生改善，大力解决涉及人民群众切身利益的问题，社会事业全面进步。1.优先发展教育事业。建设了147所规范化小学、10所幼儿园、7所初级中学、9所普通高级中学、4所中等职业技术学校和西藏警官高等专科学校、拉萨师范高等专科学校等2所高校。“两基”

攻坚成果进一步巩固，全区73个县全面完成“普九”任务。连续两次提高农牧区义务教育“三包”经费补助标准。高中阶段办学规模进一步扩大，高等教育办学条件进一步改善。2.继续加强卫生基础设施建设。启动了31个县卫生服务中心、53个乡（镇）卫生院、4个社区卫生服务中心标准化建设，新建4个县疾病预防控制中心，改扩建自治区藏医院和昌都、那曲地区藏医院及昌都地区人民医院、拉萨市妇幼保健院，农牧区卫生基础设施逐步改善，地（市）级医疗卫生设施条件逐步提高，食品药品监督管理系统基础设施逐步健全。高度重视甲型H1N1流感防控，及时部署了一系列重大防控举措，防控工作取得明显成效。3.加快发展文化体育事业。新建13个县综合文化活动中心、81个乡（镇）文化站、41个县文化信息资源共享工程县级中心和昌都地区青少年活动中心，新建680个农家书屋，“三大文物”维修保护工程全面竣工。建设4座中波转播台，广播电视综合人口覆盖率达到89.2%和90.4%。新建290个村级农民体育健身场地，人民群众文化生活水平进一步提高。4.继续搞好科技创新与推广工作。“金牦牛、金太阳科技工程”等重点科技项目深入实施，科技支撑能力进一步增强。科技特派员达到2112人，其中农牧民科技特派员1163人。5.积极推进社保工作。社会保险覆盖面进一步扩大，全区参加社保总人数达到72.1万人。为拉萨“3·14”事件中受损商户、员工以及受影响行业发放失业救助、医疗救助、房屋修复补助、租金补贴、贷款贴息等1936.5万元，圆满完成受影响行业救助任务。积极帮助企业应对金融危机影响，累计发放困难企业补贴、社保补贴、岗位补贴3989.34万元。圆满完成“3·28”西藏百万农奴解放纪念日中央赠送我区5.3亿元项目的实施和物资发放工作。6.狠抓就业再就业，千方百计扩大高校毕业生就业，采取公务员公开招录、购买公益性岗位、推进市场就业等措施，多渠道解决就业问题。目前，已安排1万多名大学生就业，全区新增就业2万人，动态消除“零就业家庭”，城镇登记失业率控制在4%以内。7.继续加强城乡居民住房保障建设，通过加大廉租住房、周转房和经济适用住房建设，发放租赁住房补贴，完善住房保障制度，改善城镇低收入家庭居住条件。

（六）着力抓好生态文明，生态环境保护与建设取得新进展。

一年来，我们切实加强生态西藏建设，保护好西藏的碧水蓝天，把生态环境保护与建设作为最大的基础建设来抓，取得新的进展。1.积极实施《西藏生态安全屏障保护与建设规划》，及时出台《西藏生态安全屏障保护与建设规划实施意见》，累计落实国家投资近18亿元。农村沼气、小水电代燃料、退耕还林、退牧还草、防沙治沙、防护林体系建设等工程进展顺利。启动西藏自治区草原生态保护奖励机制试点。2.强化环境综合防治，进一步加强城镇污水处理及配套管网、垃圾处理等环保基础设施建设。昌都污水处理厂建成投入试运行，拉萨市污水处理厂开工建设。3.稳步推进节能减排，特别是狠抓重点领域节能减排，华新水泥、高天水泥余热低温发电项目已通过国家审批。加强了重点监控企业的监督管理，积极开展重点耗能企业能源计量调查。加快节能技术开发和推广，严格控制高耗能、高排放行业盲目扩张。目前，我区新型干法水泥占水泥总产能的比重接近50%；光伏发电设施总容量达到9兆瓦；向39.5万户农牧民家庭发放了太阳能灶，推广节能灯110万支；太阳能热水器安装使用量已达到100万平方米左右。

（七）着力深化改革开放，发展的环境进一步优化。

一年来，我们紧紧围绕破解阻碍经济社会发展的体制机制障碍，大力推进体制改革。1.农牧区综合改革继续推进，林权制度改革试点进展顺利。积极稳妥推进以乡（镇）机构、农村义务教育体制、县乡财政体制和农村公共服务体系等改革为主要内容的农村综合改革。2.国有企业改革继续深化，进一步完善企业法人治理结构，完成了矿业集团、建材集团、建工集团的组建，着力开展旅游、藏药等企业集团的组建工作；进一步完善国有资产监管体制机制。3.财税体制改革稳步推进。重点推动建立县、乡公共财政体制框架。深化预算制度改革，提前一年实现所有县级财政推行部门综合预算改革的规划目标。积极推进增值税转型和相关税收制度改革。4.全面推进卫生体制改革。召开了全区深化医药卫生体制改革工作会议，制定出台了《中共西藏自治区委员会、西藏自治区人民政府关于深化医药卫生体制改革的意见》（藏党发〔2009〕12号），出台了《西藏自治区深化医药卫生体制改革2009年重点工作方案》，起草完成了《西藏自治区2009年实施国家基本药物制度工作方案》。5.机构改革工作全面实施，体制机制进一步理顺，政府机关行政效率进一步提高，活力进一步增强。6.着力扩大对内对外开放，特别是对内地的开放，加强区域经济的交流与合作。预计，进出口贸易总额完成4亿美元，边民互市贸易同比增长68.5%，自产产品出口有较大增幅。成功举办第十二届中国西藏—尼泊尔经贸洽谈会、2010年上海世博会西藏宣传周活动及西藏招商投资与特色旅游推介会。加快口岸基础设施和边贸市场建设。积极争取国家口岸建设资金2855万元，超额完成计划投资的43%，进一步拓展对外开放的深度和广度。7.努力扩大招商引资，预计全区落实招商引资项目316个，协议资金150亿元，到位资金59亿元，同比增长23%。8.积极协调落实援藏资金20亿元，同比增长21.4%。

（八）着力加强重大问题研究，促进经济又好又快发展。

一年来，我们紧紧抓住牵动全局的主要矛盾、经济社会发展的关键环节和事关群众利益的突出问题，加强调查研究，不断提高对宏观经济的调控能力和水平。1.狠抓经济调节。自治区党委、政府根据中央的统一部署，紧密结合我区经济社会发展实际，正确判断形势，果断决策，及时出手，针对不同时期的重点任务，采取有效措施，确保了全年社会局势的稳定和经济的快速恢复。一季度，自治区党委、政府正确处理发展与稳定的关系，针对达赖集团干扰破坏，坚持“两手抓、两手都要硬”，确保了敏感期社会局势的稳定和经济的平稳运行。二季度，自治区及时将工作重心转到经济工作上来，明确了落实强农惠农政策、努力扩大投资、大力刺激消费增长、加快特色产业发展、加强生态环境保护与建设、着力改善民生、强化宏观经济监测预警、加强安全生产、做好机构改革工作等九项措施，经济活跃度明显提高，市场信心逐步恢复，社会预期不断改善，经济增速快速回升，由一季度的7.3%提升到二季度的10.3%。三季度，自治区进一步加大工作力度，不断夯实农牧业基础，积极落实投资，努力扩大消费，加大财政一般公共服务支出，大力发展特色产业，经济增速逐步加快，提升到11.4%。四季度，自治区根据经济运行的形势，结合“十一五”规划目标任务，明确提出了“确保经济增长10%以上，力争达到12%”的目标，采取进一步夯实农牧业基础、狠抓投资落实、努力扩大消费、改善生产经营环境、着力改善民生等多措并举，各地（市）、各部门按照自治区党委、政府的统一部署，狠抓工作落实，圆满完成了年初确定的各项目标任务。2.全区上下积极配合中央研究西藏工作赴藏调研组工作，取得明显成效。自治区和中央有关部门就我区“十二五”时期以及到2020年的发展思路、优惠政策、项目和投资等方面达成广泛共识。之后，自治区又派出专门的工作组赴北京，积极配合国家经济社会调研组起草调研报告、梳理优惠政策和项目方案，形成的调研报告充分体现了我区发展的实际和要求，为中央召开专题会议研究西藏工作，进一步加大对我区的支持力度，推进跨越式发展和长治久安奠定了基础，也为我区经济社会发展带来了新的机遇。3.抓紧启动“十二五”规划编制工作，制定了《西藏自治区关于做好全区“十二五”规划编制工作的意见》，研究提出我区《“十二五”规划重大问题研究指南》，21个重大问题研究工作基本完成。自治区“十二五”规划总体思路研究工作进展顺利。4. 加强价格调控，积极稳妥地推进价格改革，进一步完善成品油价格形成机制，先后 8 次调整成品油价格；适时调整了中部电网电价，测算了拉萨供水价格；强化价费监管，着力解决民生价格问题，核定了医疗收费标准，开展了教育收费检查；大力整顿和规范市场价格秩序，积极开展不同形式的价格检查，全力维护市场物价基本稳定。预计居民消费价格总水平涨幅为 1.1%。

综观一年来全区经济社会发展，我们之所以在世界经济处在深度危机，全国经济最为困难的一年，能够用一年多点的时间实现经济快速恢复，之所以在反分裂斗争形势依然严峻的条件下，能够实现经济增速从一季度的 7.3%，二季度的 10.3%，三季度的 11.4%到全年的 12.1%的加速发展，是自治区党委、政府积极落实中央扩大内需、促进经济增长一揽子政策，敏锐洞察经济形势变化，化不利因素为难得机遇，针对西藏自身特点，不断加强经济调节，迎难而上、积极应对、坚强领导的直接结果；是全区上下充分发扬“老西藏精神”，不折不扣地贯彻自治区党委、政府决策部署，团结一心、扎实工作、奋发图强的结果；是全区各族人民群众坚决反对分裂、维护社会稳定，一心一意谋发展，齐心协力、艰苦奋斗、推进发展的结果；更是中央特殊关心，全国人民无私帮助，祖国大家庭无比温暖，社会主义制度无比优越的直接体现。成绩来之不易，我们必须倍加珍惜。

二、2010 年经济发展环境的总体判断及发展的初步思路

（一）2010 年经济发展环境的总体判断。

当前我区经济社会发展面临的总体环境向好，实现“十一五”规划各项目标任务的形势更加有利。

一是党中央、国务院应对国际金融危机的一揽子计划取得了明显成效，国内经济回升向好的趋势不断得到巩固，总体情况好于预期。中央经济工作会议又明确提出了要保持宏观经济政策的连续性和稳定性，继续实施积极的财政政策和适度宽松的货币政策，中央基本建设投资将维持 2009 年的水平，并继续加大对“三农”、保障性安居工程、卫生教育等民生领域投入力度，加大对中西部地区、民族地区、边疆地区、贫困地区的投入力度。国家还将继续深入推进西部大开发战略，并将在下一个十年进一步完善西部大开发相关政策和措施。这些都为我区经济社会发展营造了良好的外部环境。

二是中央加大了对我区经济社会发展的支持力度，去年以来，多位中央领导同志率队赴西藏考察工作，充分体现了中央对西藏的关心和支持，极大地提振了全区各族人民谋发展、促发展的信心和决心。同时，中央还派出经济社会发展调研组赴藏检查我区“十一五”规划项目实施情况，并就我区“十一五”后两年、“十二五”规划以及到 2020 年经济社会发展问题进行调研。目前，我区“十一五”规划调整方案和关于“十一五”末至“十二五”期间支持西藏经济社会发展的若干政策和重大项目的意见已初步形成，国家各部委正积极协商、深入研究，这为我区“十一五”规划顺利实施以及“十二五”发展奠定了基础。

三是“十一五”规划实施成效显著。实施“十一五”规划的四年来，在中央的亲切关怀和全国人民的无私援助下，自治区党委、政府团结带领全区各族人民牢牢扭住跨越式发展的目标，克服严峻的反分裂斗争形势、宏观经济环境的剧烈变化、项目前期工作任务繁重以及频发自然灾害等因素带来的不利影

响和困难，不断创新发展理念、破解发展难题，经济社会各个领域建设和发展取得了重大成就。地区生产总值2007年突破300亿元，2009年突破400亿元；农牧民人均纯收入年均增长达到14.7%，比规划预期高出1.7个百分点；地方财政一般预算收入已提前两年实现2010年24亿元的规划目标。农牧民安居工程、农牧民安全饮水工程、千人拥有卫生技术人员、医院标准病床数、城镇居民人均可支配收入等指标已提前完成目标；乡（镇）通公路率、建制村通公路率、建制村通电话率、城镇化率、人均受教育年限、城镇登记失业率、新增就业人口以及单位GDP能耗等均能如期实现规划目标。总体上看，经过前四年全区上下的艰苦奋斗，我区经济社会跨越式发展的基础进一步夯实，发展的步伐逐步加快，社会事业全面进步，人民生产生活条件明显提高，生态环境有效改善，“十一五”规划纲要确定的主要指标完成情况总体较好，为圆满完成“十一五”规划目标及“十二五”经济社会发展奠定了坚实的基础。

四是社会局势总体稳定，维稳方式由非常态转变到常态，为我区经济社会发展创造了良好的社会环境，全区各族干部群众思稳定、盼富裕、谋跨越、奔小康的愿望更加迫切，跨越式发展的群众基础和社会基础更加牢固。

在看到有利形势的同时，我们也必须清醒地认识到当前我区经济社会发展中面临的不利因素。一是国内经济虽然实现了较快增长，但经济回升向好的基础还不稳固。国家宏观调控政策大方向、大原则没有变化，但由于国内经济面临的环境极其复杂，决定了影响宏观政策变化的不可预见性和不确定性因素增多，这将对我区经济的平稳运行产生一定的影响。二是我区经济发展的支撑条件还很薄弱，影响经济又好又快发展的深层次矛盾还未得到根本解决，发展的环境还需进一步改善，电力供需矛盾仍然十分突出；随着外部宏观环境的变化，通胀压力加大，我区价格调控的难度增大；体制机制改革亟待加强，金融支持产业发展的力度还需进一步加强，截至2009年11月末，金融机构存款余额达到1029.82亿元，贷存比仅为23.9%。三是虽然2010年中央基本建设投资将维持2009年水平，但为了集中力量保重点，提高投资效益，中央投资安排的原则是“要把在建和收尾项目安排好，打足资金，严格控制铺新摊子”，加大了我们争取中央投资新开工重大项目的难度。同时，随着我区民间投资规模的不断扩大，保持民间投资高速增长的难度也越来越大。四是反分裂斗争的形势依然严峻。国际反华势力对我实施西化分化的政治图谋以及达赖集团的分裂和破坏活动从来没有改变，我们决不能掉以轻心。

（二）总体要求和发展目标。

2010年，是我区实施“十一五”规划的决战之年。做好2010年经济工作，对于全面实现自治区党委战略部署和“十一五”奋斗目标，保持经济社会平稳较快发展的良好态势，意义十分重大。我们要坚持以邓小平理论和“三个代表”重要思想为指导，深入贯彻落实科学发展观，始终坚持中央关于新时期西藏工作指导思想不动摇，全面贯彻党的十七大和十七届三中、四中全会以及中央经济工作会议精神，按照自治区第七次党代会和区党委七届六次全委会的决策部署，牢牢抓住中央继续实施扩大内需的政策和加大对西藏支持力度的难得机遇，紧紧围绕推动经济科学发展、促进社会和谐稳定这个主题，大力实施“一产上水平、二产抓重点、三产大发展”的经济发展战略，狠抓首要任务，加快产业发展，推进项目建设，扩大社会消费，着力改善民生，建设生态文明，深化改革开放，保持社会稳定，确保全面完成“十一五”规划目标，为“十二五”经济社会发展奠定坚实基础，努力在走有中国特色、西藏特点的发展路子上迈出新步伐，促进经济社会更好发展、更快发展、更大发展。

按照“圆满完成规划目标、着力夯实发展基础”的要求，本着既积极向上，又切实可行的原则，确定2010年经济社会发展主要指标是：地区生产总值增长12%以上；农牧民人均纯收入增长13%以上；地方财政一般预算收入增长20%以上；全社会固定资产投资增长18%以上；社会消费品零售总额增长18%以上；城镇登记失业率控制在4.3%以内；居民消费价格总水平涨幅控制在3.5%以内。

（三）2010年工作重点。

为完成以上目标，2010年经济工作要紧紧围绕“一条主线”，即：全面完成“十一五”目标和为“十二五”经济社会发展奠定基础这条主线；牢牢抓住“两个机遇”，即：中央将进一步加大对我区的支持力度、国家西部大开发战略深入推进两个机遇；重点把握“三个关系”，即：把握好稳定与发展的关系、近期发展与长远发展的关系、经济增速与质量效益的关系；切实抓好“六个重点”，即：着力夯实农牧业基础，不断推进社会主义新农村建设；着力提高自我发展能力，不断加快产业建设步伐；着力推动经济发展方式的转变，不断强化投资、消费双拉动作用；着力改善民生，不断推动社会事业发展；着力深化改革开放，不断改善发展的环境；着力加强生态文明建设，不断推进人与自然和谐发展。

三、2010年经济社会发展的主要任务

（一）狠抓关键环节，确保实现“十一五”规划确定的“力争年均经济增速达到12%以上”的目标。

1．积极争取投资。继续加大同国家发展改革委等有关部委的汇报衔接力度，争取早日批复自治区“十一五”规划项目调整方案及“十二五”规划项目方案，为顺利完成“十一五”规划确定的目标任务和“十二五”长远发展奠定基础。继续抓好国家投资的落实工作，力争落实中央投资220亿元，力争全社会固定资产投资超过440亿元。大力加强重点项目前期工作。积极推行勘察、设计招投标制度，加强项目的咨询论证工作，建立前期工作责任追究制度，确保尽快完成改善民生工程、重大基础设施、特色优势产业、生态环境保护、维稳能力建设等重点项目的前期工作。加快拉日铁路、拉萨至贡嘎机场专用公路、日喀则和平机场、拉萨贡嘎机场等项目的审批进度。特别要围绕解决电力供需矛盾，加快青藏直流联网、藏木水电站、果多水电站、无电地区电力建设规划等重大项目的审批进度。进一步强化在建项目精细化管理，切实做到行动快、措施准、工作实，进一步增强责任意识、质量意识、安全意识。严格执行基本建设程序，严格落实项目“四制”，严格遵循土地、环保、节能要求，确保工程质量和建设标准。重点实施好中尼公路、川藏公路、新藏公路、滇藏公路、通县和县际公路、农村公路三期工程、国边防及口岸公路、邮政基础设施、老虎嘴水电站、三大灌区、江河防洪工程、旁多水利枢纽、重点灌区与节水增效工程、农产品质量监督体系、“一江两河”流域综合开发、扶贫开发、农牧区基础卫生医疗设施、中等职业技术学校、小学规范化建设、广播电视村村通工程（二期）、重点保护文物维修工程、西藏佛学院、拉萨市城市供排水管网、县城垃圾填埋场、污水处理、边境巡逻路及监控设施、县公检法基础设施和“两所一庭”等项目。抓好工程验收工作。积极开展项目后评价试点，做好“180项目”竣工验收和总结工作。加大项目稽查力度，确保工程质量、安全生产、建设进度和投资效益。切实加强项目管理。按照国务院办公厅《关于加强和规范新开工项目管理的通知》（国办发〔2007〕64号）要求，严格规范项目新开工的8项条件，尽快完善环保、用地、规划等前置审批手续。积极落实各项建设条件。

强化资金调度，用好财政基本建设周转金，保证项目建设资金需求。加强协调，科学组织，精心施工，确保质量和进度。

2．努力扩大消费。认真落实好国家实施的进一步刺激消费的相关政策，完善我区扩大消费的相关措施。加强市场建设，全面完成七地（市）农产品批发市场、县级农贸市场和边贸市场建设，积极推进碘盐营销网络体系建设。加大“万村千乡市场工程”实施力度，促进农牧区消费增长。继续实施好“家电、家具、汽车下乡”工程。巩固好近年来我区精心培育的住房等消费热点，积极开拓新的消费空间、消费渠道与模式，大力培育文化、健身、娱乐、房地产市场、休闲、城郊旅游等新的消费热点，提高消费层次。加快信贷消费制度改革步伐，适当放宽贷款条件，鼓励个人信贷消费。大力整顿和规范消费市场，依法惩治虚假广告、制假售假、商业欺诈、强买强卖等行为，维护消费者权益，营造良好的消费环境。

3．加快对内对外开放步伐。统筹好区内外、国内外两个市场、两种资源，增强开放意识、优化发展环境，加大招商引资力度，力争招商引资规模达到70亿元以上。进一步加强与国有大中型企业的经济合作，加大那曲物流中心招商引资力度，吸引更多的企业落户西藏。做好第六（四）批对口支援协调服务工作，进一步完善援藏项目管理方式，落实好援藏资金。加大宣传推介力度，积极鼓励支持区内企业走出去，努力开拓内地市场。认真做好2010年上海世博会西藏馆布展、运行等各项工作，确保参展以及西藏活动周等组织实施工作。加快推动南亚贸易大通道建设，搞好边境口岸基础设施建设，大力发展边境贸易，完善出口扶持政策，努力提高自产产品出口，力争全年进出口贸易总额增长10%。

（二）狠抓首要任务，确保实现“十一五”规划确定的“力争农牧民人均纯收入年均增长13%以上”的目标。

1．大力提高农牧业综合生产能力。全力做好农田、水利、退牧还草、造林绿化、游牧民定居、农村户用沼气池建设等关系农牧民生产生活条件和基础设施项目的建设，不断夯实农牧业基础。力争实现85%的乡（镇）通邮、88%的建制村通电话。进一步加大农牧区电力、安全饮水等工程建设，再解决15万人的用电、25万人的饮水安全问题。推动农牧业科技服务体系、农畜产品质量安全体系、动物防疫体系和农牧业防抗灾体系建设。突出粮食安全特别是青稞安全，狠抓种植业。认真落实各项惠农、支农政策，及时兑现粮食直补、良种补贴、农机具补贴。继续推行农作物主推品种公布和推介主导品种。抓好农技推广，深入实施提高粮油单产行动，测土配方施肥、耕地质量建设、农机化等实用技术推广。加大畜禽良种改良和培育力度，推进畜牧业养殖方式的转变，提高牲畜出栏率，加大人工种草力度。狠抓重大动物疫病防控，切实提高免疫密度和质量，确保畜牧业健康发展。

2．积极支持特色农牧业发展。进一步理清特色农牧业开发思路，重点培育一批优势农畜产品和优势产区，做大做强一批具有较强竞争力的农畜产品产业带，形成合理的区域布局和专业分工。坚持“相对集中、连片发展、效益优先”原则，依据多样化、多层次、优质化和动态发展的市场需求，突出专业化、规模化和产业化，重点发展市场占有率高、经济效益明显、市场前景广阔的优势农畜产品。加大农牧业特色产业生产基地建设力度，抓好藏西北绒山羊、藏东北牦牛、藏西绵羊等7个产业带建设。

3．千方百计促进农牧民收入持续有效增长。充分挖掘农牧业内部增收潜力，重点抓好“农牧业生产”这个基础面，增加农牧民的第一产业收入。进一步加大对特色农牧业扶持力度，积极探索“公司+基地+农户”的利益联结机制，大力发展劳务经济，鼓励和组织农牧民参与工程建设，加强对农牧民施工队的扶持，努力形成“农牧业特色产业和劳务输出”这两个增收亮点。加大对农牧民技能培训力度，积极培育农牧民经纪人队伍，提高农牧民综合素质和组织化程度，建立健全管理服务体系，建立“农牧民专业合作经济组织”这个有效载体，确保农牧民增收13%以上目标的实现。

4．切实改善农牧民生产生活条件。加快农牧民安居工程建设，再经过一年努力，提前实施并完成剩余20%的安居工程计划任务。整合2.6亿元资金，积极开展500个行政村的村容村貌综合整治试点。积极推广碘盐，力争农牧区碘盐覆盖率达到90%以上。进一步加强对贫困地区、边境地区、较少民族地区经济社会发展的支持力度，在政策导向、资金安排等方面加大倾斜力度。强化以工代赈项目库建设，做好项目前期工作，搞好年度计划项目的论证和筛选。开展以工代赈扶贫成效调查与研究，研究探索适应新形势下做好扶贫工作的新思路、新途径，提高以工代赈扶贫工作的有效性。

（三）狠抓产业建设，走出一条符合西藏实际的现代产业建设与发展道路。

1．加大产业建设的政策扶持力度。紧紧抓住国家调整结构的有利时机，抓好产业项目储备，筛选一批对推动我区产业尤其是特色产业发展具有积极促进作用的项目，上报国家争取资金支持。充分利用好我区产业与企业改革发展资金以及旅游促销和旅游发展专项资金，加快推进特色产业发展。积极拓宽产业发展的投融资渠道，充分发挥政府投资的带动作用，鼓励和引导民间资金进入特色产业领域，形成推动产业发展的强大合力。尽快出台我区产业振兴实施方案。积极引进国内大型企业进藏发展，抓好工业园区、经济技术开发区建设，切实增强服务意识，改进服务方式，提升服务水平，营造良好的产业发展软环境。贯彻落实好国务院和自治区促进中小企业发展的相关政策，加大对中小企业的财税、金融扶持力度，加快技术进步和结构调整，缓解融资困难，进一步营造良好环境，促进中小企业又好又快发展。

2．加快产业建设步伐。加大资源整合力度，引导生产要素向优势龙头企业集中，着力扩大产业规模、提升产品层次、树立品牌形象。以我区特色资源优势为依托，尽快组建藏药、旅游等企业集团，不断增强企业竞争力。积极支持重点工业企业建设。加快扎布耶盐湖资源综合利用开发、雄村铜矿、驱龙铜矿、多不杂铜矿、当穹错盐湖等重点工业项目前期工作。积极推进玉龙铜矿、甲玛铜矿、华新水泥、珠峰冰川矿泉水等建设步伐，进一步提高第二产业增加值占地区生产总值的比重。大力促进旅游产业发展。巩固好当前旅游业快速回升的良好势头，积极开展冬季旅游促销活动。加快游客综合服务中心以及景区、景点等公共服务设施建设，积极推进旅游商品的研发及展示，大力支持农牧民家庭旅馆改造，扶持和鼓励具有发展优势的乡村旅游小企业。

（四）狠抓民生改善，着力提高人民生活水平和质量。

1．推进教育优先发展。推进义务教育均衡发展。继续抓好初级中学建设与完善工程、小学规范化建设和教学点改造，缩小义务教育阶段城乡学校间办学条件差距，巩固农村义务教育普及成果。大力发展高中阶段教育，加快普通高中建设步伐，加强中等职业教育基础能力建设，扩大高中阶段办学规模。

继续发展特殊教育，促进不同健康人群之间的教育公平。提高高等教育质量，相对稳定普通高校招生规模，支持重点学科、创新人才培养和高校基础设施建设。确保人均受教育年限达到 7 年。

2．大力支持卫生事业建设。加快自治区藏医院、第三人民医院建设，实施好自治区疾控中心改造、自治区第二人民医院改扩建工程，进一步完善全区公共卫生服务体系。继续加强县卫生服务中心和乡（镇）卫生院标准化建设，积极推进城市社区卫生服务中心建设。加强地（市）级以上藏医院建设，扶持藏医药事业发展。切实强化甲型 H1N1 流感防控工作，有效预防和控制突发公共卫生事件。加强农牧区医疗卫生队伍建设，着力解决农牧区医护人员缺乏等问题。深化医药卫生体制改革。贯彻落实《中共西藏自治区委员会、西藏自治区人民政府关于深化医药卫生体制改革的意见》，出台 24 个相关配套文件，实施医药卫生体制改革近期工作实施方案，完成 2009—2011 年重点工作任务分解表确定的 2009—2010 年各项任务。改革基层医疗卫生机构补偿机制，探索对基层医疗卫生服务机构实行收支两条线管理方式。

3．加快文化体育事业发展。加快推进公共文化服务体系建设。继续改善基层公共文化设施条件，推进县、乡文化馆建设。实施广播电视户户通、西新工程、农村电影放映和有线数字电视等工程，切实改善广大人民群众文化生活条件。进一步加大民族语译制力度。加强文化遗产保护工作，积极推进“十一五”重点文物保护工程建设。大力推进文化体制改革，加快文化产业发展。加快自治区自然科技博物馆等重大文化设施建设。积极推动群众体育事业发展。继续实施农民体育健身工程，推进村级农民体育健身场地建设。

4．强化科技服务能力建设。继续加大重点科技项目实施力度，着力在优势特色产品的深加工上下功夫，抓好农牧区先进适用技术推广普及，加大我区民用的光热、光电、风能新产品和新技术的研究开发力度。鼓励企业建立研发机构，扶持特色优势产业加快关键技术的引进、创新，加快推进传统产业转型升级，提升我区科技服务能力。

5．加强就业和社会保障工作。继续实施积极的就业政策，加大创业服务力度，鼓励自主创业，积极为自主创业提供良好的政策支持，切实做好大中专毕业生的就业和复退军人的安置工作，确保完成“十一五”规划确定的“新增 8 万人就业的规划目标。加快建设覆盖城乡居民的社会保障体系，扩大覆盖范围，提高保障水平，重点加快建立农村社会养老保险制度。改善社会福利和社会救助，切实保障困难群众基本生活。继续加强和推进流浪未成年人保护、儿童福利、残疾人综合服务和社区综合服务设施建设。

6．加快生态环境保护与建设步伐。继续实施好《西藏生态安全屏障保护与建设规划》，全面推进保护、建设、支撑保障三大类工程。推进生态补偿机制，建立健全节能减排工作长效机制，特别是要围绕缓解当前电力供需矛盾，深入开展全民节能、节电行动，大力提倡普及节能、节电产品，加大宣传力度，增强节能意识。尽快出台和完善加强节能减排、民用建筑节能管理等一批地方法规，制定和完善我区高耗能行业主要用能产品耗能定额标准，逐步建立覆盖全社会的节能环保标准体系。严格环境监测监管，深入开展环保专项行动。继续加大节能减排重点项目的建设力度，加快主要城镇垃圾填埋和生活污水处理项目的建设，确保我区顺利实现“十一五”节能减排目标任务。

（五）狠抓体制创新，着力构建宽松的发展环境。

1．继续深化农牧区经济体制改革。稳定和完善农村基本经营制度。坚持最严格的耕地保护制度。推进农村集体建设用地管理制度改革。推进土地草场承包经营权流转，强化草畜平衡机制。积极稳妥推进集体林权制度改革。加快农村水电管理体制改革，推广和完善农田水利建设新机制。继续推进农牧区综合改革。探索建立失地农民共享征地增值收益的机制，解决失地农民的就业和社会保障问题。探索建立城乡规划建设一体化管理体制。

2．加快推进社会事业领域改革。完善就业政策体系，推进人力资源市场制度化建设。完善社会保障制度，积极开展新型农牧区社会养老保险试点；按照国家统一安排，推进事业单位养老保险改革，扩大覆盖面。进一步完善失业、工伤、生育和医疗保险制度。进一步完善“零就业家庭”动态消除机制。积极推进农牧区富余劳动力转移就业的组织化程度。继续深化科技、教育、文化体制和市政公用事业改革。加强流动人口服务和管理制度改革。

3．着力加快企业改革。深化国有企业改革。加快推进国有企业公司制股份制改革，完善法人治理结构。启动国有独资公司董事会建设试点和国有股东代表派出试点工作。完善国有资产监督管理体制和制度。大力促进非公有制经济发展。积极落实鼓励支持非公有制经济发展的政策措施，加大对促进非公有制经济发展的财政、税收、金融等政策支持，破除阻碍非公有制经济发展的管理障碍，为非公有制经济创造良好的发展环境。

4．切实加强宏观管理体制改革。深化投资体制改革。完善政府投资管理制度，健全中央预算内投资管理体系，规范国家投资工程建设领域的招（投）标活动。深化财税体制改革，完善公共财政体系，规范转移支付制度，进一步完善自治区对下财政管理体制，积极建立县级基本财力保障机制。加强税收征管。培育金融机构，健全金融体系，加大有效信贷投入。完善商业银行信贷管理制度。进一步加强农牧区金融服务工作。推进信用担保体系建设。加快行政管理体制改革。全面完成政府机构改革，优化政府组织结构，理顺职责关系，完善体制机制。

（六）狠抓经济调节，确保经济平稳运行。

1．加强宏观经济监测预警。进一步完善经济运行工作协调机制，强化经济运行分析，密切关注经济运行中出现的不健康、不稳定因素，尤其要加强季度、半年度经济形势和经济发展过程中的苗头性问题分析，及时反映经济运行中的新情况和新问题，做到见事早，动作快，反应及时，应对果断，确保经济又好又快发展。切实加强经济运行调节，强化煤电油运调度，特别是要强化电力调度，最大限度挖掘潜力，增加发电量，加强需求侧管理，保障好居民生活及企业用电。

2．加强价格调控。积极稳妥推进资源性产品价格改革，完善石油成品油价格形成机制，认真落实成品油价税改革方案。深化电价改革，研究推进阶梯电价，核定上网电价。继续清理行政事业性收费，重点清理涉及农牧民负担的行政事业性收费；进一步巩固涉农（牧）价格和收费公示成果，促进农牧民减负增收。加强价格监测预警能力建设。强化价格监督检查，继续开展教育、医疗、涉农、涉企等价格收费专项检查；深入开展价格信用活动，加大价格法律法规宣传力度；继续推进明码标价制度，营造良好的价费环境。

3．认真做好“十二五”规划的编制工作。2010年是“十一五”规划的最后一年，做好“十一五”与“十二五”的平稳过渡与衔接至关重要，要按照国家“十二五”规划编制的总体要求，全面启动“十二五”规划纲要编制工作，在2010年年底前完成规划纲要草案。同步组织自治区规划纲要与专项规划、地（市）规划以及与国家规划的衔接。积极做好我区主体功能区规划编制工作。

各位代表，做好2010年经济和社会发展工作至关重要。我们将以邓小平理论和“三个代表”重要思想为指导，全面贯彻落实科学发展观，坚定不移地走有中国特色、西藏特点的发展路子，着力推进小康西藏、平安西藏、和谐西藏、生态西藏建设，自觉接受人民代表大会的监督和指导，认真听取人民政协的意见和建议，抓住机遇，乘势而上，扎实工作。我们坚信有中央的关心和全国人民的无私支援，有自治区党委、政府的坚强领导，有全区各族人民的共同奋斗，我们必将圆满完成“十一五”规划目标，必将推进西藏经济社会更好发展、更快发展、更大发展！

附录 4：

关于西藏自治区 2009 年财政预算执行情况和 2010 年财政预算草案的报告

——2010 年 1 月 10 日在西藏自治区第九届人民代表大会第三次会议上

自治区财政厅

各位代表：

受自治区人民政府委托，现将西藏自治区 2009 年财政预算执行情况和 2010 年财政预算草案的报告提请自治区九届人大三次会议审议，并请自治区政协各位委员提出意见。

一、2009 年财政预算执行情况

2009 年是实现“十一五”规划目标的关键之年。在自治区党委的坚强领导下，在各级人大的监督指导下，全区财政工作以邓小平理论和“三个代表”重要思想为指导，深入实践科学发展观，全面落实中央和自治区确定的扩大内需、保持经济平稳较快增长的一系列重大决策部署，沉着应对经济增长基础不稳定、维护稳定任务繁重、各种自然灾害频繁发生的挑战和困难，加大积极财政政策实施力度，狠抓增收节支，优化支出结构，强化预算管理，深化财税改革，为经济跨越式发展和社会长治久安提供了可靠的财力保障，全区财政预算执行情况良好。

自治区九届人大二次会议审议通过的西藏自治区 2009 年财政预算为：全区财政一般预算总财力 3515378.5 万元，按同口径计算，比上年年初预算增加 680699.5 万元，增长 35%，其中：全区地方财政一般预算收入 169200 万元，比上年年初预算增加 28200 万元，增长 20%；中央各项补助共计 2468144.5 万元，比上年年初预算增加 652499.5 万元，增长 36%；上年结转收入 878034 万元。全区财政一般预算支出安排 3515378.7 万元，当年财政收支平衡。2009 年年初政府性基金预算收支安排 53791.7 万元。在年度预算执行过程中，根据财力变化情况，经自治区九届人大常务委员会第十二次会议批准，财政一般预算收支变更为 4830000 万元。政府性基金预算收支变更为 39732.7 万元。

预算执行结果，自治区财政一般预算总财力预计为 5763656 万元。其中地方财政一般预算收入预计完成 300894 万元，为年初预算的 177.8%，比上年增加 52071 万元，增长 20.9%；一般预算支出预计完成 4701322 万元，为变更预算的 97.3%，比上年决算数增加 892366 万元，增长 23.4%。上解支出 2367 万元。收支相抵并扣除结转下年支出 1048796 万元后滚存净结余 27687 万元，其中自治区本级滚存净结余 8525 万元，地县滚存净结余 19162 万元。当年净结余 11171 万元，其中自治区本级当年净结余 5098 万元，地县当年净结余 6073 万元。实现了收支平衡，略有结余。

政府性基金总收入 26481 万元，其中政府性基金地方预算收入预计完成 2832 万元。基金预算支出预计完成 13976 万元。

以上预算执行结果截止日期是 2009 年 12 月 31 日。地方财政决算汇总后，会略有变化。

2009 年西藏自治区财政预算执行和财政工作的主要情况：

（一）财政促进经济发展的能力进一步增强

为有效应对去年以来经济增速下滑的严峻形势，全区各级财政全面贯彻落实中央和自治区确定的扩内需、保增长的一系列重大决策部署，千方百计盘活存量资金，积极争取中央财政新增投资，实施积极财政政策，审慎灵活地采取了一系列调控经济发展措施，保证了我区经济平稳较快发展。一是大幅度增加财政基本建设投入，扩大投资需求。落实财政性基本建设资金 1468499 万元，比上年增加 257680 万元，增长 21.28%。其中：中央财政新增投资 849997 万元；地方预算内投资 60000 万元，比上年增长 20%；基建调度资金 250000 万元，比上年增加 44813 万元，增长 21.84%。实施了农牧民安居工程、周转房、廉租住房等自治区重点工程项目，有力地促进了水、电、路等关系国计民生的重大项目建设。二是积极实施刺激消费政策，促进消费需求。提高企业退休人员的养老金水平和城乡居民最低生活保障标准;为低收入群众发放购物卡（或现金），促进形成即期消费 9531 万元；实施家电、家具、汽车、摩托车下乡，提高财政补贴率，增加补贴品种，拉动农村消费；提高住房公积金贷款额度，延长贷款年限，促进住房消费；实施万村千乡、双百工程，加快农村物流体系建设，改善消费环境，刺激和提升居民消费。三是大幅度增加外贸发展资金，促进出口创汇。落实外贸发展促进资金 7843 万元，比上年增加 2789 万元，重点支持了 40 个具有比较优势的出口项目，不断提高出口企业出口创汇能力。四是大幅度增加产业发展资金，促进特色优势产业加快发展。自治区财政安排了 50000 万元的产业与企业发展资金，支持建材、矿业等支柱产业发展，提升企业竞争力；落实地质勘查资金 10000 万元，启动了山南曲松县罗布莎铬铁矿深部找矿、部分地县多金属矿普查等 5 个矿产资源勘查项目；落实农牧业特色产业发展资金 83000 万元，旅游发展促销资金 5000 万元，支持产业结构调整，促进特色优势产业发展，加快旅游业振兴，重点产业支撑经济发展的作用有所提升。五是全面落实特殊扶持政策，促进加快恢复生产经营秩序。2009 年，全区财政对“3·14”事件受损商户和行业发放失业救助、生活补助金 1936.5 万元，免除受损商户各项税收 2240 万元，为短时间内恢复生产经营、保持社会大局稳定，发挥了重要的政策支撑作用。六是加大政策支持力度，加快区内企业发展。制定区内企业激励办法，企业高管人员激励办法，认真落实政策性补贴和税收优惠政策，大力支持组建矿业集团、建材集团、建工集团，努力培育中小企业，提升企业发展能力。

（二）财政支持三农的力度进一步加大

坚持财力向“三农”倾斜，不断加大“三农”投入，扩大公共财政覆盖范围，社会主义新农村建设取得新进展。一是大力支持农牧民安居工程及农牧业基础设施建设。全区农牧民安居工程自治区当年投资 78568 万元，安排建设 59637 户、惠及 33 万人；实施了投资 29818 万元的农房抗震加固（设防）项目；继续实施农牧区人畜安全饮水、“六通”工程、薪柴替代沼气项目等综合配套建设工程。截至目前，全区已有 23 万户、120 万农牧民乔迁新居，提前一年实现让 80%住房条件较差的农牧民住上安全适用住房的目标。农村水、电、路、讯、邮等公共基础设施建设步伐加快，累计解决了 122.2 万人的安全饮水问题、新增和改善用电人口 11 万，共有 668 个乡镇、4222 个行政村通了公路，行政村通话率达到 85%，乡镇通邮率达到 80%，广播、电视覆盖率分别达到 89.2%和 90.4%，农牧区基础设施条件得到显著改善。完成投资 19700 万元，建设了 1743 个村级组织综合活动场所。二是着力加大了扶贫开发和农业综合开发的支持力度。落实扶贫资金 27900 万元、农业综合开发资金 23000 万元、土地开发整理资金 3990 万元，扎实开展“连片开发”、互助合作试点，进一步提升了农牧业生产能力。三是大力支持农牧民实用技能培训工程和农民专业合作经济组织建设。落实农牧民培训资金 5000 万元、农民专业合作经济组织补助资金 3874 万元，支持了 28 万人次的农牧民培训和 171 个农牧民专业合作经济组织的发展，专业合作经济组织成员达到5.5万户，农牧民参与市场的组织化程度进一步提高，农村富余劳动力转移就业水平和增收致富能力明显增强。四是加强了灾害救助和应急能力建设。投入防救灾体系建设资金11489万元，在拉萨、昌都、林芝地区本级和51个易灾县、32个易灾乡建设了救灾应急物资储备仓库，为53个多灾、易灾县购买公路抢险保通机械设备；落实资金6875万元，在林芝、昌都、日喀则等地区实施地质灾害治理，极大地提高了易灾地区的防减灾能力。落实资金5000万元，保证农牧民冬令春荒时期生活；落实资金5865万元，帮助4800户受灾农牧民重建住房；落实资金2500万元，帮助雪灾地震受灾县牲畜加快出栏；建立市场风险应急资金2000万元，用于突发事件和重特大自然灾害时期的应急物资采购；落实资金1180万元，确保“5·26”雨雪灾害地区公路畅通。落实防汛抗旱资金6046万元、小型农田水利建设资金10200万元，修复建设农田水利设施、堤防、小水电项目228个。涉农商业保险试点扩大到全区30个农牧业大县、易灾县，涉农商业保险赔付资金达3737万元，有力增强了农牧业抗风险能力。五是认真落实各项支农惠农财政补贴政策。落实粮食直补、农机购置补贴、化肥补贴、牲畜出栏补贴等各项补贴21300万元。对农牧民群众直接、间接补贴达到年人均1467元以上。印发了44万册“农牧民享受财政补助优惠政策明白卡”，使广大农牧民深切感受到了惠在何处，惠从何来。

（三）保障和改善民生扎实推进并卓有成效

我们坚持把保障和改善民生作为推进改革、促进发展、维护稳定的大事。一是提高城乡居民最低生活保障标准。将农村最低生活保障标准由年人均850元调整为1100元，城市居民最低生活保障标准由月人均260元提高到310元。二是进一步完善城乡居民基本医疗保险制度，提高城镇居民基本医疗保险待遇和筹资水平。将城镇居民基本医疗保险财政补助标准由年人均140元提高到180元，将城镇居民住院医疗保险最高报销限额由2万元提高到5万元，将门诊特殊病病种由原来的15种扩大到20种，住院起付线标准由平均533元下调到187.5元，并将城镇居民基本医疗保险参保人员生育费用纳入统筹基金的支付范围。落实专项资金891万元，对城镇职工基本医疗保险参保、非参公人员引入了大额医疗补充商业保险机制。落实资金34000万元，保证了农牧民免费医疗制度的平稳运行。三是认真落实企业养老金待遇调整政策。2009年我区企业退休人员养老金每人每月增加200元，全区企业退休人员的养老金已达到月人均1899元，待遇水平明显提高。四是进一步完善和落实积极就业政策。落实资金13989万元购买公益性岗位；落实高校毕业生就业奖励资金675万元，鼓励高校毕业生自谋职业和自主创业。五是加大保障性住房建设力度。落实廉租住房建设补助资金43500万元，实施4236套廉租住房建设；落实资金77900万元，实施7045套县乡周转房建设。六是改善困难群众生活待遇。落实资金9530万元，为全区6.8万名城市低保对象、国有企业退休人员、优抚对象、“三老”人员，以购物券（卡）或现金的形式发放了一次性生活补助。为庆祝“西藏百万农奴解放纪念日”，落实中央专项资金53254万元，给城乡低保户、“59·3·28”前参加工作的老同志发放了一次性生活补助，将农用运输车、应急照明灯、广播电视接收器等物资发放到了行政村和农牧民群众手中，使广大人民群众深切感受到了党的深情关怀和祖国大家庭的无比温暖。七是高度重视孤寡老人、孤儿等弱势群体的生活保障问题。将农牧区五保户供养标准由年人均1600元提高到1800元，落实资金400万元对新建敬老院进行了设备配套等，为弱势群众提供生活保障。八是进一步提高全区干部职工体检和取暖费标准。干部职工取暖费达到年人均1278元，体检费标准提高到650元。九是根据全国统一部署，与全国同步在11月份启动新型农村社会养老保险试点。

（四）促进各项社会事业发展能力不断提高

加大各项社会事业发展投入力度，让人民群众享受更多公共产品和服务。一是坚持教育优先发展。教育投入达到554928万元，比上年增长17.87%。2009年先后两次提高了农牧区义务教育阶段学生“三包”标准，年生均“三包”经费标准从上年的1275元提高到1800元；中小学公用经费标准进一步提高，义务教育经费保障机制不断健全。落实资金22000万元，加大了寄宿制学校建设；分别落实资金6400万元和8824万元，支持实施了地震灾区学校恢复重建和中小学校舍安全工程，全区基础教育办学条件得到明显改善。落实专项资金10851万元，免除了中等职业教育农牧民子女学费、住宿费，对师范及农、牧、林、水、地矿类相关专业高校新入校学生实行免费教育，各项教育资助政策全面落实。中等职业教育和高校特色专业建设取得显著成效。二是大力支持医疗卫生事业。医疗卫生支出预计达到216315万元，比上年增长26.7%。落实资金6840万元，按照深化医疗卫生体制改革意见，及时落实人均基本公共卫生服务经费25元。落实了“三支一扶”人员团体人身意外伤害保险和附加医疗保险，农牧区优生优育补助标准由年人均6元提高到12元，支持实施“农牧民健康促进行动”。开展了碘缺乏病、大骨节病、高氟水致病、白内障等地方病的防治工作，地方病病区适龄儿童教育搬迁全部完成，农牧区碘盐推广人口覆盖率达到80%。落实资金5000万元，强化对食品药品和其他产品监督检查。落实资金5594万元，支持自治区藏医院、人民医院的改扩建工程。落实甲型H1N1流感病毒防治经费6000万元，用于疫苗接种、设备购置、人员培训、病人隔离和应急保障。三是大力支持科技事业发展。落实资金34960万元，比上年增长20.4%。大力支持了科技富民强县工程、科普惠农兴村计划、科技特派员制度和科普专项活动，实施了金太阳、金牦牛科技工程、藏药产业科技创新联盟工程、西藏高原绿色食（饮）品产业技术创新联盟工程等。四是大力支持文化事业发展。落实资金111338万元，比上年增长20.8%。支持文化信息资源共享工程建设，改善基层文化设施设备条件；建设农家书屋680个，加大了对“区直三团”、民间艺术团演出补助力度，丰富基层文化生活，提高基层文化生活质量；国庆彩车获得多项大奖。落实资金8708万元，加快推进广播电视数字化进程，进一步提高西藏广播电视节目质量；落实资金17387万元，加大支持“红色遗迹”、烈士陵园、“古迹名城”和重点文物抢救、维修和保护工作。

（五）保障维护社会局势稳定工作扎实有力

正确处理维护稳定和发展经济的关系，不断加大维护稳定经费投入力度。一是不断改善政法系统及相关部门基础设施及装备条件，推进全区司法保障体制改革，有力地促进了政法机关执法能力建设。二是支持自治区政法应急能力建设，提高我区处置突发性事件的应急指挥能力。三是提高了各警种部队装备标准及基础设施建设水平，提升了应急处突及抢险救援能力。四是确保了“西藏民主改革50周年”、“建国60周年”大庆安全。五是继续加大对青藏铁路护路投入，支持了青藏铁路护路队伍建设，改善了护路人员待遇，确保了青藏铁路安全畅通。

（六）生态建设和节能环保投入大幅度增加

加大生态保护建设和节能环保投入，促进生态文明。一是落实森林生态效益补偿和重点区域生态公益林建设资金83846万元、退耕还林补助资金5284万元、天然林资源保护工程资金2235万元。二是落实草原生态保护奖励资金30000万元，在全国率先开展草原生态保护奖励机制改革试点，改善草原生态环境。三是大力支持各项节能减排工作。落实专项资金1404万元，支持太阳能取暖、“村村通”太阳能光伏发电等可再生能源建筑应用示范项目，开展了100万只高效照明产品财政补贴推广工作；

落实资金1747万元，实施了环境统计能力、环境质量监测能力、重点城市应急监测能力及常规辐射监测能力建设，进一步完善和提升了全区环境综合监测手段和专业技术能力。四是落实资金15840万元，实施薪柴替代工程，累计完成11.4万户沼气池建设，向39.5万户农牧民家庭发放了太阳灶，促进生态保护。五是落实资金5532万元，完成了全区78个城镇、11所大型学校共140个饮用水水源地环境保护规划编制工作，实施了5个地区的农村环境综合治理项目建设及日喀则城区污水沟渠专项治理，进一步完善了珠峰和拉鲁湿地两个国家级自然保护区的管护能力建设，完成了阿里日土县热角砂金矿等10个矿山地质环境恢复治理，支持阿里札达土林国家地质公园地质遗迹保护。

（七）财政支持基层基础工作力度不断加大

坚持财力向基层倾斜，财政支持基层基础工作力度不断加大。一是自治区对下均衡性转移支付比上年增加82923万元，增长30.6%，自治区对下均衡性转移支付增长率已连续三年达30%以上。二是财力向边境地区倾斜。自治区新增边境地区专项转移支付22800万元，对全区边境地县的基础设施和国门建设以及边境管控、公益事业等予以补助，加快边境地区经济和社会事业发展；建立了边民和青藏铁路沿线居民护路补助机制。三是完善激励办法。兑现奖励资金8869万元，鼓励基层政府调整经济结构，提高经济增长的质量和效益。四是加强基层政权建设。下达基层政权建设补助资金7000万元，帮助基层建立反分裂斗争的长效机制；落实专项资金13840万元，切实改善乡镇办公条件。五是提高村干部待遇和村级党组织活动经费等补助标准。建立了村干部基本报酬及业绩考核奖励制度，村支书、村主任补贴达到年人均7119元，比2008年增加3119元；一般村干部补贴达到年人均3549元，比2008年增加1567元；将村级党组织活动经费人均年补助标准由原来的70元提高到100元，将“三老”人员生活补贴人均标准提高了50元，充分调动了村干部做好基层基础工作的积极性和主动性，促进了基层党组织战斗堡垒作用的进一步发挥。六是完善了农牧区村医、村级防疫员补贴制度。

各位代表，2009年全区财政工作在各级党委的正确领导下，各级人大的监督指导下，各级各部门理解支持下，认真贯彻落实自治区九届人大二次会议精神，围绕保发展、保民生、保稳定，不断转变理财观念，创新理财思路，完善理财机制，改进理财方式，提高管理水平，各项工作都取得了新的成效。全区财力进一步增强，财政支持经济跨越式发展，促进社会局势长治久安的能力不断提高。但是，我们也清醒地认识到，我区经济社会事业快速发展对财力的需求与财政保障能力的矛盾将会长期存在；财源税基还不稳固；个别地区和部门财政资金使用效益不高，违反财经纪律、铺张浪费等问题依然存在；各级、各部门当家理财的意识有待于进一步加强。这些问题，需要通过我们进一步解放思想、更新观念，深化改革，不断提高财政科学化精细化管理水平逐步解决。

二、2010年财政预算草案

根据国务院关于编制2010年地方预算的通知精神，以及财政部关于做好2010年财政预算编制工作的要求，结合我区实际，编制完成了2010年西藏自治区财政预算草案。

（一）编制2010年财政预算草案的指导思想

根据自治区的总体部署，结合财政工作面临的新形势和新任务，2010年西藏自治区财政预算编制的指导思想是：高举中国特色社会主义伟大旗帜，以邓小平理论和“三个代表”重要思想为指导，深入贯彻落实科学发展观，全面贯彻党的十七届四中全会和自治区党委第七届六次全会精神，按照中央和自治区经济工作会议部署，保持宏观经济政策的连续性和稳定性，继续贯彻落实积极财政政策，进一步加强和改善财政宏观调控；按照基本公共服务均等化的要求，不断调整和优化财政支出结构，严格控制一般性支出，把有限的财力真正用到促进经济社会发展的关键领域，加大对“三农”、教育、科技、医疗卫生、文化、社会保障、公共安全、保障性住房、节能环保等方面的支持力度，夯实三农发展基础，着力改善和保障民生，全力维护社会稳定；支持优势产业和中小企业发展，扩大居民消费，推进重点领域改革，促进经济增长、结构调整、社会和谐稳定和城乡协调发展；深化财税制度改革，逐步建立完整的政府预算体系，加强财政科学化精细化管理，提高财政管理效能；狠抓增收节支，统筹兼顾、突出重点、有保有压，进一步提高财政资金使用效益。

（二）2010 年财政预算安排

2010 年西藏自治区一般预算安排的总财力为 4054556.1 万元，比上年年初预算增加 368415.6 万元（按可比口径比较，下同），增长 14%。其中地方财政收入 203000 万元，中央补助收入 2802760.1 万元（税收返还 88495 万元，体制补助 508023 万元，均衡性转移支付 1022000 万元，民族地区转移支付 110600 万元，调整工资转移支付 188307 万元，农村税费改革转移支付 15528 万元，县级基本财力保障机制奖补资金 16500 万元，其他一般性转移支付 432338 万元，专项转移支付 420969.1 万元），上年结转 1048796 万元。2010 年地方财政一般预算收入安排 203000 万元（不含增值税、企业所得税和个人所得税中央部分），比上年年初预算增加 33800 万元，增长 20%。一般预算收入增幅高于国民经济增长速度，预算安排积极稳妥。财政一般预算支出安排 4054556.1 万元。一般预算支出安排统筹兼顾，重点突出。

2010 年政府性基金预算收入安排为 14179 万元（主要是国有土地使用权出让金收入 8529 万元，彩票公益金收入 4950 万元，新增建设用地有偿使用费收入 500 万元，育林基金收入 200 万元）。相应的基金预算支出安排 14179 万元。

（三）2010 年财政预算保障重点

1、继续加大“三农”投入力度，扎实推进新农村建设。安排支农投入 349289.1 万元，比上年（年初预算安排，下同）增加 136728 万元，增长 64.3%。一是进一步完善农业补贴政策。安排资金 29240 万元，对农牧民进行化肥、良种、农机具购置补贴及对种粮农民、农业生产资料实行综合直补，提高农民生产积极性。二是加大农业综合开发投入力度。安排农业综合开发资金 22939 万元，现代农业生产发展资金 9500 万元；新增农牧业特色产业发展资金 10000 万元，使资金规模达到 60000 万元，不断提高农业综合生产能力。三是提升农牧业服务保障水平。安排资金 10600 万元，支持农牧民技能培训、农牧业科技推广、农产品促销，扶持龙头企业和乡镇企业，对农村综合服务站点、农牧民信息服务予以补助，提高农牧业科技含量，促进农牧民持续增收；安排资金 3600 万元，积极推进农民合作经济组织建设。四是创新投入机制。安排资金 19394 万元，进一步扩大涉农商业保险试点范围，对重点保护野生动物造成公民人身伤害和财产损失予以补偿，加大对农业气象预报预测和气象服务、农业病虫害防治、农业生产救灾、耕地及草场保护、农村人畜饮水安全等方面的投入，提高农牧业防灾抗灾能力。五是加大森林生态屏障建设投入。安排资金 98592 万元，支持实施森林生态效益补偿、造林绿化、退耕还林、防沙治沙、天然林保护、野生动植物保护及森林有害生物防治、森林防火工程，加强林业执法监督，促进可持续发展。六是加大水利投入。安排资金 20216 万元，支持实施农村小型农田水利建设、农村小水电运行维护、病险水库专项治理、乡村防洪及水土保持和防汛抗旱，推行草原水利灌溉试点，逐步提升水利建设水平和管护水平。七是加强农牧区基础设施建设。安排资金 51254 万元，推进农牧民安居工程建设和民房抗震加固，改善农牧民生产生活条件。八是加大财政扶贫力度。安排财政扶贫专项资金 23345 万元、兴边富民资金 11000 万元，整乡推进，不断提高农牧民群众生活水平。九是积极推动农牧区消费。安排资金 1000 万元，继续实施家电家具下乡财政补贴，推动农牧区消费市场发展。

2、坚持以人为本，进一步加大保障和改善民生力度。安排民生投入 230077 万元，比上年增加 49780 万元，增长 38.6%。一是加大社会保险投入，加强社会保险体系建设。安排基本养老保险补贴 42392 万元，确保企业退休人员养老金的及时足额发放以及调整政策的及时兑现；安排资金 42000 万元，积极推行城镇职工医疗保险、城镇居民基本医疗保险和生育保险、工伤保险、城镇职工大额医疗补充商业保险，确保单位缴费、财政补贴的及时到位；安排资金 20000 万元，与全国同步推行新型农村养老保险试点，并适时扩大覆盖面。二是加大城乡救助投入，完善各项社会救助政策。安排资金 23916 万元，将农村低保标准从年人均 1100 元提高到 1300 元，将城镇低保标准从月人均 310 元提高到 330 元，切实保障城乡特困群众基本生活需要；安排资金 10000 万元，实施廉租住房租赁补贴，解决低收入群体住房困难问题；安排资金 14493 万元，支持实施城乡特困群众医疗救助、“三老”人员生活补助和五保户供养调整标准、优抚对象生活补助、孤残儿童和流浪乞讨人员救助等，保障社会弱势群体最低生活需求。三是加大投入，促进就业。安排资金 23000 万元，用于政府购买公益性岗位及就业再就业补助，保证就业局势基本稳定。四是加大投入，落实好军转人员安置政策。安排资金 44366 万元，确保自主择业军队转业干部退役金和军队移交地方安置的离退休人员经费及时兑现，切实落实好各项军转人员安置政策待遇。五是安排资金 1410 万元，1 支持食品药品和其他产品质量监督检查，加强产品质量安全检查工作和标准化体系建设。六是安排资金 3000 万元，继续提高干部职工个人取暖费补贴标准。

3、继续加大社会事业投入，促进基本公共服务均等化。安排教科文卫等社会事业发展资金 544493 万元，比上年增加 94308 万元，增长 21%。一是增加教育投入。安排教育事业发展资金 388876 万元，比上年增加 56156 万元，增长 16.9%。继续提高师生公用经费标准，继续实行中等职业教育农牧民子女免学杂费、住宿费，师范及农牧林水地矿等专业学生免费教育政策；支持职业教育发展，实施农村中小学校舍维修改造和校舍安全工程，改善办学条件，全面落实助学金、奖学金及助学贷款贴息等各项政策。二是增加科技投入。安排科技发展资金 13300 万元，比上年增加 2500 万元，增长 23.1%。重点支持应用技术研究与开发、农牧科技特派员补助和科普宣传等，促进科技研究成果向现实生产力转化。三是增加文化投入。安排文化事业发展资金 11881 万元，比上年增加 1744 万元，增长 17.2%。主要用于文化产业及主流文化创作、藏语文推广、县乡综合文化活动中心设备购置、文化信息资源共享工程建设、非物质文化遗产保护、农家书屋建设、民间艺术团演出场次补助、文化创作奖励、世博会参展等，推进文化体制改革，加快文化事业、文化产业发展。四是增加医疗卫生事业发展投入，促进医疗卫生体制改革。安排医疗卫生事业发展资金 78996 万元，比上年增加 19272 万元，增长 32.3%。主要用于基层公共医疗卫生和藏医藏药发展、地方病、传染病防治、“降消”及计划免疫、农牧区卫生人员培训、加碘盐补贴、甲流防控、计划生育家庭奖励等，进一步提高体检费标准；将农牧区医疗制度补助标准从 140 元提高到 180 元，提高农牧区医疗卫生人员待遇，稳定农牧区医疗卫生队伍，逐步缩小城乡居民基本公共卫生服务差距。五是保障广播电影电视和信息产业发展需求。安排广播电影电视和信息产业发展资金 18460 万元，主要用于广播电视改善设备条件及提高节目质量、数字电视推广普及、农村电影数字化放映工程建设、提高地方转播中央广播电视节目传输覆盖率、西新工程维护、电话村村通补助、乡乡通光缆工程补助等，提升公共文化产品供给能力。六是安排资金 5450 万元，进行革命历史遗存及文物维修，抢救地方档案，促进革命历史文物保护，弘扬民族文化和革命精神。七是安排资金27530万元，加强法制宣传、爱国主义教育、民族团结教育和外事外宣工作，支持“十二五”重大课题调研及项目规划、全区第二次土地调查和机构改革，推动其他各项社会事业发展。

4、确保维护稳定支出需求，维护国家安全和社会稳定。一是加强政法经费保障工作，足额落实政法部门日常运行公用经费和办案业务经费。二是确保维护稳定支出需求，对执法部门、民族宗教统战事务工作、青藏铁路护路、平安西藏建设、边境治安联防、民兵训练等进行专项补助，加大投入，预防和妥善处理各类群体性事件。三是增加自治区招录的“治安协警员”相关支出，有效补充维稳力量。

5、大幅增加产业发展投入，促进经济结构调整和发展方式转变。安排产业发展投入23750万元，比上年增加12150万元，增长104.7%。

一是在管好用好50000万元企业改革与发展资金的基础上，新增安排资金13000万元，支持重点产业发展，扶持和激励骨干企业、中小企业，对地县财源建设项目予以贴息，推动非公经济和民族手工业发展。二是安排资金6150万元，支持旅游发展和旅游促销，对免费开放的博物馆、纪念馆予以补助，充分发挥旅游作为支柱产业的带头作用，促进社会就业、消费市场发展和农牧民增收。三是安排金融引导和激励资金1000万元，新增安排中小企业贷款风险补偿专项资金1000万元，用于金融机构和担保机构风险补偿，解决中小企业融资难问题。四是安排矿业发展资金2600万元，支持优势矿产资源开发。

6、继续加大基础设施投入，提升发展能力。安排基础设施建设投入144000万元，比上年增加7300万元，增长5.3%。一是安排自治区预算内基建资金60000万元，支持自治区重点基本建设项目及前期工作。二是安排廉租房、周转房建设资金60000万元，加快保障性住房建设进度。三是安排资金20000万元，进行县乡公路及村道养护，改善乡村交通条件。四是安排资金4000万元，支持运输场站建设。

7、继续加大节能环保投入，促进可持续发展。安排环保投入58132万元，比上年增加23132万元，增长66.1%。一是安排资金26000万元，“以奖促治”、“以奖代补”，开展农村村容村貌整治。二是安排资金9732万元，主要用于支持环境保护、集中饮用水水源地保护、湿地保护、节能减排等，加强农牧区环境监测和监管能力建设。三是安排资金22400万元，主要用于重点区域造林、草原生态保护奖励和农村户用沼气建设等，加强森林、草原生态保护和替代能源建设。

8、继续保障应急财政投入，提升处置突发情况的能力。安排应急保障支出68101万元。一是安排自治区本级预备费50000万元，用于当年预算执行中难以预见的特殊支出。二是安排资金2000万元，保障突发自然灾害地区群众生活，提高紧急救助能力。三是安排资金3000万元，支持地质灾害防治体系规划、预警预报及治理。四是安排资金10101万元，进行粮食、副食品、粮油及液化气等物资储备，化解潜在风险。五是安排资金3000万元，对燃油发电进行补贴，解决电力缺口问题。

9、坚持财力向基层倾斜，强化基层政府财政保障能力。安排对基层财力补助支出490593万元，比上年增加94619万元，增长23.9%。一是安排对下均衡性转移支付资金414344万元，比上年增加82920万元，增长25%，增强基层政府保障能力，促进公共服务均等化。二是安排边境地区专项补助23000万元，边境口岸建设资金3000万元，比上年增加7450万元，增长40.2%，维护边境地区稳定，加快边境地区经济发展，促进边境地区社会事业进步。三是安排资金35249万元，主要用于补助基层政权及党员、干部队伍建设和人才队伍建设，建立村医和村级防疫员岗位补贴制度，支持城镇社区建设和村委会、居委会兴办经济实体，有效促进基层组织建设。四是安排地（市）、县专项激励资金15000万元，鼓励基层政府积极调整经济结构，提高经济增长质量，增强财政创收能力。

三、锐意进取，扎实工作，确保2010年财政预算任务圆满完成

2010年，我们要以科学发展观为指导，认真贯彻中央和自治区经济工作会议精神，继续实施积极财政政策，积极推进经济结构调整，保持经济平稳较快发展，提升经济增长质量和效益；狠抓增收节支，深化财税改革，加强财政科学化精细化管理，满怀信心，奋发进取，圆满完成2010年的财政预算收支任务，为做好“十二五”各项工作打下坚实基础。

（一）夯实财源税基，强化财政汲取能力建设

密切关注宏观经济发展态势，继续实施积极财政政策，不断加强和改善财政宏观调控，促进经济又好又快发展，提高经济增长的质量和效益，做大做强财政经济蛋糕。加大支持特色优势产业，千方百计培植财源、扩大税基。强化税收征管，防止税收流失，严格控制税式支出，确保应收尽收。按照“正税清费”原则，建立健全非税收入政策体系，进一步规范非税收入管理，维护政府财力资源的完整性和统一性。同时，主动做好与中央财政的汇报、沟通与协调工作，积极争取中央财政的更大支持，不断扩大财力规模。

（二）优化支出结构，有力有效保障重点支出

从严控制人、车、会、话等一般性支出，杜绝铺张浪费的现象。按照“调整存量，优化增量”的原则，调整优化支出结构，加大“三农”、教育、科技、文化、卫生、社会保障与就业、保障性安居工程、村容村貌整治、节能环保、维护稳定等方面的投入力度，促进居民消费，支持重点领域改革。加强项目支出评估、论证，整合财政资源，防止重复建设和损失浪费。强化预算执行，提高预算执行率。

（三）强化监督管理，提高财政资金使用效益

健全覆盖所有财政资金和财政运行全过程的监督机制，确保财政资金安全、合规、高效运行。履行好代行中央财政监督管理职能，切实加强对中央驻藏预算单位资金的监管；充分发挥基层财政就地和就近监管的优势，强化基层财政监管；加强会计管理与培训，提高财政财务管理水平。强化财政支出绩效管理，以项目支出为重点，科学确定财政支出绩效评价体系，加强项目跟踪问效，不断促进效益型财政建设。特别是要不断提高县级财政管理水平，规范和加强乡村财务管理，把乡镇财务管理纳入规范化、法制化的轨道，大力推行乡镇财务公开制度，建立健全乡镇民主理财机制，广泛接受社会监督。加大村级财务管理力度，有条件的地方要积极推行“村账乡管”，全面提高村级财务管理水平。全面加强国有资产清理清查和会计核算工作，建立健全乡镇国有资产登记和台账制度，做到资产实物管理与价值管理相统一，防止国有资产流失。

（四）坚持改革创新，推进财政科学化精细化管理

继续深入推进部门预算、国库集中收付等各项财政改革，建立预算编制与预算执行、预算监督相互制衡、有机衔接的运行机制。按照“精确、细致、深入”的要求，运用科技手段进一步规范财政运行流程，完善岗责体系，加强绩效考核，健全配套制度，全面推进财政科学化精细化管理，努力从粗放式管理向精细化管理转变，不断提高财政管理质量和水平。

各位代表，完成2010年财政收支预算和各项财政工作，任务艰巨，使命光荣。我们一定要在自治区党委的正确领导下，在各级人大的监督指导下，坚定信心，团结协作，开拓进取，扎实工作，为圆满完成“十一五”规划确定的经济社会发展目标和促进我区经济社会更好发展、更快发展、更大发展做出贡献！

附录 5：

2009 年西藏自治区国民经济和社会发展统计公报

西藏自治区统计局

国家统计局西藏调查总队

2010 年 3 月 26 日

2009 年，全区各级、各部门在自治区党委、政府的坚强领导下，坚持以邓小平理论和“三个代表”重要思想为指导，深入贯彻落实科学发展观，紧紧围绕新时期西藏工作的指导思想，认真落实中央和自治区经济工作会议精神，坚持走有中国特色、西藏特点的发展路子，大力实施“一产上水平、二产抓重点、三产大发展”的经济发展战略，国民经济又好又快发展，民生状况不断改善，社会各项事业全面进步。

一、综合

初步核算，2009 年，全区实现生产总值(GDP)441.36 亿元，按可比价格计算，比上年增长 12.4%。其中：第一产业增加值 63.99 亿元，增长 3.3%；第二产业增加值 136.19 亿元，增长 21.7%；第三产业增加值 241.18 亿元，增长 10.3%。人均 GDP15295 元，增长 11.2%。

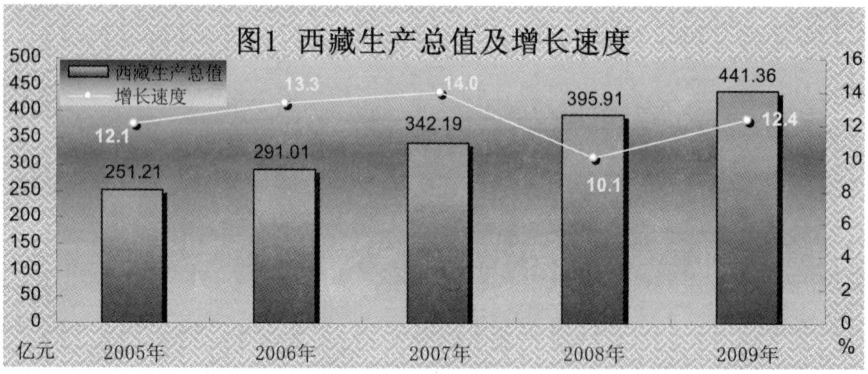

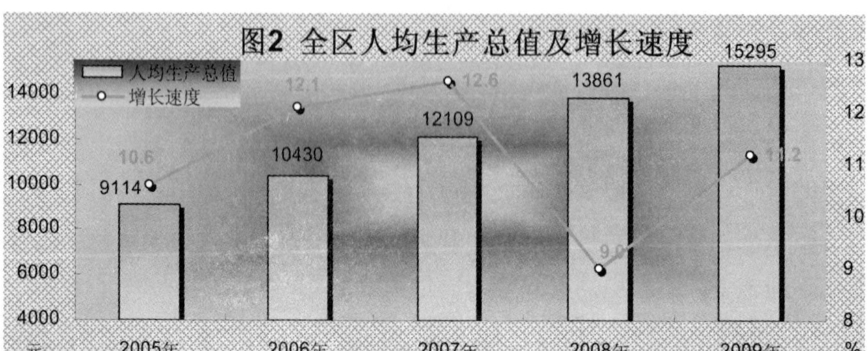

在全区生产总值中，第一、二、三产业增加值所占比重分别为 14.5%、30.9%、54.6%，与上年相比，第一产业比重下降 0.8 个百分点，第二产业提高 1.7 个百分点，第三产业下降 0.9 个百分点。

图 3　三次产业构成情况

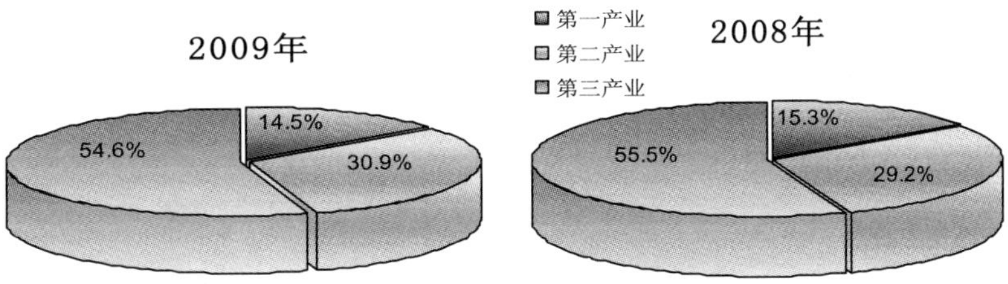

全区居民消费价格总水平比上年上涨 1.4 %。其中：城市上涨 1.5%，农村上涨 1.3%。服务项目价格上涨 1.0%，消费品价格上涨 1.5%。从居民消费价格构成大类看，食品类、烟酒及用品类、衣着类和医疗保健及个人用品类，分别比上年上涨 3.9%、1.9%、1.6%和 1.4%；交通和通信类、娱乐教育文化用品及服务类和家庭设备用品及维修服务类，分别比上年下降 3.0%、0.9%和 0.7%；居住类价格与上年持平。

表 1　价格指数

（上年=100）

指标	2005 年	2006 年	2007 年	2008 年	2009 年
居民消费价格指数	101.5	102.0	103.4	105.7	101.4
城市	101.5	101.9	102.9	105.7	101.5
农村	100.9	102.4	104.2	105.7	101.3
服务项目价格指数	102.0	105.0	103.7	102.6	101.0
消费品价格指数	101.4	101.5	103.3	106.4	101.5
食品	101.3	102.9	106.6	112.1	103.9
烟酒及用品	102.2	100.3	102.5	102.3	101.9
衣着	100.7	99.7	102.0	103.1	101.6
家庭设备用品及维修服务	99.6	98.6	100.0	102.3	99.3
医疗保健及个人用品	100.4	100.8	100.1	102.7	101.4
交通和通信	100.2	104.0	100.6	101.3	97.0
娱乐教育文化用品及服务	99.6	104.8	100.2	99.0	99.1
居住	106.7	103.6	107.1	106.6	100.0
商品零售价格指数	100.8	100.2	101.7	103.9	99.5
城市	100.8	99.9	101.3	104.1	99.5
农村	100.4	100.8	102.5	103.5	99.6
农业生产资料价格指数	100.6	100.4	101.1	103.2	99.1

商品零售价格下降 0.5%。农业生产资料价格下降 0.9%。工业品出厂价格下降 1.8%。

年末全区从业人员 172.14 万人，比上年末增加 8.64 万人。增长 5.3%。城镇登记失业率为 3.95%。

二、农牧业

全年粮食作物种植面积 169.43 千公顷，比上年减少 1.20 千公顷。其中：青稞面积 117.83 千公顷，减少 0.02 千公顷；小麦面积 36.77 千公顷，减少 0.57 千公顷;油菜籽面积 24.42 千公顷，减少 0.23 千公顷;蔬菜面积 20.44 千公顷，增加 0.30 千公顷。全年实现粮食总产量 90.53 万吨，比上年下降 4.7%；油菜籽 5.77 万吨，下降 4.0%；蔬菜 55.11 万吨，增长 14.5%。年末牲畜存栏总数 2324

万头只匹，比上年末减少 81 万头只匹。其中：牛 653 万头，增加 8 万头；羊 1584 万只，减少 94 万只。全年猪牛羊肉产量达 25.52 万吨，比上年增长 4.3%；奶类产量 29.43 万吨，下降 0.1%。

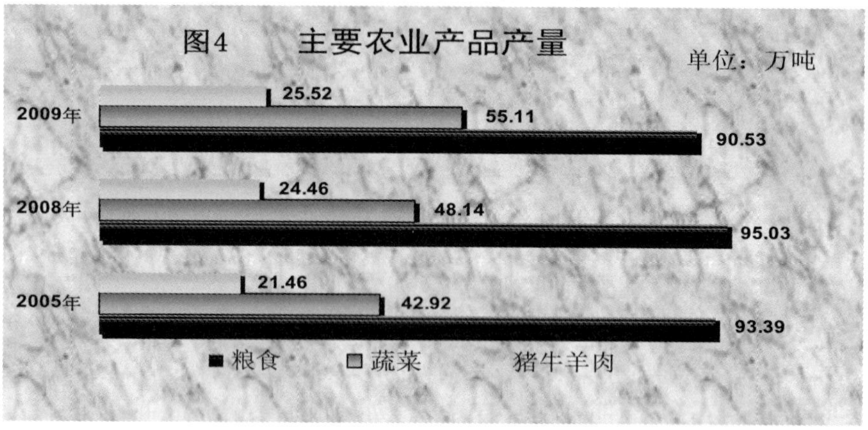

三、工业和建筑业

全年全部工业实现增加值 32.67 亿元，比上年增长 12.9%。规模以上工业企业实现增加值 27.56 亿元，比上年增长 10.8%。其中：轻工业实现增加值 11 亿元，增长 16.4%；重工业实现增加值 16.56 亿元，增长 7.8%。国有及国有控股企业全年实现增加值 13.69 亿元，比上年增长 12.2%。按登记注册类型分，国有企业实现增加值 9.63 亿元，增长 2.5%；集体企业实现增加值 0.65 亿元，下降 4.9%；股份制企业实现增加值 11.61 亿元，增长 15.2%；股份合作企业实现增加值 0.05 亿元，下降 60.9%；外商及港澳台企业实现增加值 4.03 亿元，增长 34.0%；其他经济类型企业实现增加值 1.59 亿元，增长 1.7%。

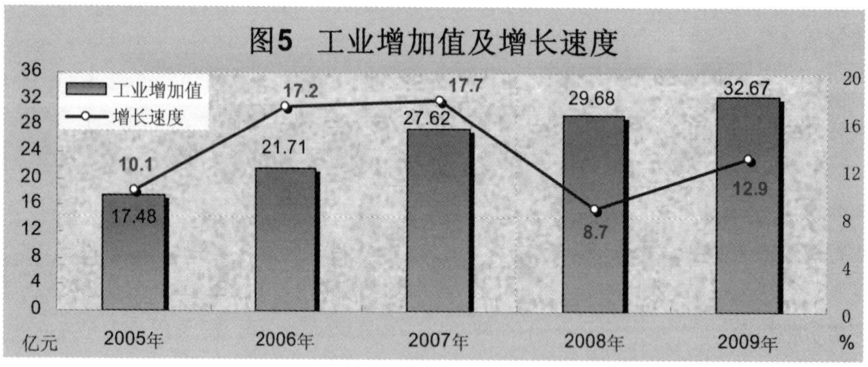

全年规模以上工业企业实现利润总额 5.63 亿元，比上年增长 4.9%。其中：国有及国有控股企业实现利润 1.07 亿元，增长 7.6 倍；集体企业实现利润 0.22 亿元，增长 50.3%；股份制企业实现利润 3.68 亿元，下降 6.8%。规模以上工业企业产品销售率 97.2%。

全年规模以上工业企业完成水泥产量 187.65 万吨，比上年增长 14.9%；发电量 18 亿千瓦时，增长 12.5%；啤酒 11.30 万吨，增长 25.0%；中成药（藏医药）1319 吨，增长 5.4%；自来水 10873 万吨，增长 17.5%；瓶（罐）装饮用水 6.58 万吨，增长 71.0%；铬矿石 11.23 万吨，增长 6.0%。

全年建筑业实现增加值 103.52 亿元，比上年增长 24.9%。

四、固定资产投资

全年全社会完成固定资产投资总额 379.42 亿元，比上年增长 22.4%。其中：民间投资 105.67 亿元，增长 23.8%。

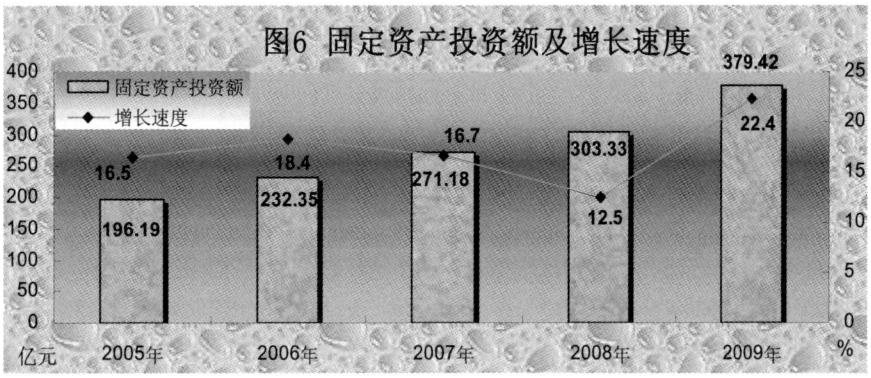

按产业分：第一产业 23.60 亿元，比上年增长 47.5%；第二产业 91.97 亿元，增长 41.4 %；第三产业 263.85 亿元，增长 15.3%。按经济类型分：国有经济完成投资 268.95 亿元，比上年增长 28.0%；集体经济完成投资 1.05 亿元，下降 16.7%；其他各种经济类型完成投资 71.41 亿元，增长 7.6%；个体经济完成投资 38.01 亿元，下降 18.0%。按城乡分：城镇完成投资 328.66 亿元，比上年增长 21.1%；农村完成投资 50.75 亿元，增长 31.9%。在农村投资中：农户投资 25.10 亿元，下降 24.5%；农村集体投资 0.44 亿元，下降 30.9%。

在城镇固定资产投资中，农、林、牧、渔业投资完成 20.50 亿元，增长 39.4%；采矿业投资完成 9.75 亿元，增长 26.2%；制造业投资完成 18.07 亿元，增长 32.8%；电力、燃气及水的生产和供应业投资完成 41.48 亿元，增长 34.5%；建筑业投资完成 20.17 亿元，增长 67.2%；交通运输、仓储和邮政业投资完成 78.89 亿元，增长 7.6%；信息传输、计算机服务和软件业投资完成 9.62 亿元，下降 4.6%；批发和零售业投资完成 5.88 亿元，下降 8.6%；住宿和餐饮业投资完成 8.80 亿元，增长 19.0%；金融业投资完成 0.38 亿元，下降 4.3%；房地产业投资完成 34.98 亿元，增长 24.7%；租赁和商务服务业投资完成 0.52 亿元，增长 44.6 倍；科学研究、技术服务和地质勘查业投资完成 0.45 亿元，下降 17.1%；水利、环境和公共设施管理业投资完成 19.07 亿元，增长 16.6%；居民服务和其他服务业投资完成 0.36 亿元，增长 66.0%；教育投资完成 9.91 亿元，增长 30.3%；卫生、社会保障和社会福利业投资完成 3.66 亿元，增长 1.6 倍；文化、体育和娱乐业投资完成 4.53 亿元，增长 37.7%；公共管理和社会组织投资完成 41.79 亿元，增长 11.2%。

全年房地产开发投资 15.75 亿元，比上年增长 14.2%。房地产开发施工房屋面积 145.92 万平方米，比上年增长 1.0%；竣工房屋面积 45.98 万平方米，下降 16.2%；商品房销售面积 63.26 万平方米，下降 5.1%。

五、国内贸易

全年实现社会消费品零售总额 156.58 亿元，比上年增长 21.3%。其中：城市消费品零售额 76.02 亿元，增长 18.3%；县及县以下消费品零售额 80.56 亿元，增长 24.3%。分行业看，批发和零售业零售额 129.82 亿元，增长 24.1%；住宿和餐饮业零售额 22.93 亿元，增长 17.6%；其他行业零售额 3.83 亿元，下降 23.1%。

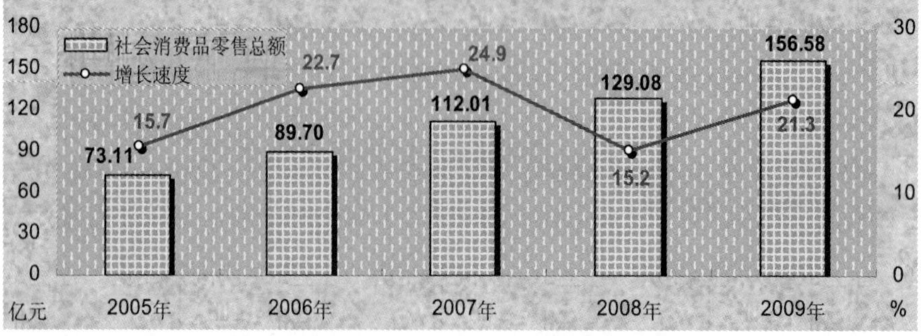

图7 社会消费品零售额及增长速度

在限额以上批发和零售业零售额中，增长较快的有：食品饮料烟酒类比上年增长 28.1%；服装鞋帽针纺织品类增长 37.0%；金银珠宝类增长 45.0%；日用品类增长 38.1%；机电产品及设备类增长 33.6%；石油制品类增长 15.3%；汽车类增长 36.6%。

六、对外贸易

全年进出口总额 40202 万美元，比上年下降 47.5%。其中：出口总额 37535 万美元，下降 46.9%；进口总额 2667 万美元，下降 54.2%。

全年对亚洲出口 32585 万美元，比上年下降 31.9%；对欧洲出口 2466 万美元，下降 76.8%；对北美洲出口 1066 万美元，下降 52.1%；对大洋洲出口 221 万美元，下降 73.7%。

在进出口贸易中，边境小额贸易实现进出口总额 24878 万美元，占进出口贸易总额的 61.9%，比上年增长 3.9%。其中：出口 24526 万美元，增长 3.6%；进口 352 万美元，增长 28.5%。

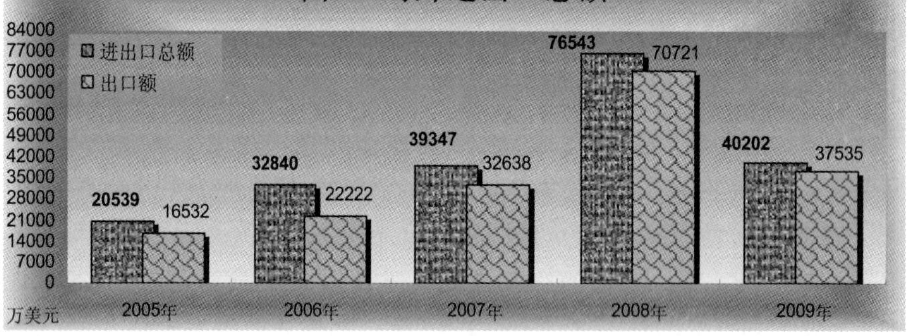

图8 对外进出口总额

全年审批利用外商直接投资项目 1 个，合同利用外商直接投资 7641 万美元，实际利用外商直接投资 5800 万美元。

七、交通、邮电和旅游

全年完成货运量 959.26 万吨，比上年增长 28.0%。其中：公路运输完成 920 万吨，增长 29.4%；铁路运输完成 22.80 万吨，下降 10.9%；航空运输完成 1.36 万吨，增长 32.0%；管道运输完成 15.1 万吨，增长 25.8%。全年客运总量 7965.80 万人次，增长 14.9%，其中：公路运输完成 7760 万人次，增长 14.4%；铁路运输完成 74 万人次，增长 19.0%；航空运输完成 131.80 万人次，增长 60.9%。

年末公路总通车里程 53845 公里，比上年增加 2531 公里，其中：有铺装路面总里程 3279 公里，增加 384 公里。

年末全区民用汽车拥有量达到 19.9 万辆，比上年末增长 3.1%。

全年完成邮电业务总量 52.12 亿元，比上年增长 24.9%。其中：邮政业务总量 1.69 亿元，增长 14.3%；电信业务总量 50.43 亿元，增长 25.3%。年末局用交换机总容量 41.99 万门。年末固定电话用户 53.93 万户，其中：城市电话用户 51.21 万户，乡村电话用户 2.72 万户。新增移动电话交换机 62.5 万门，总容量达 189 万门。新增移动电话用户 41.99 万户，年末达到 125.51 万户。年末全区固定及移动电话用户总数达到 179.44 万户，比上年末增加 23.24 万户。电话普及率达到 62 部/百人。

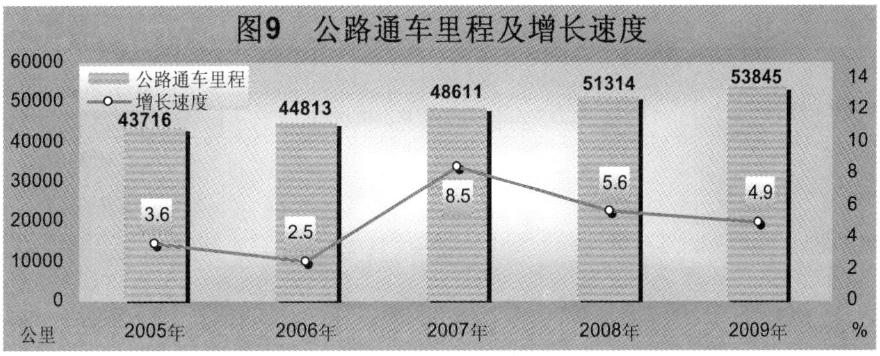

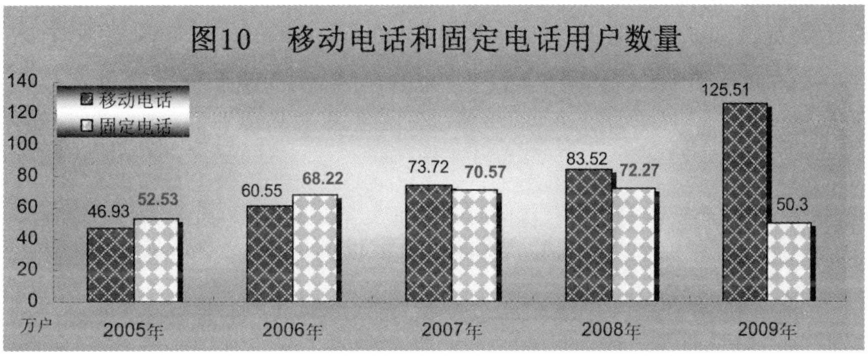

全年接待国内外旅游者 561.06 万人次，比上年增长 1.5 倍。其中：接待国内旅游者 543.57 万人次，增长 1.5 倍；接待入境旅游者 17.49 万人次，增长 1.6 倍。旅游总收入 55.99 亿元，增长 1.5 倍，旅游外汇收入 7873 万美元，增长 1.5 倍。

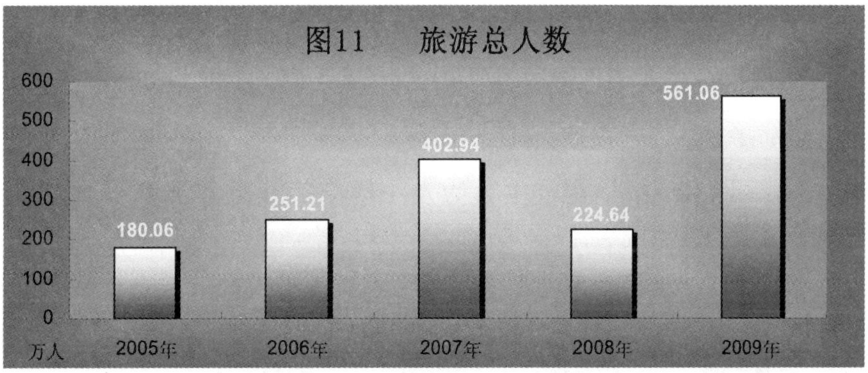

八、财政、金融和保险

全年完成地方财政收入 30.37 亿元，按同比口径计算，比上年增长 6.2%。其中：一般预算收入 30.09 亿元，增长 20.9%。

全年财政总支出 470.56 亿元，按同比口径计算，比上年增长 22.5%。一般预算支出 470.13 亿元，增长 23.5%。其中：社会保障和就业支出 32.30 亿元，增长 15.8%；教育支出 61.07 亿元，增长 29.7%；医疗卫生支出 21.84 亿元，增长 33.6%；环保支出 9.88 亿元，增长 73.2%。

表 2　地方财政收入和支出情况

单位：亿元

	地方财政收入	#各项税收	地方财政支出
2005 年	14.33	8.15	189.16
2006 年	17.27	8.84	202.29
2007 年	23.14	11.68	279.36
2008 年	28.43	15.19	383.86
2009 年	30.37	18.48	470.56

年末全部金融机构本外币各项存款余额 1028.40 亿元，比上年末增长 24.1%。其中：城乡居民储蓄存款 226.87 亿元，增长 22.4%。全部金融机构本外币各项贷款余额 248.35 亿元，增长 13.2%。金融机构累计现金收入 911.68 亿元，增长 14.6%；累计现金支出 958.37 亿元，增长 15.5%。现金净投放 46.69 亿元，比上年多投放 12.16 亿元。

全年保险公司保费收入 4.01 亿元，比上年增长 23.5%。其中：财产险保费收入 3.77 亿元，比上年增长 4.2 倍；人寿险保费收入 0.24 亿元，增长 1.0 倍；人身意外伤害险保费收入 0.29 亿元，增长 70.6%；机动车辆险保费收入 2.60 亿元，增长 30.0%；健康险保费收入 0.11 亿元。全年共支付各类赔款 1.97 亿元。

九、教育、科学技术

全区普通高等教育院校 6 所，年内招生 9248 人，其中：研究生 228 人，普通本专科 9020 人；在校生 30853 人，其中：研究生 589 人，普通本专科 30264 人；毕业生 8594 人，其中：研究生 140 人，普通本专科 8454 人。中等职业学校 6 所，招生 11038 人，在校生 21357 人，毕业生 3603 人；中学 118 所，其中：高级中学 15 所，完全中学 9 所，初级中学 94 所。高中招生 13884 人，在校生 38383 人，毕业生 13312 人；初中招生 50042 人，在校生 143187 人，毕业生 42401 人；小学 884 所，招生 53682 人，在校生 305235 人，毕业生 50850 人；特殊学校招生 11 人，在校生 200 人。年末幼儿园在园幼儿 16068 人，比上年增加 1401 人。全区小学学龄儿童入学率达 98.8%，比上年提高 0.3 个百分点。

图12　小学在校生人数及小学学龄儿童入学率

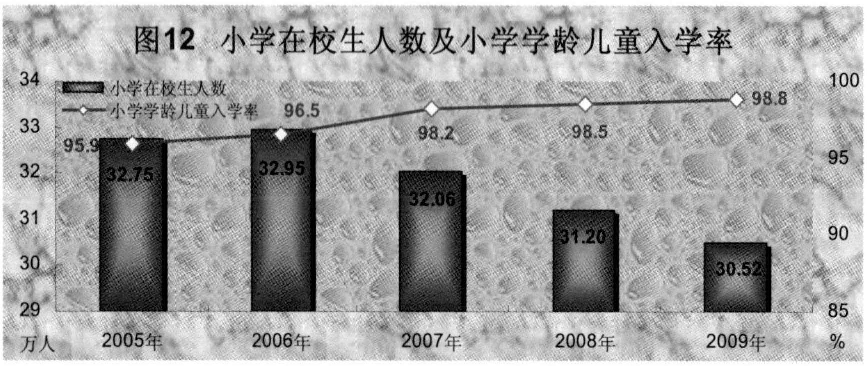

2009 年末，全区共有科学研究机构 33 家，其中：独立科研机构 25 家，非独立科研机构 8 家。全年共承担国家科技项目 79 项，安排自治区级重点科技项目 67 项，全区取得省部级以上科技成果 1 项。受理专利申请 195 件，授权专利 292 件。全区科研机构发表科技论文 230 篇，其中：国外发表 1 篇，科技著作 24 种。

2009 年西藏气象系统共有 125 个自动气象站，其中：有人值守气象台站 39 个，无人值守气象站 86 个。天气雷达站 7 个，其中：多普勒雷达站 5 个，数字化雷达站 2 个。地震监测台站（点）13 个。水文监测站 34 个，水位监测站 10 个。

十、文化、卫生和体育

年末全区共有各级群众艺术馆、文化馆（站）295 个，各类专业文艺演出团体 10 个，民间艺术团 19 支。公共图书馆 4 个，博物馆 2 个。广播电台 1 座，中、短波转播发射台 42 座，电视台 5 座，广播电视台 3 座。广播、电视人口综合覆盖率分别达 89.2%和 90.36%。出版报纸 121097.4 千印张，各类杂志 132.3 万册，图书 1351 万册。

年末全区共有卫生机构 1329 个，其中：医院、卫生院 763 个，疾病预防控制中心（卫生防治机构）81 个，妇幼保健院、所、站 57 个。实有病床床位 8553 张，其中：医院 5368 张。卫生技术人员 10047 人，其中：执业医师 3395 人。每千人病床数和卫生技术人员数分别达到了 2.95 张和 3.46 人。

表 3　卫生机构床位数和技术人员数

单位：张、人

	床位数	技术人员数	每千人拥有床位数	每千人技术人员数
2005 年	6767	8914	2.44	3.22
2006 年	7496	8895	2.70	3.00
2007 年	7469	9095	2.64	3.20
2008 年	7127	9098	2.50	3.05
2009 年	8553	10047	2.95	3.46

全年新建全民健身活动场所 337 处，其中：健身路径器材 100 套、农民体育健身工程 237 个（每个工程包括：1 个篮球场和 2 个乒乓球台）。我区运动员在国际国内各种体育竞技比赛中共取得金牌 1 枚、铜牌 4.5 枚，在登山及攀岩比赛中获得 2 个第二名、 1 个第三名；组织群众体育活动 169 次，参加活动总人数达 18.5 万人次。本年度认证社会体育指导员 79 人，其中：一级体育指导员 12 人；二级体育指导员 34 人；三级体育指导员 33 人。全年销售体育彩票 1.99 亿元，筹集体育彩票公益金 4433 万元。

十一、人口、人民生活和社会保障

根据人口抽样调查资料推算，年末全区常住人口总数为 290.03 万人，比上年末净增加 2.95 万人。其中：城镇人口 69.03 万人，占总人口的 23.8%；乡村人口 221 万人，占总人口的 76.2%。人口出生率为 15.3‰，死亡率为 5.1‰，自然增长率为 10.2‰。

全区城镇居民人均可支配收入达 13544 元，比上年增长 8.5%；农牧民人均纯收入 3532 元，增长 11.2%。通过推进新农村建设、实施安居工程，年末已有 23 万户、120 万农牧民住上了宽敞明亮的新房。2009 年年末城镇居民人均居住面积 33.83 平方米，农牧民人均居住面积达到 23.62 平方米。

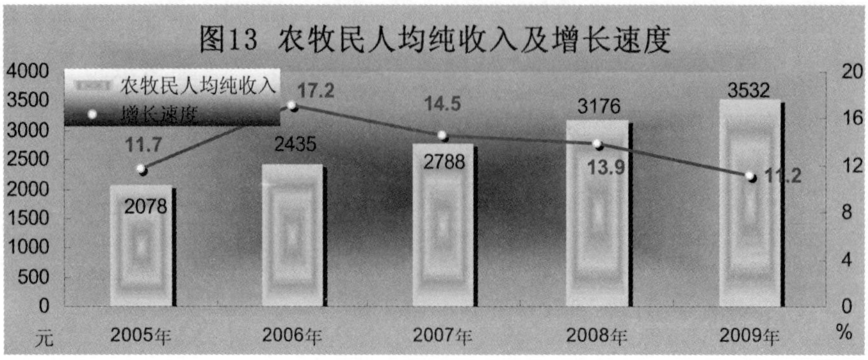

基本养老金按时足额支付率和社会化发放率均达到 100%。年末全区参加基本养老保险的职工 8.80 万人，参加失业保险 8.80 万人，参加工伤保险 6.90 万人，参加生育保险 12.50 万人。城镇职工参加基本医疗保险 22 万人，城镇居民参加基本医疗保险 13.1 万人（另有 3.90 万名城镇居民参加了农牧区医疗制度，其中：在校大中专学生 1.80 万人）。

全年农牧民每人医疗筹资 140 元，其中：中央财政补助 125 元，自治区各级财政 15 元。

全区城镇居民共有 39415 人享受政府最低生活保障，发放低保救助金 9921.37 万元。农村居民有 23 万人享受政府最低生活保障，发放低保救助金 11260 万元。年末全区各类社会福利机构共有 205 个，共有床位 5131 张，收养五保老人和孤残儿童 3696 人。全年销售社会福利彩票 2.78 亿元，筹集社会福利公益金 8678 万元。

十二、资源、环境、安全生产

全年新发现矿产地 10 处，有 7 种矿产新增探明储量，地质勘查实施地勘项目 130 项，完成机岩芯钻探实务工作量 9.70 万米。

2009 年国家投入 1529 万元加强我区环保能力建设，投入 150 万元用于国家级自然保护区能力建设，投入 1540 万元用于我区 17 个村环境综合整治。拉萨市全年空气质量优良天数 361 天，优良率达 98.9%。全区共有 8 个环境监测站，水质监测断面 47 个，水土保持监测站 7 个。全区共有自治区级以上自然保护区 20 个，其中：国家级自然保护区 9 个。自然保护区面积 4125.80 万公顷，占我区总面积的 34.4%。

全年共发生各类安全事故 912 起，比上年上升 17.0%；死亡 409 人，下降 1.0%；直接财产损失 1263.70 万元。亿元 GDP 生产安全事故死亡人数为 0.94 人，下降 10.0%；工矿商贸十万从业人员生产安全事故死亡人数为 4.40 人，上升 57.0%。道路交通万车死亡人数为 16.56 人，下降 17.0%。

注：

1、本公报数据均为初步统计数，正式数据以《西藏统计年鉴—2010》为准。

2、对外贸易、交通、邮电、旅游、财政、金融、保险、教育、科技、气象、环保、文化、卫生、体育、社会福利和保障、资源、安全生产方面的数据均由自治区有关部门提供。

3、GDP、各产业增加值绝对数按现价计算，增长速度按可比价计算。

中国统计出版社最新图书简目

(仅供参考,以最后出书为准)

统计资料

中国统计年鉴-2010	中国统计摘要-2010	国际统计年鉴-2010
2010中国发展报告	中国第三产业统计年鉴-2010	中国区域经济统计年鉴-2010
中国劳动统计年鉴-2010	中国社会统计年鉴-2010	中国城市统计年鉴-2009
中国建筑业统计年鉴-2010	中国人口和就业统计年鉴-2010	中国工业经济统计年鉴-2010
中国商品交易市场统计年鉴-2010	中国房地产统计年鉴-2010	中国能源统计年鉴-2010
中国民政统计年鉴-2010	中国贸易外经统计年鉴-2010	2010中国地区经济监测报告
中国科技统计年鉴-2010	中国农村统计年鉴-2010	中国农产品价格调查年鉴-2010
中国高技术产业统计年鉴-2010	中国教育经费统计年鉴-2009	中国农村贫困监测报告-2010
全国农产品成本收益资料汇编-2010	中国科学技术协会统计年鉴-2010	工业企业科技活动资料-2010
第二次全国残疾人抽样调查资料系列	中国棉花年鉴-2008/2009	中国城市(镇)生活与价格年鉴-2010
中国县（市）社会经济调查年鉴-2010	中国农村住户调查年鉴-2010（中、英文）	中国农村全面建设小康监测报告-2010
中国国内生产总值核算历史资料(1952-2004)	中国季度国内生产总值核算历史资料(1992-2005)	中国零售和餐饮业连锁企业统计年鉴-2010
大中型批发零售和住宿餐饮企业统计年鉴-2010		2005年中国1%人口抽样调查系列资料

2010年省级综合统计年鉴系列

北京 天津 河北 山西 内蒙古 辽宁 吉林 黑龙江 上海 江苏 浙江 安徽 福建 江西 山东
河南 湖北 湖南 广东 广西 海南 重庆 四川 贵州 云南 西藏 陕西 甘肃 青海 宁夏
新疆 新疆生产建设兵团

2010年市(县)级综合统计年鉴系列

天津滨海新区 石家庄 唐山 邯郸 太原 大同 长治 阳泉 晋城 朔州 晋中
运城 忻州 临汾 呼和浩特 包头 沈阳 大连 长春 吉林市 四平 延吉 哈尔滨 齐齐哈尔
黑龙江垦区 上海浦东新区 苏州 无锡 常州 徐州 南通 盐城 镇江 江阴 丹阳 杭州
宁波 绍兴 台州 舟山 温州 金华 嘉兴 衢州 安庆 福州 福州经济技术开发区
厦门经济特区 南昌 上饶 济南 青岛 潍坊 东营 郑州 洛阳 三门峡 南阳 武汉 宜昌
十堰 荆州 黄冈 长沙 广州 东莞 惠州 深圳 桂林 南宁 柳州 来宾 河池 海口 成都
贵阳 昆明 西安 庆阳 银川 乌鲁木齐 吐鲁番

“十一五”规划教材

非参数统计　医学统计学	概率论与数理统计　统计学	现代金融投资统计分析
多元统计分析　经济计量学教程	应用时间序列分析	统计指数理论及应用
统计数据处理概论	质量管理统计方法　社会统计学	多元统计分析实验
企业经营管理统计	市场调查与预测	统计学原理（非统计专业使用）
统计学:从数据到结论	国民经济核算教程(国民经济统计学)	概率论与数理统计(经济、管理类专业使用)

重点图书

新中国六十年　挑大学选专业2010—高考志愿填报指南　挑大学选专业2010—考研择校指南